高等院校物流专业系列教材

物流学
（第二版）

刘浩华 主编
吴 群 王友丽 王雪峰 副主编

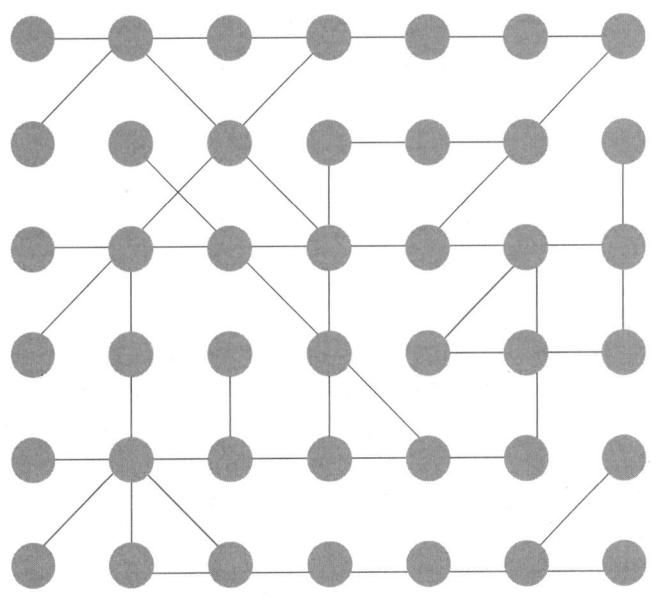

清华大学出版社
北京

内 容 简 介

本书为江西省精品在线开放课程配套教材，江西省高校育人共享计划课程配套教材，同时为中国大学MOOC及智慧树"物流学"课程配套教材。本书根据高等院校物流管理、市场营销、工商管理等管理学专业的建设需要，针对"物流学"或"现代物流概论"课程的教学需求编写而成，突出物流基本知识点的阐述，强调知识点在物流实践中的实用价值，注重知识点的提炼，吸收前沿理论与实践成果，跟踪国家的新政策。在体例上，本书设置了引导案例、学习导航、教学建议、前沿理论与技术、实训项目和练习题，可帮助学生拓展知识面，培养学生的创新创业能力和综合素质。

本书可作为物流管理与工程类(1206)专业、经济与贸易类(0204)专业及工商管理类(1202)中的工商管理、市场营销和人力资源管理等专业的本、专科生获取物流理论知识、了解物流发展和实践的基础性入门教材。

本书封面贴有清华大学出版社防伪标签，无标签者不得销售。
版权所有，侵权必究。举报：010-62782989，beiqinquan@tup.tsinghua.edu.cn。

图书在版编目(CIP)数据

物流学/刘浩华主编.—2版.—北京：清华大学出版社，2021.12(2024.2重印)
高等院校物流专业系列教材
ISBN 978-7-302-58291-5

Ⅰ.①物… Ⅱ.①刘… Ⅲ.①物流－高等学校－教材 Ⅳ.①F252

中国版本图书馆 CIP 数据核字(2021)第 105897 号

责任编辑：左卫霞
封面设计：常雪影
责任校对：刘　静
责任印制：沈　露

出版发行：清华大学出版社
网　　址：https://www.tup.com.cn，https://www.wqxuetang.com
地　　址：北京清华大学学研大厦A座　　　　邮　编：100084
社 总 机：010-83470000　　　　　　　　　　邮　购：010-62786544
投稿与读者服务：010-62776969，c-service@tup.tsinghua.edu.cn
质量反馈：010-62772015，zhiliang@tup.tsinghua.edu.cn
课件下载：https://www.tup.com.cn，010-83470410

印 装 者：三河市天利华印刷装订有限公司
经　　销：全国新华书店
开　　本：185mm×260mm　　印　张：21.75　　字　数：527千字
版　　次：2016年2月第1版　2021年12月第2版　印　次：2024年2月第3次印刷
定　　价：68.00元

产品编号：086681-01

编写组成员

（按负责章节顺序排列）

刘浩华	博士	教　授	博导
吴　群	博士	副教授	硕导
仲　昇	博士	讲　师	硕导
杨　芳	博士	副教授	硕导
刘志华	硕士	讲　师	
涂淑丽	硕士	副教授	硕导
王友丽	博士	副教授	硕导
杨文俊	硕士	讲　师	
王雪峰	博士	教　授	博导
崔爱平	博士	讲　师	硕导

FOREWORD

第二版前言

《物流学》从2016年首次出版以来,已经在众多高校使用了五年。在这几年中,不仅国家的宏观经济环境发生了重大变化,物流行业环境也发生了重要变化,特别是在"新冠"的全球肆虐和国际物流受阻的双重打击下,全球供应链衔接不畅,面临严峻挑战。因此,立足国内大循环、畅通国内国际双循环成为国家积极应对国内外经济形势变化的战略举措。

在上述大背景下,加上我们自己使用本书的切身感受及其他高校的友情反馈,我们对本书进行了修订,主要修订内容如下:一是按照本专业、行业的政策和课程的最新发展,增删或改写教材中的部分章节。二是按照物流业和实务的最新发展,替换了教材中的案例,更新了数据和图表。三是改变和统一了每章练习题的题型,更新了题目内容。四是更新了部分参考文献。经过这些努力,全书的更新比例超过30%,特别是第七章、第九章和第十一章的修订量较大,以保持本书的时代性和前沿性,重塑本书的生命力。

此外,基于首版教材,我们教学团队开发了"物流学"慕课,已在"中国大学MOOC"运行四轮并上线"智慧树",实现双平台运行,仅前一平台选课人数就超过万人,扫描本页下方二维码可登录该课程。该慕课2020年11月被江西省教育厅认定为"江西省精品在线开放课程"。2021年1月江西省教育厅认定该课程为"2020年江西省高校育人共享计划课程"。该慕课在制作过程中吸收了许多新的内容,因此,为了更好地在全国范围内推广,我们在本书修订时,将这些新的内容也补充到新版教材中,以进一步帮助学生课后自主学习,提高纯线上慕课学习和线上线下混合式学习的效果,朝着"金课"的目标迈进。

刘浩华

江西财经大学工商管理学院(麦庐校区)

2021年5月23日

"物流学"中国大学MOOC在线开放课程

"物流学"智慧树在线开放课程

FOREWORD
第一版 前 言

随着我国经济发展进入新常态,我国物流业经过多年的高速发展后,近5年来社会物流总额、社会物流总费用增长率及社会物流总费用占GDP的比率呈现持续下降趋势。这意味着我国物流业的发展进入了新常态:8%～10%的中、高增长速度;结构不断优化升级;创新驱动。2014年,国务院发布《物流业发展中长期规划(2014—2020年)》后,物流业的产业地位得到显著提升,一些细分领域,如快递物流、电子商务物流、农产品(冷链)物流、城市配送等发展迅速。在"互联网+"战略引领下,在大数据和云技术等的支撑下,我国物流业迎来了前所未有的重大发展机遇。

基于以上实践背景并考虑以下三点原因,我们认为迫切需要编写一本新的《物流学》教材。

(1) 学科发展的需要。教育部于2012年9月颁布了《普通高等学校本科专业目录(2012年)》,在管理学学科门类下设立物流管理与工程专业类,然后又在此专业类下设物流管理和物流工程两个专业,并特设采购管理专业。物流学科的新发展,需要一批精品新教材的支持。

(2) 我校(江西财经大学)自身教学的需要。我校物流管理本科专业自2003年首批招生以来,迄今已经招收13届学生,"物流学"一直是该专业的主干课程。为了教授好这门课,我们先后选用过由不同学校编写的不同版本的教材,经过长期的教学实践,我们深深体会到,由于多种原因,这些教材并不真正适应我们教学的实际需要。此次编写的这本教材,将更贴近我们的教学需求,并有利于促进我校"物流学"课程的建设,进一步完善我们的教材体系。

(3) "大类招生,专业分流"改革的需要。自2014年开始,我校实施"大类招生,专业分流"改革。在此方案下,"物流学"课程被列入我校工商管理学院包括物流管理、工商管理、人力资源管理、市场营销各专业必修的大类平台课,因此,迫切需要一本适应这一改革的面向多个管理专业的基础性入门课程教材,让更多的管理学本科生能够对物流理论与实践有一定的了解与掌握。而对于物流管理专业的学生,则通过其他一系列专业必修课和选修课等进行深化。

本书共分为十一章,具体包括总论、物流系统与服务、物流基本功能、企业物流管理、供应链管理、物流成本管理、物流税收、电子商务物流、物流与供应链金融、国际物流、物流发展前沿。其中部分内容充分体现了物流理论的发展前沿,也结合了最新的物流实践,如物流税收、跨境电商物流、口岸物流、P2P供应链金融、物流园区等。全书内容按48学时安排,在具体实施教学的过程中可以灵活地分配时间。

　　本书由江西财经大学工商管理学院物流管理系的专业教师团队共同编写而成。其中，刘浩华负责全书内容结构设计，以及组织协调、统稿审核和修改定稿等工作，并负责第一章内容的撰写；吴群负责第二章和第十一章内容的撰写，并协助组织编写工作的具体实施。其他人员的具体分工：仲昇负责第三章的第一节至第六节；杨芳负责第四章；刘志华负责第三章的第七节和第五章；涂淑丽负责第六章；王友丽负责第七章；杨文俊负责第八章；王雪峰负责第九章；崔爱平负责第十章。

　　本书的内容特点主要体现在：一是基础性，即突出物流基本理论、方法与知识点的阐述；二是实用性，即考虑涉及的知识是否在现代物流实践中有实用价值；三是简明性，即注重知识点的提炼、概括，避免长篇大论地进行资料性的知识介绍；四是新颖性，即参考最新的文献资料和数据，吸收前沿理论与实践成果，跟踪国家相关部委的新政策。

　　在体例上，本书各章通过设置引导案例、学习导航、教学建议、前沿理论与技术、实训项目、案例分析和多种类型的习题，可以进一步拓展学生的知识面，培养学生的创新能力和综合素质。

　　本书主要的读者对象是物流管理与工程类专业（专业代码：1206），工商管理类（专业代码：1202）中的工商管理、市场营销和人力资源管理等专业，以及经济与贸易类（专业代码：0204）专业的本科生。本书可以作为他们获取物流理论知识、了解物流发展和实践的基础性入门教材。

　　在本书的编写过程中，我们参阅了大量中外同行、专家学者的有关著作、论文、报告以及相关行业标准等，为了充分尊重原作者的劳动成果和知识产权，我们将所参阅的文献分章予以详细列出，以便读者可以追本溯源，扩大阅读面。

　　此外，由于时间、资料和水平所限，书中难免会存在一些不足之处，恳请广大读者批评指正，以便再版时加以改正。

刘浩华
江西财经大学工商管理学院（麦庐校区）
2015年12月1日

目 录

第一章　总论 1
　第一节　物流的概念与分类 2
　第二节　物流的效用 14
　第三节　物流学 16

第二章　物流系统与服务 38
　第一节　系统概述 40
　第二节　物流系统 42
　第三节　物流系统化理念 46
　第四节　物流服务 49

第三章　物流基本功能 61
　第一节　运输 63
　第二节　仓储 76
　第三节　装卸搬运 85
　第四节　包装概述 93
　第五节　流通加工 104
　第六节　配送 107
　第七节　信息处理 115

第四章　企业物流管理 125
　第一节　企业物流管理概述 128
　第二节　企业生产物流 129
　第三节　企业供应物流 136
　第四节　企业销售物流 138
　第五节　企业逆向物流 142

第五章　供应链管理 149
　第一节　供应链概述 150

第二节　供应链管理基本理论 ……………………………………………… 156
　　第三节　供应链管理的产生背景 …………………………………………… 158
　　第四节　供应链管理的重点 ………………………………………………… 160
　　第五节　智慧供应链 ………………………………………………………… 167

第六章　物流成本管理 ……………………………………………………………… 172
　　第一节　物流成本概述 ……………………………………………………… 173
　　第二节　物流成本计算 ……………………………………………………… 178
　　第三节　物流成本控制 ……………………………………………………… 183

第七章　物流税收 …………………………………………………………………… 197
　　第一节　物流税收概述 ……………………………………………………… 198
　　第二节　物流业税收政策 …………………………………………………… 206
　　第三节　物流企业纳税筹划 ………………………………………………… 213

第八章　电子商务物流 ……………………………………………………………… 227
　　第一节　电子商务概述 ……………………………………………………… 229
　　第二节　电子商务物流概述 ………………………………………………… 234
　　第三节　电子商务物流的运作 ……………………………………………… 241
　　第四节　跨境电子商务物流 ………………………………………………… 248

第九章　供应链金融 ………………………………………………………………… 256
　　第一节　供应链金融概述 …………………………………………………… 258
　　第二节　供应链金融的基本业务模式 ……………………………………… 261
　　第三节　供应链金融风险 …………………………………………………… 271

第十章　国际物流 …………………………………………………………………… 277
　　第一节　国际物流概述 ……………………………………………………… 278
　　第二节　国际货物运输 ……………………………………………………… 288
　　第三节　口岸物流 …………………………………………………………… 294
　　第四节　保税物流 …………………………………………………………… 299

第十一章　物流发展前沿 …………………………………………………………… 307
　　第一节　绿色物流 …………………………………………………………… 308
　　第二节　冷链物流 …………………………………………………………… 315
　　第三节　快递物流 …………………………………………………………… 320
　　第四节　物流园区 …………………………………………………………… 323
　　第五节　物流标准化 ………………………………………………………… 329
　　第六节　智慧物流 …………………………………………………………… 334

第一章

总 论

引导案例

中国古代物流

1. 贵妃嗜荔枝

著名诗人杜牧曾经写了一首名为《过华清宫》的绝句:"长安回望绣成堆,山顶千门次第开。一骑红尘妃子笑,无人知是荔枝来。"据《新唐书·杨贵妃传》记载:"妃嗜荔枝,必欲生致之,乃置骑传送,走数千里,味未变,已至京师。"

2. 驿站与镖局

秦始皇统一全国后,为了加强帝国的统治,建立了驿站制度。到唐朝,驿站制度已趋完善合理,全国官道的主要交通线路上每隔30里就设有一处驿站,并由太尉执掌。当时驿站遍布全国,包括陆驿、水驿及水陆兼办三种,驿站设有驿舍,全国共有1 639个驿站,人员约两万人。安禄山在范阳起兵时,虽然相隔三千里,但身在华清池的唐玄宗六日后即得到信息,可见传递速度之快。上例中,杨贵妃吃的荔枝便是通过驿站传递的。到清朝时,全国设驿站1 785处,规定日行三百里,如遇紧急情况,可日行四百里、五百里,甚至六百里、八百里,后者就是俗称的"六百里加急""八百里加急"。从驿站的发展历史看,它是专门为封建朝廷服务的,主要用于军事情报、重要信件的传递,是信使、官吏途中食宿、换马的场所,而民间的商业往来是无法利用的。

到了清朝早期,除仍然保留了服务朝廷的驿站外,还逐渐出现了服务于民间的镖局。镖局是专门为货主运送贵重财物或保护人身安全的组织。其开山鼻祖是乾隆的武术师傅山西人神拳张黑五,在乾隆的支持下,他成立了有着最强官方背景的第一个镖局——兴隆镖局,专门替有钱人武装押运,护送现银票据、珠宝首饰等贵重物品。"三分保平安"是镖局的一个重要精神。晚清北京有八大镖局,最大的是会友镖局,其后台是晚清名臣、洋务运动的主要领导人之一李鸿章,其他还有永兴、志成、正兴、义友、光兴等镖局。镖局保镖主要有水路和陆路。镖局要生存、生意要兴隆,必须具备"三硬"条件,即官府有硬靠山、绿林有硬关系、自身有硬功夫。镖局的业务不断拓展,形成了信镖、票镖、银镖、粮镖、物镖和人身镖六大镖系。其中,信镖原来是由驿站负责传递的;票镖和银镖是在清朝中叶时,由于金融业票号的兴起发展起来的,后来地方官上缴的饷银也靠镖局运送;粮镖、物镖和人身镖是在清朝后期票号衰败后,镖局的主要业务对象就转化成为一些富人押送粮、衣、物、首饰及保护人身安全。

随着社会的发展,工业革命的成果传入中国,靠武功制胜的冷兵器时代让位于热兵器时代,火车、汽车、轮船等当时现代化交通运输方式逐渐开通,传统的镖局难以为继,不得不先后关闭。如会友镖局就是在1921年关闭的。

案例解析

第一个例子的作者写此诗的本意是抨击当时的统治者骄奢淫逸和昏庸无道,不惜动用大量民力满足一己之私,但同时也反映了当时荔枝"物流"的快速性。第二个例子则体现了现代物流网络、快递物流、第三方物流的源头。

以上两个简例仅是中华民族几千年历史长河中有文字记载的"物流"活动之沧海一粟。事实上,中国的物流活动古已有之。从《礼记·王制》论述的"国无九年之蓄,曰不足;无六年之蓄,曰急;无三年之蓄,曰国非其国也"可知,西周时人们就认识到仓储的重要作用。此后,秦朝实施"车同轨",西汉开辟"丝绸之路",三国应用"木牛流马",隋朝开辟大运河使唐宋乃至千秋万代受益。

案例思考

从以上历史知识片段中,你认为古代哪些"物流"活动可能与现代物流有关?

案例涉及的主要知识点

快递 冷链物流 物流系统 仓储 运输 国际物流 物流标准化

学习导航

- 掌握物流概念演化的阶段并了解各阶段的主要事件。
- 掌握物流概念的核心内涵并区分传统物流与现代物流的差异。
- 理解"四流"的内涵及其相互关系。
- 了解物流的一些常见分类并理解其内涵。
- 掌握物流产生的四种经济效用的实质。
- 掌握物流学发展的渊源并了解主要历史事件。
- 了解物流学的演变、发展、研究对象与方法。
- 掌握物流学研究对象中的六大要素及重要理论学说。

教学建议

- 备课要点:物流概念的演化阶段、物流的定义、传统物流与现代物流的区别、"四流"的内涵及其相互关系、物流的分类与效用、物流学的渊源与发展、物流系统六大要素、重要物流理论学说。
- 教授方法:案例、讲授、实证、启发式。
- 扩展知识领域:中国物流发展现状。

第一节　物流的概念与分类

一、物流的概念

(一)产生和演化

自从有了人类历史就有了物流活动。而物流概念是人类文明发展到20世纪初才产生的,并且随着物流活动的发展而不断演化。从一定意义上说,原始形态的物流活动在伴随人类生产、生存、交换、工程建设和军事等活动的同时就产生了,那时就有了运输和储存或保管。限于当时的生产力水平,物流的规模和效率很低下,没有引起人们的重视。

概括来讲,物流概念从20世纪初的实物配送(physical distribution,PD)阶段到20世纪80年代的物流(logistics)阶段,再到21世纪的供应链管理(supply chain management,SCM)阶段,其内涵从窄小到宽泛、从局限于企业内部到突破企业边界,与此同时,物流理论与实践也逐步由传统向现代演进。

1. PD阶段

美国是最早提出PD概念并付诸实践的国家。早在1901年,格鲁威尔(J.F.Growell)在美国政府报告《关于农产品的配送》中首次论述了影响农产品配送的种种因素。1915年,阿奇·萧(Arch W.Shaw)认为,在市场配送(market distribution)中存在两类活动:一类为创造需求,即通过广告、促销、市场分析、销售网络等手段,让更多的人购买企业的产品;另一类为实物配送,即如何更省钱、更及时地将客户订购的产品送到他们手中。物资经过时间或空间的转移会产生附加价值。创造需求的一系列活动和实物供应之间的关系表明,存在相互依赖性和平衡性两个原则。这些活动中的任何一项与同类中的其他活动协调失败,以及与其他类别的活动协调失败,必然打破力量平衡,以至于难以实现有效配送。20世纪20年代初,美国著名营销专家弗雷德·E.克拉克(Fred E.Clerk)首次将PD这一概念作为市场营销的要素加以研究,将市场营销定义为商品所有权转移所产生的各种活动,包含PD在内的各种活动。1935年,美国销售协会最早将PD定义为:PD是包含于销售之中的物质资料和服务,以及从生产地到消费地流通过程中伴随的各种活动。1963年成立的美国实物配送管理协会(National Council of Physical Distribution Management,NCPDM)将PD定义为:PD是为了计划、执行和控制原材料、在制品库存及成品从起源地到消费地的有效率地流动而进行的两种或多种活动的集成。这些活动可能包括但不限于顾客服务、需求预测、交通、库存控制、搬运、订单处理、配送规划、零件及服务支持、工厂及仓库选址、采购、包装、退货处理、废弃物回收、运输、仓储管理等。它不是一项孤立的活动,而是由相互作用的各项目构成的复杂系统。显然,这一概念比美国销售协会的概念扩大了,不仅包括销售物流,而且涉及采购或供应物流以及逆向物流。现在的美国供应链管理专业协会(Council of Supply Chain Management Professionals,CSCMP)于2013年8月更新的《供应链管理术语》中对PD的定义是:"与成品从制造工厂到仓库再到客户相关的移到与储存活动。"显然,这个定义强调的是企业销售物流,强调的是运输与储存两大支柱。

1956年,日本政府组织了一个赴美视察团,发现PD涉及大量流通技术,非常有利于提高流通效率,于1958年发表《流通技术专门视察团报告书》,其中引入了PD概念,并将PD作为"流通技术"解释。PD这一概念推出后,引起了日本社会有关部门的重视。1964年,通商产业省将"物的流通"作为政府产业政策的一个重要组成部分加以阐述,首次将PD表述为"物的流通"。次年,日本政府以"近代化过程中的物的流通"为副标题发表了第二次运输白皮书。20世纪70年代,日本产业构造审议会对PD做出了一个权威性定义:物的流通,是有形、无形的物质资料从供给者手里向需要者手里物理性的流动,具体是指包装、装卸、运输、保管以及通信等诸种活动。这种物的流通与商流相比,是为创造物质资料的时间性、空间性价值作出贡献。在平原直先生的建议下,"物的流通"简称为"物流"。

有关资料显示,20世纪60年代初,典型的企业组织结构如图1-1所示。由此,可以看到实物配送分布于许多不同的部门：一是会计部门可能只提供关于付给公共承运人的运输成本，不能按地点或客户类别分离出这一成本，而且很难获得私营的大规模车队的运输成本；二是营销部门管理着运输部，然而，在日常运营中，似乎运输部部长在运输决策方面具有相当大的自主权。这意味着他们重视的是部门内部的效率，而不考虑整个运输系统的利益。图 1-2 显示了当时典型的实物配送网络。

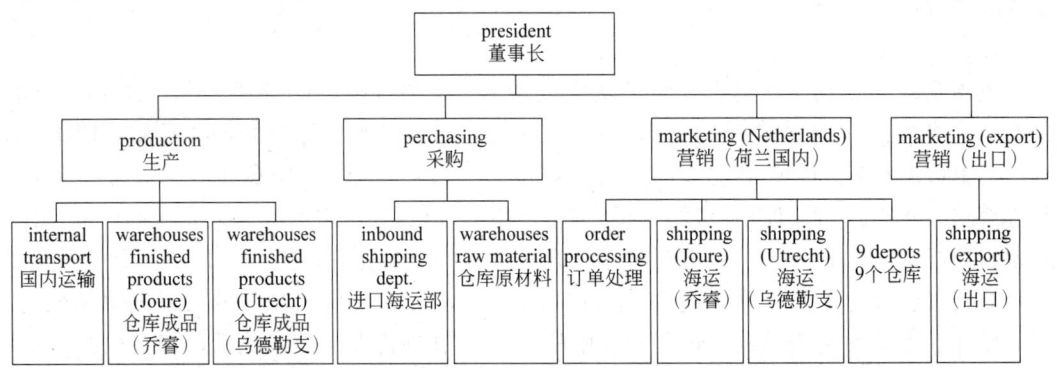

图 1-1　20 世纪 60 年代初典型的企业组织结构

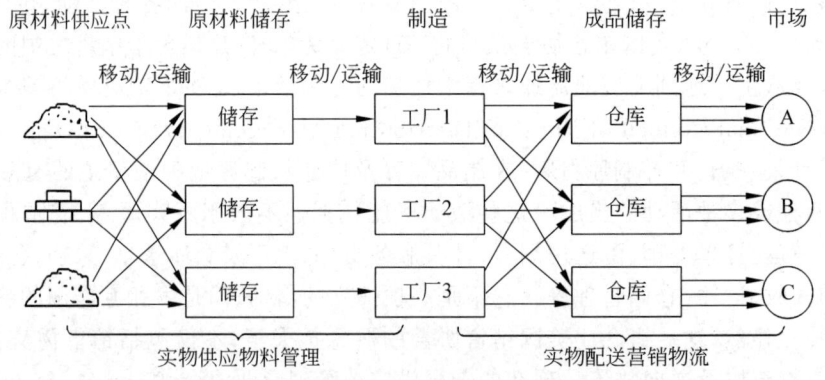

图 1-2　20 世纪 60 年代初典型的实物配送网络

2. Logistics 阶段

随着经济的发展和人们认识的深入，PD 的内涵已经无法涵盖"物的流通"的全部内容，这一概念需要扩展到 Logistics 阶段。

正如人们所熟知的，Logistics 是一个与战争密切相关的概念。在军事领域，这个词被翻译成"后勤"。后勤对于战争的重要性在《孙子兵法》中就有论述，如"是故军无辎重则亡，无粮食则亡，无委积则亡""国之贫于师者远输"。另外，中国古代还有"兵马未动，粮草先行"的著名论断。甚至有人提出，美国独立战争中英国的失败可能主要是因为后勤失败。在战争最激烈时，远在海外的英军达 12 000 人，而后勤保障品的管理完全不得力，影响了作战方针和部队士气。美国海军陆战队中校索普（George Cyrus Thorpe，1917）出版的《理论后勤学——战争准备的科学》中应用了 Logistics 这一概念。1927 年，美国学者拉尔夫·波索迪（Ralph Borsodi）在《流通时代》一书中用 Logistics 替代原来的 PD，但这一术语并没有得到广泛认同。直到第二次世界大战时，由于大规模调运军事物资的复杂性，科学家开始应用运筹学来论证其在分析军事后勤问题中的价值。美国军队使用的军事术语 Logistics 包括了物资、人员和装备的获得、维护和运输等活动。1983年,美国前海军部长约翰·莱曼讲了一句著名的话——外行谈战略,内行谈后勤,这再一次反映了后勤在战争中的重要性。

美国在军事领域对 Logistics 概念的推崇及实践活动得到企业界与理论界的认同,并且引入商业领域,在内涵上由军事性转为商业性,既有合理的摒弃也有具有时代特性的拓展。20世纪50年代,通用汽车公司首次引入 Logistics 概念,以实现各地工厂的零部件运输到组装厂的物流合理化。20世纪70年代开始,Logistics 这一术语大量出现在文献上,与 PD 概念出现了很大区别。80年代,物流开始发生突变。在80年代初出现的个人计算机,为计划人员提供了巨大帮助以及新的绘图规划环境,导致大量新技术出现,如基于界面的灵活的电子表格和地图,使得物流规划和实施技术得到巨大改进。物流开始广泛被业界认为是很昂贵、很重要、很复杂的活动,企业高管开始意识到,如果愿意投资于专业人员培训和新的技术方面,物流是有机会大大提高财务绩效的领域。1985年,美国的 NCPDM 正式更名为美国物流管理协会(Council of Logistics Management,CLM)。

3. SCM 阶段

SCM 这一术语起源于20世纪80年代初,90年代被广泛使用。英国顶级物流咨询专家奥利弗(Keith Oliver)最早提出了供应链(supply chain)和供应链管理这两个词,且因此而闻名。首次公开使用它们是1982年6月4日在一次与《金融时报》的访谈。当时,奥利弗对供应链管理的定义是:计划、实施和控制供应链活动,以尽可能有效率地满足客户的需求。供应链管理跨越了原材料、在制品库存和最终产品,是从起始点到消费点的所有移动与储存。自那以后,几乎所有的供应链著作的作者都提出了他们自己的定义,有的有些小的变化,有的则增加了些细节,但几乎所有人的定义都接近奥利弗的原始定义。奥利弗和韦伯(Weber)还全面解释了供应链管理与物流之间的差别以及供应链管理的战略性质。供应链管理的一个关键特征是协调相互依赖的组织间的活动,因此又可以将供应链管理定义为:管理与上游供应商和下游客户的关系,并以较少的供应链总成本来为最终市场创造附加价值。人类进入21世纪后,供应链管理已经成为公认的物流发展趋势,尤其是在西方发达国家。2005年1月1日,美国物流管理协会正式更名为美国供应链管理专业协会(CSCMP),这标志着全球物流已经跨入供应链管理时代。2005年,由托马斯·L.弗里德曼(Thomas L. Friedman)撰写、出版了享誉全球的著作 The World Is Flat: A Brief History of the Twenty-First Century(《世界是平的:21世纪简史》),因其将供应链喻为碾平世界的第七大动力而进一步吸引世人的眼球。在新的经济格局下,物流不仅本身是一个大系统概念,又是供应链管理这个更大系统的一部分。

图 1-3 显示了物流概念三个阶段的演化历程。从此图可以看出,与 PD 同时存在的另一个概念是物料管理,包含需求预测、采购、需求规划、生产规划、制造库存等内容。

(二)辨析

1. 主要国家对物流的定义

美国、日本、德国、荷兰等是全世界物流较发达的国家,这些国家对物流的定义有所不同。

美国物流管理协会1985年的定义是:物流是对货物及相关信息从起源地到消费地的有效率、有效益的流动和储存进行计划、执行和控制以满足客户需求为目的的过程。该过程

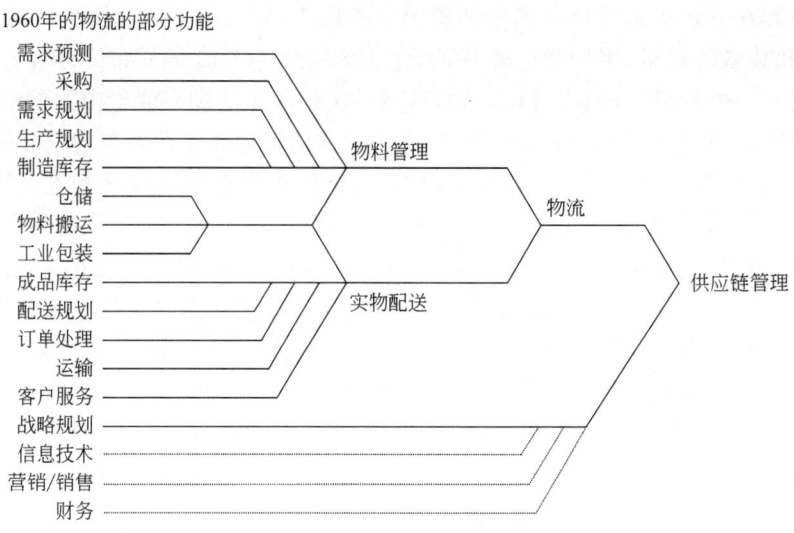

图 1-3 物流概念的演化：从 PD 到 SCM

包括进向、去向、内部与外部的移动以及以环境保护为目的的物料回收。美国对物流的认识也在不断发展中，但总体来看，物流的定义变化不大。2013 年 8 月，CSCMP 在最新版的《供应链管理术语》中完全沿用了 2006 年 10 月的定义：物流是对货物、服务和相关信息从起源地到消费地有效率、有效益的运输和储存所进行的计划、执行和控制以满足客户需求为目的的过程。这一定义包括进向、去向、内部和外部的移动。

日本日能综合研究所于 1981 年在《物流手册》上的定义是：物流是物质资料由供给者向需求者的物理性移动，是创造时间价值和场所价值的经济活动。从范畴看，物流包括包装、装卸、保管、库存管理、流通加工、运输、配送等诸种活动。东京大学教授林周二在《现代"物"的流通》中的定义是：物流是指克服时间和空间间隔，联结供给主体和需求主体包括废物在内的一切资材的物理性移动的经济活动，具体地说有运输、保管、搬运等物流流通活动及与之相关的信息活动。

欧洲物流协会（European Logistics Association，ELA）于 1994 年颁布的《物流术语》（*Terminology in Logistics*）定义：物流是在一个系统内对人员和商品的运输、安排（arrangements）及与此相关的支持活动进行计划、执行和控制，以达到特定的目的。ELA 将物流定义为一个由物料流和工作顺序构成的二维矩阵。其中，物料流由采购、物料管理和实物配送三个业务功能组成；工作顺序则由顾客服务、运输、仓储/物料搬运、物料计划与控制、信息系统与支持及管理等构成。

我国于 20 世纪 70 年代末从日本引入物流概念。还有一种观点认为，以 PD 表现的物流传入我国的另一条途径是 20 世纪 80 年代初随着市场营销理论的引入而从欧美传入。此后，不少学者开始对物流进行研究，如王之泰、吴清一等均在其著作中提出过自己的定义。2001 年，我国颁布的第一个并于 2006 年修订的国家标准《物流术语》将物流（Logistics）定义为：物品从供应地向接收地的实体流动过程。根据实际需要，将运输、储存、装卸、搬运、包装、流通加工、配送、信息处理等基本功能实施有机结合。

2. 传统物流与现代物流的区别

一般将 PD 看成是传统物流，而将 Logistics 看成是现代物流，简称物流。那么，这两者有何区别呢?

Logistics 与 PD 两者的基本功能都由保管、运输、搬运、包装、流通加工及信息活动等构成,而且都涉及计划和控制两项管理职能与实施职能。但是,它们在深度和广度上都有显著区别。通过比较 1963 年 NCPDM 对 PD 的定义与 50 年后 CSCMP 对 Logistics 的定义,可以发现一些具体差异。

(1) 范围不同。Logistics 突破了商品流通的范围,不限于物品的销售、采购和回收过程,而是将物流的范围扩大到了生产领域。而 PD 不涉及生产物流。

(2) 目的不同。Logistics 的目的是满足客户需求,即外部客户导向。而 PD 的目的是"有效率的流动",即内部成本导向。

(3) 实现目的的方式不同。Logistics 实现目的的方式是有效率、有效益的运输和储存,既强调物流活动的低成本,又强调物流活动的高产出。而 PD 重在成本的降低,注重局部活动的最优化。

(4) 对象不同。Logistics 不仅涉及对表现为原材料、零部件、在制品、半成品库存及成品等实物流动的管理,还涉及无形的服务及相关信息的管理。而 PD 只涉及具有实物形态的货物流动的管理。

(5) 集成度不同。Logistics 扩大到企业内部各项物流功能的集成,而 PD 仅局限于某几种实物流动基本功能的集成。

当 Logistics 进一步发展到集成物流或一体化物流(integrated logistics)时,集成的范围更加广泛。集成物流是一种综合的、系统的供应链整体观,它将整个供应链看成是一个单一的流程,从原材料供应一直到成品的配送。所有构成供应链的功能均作为一个单一的实体管理,而不是分别管理各个功能。

3. 物流与流通及其各要素的区别

物流与流通及其各要素是既密切相关又相互区别的概念。其中,流通是一个大概念,包含物流、商流、资金流与信息流(简称"四流"),真正意义上的现代流通应是"四流"的高度统一,它们一起构成现代流通的完整过程。为了区别物流与流通及其各要素,以下对这些概念及其相互关系进行阐述。

1) 流通

按马克思的观点,社会再生产过程包括生产、分配、交换(流通)、消费,认为"资本主义生产过程,就整体来看,是生产过程和流通过程的统一",并将流通定义为"商品所有者的全部相互关系的总和"。

这里的流通指的是商品流通。它是指商品或服务从生产领域向消费领域的转移过程。一项完整的流通活动,通常包含了商品销售过程中商流、物流、资金流与信息流的统一(见图 1-4)。商流是商品从卖方所有转变为买方所有,解决所有权的更迭问题;物流是实现商品位置的转移,创造空间与时间效用。伴随着商流

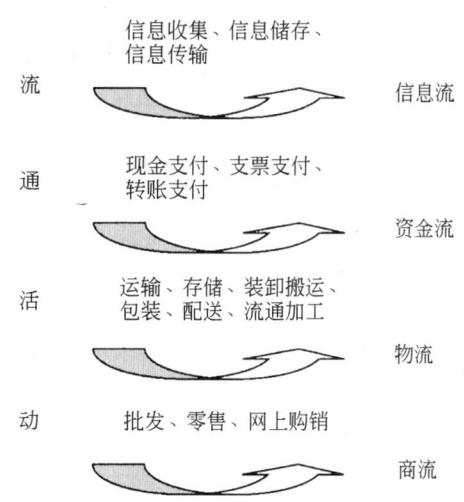

图 1-4 流通活动的组成要素和主要活动

和物流，会发生资金的支付与各类信息的流动，从而形成资金流与信息流。

流通业已经成为产业，是第三产业的基础和主要组成部分，包括交通运输业、批发零售业、物资供销业、仓储业等。随着改革开放的不断深入和社会主义市场经济体制的逐步完善，我国流通业取得长足发展，交易规模持续扩大，基础设施显著改善，新型业态不断涌现，在促进生产、引导消费、推动经济结构调整和经济增长方式转变等方面的作用日益突出。现代流通方式加快发展，流通业已经成为国民经济的基础性和先导性产业。但是，我国流通领域仍然存在流通企业规模偏小、组织化程度低、现代化水平不高、市场体系不够完善等问题，迫切需要树立和落实科学发展观，建设大市场、发展大贸易、搞活大流通、加快推进内外贸一体化和贸工农一体化，促进经济结构调整和经济发展方式转变。我国正在依托交通枢纽、生产基地、中心城市和大型商品集散地构建全国骨干流通网络，建设一批辐射带动能力强的商贸中心、专业市场以及全国性和区域性配送中心，向统一开放、竞争有序、安全高效、城乡一体的现代流通体系的方向发展。

现代流通的方式表现为批发零售、连锁经营、统一配送、电话购物、电视购物、电子商务和农产品的农超对接、农批对接、农校对接、展销中心、直销店等产销衔接方式，以及由此形成的综合超市、大卖场、便利店、网上商城、直营连锁和特许连锁等新型流通业态。

商品流通渠道包括直接渠道和间接渠道。直接渠道的典型模式是：生产者—消费者。商品交换没有中间人介入，产销结合在一起。这种渠道既存在于简单商品生产时代，也存在于生产力水平发展到一定阶段之后，尤其是信息时代电子商务的加速发展，使生产者与消费者的接触越来越方便，产销对接更容易实现。间接渠道是指产销发生分离，中间有一个或多个中间商业环节。它与发达的商品流通形式相对应，具体形式是：①生产者—零售商—消费者；②生产者—批发商—零售商—消费者；③生产者—产地采购批发商—中转批发商—销地批发商—零售商—消费者。

直接渠道与间接渠道构成商品流通渠道体系。它们的并存与正常运转是市场经济健康发展的重要条件。

2) 商流

商流是指商品通过买卖活动而发生的价值形态变化和所有权的转移，在商品流通过程中，需要不断地完成由商品到货币和货币到商品的变化，这种变化既涉及商品价值形态的转换、商品所有权的转移，又涉及商品实体的位置移动。前者为商流，后者为物流。因此，商品流通过程是商流和物流的统一。商流的具体内容包括市场需求预测、计划分配与供应、货源组织、订货、采购调拨、销售等。

3) 资金流

资金流是指资金的转移过程，包括付款、转账等过程，是整个流通活动的目的。在电子商务中，资金流扮演着重要角色。客户在网上选购商品或服务之后，采取安全的方式在线支付。资金流的发生有的是在商品的实物和所有权转移后，有的是在这些过程之前，即既可能是后付也可能是预付。银行在资金的正常流通中扮演着十分重要的角色，是电子商务资金流的核心机构。

4) 信息流

信息流是指采用各种方式来实现信息交流，从面对面的直接交谈到采用各种现代化的传递媒介，包括信息的收集、传递、处理、储存、检索、分析等渠道和过程。无论是商品的交换、物流的实现还是资金的支付,无论是事前、事中还是事后,也无论是企业内部、外部还是整个供应链,无不涉及信息的流动。信息流涉及商品信息提供、促销、技术支持、售后服务等内容,涉及需求计划和预测、生产计划、采购计划,涉及货物品种、数量、运输方式、费率,也涉及询价单、报价单、付款通知单、转账通知单等商业凭证及买方的支付能力和信誉等。在信息时代,集成先进技术的各种模式、平台的电子商务迅速发展,为商品交易活动信息流的畅通创造了极好的条件。

5)"四流"的关系

一般而言,商流是物流、资金流和信息流的起点或前提,没有商流就没有物流、资金流和信息流。反之,没有物流、资金流和信息流,商流也达不到目的。"四流"之间有着密切的且有时是互为因果的关系。概括地说,商流是目的,资金流是条件,信息流是手段,物流是归宿。其中,商流与物流关系呈现相互结合、相互分离、相互制约三种状态。一般情况下,商流和物流是结合在一起的,这时商品所有权的转移引起商品实体的运动,但也可以相互分离,这一点将在后面"商物分离"中详细阐述。当商流不合理导致物流不合理,或者物流不畅通导致商流停滞时,就变成了相互制约,导致流通渠道不畅。物流要完成商流活动中商品实体的运动,需要信息流识别各种需求在物流系统中的状态。而资金流在所有权更迭过程中发生,可认为从属于商流。

例如,买方 A 公司与卖方 B 公司经过商谈,达成了一笔商品供需协议,确定了供货价格、品种、数量、交货时间与地点、运输方式、保险、支付条件等,并签订了正式合同,这就意味着开始了商流活动。要履行这份合同,下一步就要进入物流过程,包括货物的分拣、包装、搬运装卸、保管和运输。如果商流和物流都顺利完成了,A 公司就要按合同中的支付条件进行付款和结算,即进入资金流过程。无论是买卖交易,还是物流和资金流,都离不开信息的流动。

二、物流的分类

根据不同的标志和目的,物流有多种分类。以下是经常使用和在文献、网络上经常出现的一些分类和涉及的术语。

(一)按层次分类

根据物流活动发生的层次可以将物流分为社会物流、行业物流和企业物流。

1. 社会物流

社会物流是指以全社会为范畴,因采购、销售、回收及废弃而发生的物流经济活动。它处于宏观层次,涉及商品在流通领域所发生的所有物流活动。

2. 行业物流

我国的国家标准没有给出行业物流(或产业物流)的定义。但是,顾名思义,行业物流是指在一个行业内部发生的物流活动,处于中观层次。在行业物流活动中,相互竞争又相互合作的物流主体常常会使用共同的运输系统和仓库实行统一配送,使用共同的物流中心等基础设施,使用共同的物流公共信息平台,以实现物流的规模经济效益。行业物流的具体表现如服装行业物流、烟草行业物流、汽车行业物流、医药行业物流等,又如商贸物流、工业物流、农业物流、军事物流等。以近年来成为热点的商贸物流为例,商务部等部门印发的《商贸物流发展专项规划》(商商贸发〔2011〕67号)明确它是"与批发、零售、住宿、餐饮、居民服务等商贸服务业及进出口贸易相关的物流服务活动",并属"产业物流,是商品流通的重要组成部分"。2017年1月,商务部等五部门印发的《商贸物流发展"十三五"规划》(2016—2020年)沿用了这一概念。

3. 企业物流

企业物流是指生产和流通企业在经营活动中所发生的物流活动,处于微观物流层次。根据物流活动发生的先后顺序,企业物流又可划分为供应物流、生产物流、销售物流、回收物流和废弃物物流。企业物流的运作过程因生产与经营产品的不同而不同。对于生产企业,企业物流一般起于原材料、零部件等实体输入要素的采购,经检验、入库和储存,然后流向生产车间,并在各工序间流转,再经制成品检验、入库等环节,最后终于成品送达用户,全过程完成。当产生需要退回的不合格品或需要回收的包装等材料以及产生需要处理的废弃物时,还将涉及回收物流和废弃物物流。对于商业流通企业,企业物流始于进货或者商品送达,经清点、检验、入库甚至流通加工等环节后,终于商品交付给消费者的全过程。

CSCMP在2013年8月版的《供应链管理术语》中对企业物流(business logistics)的定义是:以有效的方式,从供应商开始,经本企业一直到客户(市场),系统和协调地提供一系列活动,包括实物(原材料、零部件和成品)移动和储存以及包装、订单处理等相关活动,从而使企业贡献于其明确的目标。

(二) 按范围分类

根据物流活动发生的空间范围,物流可分为地区物流、国内物流和国际物流。

1. 地区物流

地区物流(或区域物流)是指发生在某一个地区(或区域)范围之内的物流活动。地区有大有小,以我国为例,可以按行政区域划分东北、华北、西北、西南、华南、华东、华中、港澳台地区等,可以按地理位置划分为长江三角洲地区、河套地区、环渤海地区、珠江三角洲地区,还可以按城市群划分,如长江中游城市群包括武汉城市圈、环长株潭城市群、环鄱阳湖城市群。

地区物流又可以划分为城市物流与农村物流,前者发生在一个城市内部,常称为城市配送,后者发生在农村内部。如果将地区物流扩展到突破城市和农村的边界,这样的物流活动则可称为城际物流与城乡物流。

2. 国内物流

国内物流是指在一个国家内部发生的物流活动。这是一个相对于国际物流的概念。当货物涉及进出口时,"境内关外"意味着在国境内海关辟出一个专门区域,进出货物就相当于进口和出口。在该区内,货物可以享受免关税、增值税等优惠政策,大大提高通关速度和便利程度。因此,在这种情况下严格来说,物流活动虽然发生在国内,但却是在关外,因此,不能算作国内物流,而应算作国际物流。

3. 国际物流

国际物流是指跨越不同国家(地区)之间的物流活动。国际贸易会导致商品实体从一个国家(或地区)流转到另一个国家(或地区)。随着全球经济一体化,全球采购、全球生产与全球销售已经成为跨国公司的必然选择,从而极大地推动国际贸易和国际物流的发展,而且两者相互促进,形成一种紧密相关的共生体。

（三）按作用分类

根据物流的不同作用，可以将物流分为供应物流、生产物流、销售物流、逆向物流（含回收物流和废弃物物流）等。

1. 供应物流

供应物流是指提供原材料、零部件或其他物料时所发生的物流活动，涉及的活动有采购、进货运输、仓储、库存管理、用料管理和供应管理，也称为采购物流，采购是供应物流与社会物流的衔接点。对于生产企业来说，它是企业为保证生产的顺利、高效进行，不断组织原材料、零部件、燃料、辅助材料供应的物流活动。不仅要实现供应目标，还要尽可能地降低物流成本、提高质量，因此是企业物流的关键组成部分。

2. 生产物流

生产物流是指企业生产过程中发生的涉及原材料、在制品、半成品、产成品等所进行的物流活动。原材料、燃料、零部件投入生产后，经过下料、发料，运送到各加工点和存储点，以在制品或半成品的形态，按规定的工艺过程和路线，借助运输或搬运工具与设备，从一个生产单位（仓库）流入另一个生产单位（仓库），最后形成成品离开生产线进入企业的仓库或直接下线发送进入流通领域。生产物流是制造产品的生产企业所特有的活动，生产中断也意味着生产物流中断；反之，亦然。生产物流的合理化对企业生产秩序和成本有很大影响。

一般而言，根据发生的顺序，生产物流的职能包括确定物料需求的时间和数量，确定所需物料的来源，物料的运输管理，物料的接收以及仓储管理，物料的库存计划以及仓储管理，生产线的物料配送时间、数量和地点。生产物流主要在企业内部发生，其目的是保持持续稳定的生产，基本工作是按照物料需求计划的指令，准时、保量、准确地将生产所需物料配送到现场、生产线或各工作中心。

3. 销售物流

销售物流是指企业在出售商品过程中所发生的物流活动。这里的企业包括生产企业和流通企业，它们出售商品时，商品在供方与需方之间进行实体流动。它的环节包括产品包装、产品储存、装卸搬运、运输与配送、物流信息管理，有时还涉及流通加工、客户服务、网络规划与设计。它的起点一般是企业的商品仓库，经过分销，完成长距离、干线运输，再经过配送完成市内和区域范围的物流活动，最终到达企业、商户或最终消费者手中。它与企业销售系统相配合，共同完成商品的销售任务。销售物流可以通过本企业自营完成，可以由第三方物流企业完成，也可以由客户进厂自提完成，不过，最后一种容易导致厂内交通拥堵、治安管控难度加大等问题。销售物流是一个逐渐发散的物流过程，与供应物流的收敛过程形成一定程度的镜像对称。它是企业物流与社会物流的又一个衔接点。

4. 逆向物流

逆向物流（reverse logistics）是指物品从供应链下游向上游的运动所引发的物流活动。它关注的是产品销售或交付给客户后的移动和管理。严格来说，它包括两部分，即回收物流（returned logistics）和废弃物物流（waste material logistics）。前者可认为是狭义的逆向物流，包括这两者被认为是广义的逆向物流。逆向物流的目的是重新获得废弃产品或有缺陷产品的使用价值，或是对最终的废弃物进行正确的处理。

（1）回收物流指不合格品的返修、退货以及周转使用的托盘和集装箱等包装容器从需方返回到供方所形成的物品实体流动。

(2) 废弃物物流指将经济活动中失去原有使用价值的物品,根据实际需要进行收集、分类、加工、包装、搬运、储存等,并分别送到专门处理场所的物流活动。这些物品既有生产过程的边角余料、废渣废水及未能形成合格产品而失去使用价值的物质;又有流通过程产生的废弃包装材料;还有消费领域中产生的垃圾等。这些垃圾中的相当一部分在循环利用过程中基本或完全丧失了其使用价值,最终形成无法再利用的废弃物,它们被处理后再返回到自然界,从而形成废弃物物流。废弃物物流强调的是环境保护,关注的不是企业经济效益而是社会效益,向社会展示的是企业责任与形象。

(四) 按流体分类

按物流活动特定的流体或者实体进行分类,物流可以划分为很多类。这样分类主要是因为这些实体具有一些不同于其他实体的特点,如需要特定的运输条件、装卸搬运设备、保管条件、物流或配送中心。常见的有粮食、钢铁、水泥、铁矿石、煤炭等大宗商品物流,以及农产品、烟草、医药、家电、图书等物流。随着物流产业的不断发展,市场将划分得越来越细,关注这些细分市场将是未来物流发展的重要方向。

(五) 按主体分类

按照物流活动的承担主体,可将物流划分为自营物流、专业子公司物流、第三方物流和第四方物流。

1. 自营物流

自营物流是指企业依靠自身的物流资源开展物流活动。其既可以是卖方、生产者或供应方销售商品给买方时运用自身的物流资源进行的物流活动,也称为第一方物流;也可以是买方、销售方或流通企业采购卖方、生产者或供应方商品时运用自身的物流资源进行的物流活动,也称为第二方物流。在计划经济体制下,大多数企业都自备车队、仓库、场地、人员,自给自足地进行物流活动。当前在我国仍然有相当多的企业完全或部分地采取这种物流模式。

2. 专业子公司物流

专业子公司物流是指企业传统物流功能从母公司剥离组成一个独立的专业化实体,从而为母公司开展专业化物流活动。与传统的自营物流相比,它更注重对物流过程一体化的管理和物流资源的合理化配置。除保障母公司外,一些实力较强、规模较大的专业化子公司还为同行其他企业提供第三方物流服务。因此,这种模式介于自营物流与第三方物流之间。

3. 第三方物流

第三方物流(3PL)是指独立于供需双方,为客户提供专项或全面的物流系统设计或系统运营的物流服务模式。这个概念与外包相关,即将企业物流活动的部分或全部外包给一个或多个专业公司。

第三方物流这一术语最先是20世纪70年代初美国用于在运输合同中识别整合营销公司(IMC)。那时,运输合同只有两方,即货主方和承运方。当IMC作为中介公司从货主方接收货物然后交给铁路承运人而加入到合同中时,它就成了合同的第三方。该定义已经得到发展,现在,每个提供某种物流服务的公司都称自己为第三方物流。为了提高物流效率以及降低物流成本而将非核心业务的物流活动外包给专业物流公司是跨国公司管理物流的通行做法。理想情况下,这些服务是一体化的或由公司"打包"提供。公司提供的服务包括运输、仓储、越库配送、库存管理、包装和货物转运。

4. 第四方物流

第四方物流(4PL)这一术语是由安达信咨询公司(Andersen)提出的。2001年1月,该公司正式更名为埃森哲(Accenture)。众所周知,信息技术在物流管理中起着重要作用,物流的整合也离不开信息技术的支持。第四方物流是物流管理中一个重要的逻辑演进,它将自身的资源、能力和技术与互补的服务供应商进行整合和管理,以提供完整的供应链解决方案。因此,第四方物流被定义为:"一个供应链集成商,聚集和管理企业自身的和互补的服务供应商的资源、能力与技术,其目的是提供综合的供应链解决方案。"这意味着物流供应商从专注于仓储和运输的第三方物流向提供更加综合的解决方案的供应商演变。第四方物流供应商的业务涉及供应链管理和解决方案、变化管理能力和增值服务,它们大多原本是第三方物流供应商,将这些功能增加到服务系列中,或是组成联盟来提供服务。第四方物流的概念强调在技术的支持下与客户合作、与各种第三方物流供应商合作,形成真正的伙伴关系以提高物流效率,其主要任务是为客户提供不断创新和改进供应链绩效的愿景,因此不仅要重新设计供应链,有时还要重新设计整个业务流程和内部组织。

为了将物流解决方案扩展到一个共同的客户企业,满足其所有不同的要求,第四方物流整合并集中管理该企业的完整供应链,利用内包和外包的优势及第三方物流的所有优势,包括技术服务提供商、提供独立供应链解决方案的供应链专家或顾问,为客户企业提供最大的利益。第四方物流是介于制造商和第三方物流之间的实体,代表制造商管理第三方物流,因此降低了第三方物流对供应链的价值。

第四方物流具有多方面优势。在战略方面,使高级管理层专注于核心能力;尽量减少花在物流上的时间和精力;改善客户服务;提升规模经济;建立竞争能力;转移风险;提供单一联系点,即第四方物流供应商管理着多个第三方物流供应商,客户只需要对接第四方物流供应商;提供更广泛的供应链服务。在财务方面,体现为降低成本(运营成本、供应链成本)、资本(流动和固定资本)、负债及增加收入。在服务方面,客户企业可以出售物流资产,从而将资金释放出来用于主业;持续监控供应链的流程、绩效和成本;将不同的供应链流程与世界级公司进行对标;持续监控和重新评估服务水平。

我国的第四方物流既有从第三方物流演化过来的,如宝供物流;有从行政性物流信息平台演化过来的,如宁波国际物流;有从行业物流信息化平台演化过来的,如菜鸟网络;还有从物流枢纽信息平台深化过来的,如南京王家湾物流信息网络系统、天津港综合物流信息服务系统、浙江传化物流基地等。

(六) 按流向分类

按照物流的流向,可以将物流分为正向物流和逆向物流。正向物流包括内向(或进向)物流、外向物流(或出向)。

1. 内向物流

CSCMP于2013年8月出版的《供应链管理术语》中对内向物流(inbound logistics)的定义是:物品从供应商流向生产流程或储存设施,相当于供应物流。在波特的价值链模型中(见图1-5),内向物流和外向物流均被认为是企业创造价值的基本活动,以建立和维持竞争优势。这里的内向物流是指安排材料、零部件和(或)成品库存从供应商移动到制造或装配厂、仓库或零售店。

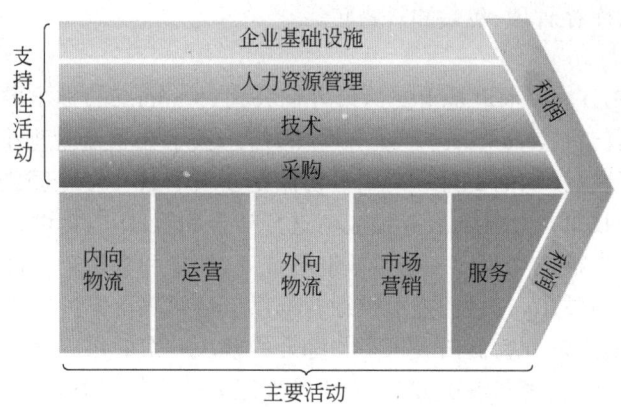

图 1-5 波特的价值链模型

2. 外向物流

CSCMP 于 2013 年 8 月出版的《供应链管理术语》中对外向物流（outbound logistics）的定义是：产品从生产线流向最终用户所发生的移动与储存等相关物流活动，相当于销售物流。波特的价值链模型中的外向物流是指从生产线终端到最终用户，与最终产品的储存和移动及有关信息流相关的流程。

前沿理论与技术

除上述分类涉及的物流术语外，其他一些常见的术语还包括绿色物流、应急物流、人道主义物流（humanitarian logistics）、准时制物流（JIT logistics）、集成物流、保税物流、口岸物流等。

第二节 物流的效用

效用（utility）是一个经济学概念，简言之就是满足，更准确地说是指消费者如何在不同的物品和服务间进行排序。而通常情况下，可将效用理解为一个人从消费一种物品或服务中得到的主观上的享受或有用性。经济学家用它解释理性的消费者如何将有限的资源分配在能给他们带来最大满足的各种商品上。物流的经济影响可用经济效用（economic utility）这个概念来描述，即一个产品在满足客户需求方面所具有的价值和有用性。四种一般的经济效用包括拥有效用（possession utility）、形质效用（form utility）、空间效用（place utility）和时间效用（time utility）。

一、拥有效用

拥有效用来自客户能够占有产品而带来的价值或有用性，受到产品有关的支付条件的影响。如信用卡或借记卡使客户可以不必提供现金或现金等价物就可以方便地获得拥有效用。同样，汽车经销商提供的汽车租赁或金融服务使客户可以拥有更理想的车型，客户就不必等到存够钱付现购买车辆。物流对拥有效用也有贡献，如通过物流活动，可以将已经完成所有权转移的实体商品交付到客户的手中，让客户实实在在地感觉到对商品的实际占有。

此外，还可以通过各种物流金融模式获得融资，从而获得企业生产经营所需要的原材料、零部件等。

二、形质效用

形质效用是指一个产品处于某种能被客户使用和对客户有价值的形态。尽管形质效用一般与生产或制造、客户想要的核心或实物产品的特性有关，但物流也对其也有贡献，形质效用通常可由流通渠道中的成员完成，其中，流通加工是主要环节。

流通加工是物流的重要活动，是生产过程在流通领域的继续。这是一种完善、补充、增加性质的加工活动，不创造商品主要实体，不改变商品的使用价值，但它会创造商品的形质效用，即加工附加价值。

三、空间效用

空间效用是指产品在客户需要的地点可获得。产品从价值低的地方运输到价值高的地方，便可创造空间效用。之所以如此，是因为商品供应与需求存在空间间隔，且在不同地理位置有不同的价值。运输在创造空间效用中起主要作用。物流在以下两种情况下创造空间效用。

（一）从集中生产场所流入分散需求场所

现代化大生产往往具有集中生产的特点，即集中于某一个地域，这既有天然的地理资源的原因，也有人为的生产力布局的结果，还有基于比较优势及劳动力成本的选择。在局部区域集中生产的产品可以覆盖大范围的需求地区，甚至一个或多个国家的需求。通过以运输为主的物流活动将产品从集中生产的低价值地区转移到分散于各地的高价值地区可以获得更高的价值。如"西煤东运、西棉东送、北煤南运、北粮南调"就是将集中在我国西部的棉花和煤炭、北部的煤和粮食，通过物流转移到广大分散的东部、南部等需求地区，从而满足这些地区对这些大宗物资的需要，创造了空间效用。

（二）从分散生产场所流入集中需求场所

现代工业制造的一个重要趋势是外包，如飞机、汽车的制造，制造商不是自己生产成千上万的零部件，而是从世界各地许多分散的供应商那里采购需要的零部件、子系统，最终在一个或几个集中的工厂将这些分散的零部件、子系统组装成成品。随着城市化的发展，大量人口集中在大中城市，需求是集中的，如蔬菜，而生产是分散的。在这种情况下，物流也能够创造空间效用。

四、时间效用

时间效用是指在客户需要的时间获得产品。商品的供应与需求之间存在时间间隔，物流在克服这种时间间隔的过程中创造时间效用。认识到不同的产品和客户对时间有不同的敏感性是很重要的，如同样是延迟三天交货，但一箱香蕉的后果会比一箱铅笔的后果要严重得多。物流创造时间效用有以下三种情况。

（一）缩短物流时间

缩短物流时间，从而缩短交货提前期，可获得多方面的好处，如快速响应客户需求，加快资金周转。尤其对于采用准时制（JIT）生产系统的制造企业或生鲜农产品等对时间敏感的商品来说，物流在创造时间效用方面具有巨大的价值和潜力。马克思曾从资本角度指出：

"流通时间等于零或越接近零,资本的职能就越大,资本的生产效率就越高,它的自行增值就越大。"这里所说的流通时间实际是指物流时间。所以,加快物资周转、缩短物流时间可取得可观的时间效用。

(二)克服时间间隔

在经济社会中,商品的需求和供给普遍存在时间间隔,即需求和供给不在同一时间发生。以粮食、水果等农作物的供给为例,它们的生产、收获由于存在季节性和周期性,这就决定了它们的供给集中在某一段时间,但是人们的消费需求每天都在发生,所以,供给和需求不可避免地会出现时间间隔。如何克服这个时间间隔,保证商品的使用价值不降低且满足人们全年的需求,正是物流中的储存、保管功能要解决的问题。在储存、保管过程中,物流创造了时间效用。

(三)延长时间差

通常情况下,加快速度、缩短时间是物流活动的客观要求。但是,有时人们可能会反其道而行之,人为、能动地延长物流时间来创造效用。例如,当预测某种商品未来价格看涨,企业可能会大量购买并储存,以便将来使用或出售,从而降低采购成本,获得更高的销售利润。"囤积居奇"即是这个意思。

运输对于企业来说是更关键的经济活动。通过将商品从采购地转移到需求地,运输提供必要的服务,将一个企业与其供应商和客户联系在一起。它是物流功能中的一项基本活动,提供空间和时间两方面的经济效用。为什么中东人消耗的纯净水比用在他们汽车里的汽油还贵而我们使用的汽油贵得让许多人难以承受呢?恐怕除了经济学中的"稀缺"概念起了作用之外,运输、储存等物流活动也扮演了非常重要的角色。通过与库存计划人员密切合作,运输专业人员可以在客户需要的时间和地点将产品送到。关于运输的作用,马克思曾指出:"除了采掘工业、农业和加工工业以外,还存在第四个物质生产领域……这就是运输业。""它表现为生产过程在流通过程内的继续,并且为了流通过程而继续。"这意味着,运输是创造价值的,即创造效用。

第三节 物 流 学

一、诞生和演变

(一)物流学的诞生

一门学科的诞生应以什么样的准则划分呢?托马斯·库恩(Thomas Kuhn,1970)在其著名的《科学革命的结构》一书中提出,科学由一系列外部表现和一些共享的、概念性的、本质的联系所确定。就外部表现而言,必须具有一群对某一类事实和问题有共同兴趣的、拥有相似教育经历和专业启蒙的专家所形成的"学术界"及共享成果的专业技术期刊和会议。

通过查阅大量文献追踪物流学发展的早期渊源,发现它根源于军事与市场营销,形成于20世纪60年代的美国。

1. 军事渊源

物流学的诞生可以追溯到希腊与罗马帝国的古代战争时期,当时,头衔为 Logistikas 的军官负责资源供应和分配方面的勤务,这样,士兵就可以从其军事基地有效地移动到新的前沿阵地，并可能成为决定战争胜负的关键因素。

Logistics 这一术语的词源和历史根源是希腊语 λὸγoς（意为"原因"和"理性的"），拉丁文 locare（意为"安排"和"定价"），法文 loger（意为"接待客人或士兵"）。瑞士裔法国军事理论家安托万·亨利·若米尼（Antoine-Henri Jomini,1838）在其经典军事战略著作《战争艺术提要》中首次明确且详细阐述后勤（logistics）是为士兵提供保障的军事职能的思想。基于军需官的 18 项主要职责包括"为调动军队准备好所有必要物资"，他将后勤作为确保"为作战行动供应人员和物资"的一项职能，这一基本思想目前已经证明是此术语最早的使用。但是，该书刚出版时并没有引起注意，几年后被译成英文进入美国军校的课堂和文献中，后勤才成为军事术语。

后勤作为战争准备和持续维持军队战斗力的一项关键职能，其发展线索延续到 20 世纪。后面作出里程碑贡献的人包括撰写了《理论后勤学：战争准备的科学》的美国军官索普（1917）及对该书进行过讨论的阿德米拉尔·亨利（Admiral Henry,1954）。索普提出战略、战术、后勤三位一体的结构，强调后勤当然的职能就是提供战争的一切手段，即人力和物力手段。强调后勤"应被承认是一门科学"，并批评只谈战争科学而"闭口不谈后勤"的军事家是对战争和后勤"一无所知"。后勤在军事行动中得到重视是在第二次世界大战期间，当时由于大量战争物资需要从供应地输送到前线，就必须将各个环节作为一个系统来考虑。这种以系统的观念解决军事后勤问题的行为，是军事后勤学和物流学的萌芽。著名经济学家奥斯卡·摩根斯特恩（Oskar Morgenstern,1955）论述了后勤的本质与发展后勤理论的可能性，美国著名后勤学家亨利·艾克尔斯（Henry Ackles,1959）又出版了《国防后勤学》，他们的成果对于军事后勤的发展及引发对建立物流学的可能性的讨论都具有里程碑意义，尽管当时这些理论的应用还严格限制在军事领域。

世界著名的牛津英文词典对 Logistics 的定义是：与采购、维持和运输物料、人员和设施有关的军事学的子学科。这一定义再一次显示出物流的起源与军事学有千丝万缕的联系。

2. 市场营销渊源

物流的许多问题过去都归在市场营销领域。与军事应用非常不同，物流的含义来自经济领域中最早研究的问题：经济价值和财富是如何创造的？增加生产和商品供应的基本经济活动与机制是什么？人们的需要与需求是如何得到满足的？这些问题在 18 世纪亚当·斯密（Adam Smith）的《国富论》中被提出和研究，为现代物流学奠定了概念基础。

英国经济学家阿尔弗雷德·马歇尔（Alfred Marshall）在其《经济学原理》中认为，"人不能创造物质"，使事物对人们有用及有价值的经济活动是"移动"（movement）、"安排"（arrangement）和"重新安排"（rearrangement）。并认为通常意义上，经济价值创造不是以生产为中心的，而是以移动和安排自然物质的活动为中心的，这些活动现在认为是物流的核心。

商业领域的物流文献，最早要追溯到约翰·格鲁威尔（J. F. Growell）在美国政府的报告《关于农产品的配送》，该报告首次论述了影响农产品配送成本的各种因素。

韦尔德（Weld）认为，系统地创造和增强四大效用是企业市场营销职能至关重要的任务。其中，"形质效用"与阿尔弗雷德·马歇尔的"安排"和"实物的形成"是一致的，即现代术语"制造"的结果。但那时，时间、空间和拥有三大效用是通过基本的物流职能如储存、运输、包装、分拣、集并等创造的,尽管那时在满足客户和市场需求方面没那么重要。

物流作为一个商业概念是从20世纪50年代才发展起来的。由阿尔弗雷德·马歇尔与韦尔德的观点可知,物流活动在经济价值创造过程中具有不可或缺性以及在产品的成功营销中具有关键作用的思想很早就树立起来了。接下来,康弗斯(Converse)论述了实物配送的重要性,认为实物配送是营销的"另一半"。他的观点引起了商业和学术界的广泛兴趣。

然而,直到20世纪60年代,美国的一些商业和经济文献中才出现这些观点,而促使这些观点出现的历史动力来源于一场开始于第二次世界大战后的美国且很快波及世界其他部分的"营销革命"。有效生产稀缺商品的能力不再是商业成功的决定因素。相反,用多种可选方案吸引和服务客户以满足其需要的能力成为经济成功的关键。实物配送和物流,即系统地创造空间、时间和拥有效用,被认为是营销成功的关键要素。以前被管理人员和学术界认为是相当次要的问题且被彼得·德鲁克(Peter F.Drucker)称为管理"码头发货仓库中的乌合之众"的运输和仓储活动,成为一个新兴学科的核心。

建立实物配送观念的里程碑以及在"营销物流"和"企业物流"方面开始有组织研究的是麦基(Magee)在《哈佛商业评论》上的文章"配送物流",以及斯马凯伊、鲍尔索克斯和莫斯曼(Smykay,Bowersox,Nossman)合著的第一本教材《实物配送管理》。1961年,密歇根州立大学和俄亥俄州立大学分别在大学部和研究生院开设了物流课程,成为世界上最早把物流管理教育纳入大学学科体系中的学校。但是,似乎是德鲁克(1962)《经济的黑暗大陆》一文及他在管理界享有的盛誉才引起人们的广泛关注,认为有必要在这个领域进行系统科学的研究。不久后,其他学者也开始跟随研究。实物配送和物流在学术机构和专业协会的有组织研究行为,包括美国1963年成立了NCPDM,集中了各方面的物流专家,并提供教育培训活动;1970年创办《实物配送国际期刊》,并出版了名为"实物配送专题"的一系列论文。《实物配送国际期刊》是当今物流领域首屈一指的《实物配送与物流管理国际期刊》的前身。

在物流学作为市场营销学的一个子学科的早期发展阶段,研究关注点集中在如何提高产品对客户的"可得性""效用""价值"上,即围绕运输(创造空间效用),储存和仓储(创造时间效用),订单分拣、包装、集并、变更及物品的安排(创造拥有效用)这些一般的经济活动探索和系统分析。

(二) 物流学的演变

物流学的概念出现以后,从美国开始传播,在日本得到迅速发展,20世纪70年代后,在欧洲和其他国家也出现了一些出版物和研究机构。之后,许多其他国家也建立起数量不断增长的研究协会和团体。

到20世纪80年代,一些新的思想,如JIT生产、精益采购和生产成为新的研究热点。1985年,NCPDM更名为CLM的原因是"反映正在发展的学科,包括内向、外向和逆向的产品和服务流以及相关的信息流"。1982年,基斯·奥利弗(R. Keith Oliver)与迈克尔·韦伯(Michael D. Webber)提出供应链管理概念,并在20世纪90年代中期获得巨大的发展,供应链管理理论如今已成为现代物流学的核心理念之一。

物流现在虽然已经发展为一门艺术与科学,然而它并不能称为严格意义上的科学。物流学既没有一个确切定义的框架,也不以与生俱来的技能为基础。物流管理者是基于其教育经历、技能、过去的经验和直觉履行其职责的。创立于1978年的德国物流协会对物流的定义是:"物流学是一门应用导向的学科。它对经济网络系统和为人们创造价值的穿越时空的对象流(具体为货物、信息、资金流以及人流)进行模拟与分析,其目的是通过公认的科学方法为设计、实施和动用(mobilization)这些网络系统和流提供建议。其科学问题主要与这些网络系统的设计和组织有关,并与流的动用和控制有关。物流学的最终目的是在平衡实现经济、生态和社会目标方面取得进步。"

(三)物流学在中国的发展

1979年6月,我国曾派代表团参加在日本举办的第三届国际物流会议,并首次将物流概念引入中国。自此,一批学者开始学习、研究、引进日本和欧美的物流理论,推广物流理念,陆续出版了一批物流理论著作。部分大专院校还开设了物流专业课程,由单纯引进到独立开展研究,理论水平不断提高。

1993年7月,我国开始将物流管理专业(020210)列入本科专业目录,设置在工商管理类下面。到1998年共有15所高等学校开设了物流管理专业。但是,1998年7月新修订的本科专业目录将物流管理专业取消。2000年,北京物资学院被教育部批准重新设立物流管理本科专业;2001年,又新增6所高等院校设立该专业,并招收物流工程专业的本科生。教育部于2012年9月在1998年印发的《普通高等学校本科专业目录(1998)》基础上进行了修订,形成了《普通高等学校本科专业目录(2012)》。该目录在管理学学科门类下设立物流管理与工程专业类,然后又在此专业类下设物流管理和物流工程两个专业,并特设采购管理专业(见表1-1)。而在1998年版的目录中,物流管理(110210W)和物流工程(081207W)两个专业均只作为目录外专业分别设在管理学门类工商管理专业类下和工学门类交通运输专业类下,当时没有采购管理专业。这次调整,反映出教育部对物流学科的重视,也为各普通高等学校实施人才培养、安排招生、授予学位、指导就业、教育统计和人才需求预测等工作提供了重要依据,更说明物流学并不是只具有管理学属性或管理学与工学属性。

表1-1 《普通高等学校本科专业目录(2012)》关于物流学科专业的调整

专业代码	学科门类、专业类、专业名称
12	学科门类:管理学
1206	物流管理与工程类
120601	物流管理
120602	物流工程(注:可授管理学或工学学士学位)
120603T	采购管理

2020年,教育部又在2012版的基础上,对《普通高等学校本科专业目录》进行了调整,增加了一个特设专业:供应链管理(专业代码120604T),具体增设年份是2017年。

经过统计,2020年,物流管理与工程类可招生专业点共计691个:物流管理520个、物流工程138个、采购管理8个及供应链管理25个。供应链管理专业点发展非常快,2020年比上年增加了17个点,涉及山东大学、西南财经大学、大连海事大学、北京工商大学等,其他专业点存在少量增设和裁撤的情况,但总数保持稳定。

目前,我国建立了众多的物流研究咨询机构和物流行业协会、相关网站,拥有一大批专职研究人员,出版了一大批物流专著和教材,创办了一些物流期刊和报纸,其中,《中国流通经济》《物流管理》《物流技术》《物流时代》和《供应链管理》等专业期刊以及《现代物流报》等报纸具有较广泛的影响。这些均为物流学的进一步发展创造了有利条件。

二、学科性质

物流学是人类物流活动实践发展到一定历史阶段才产生的一门学科,并已经跨学科发展,是一个集经济学、管理学、工学和理学等于一身的交叉综合性新兴学科。物流涉及的每个学科都有自己的观点并总结出了自己的一套方法、概念和工具。在经济学方面,涉及物流资源的配置与优化、物流市场的供给与需求、物流金融与投资、物流产业的发展与增长等问题,这些问题的解决都有赖于经济学理论在物流领域中的具体应用。在管理学方面,涉及物流计划、组织、协调、考核、评估、控制等管理职能,这些问题都需要管理学理论的指导。在工学方面,许多物流基础设施和运输工具及各种物流技术设备都拥有较高的技术含量,一切现代工程技术都有可能在其中得到应用,因此,物流学涉及工学类的许多专业类别,如材料、机械、计算机、土木、轻工、材料、交通运输等。在理学方面,由于物流流体的物理、化学、生物属性往往具有不同的特征,因此需要运用数学、物理、化学、生物学理论知识指导,以便在运输、装卸、保管等物流活动过程中采取正确的保护措施。为了能够用数量特征来反映一定时期物流发展的规模、速度、水平,还要用到理学中的统计学知识。此外,物流学还与其他许多学科有关,如哲学、法学甚至历史学等。

在特定的情况下,物流学的学科属性有其侧重点。例如,从宏观经济角度来看,物流学的学科属性主要是经济学;从微观企业管理角度看,物流学的学科属性主要是管理学属性;而从物流运作角度看,物流学的学科属性兼具经济、管理及工学属性。

物流学涉及国民经济生产、流通、分配和消费领域的各个部门。由于各物流环节之间存在相互关联、相互制约的关系,它们都是作为系统的一部分而存在的,因此,系统科学是物流学产生的基础,系统性则是物流学的最基本特征。而且,由于物流学的实践性和应用性强,它还属于应用科学的范畴,许多相关学科的研究成果在物流领域中得到应用,且具有广泛的应用前景。

三、研究对象

物流学的研究对象是物流系统及其中贯穿流通和生产领域的一切"物的动态流转过程"(即物料流)和相关信息流。德国的R.尤尼曼指出:"物流学是研究对系统(企业、地区、国家、国际)的物料流及有关的信息流如何进行规划与管理的科学理论。"物流学研究的基本问题之一是如何降低物流活动成本及如何提高物流服务水平,而且最好是两者兼得。

物流学的研究对象可具体化为反映物流本质特征且普遍存在的六大要素:流体、载体、流向、流量、流程、流速。任何物流系统都包含这六个要素。

(一)流体

流体是指物流中的"物",即物质实体,包括生产领域的在制品、半成品、成品以及流通领域的商品,甚至逆向物流领域的退货、可利用的包装物和边角料以及不能回收利用的废物。不同的流体可能具有不同的自然属性和社会属性。自然属性是指其物理、化学、生物属性,如易碎、易燃、易爆、易腐、易挥发、放射等。物流的重要使命之一就是要根据流体的不同自然属性保护好流体,因此,在实物流动过程中要合理安排运输、保管、装卸等作业,使其使用价值不因物流而受损坏。社会属性是指流体所体现的价值属性、社会效益及生产者、采购者、物流作业者与销售者之间的各种关系。因此,物流的重要使命之二是在物流过程中要保护流体的社会属性不受损害。

根据流体的自然属性(重量或体积)和社会属性(价值),可计算出流体的价值系数。

$$V_C = \frac{V}{T} \quad 或 \quad V_C = \frac{V}{C}$$

式中,V_C是价值系数,单位为元/吨或元/立方米;V是商品价值,单位为元;T是商品重量,单位为吨;C是商品体积,单位为立方米。

流体的价值系数可以反映商品的运费承受能力,当系数越大时,说明运费承受能力越强,在选择运输方式和工具时,越有可能选择运价高、速度快、服务要求高的方式和工具。前一个公式更适用于重货,后一个公式更适用于轻货。系数的高低还对货物保险条款的确定有重要参考价值。计算一个区域内或区域之间的流体价值系数并进行对比研究,有助于发现物流的结构是否合理、流向是否平衡,进而推断产业结构、贸易结构与生产力布局是否合理。

(二)载体

载体是指流体借以流动的设施和设备。第一类载体指固定的基础设施,包括铁路、公路、水路、港口、车站、机场、物流中心、配送中心、物流园区等;第二类载体指可以移动的设备,包括汽车、火车、船舶、飞机等运输工具、集装箱和托盘等运输设备及叉车等装卸搬运设备等。物流载体的规模、质量、结构状况,可以反映物流系统完善的程度、技术水平,直接决定物流的质量、效率和效益。物流业之所以成为资金密集型产业,就是因为这些载体要占有和消耗大量资金,是物流学需要重点研究的一个方面。

(三)流向

流向是指流体从起点到终点的流动方向。流体要从起点流动到终点,可能会有多个方向、多条线路、多种运输方式可以选择,如何在成本、时间的约束前提下,在一个复杂的网络中实现物流的目标,往往需要运用运筹学的优化方法加以计划或规划。物流的效率和效益的取得,一般依赖于双向平衡的物流,只有这样,运输的实载率(约为行程利用率与吨位利用率的乘积)才可能提高。合理确定物流的流向,尤其是组织双向物流,是物流计划人员的重要任务。起讫点间的物流是否平衡,是企业建立物流基础设施决策的关键依据之一。通过研究流向并准确掌握流向的变化规律,物流学可以帮助物流管理者合理配置物流资源、规划物流流向,从而实现降低物流成本、加快物流速度的目的。

(四)流量

流量是指通过载体或由载体承担的流体在一定流向上的数量表现。流量与流向是不可分割的。从物流管理角度看,两个起讫点间的物流平衡,不仅要看是否双向的,还要看是否双向平衡,即在特定时间从A点到B点的去程货物与从B点到A点的回程货物在数量上是否大致相等,并且能够使用同样的运输工具。理想状况的物流应该是在所有流向上的流量都均匀分布,这样,物流资源便可得到最高限度的利用率,但这对物流设施设备及组织管理有很高的要求。实际上,一定时期内,某个企业在一个流向上的流量是很难达到均衡的,合理配置资源、借助或建立物流信息平台积极组织货源、科学规划物流作业、建立合理的物流运行机制以及竞争企业间有效开展合作等措施均有助于消除物流在流向和流量上的不均衡,从而大大提高运输工具的实载率,降低物流成本,减少排放,提高效率。

(五) 流程

流程是指由运输工具和设备承载的流体在一定流向上移动的距离。在运输作业中,货物流程与流量的乘积表现为周转量单位为吨公里。在满足客户时间要求、考虑道路通行性的前提下,完成同样的物流运输任务,应尽可能缩短流程。因此,当道路网络复杂时,运筹学中的最短路径等方法常用于路径的优化。"近路不走走远路"的迂回运输,常被认为是不合理运输的重要表现形式。流程的长短还是决定运输方式选择的重要影响因素之一。

(六) 流速

流速是指单位时间流体移动的空间距离长短。它是流程与完成该流程所花费时间的比值。流体在转移过程中主要处于两种状态,即运输和储存。由于储存需要花费时间但在不考虑短距离搬运的情况下并不发生空间位移,因此,它成为影响物流流速的关键因素。运输方式、工具、线路网络、物流节点能力、装卸搬运方式和设备等也会对流速产生影响。对于时间敏感的市场,高的物流响应速度是赢得并保留客户的有力武器。

物流的六要素之间有极强的内在联系。如流体的自然属性决定载体的类型,载体的类型又对流向、流量、流速产生影响。因此,物流管理人员只有处理好它们之间相互依赖、相互制约的关系,才能有效地实现物流活动乃至物流系统的目标。

四、研究方法

物流学的研究方法集合经济学、管理学、工学和理学的研究方法,具体采用什么研究方法需依研究的对象、内容、目的及数据的可获得性而定。其中,定性分析与定量分析、系统分析是具有代表性的方法。

(一) 定性分析与定量分析方法

定性分析就是对物流研究对象进行质的分析,分析者依据物流研究对象的属性和在运动中的矛盾变化,从其内在规律性,凭借普遍承认的公理、演绎逻辑、历史事实以及直觉、经验,直接抓住物流研究对象的矛盾的主要方面,运用归纳与演绎、分析与综合、抽象与概括等方法,对获取的资料进行去伪存真、去粗存精、由此及彼、由表及里的思维加工,对研究对象的性质、特点、发展变化规律、原因做出判断,从而达到认识物流本质、揭示物流关系和规律的目的。定性分析包括三个过程:分析综合、比较、抽象概括。通过参与观察、深度访谈等方式获取第一手资料,或对大量历史事实、生活经验材料,使用文字语言进行描述、阐释研究对象。定性分析方法包括归纳分析法、演绎分析法、比较分析法、结构分析法等,具体方法如德尔菲法、头脑风暴法等。定性分析虽然能够在一定程度上解释物流现象,但是缺乏深入思考的基础,因为在很多情况下,物流的内在规律与关系超出了人们的认知能力。当数据资料缺乏或分析者数学功底较弱时,常常采用定性分析方法。

定量分析是通过运用统计数据、建立数学模型并用数学模型计算出研究对象的各项指标及其对物流领域中的数量关系、数量特征和数量变化进行分析的方法,揭示与描述物流系统中各组成要素的相互作用与发展趋势。它使用数学语言进行问题、过程和结果的描述。马克思认为:"一种科学只有在成功地运用数学时,才算达到了真正完善的地步。"因此,物流学作为一门学科,如果不能使用定量方法进行研究,它也就成不了一门真正意义上的学科。使用定量分析,可使认识对象由模糊变清晰、由抽象变具体。定量分析包括运用回归分析、时间序列分析、决策分析、优化理论、投入产出分析、博弈论等规划最优运输路线、库存、物流网络,建立最优模型。

定性分析与定量分析的不同点是:①着眼点不同,定性分析着力于事物质的方面,定量分析着力于事物量的方面;②层次不同,定量分析是为了更准确地定性;③依据不同,定量分析依据的主要是调查得到的现实资料数据,定性分析依据的是大量历史事实和生活经验材料;④手段不同,定量分析主要运用经验测量、统计分析和建立模型等方法,定性分析则主要运用逻辑推理、历史比较等方法;⑤学科基础不同,定量分析是以概率论、社会统计学等为基础,定性分析是以逻辑学、历史学为基础;⑥结论表述形式不同,定量分析主要以数据、模式、图形等表达,定性分析结论多以文字描述为主。定性分析与定量分析的共同点:一般都是通过比较对照来分析和说明问题的,包括对各种指标的比较或不同时期同一指标的比较,以反映出数量的多少、质量的优劣、效率的高低、消耗的大小、发展速度的快慢等。

定性分析与定量分析应该是两者相结合的、统一的、互补的。定性分析是定量分析的前提,要先确定所要研究对象的性质,没有定性的定量是盲目且毫无价值的。在定量研究过程中,分析者可借助定性分析确定现象发生质量的数量界限和引起质变的原因。定量使定性更加科学准确,可使定性得出更加深入、广泛、准确的结论。因此,使用定性分析与定量分析的逻辑是由定性到定量再升华到定性,只有两者完美地结合,才能真正取得最佳分析效果,揭示出事物的本质和规律。

(二) 系统分析方法

物流是系统分析方法应用的经典领域。系统方法认为,企业的营销、生产、财务和物流等主要职能部门之间存在相互依赖性,各职能部门的目的和目标与企业的目的和目标是一致的,因此,应从整个企业范围考虑目标的实现。将系统方法应用于物流领域,既意味着由于各公司的目的和目标是不同的,所以,一个物流系统不能适用于所有的公司;也意味着一个职能部门制定决策时要考虑对其他职能部门的潜在影响。例如,即将来临的某个节日的销售量扩大 5 倍,从物流角度,不仅意味着要考虑有更多的商品需要识别、运输、储存、分拣、包装和跟踪,还意味着物流经理要平衡物流职能部门内部各物流活动的关系,以确保一项活动的实施不以损害其他活动为代价,因为各物流活动之间也是相互依赖的。

基于系统方法论的一种具体方法是总成本法,即将各项物流活动看作一个整体而非个体,在理解各物流活动之间存在成本的效益背反关系基础上,追求物流总成本最低。该方法的关键在于制定物流决策时考虑所有相关成本项目,以最低的总成本找到支持企业的一定客户服务要求的方法。如快递会增加运输成本,而同时也会降低包括库存持有成本在内的其他成本,因此,降低了物流总成本且没有影响到客户服务水平。由于供应链是扩展的企业,是比单个企业更大的系统,从追求企业范围内的物流总成本最低还可以延伸到追求包括上下游在内的供应链总成本最低。

当前,基于数学、系统论、信息技术和工程的方法远比采用组织行为学中"较软"的概念、模型和方法研究物流取得的成果多。而采用法律、政治学领域知识的研究刚刚开始,预期它们在复杂网络中对合同、制度和跨文化等安排的研究有很大的应用潜力。

五、重要理论学说

(一) 商物分离

在社会经济活动中,尤其是在生产力水平较低的农业社会,商流与物流结合在一起是一种普遍的现象。在商流与物流结合的情况下，商品进行一次交易，实体就运动一次，商流与物流方向一致，只是运动形式不同。第二次世界大战后，流通过程中"所有权转移"与"实物流通"两种形式出现了明显的分离，简称商物分离。商物分离是指商流与物流按照各自的规律和渠道独立进行运动。它是物流科学赖以存在的先决条件。商物分离前后商流与物流的运动轨迹如图 1-6 所示。在分离前，生产者将商品生产出来后，所有权经三次转移到了用户手中，且需要将商品从生产者的仓库运送到经营者 A（如批发商）的仓库，再到经营者 B（如零售商）的仓库，用户购买后，对于大件商品，最后还要将其送到用户指定的地点（如家庭）。而分离后，虽然所有权同样转移三次，常见的物流运动轨迹是从生产者仓库直接到用户，这样，物流路径就比分离前大大缩短，节约了物流时间与成本。当然，这是一种极端的情况，更为常见的情况可能是既有结合又有分离。如在前两个环节分离，即生产者的物流到经营者 B，而在最后一个环节结合。商流与物流的互相分离，一般有以下几种情况。

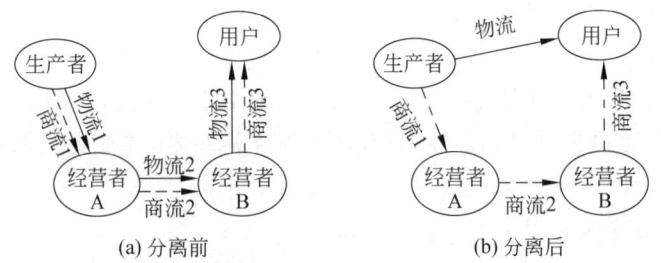

图 1-6　商物分离前后商流与物流的运动轨迹

1. 商流在前，物流在后

商流活动发生之后，才产生物流活动。假设你是一个消费者，到商场去选购一台大屏幕彩电，选择某一型号彩电在收银台付款并获得交款凭证后，你就获得了该彩电的所有权，即完成了商流的活动。商家一般会在数日内安排车辆将同区域内客户已经购买的家电配送过来。另一个例子是定制产品的预购。首先，买卖双方进行一系列交易活动，如商务谈判、签订合同、交付定金或预付全部货款等。这时产品可能还没有生产出来，当然也不会有该产品的物流。产品生产出来后，需要一系列物流活动，包括商品包装、装卸搬运、运输、保管等，才能从产地转移到销地的用户手中。

2. 物流在前，商流在后

物流活动发生之后，才产生商流活动。这种情况发生的场景：一是卖方先将商品运送到卖场，然后等待客户来购买。在传统的现货交易中，这是最常见的，如蔬菜市场、批发市场。在推式供应链中，卖方根据预测数据，也是先将一定数量和品种的商品通过物流配置到消费地或消费地附近的仓库、卖场，待客户购买或下单后完成商流活动。二是前置仓。在移动互联时代，随着生鲜电商的发展，前置仓模式无疑是"物流在前，商流在后"的创新发展。前置仓是一种仓配模式，离消费者较近，可能是在某个办公楼、某个社区里设置一个小型的仓库，总部中央大仓先对门店供货，然后消费者下单，商品再从前置仓发货，由于距离近，客户在很短的时间（如 2 小时内）就能收到货。使用前置仓模式的商家包括叮咚买菜、每日优鲜、朴朴生鲜等。

3. 商流迂回，物流直达

在商业活动中，交易的对象往往不是商品实物本身，而是承载商品所有权的凭证，凭证的多次易手,并不需要商品实体也跟着依次从一个卖方的仓库转移到另一个买方的仓库,而是可以从最初的卖方仓库直接运送到最后的买方。在这种情况下,商流是迂回、接力完成的,而物流按照自身的规律直达供货,省去了多次转运、储存等物流活动导致的商品损失和物流成本。

4. 线上商流,线下物流

随着计算机和网络技术的发展,传统的通过实体店铺销售商品的模式受到很大挑战,各种模式的电子商务已经以一种不可逆转的方式影响企业的采购和销售活动以及消费者的购买行为。在开放网络环境下,买卖双方不直接谋面就可以进行各种交易活动,实现线上谈判、线上购物、线上电子支付,即在线上就可以完成商流活动。但是,无论电子商务多么发达,最终交易的实物还必须通过线下的物流送达到买方手中。也许你是从一个大型的拥有多个物流中心或配送中心的企业采购商品,但你需要的商品很可能是从离你最近的中心运送过来的,以实现快速配送及降低物流成本。

5. 只有商(物)流,没有物(商)流

只有商流而没有物流的情况至少有两种:一是房产买卖,一处房产,可以经过一次甚至多次交易,但不存在物流活动;二是商品投机活动,一宗商品可以经过多次易手,商流不断进行,但不存在商品实物的流动。

只有物流而没有商流的情况也普遍存在,如农民农副产品的自给自足。

(二)"黑暗大陆"

被誉为"现代管理学之父"的美国管理学权威德鲁克1962年在《财富》杂志上发表题为"经济的黑暗大陆"的文章指出,"流通是经济领域里的黑暗大陆",将物流比作"一块未开垦的处女地",并指出物流是企业有机会提高效率的最后的真正领域之一,强调应高度重视流通及流通过程中的物流管理。德鲁克所说的"黑暗大陆"主要是指尚未认识、了解、开发的领域,这里泛指流通这一特定领域,但由于流通领域中物流活动及其导致的物流成本的模糊性特别突出,是人们认识不清的领域,是最被忽视和最有前途的商业领域,所以"黑暗大陆"学说主要针对物流而言。这一理论提出后,激励人们在理论和实践中不断探索这个领域。

流通之所以被称为"黑暗大陆",一个主要原因是财务会计制度把生产经营费用大致划分为生产成本、管理费用、营业费用、财务费用,然后再把营业费用按各种支付形态进行分摊。这样,在损益表中所能看到的物流成本只占整个销售额的极少部分,物流的重要性显现不出来,导致物流管理得不到应有的重视。因此,加强物流成本管理是挖掘潜在盈利能力的重要渠道。

(三)物流冰山

20世纪60年代,日本早稻田大学西泽修教授提出"物流冰山"说。他在研究物流成本时发现,现行财务会计制度和会计核算方法都不可能掌握物流费用的实际情况,因此人们对物流费用的了解一片空白,甚至有很大的虚假性,就如一座冰山,大部分沉在水面之下的黑色区域是看不到的,而露出水面可以看到的仅是冰山一角。一般情况下,现行企业会计科目只把支付给外部运输企业、仓储企业或储运企业等包括运费、保管费在内的外包费用列入成本,但这部分费用很少,只占整个物流成本的30%,是所有物流费用的冰山一角。而企业内部大量发生的物流基础设施建设费、包装费、装卸费、人工费及利用自身车辆、仓库、搬运机械设备进行运输、保管、搬运的费用都没有记入物流费用科目内,它们混杂在材料费、制造成本、销售费和管理费之中,所以很难统计,根本就看不到物流费用的全貌。西泽修将这种现象形象地比喻为"物流冰山"(见图1-7)。西泽修用物流成本的具体分析论证了德鲁克的"黑暗大陆"说。这一理论的出现对企业更加清晰地认识物流成本和物流成本的管理具有很好的指导作用。

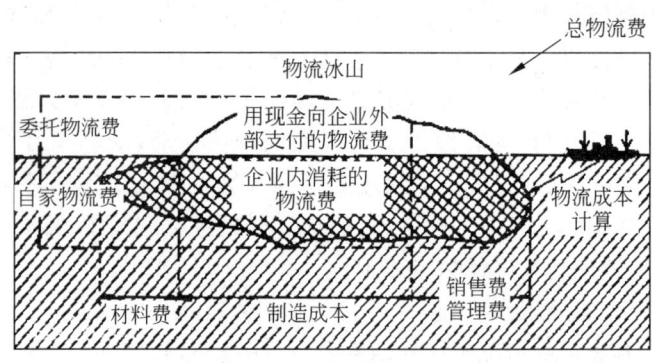

图1-7　西泽修的"物流冰山"说

(四) 第三利润源

西泽修在其著作《物流——降低成本的关键》中指出,企业的利润源是随时代发展与企业经营重点的转移而变化的。20世纪50年代初,在美国经济援助和技术支持下,处于工业化大生产时期的日本企业很快实现了机械化、自动化生产,降低制造成本成为经营重点,也被西泽修称为"第一利润源"。然而,大量产品导致市场泛滥,需要大量销售。于是,1955年从美国引进市场营销技术后,日本跨入市场营销时代,增加销售额成为企业的经营重点,即"第二利润源"。1965年起,开始重视物流,1970年开始,产业界大举进军物流,日本又跨入了物流发展时代。这时,降低制造成本已经有限,增加销售额也已走到尽头,企业热切地想寻求新的利润源,物流成本的降低使"第三利润源"的提法恰恰符合当时企业经营的需要。因"第三"隐有"未知"的含义,所以"第三利润源"是一个未知的领域。不仅推动了当时日本物流的发展,也对我国和亚太地区的物流发展产生了重要影响。这一学说于1970年提出并广受关注,1979年被原国家物资总局组织的赴日考察团带回我国,并在考察报告中对此有过介绍。西泽修的"第三利润源"说如图1-8所示。

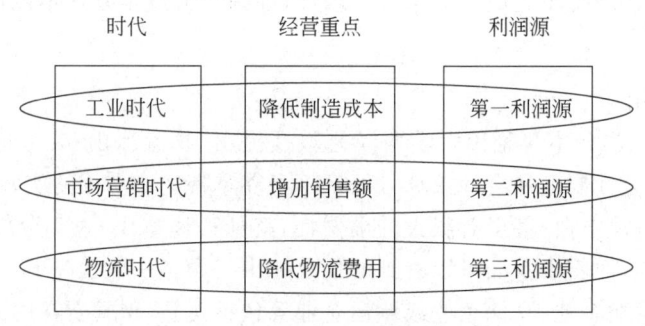

图1-8　西泽修的"第三利润源"说

（五）效益背反

效益背反（trade-off）是指一种物流活动的高成本，会因另一种物流活动成本的降低或效益的提高而抵消的相互作用。

物流包括运输、储存、包装等若干功能要素，它们之间存在损益的矛盾，即某一个功能要素的优化导致利益发生的同时，可能使另一个或几个功能要素的利益遭受损失；反之，亦然。

效益背反主要存在以下两类情况。

（1）物流功能之间的成本冲突，即降低某一功能的成本，就不得不提高其他相关功能的成本。例如，在其他因素不变的情况下，包装越省，利润越高。但是，包装节省后会导致商品进入流通之后商品保护效果的降低，进而导致商品在储存、装卸、运输过程中损失的增加。再如，库存的减少可节约库存费用及仓储费用，但会带来缺货率上升而导致运输费用及订货费用的增加。如果运输费用及订货费用的增加部分超过了库存费用及仓储费用的减少部分，总的物流成本反而增大，显然，这种权衡是不明智的（见图1-9）。

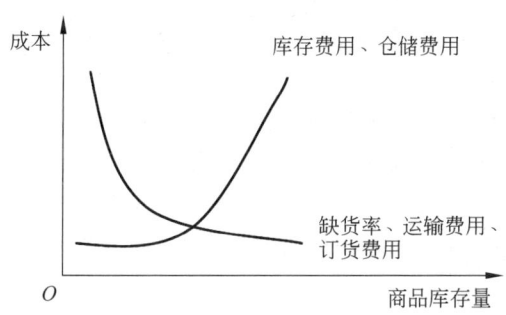

图1-9　物流成本的"效益背反"

（2）物流服务水平与物流成本之间的冲突，即两者会同方向发生变化。如小批量即时配送可以提高服务水平，但同时会增加配送成本。

基于效益背反理论，单独地优化物流的某一个或几个功能要素得到的结果只能是次优化，要使物流总成本最低或效益最大化，必须深入理解各功能要素及其内在联系，要树立"物流是一片森林而非一棵棵树木"的系统论观，将包装、运输、保管等看成一个整体来认识物流，进而有效解决效益背反问题，追求整体效果。

（六）战略说

战略说是指物流是企业发展的战略而非一项具体任务。战略说从战略高度看待物流问题，将物流与企业生存发展直接联系起来，不追求具体活动的效益，而立足于总体效益，着眼于长远效益。因此，企业、地区、国家甚至大的经济联盟都应加强物流的战略规划、投资，在更宽广的时空范围内考虑物流问题，将物流看成一种战略竞争武器。

企业确立战略时，应注重对竞争优势的建立。传统的竞争优势来源于获得低劳动力成本、自然资源等因素上。尽管这些因素对企业的成功仍然至关重要，但它们作为可持续竞争优势的重要性正在下降。首先，新技术正在降低直接劳动力成本在总成本中所占的比例：许多劳动力成本处于历史低位的国家发现，新兴国家的劳动力成本可以低于它们；某些行业的发展速度似乎使技术发展几乎在新产品一进入市场就过时了。而且，即使是最先进的技术也会随着时间的推移而过时。事实上，许多昨天的竞争优势变成了今天的标准优势。因此，它们很容易复制，导致企业战略创新的机会、范围都可能变窄，企业必须不断地寻找新的方法来比竞争对手更好地满足客户的需求。其次，自然资源和廉价零部件的可得性日益全球化，这在很大程度上消除了获得这些资源的优势。在这种情况下，物流被认为是一种优势和有效的资源。高层管理人员越来越意识到，高效和有效的物流系统可以为企业提供可持续的竞争优势。建立在精心规划和严格执行的物流战略上的竞争优势是可持续的，因为竞争者很难模仿，特别是物流优势发展成供应链优势时。

任何企业都应将其技能集中在满足客户需求上，这些需求为获得可持续的竞争优势提供了最大的机会。企业的战略始于公司所服务的客户的需要，这些客户影响物流战略的性质，而物流战略的性质又决定着企业及其核心部分内部物流系统的设计。有三类著名的物流战略：最小化资本成本、最小化运营成本和最大化客户服务。最小化资本成本的目标是使物流系统的总投资最小化。因此，相应的物流战略可能是外包仓储或直接发货给最终消费者。因此，这样的战略将集中在高效的运输方案和使公司的工厂更接近市场。最小化运营成本的目标是最小化移动和存储的可变成本。相应的物流战略是改进运输方案和仓储系统以及尽可能地减少物流其他各种功能性成本。服务最大化的目标是使产品对消费者的可用性最大化及对客户订单响应的时间最小化。例如，在客户相当成熟、竞争力处于峰值水平的发达市场，出现了对基于时间的物流管理的新需求。加快流程意味着通过消除没有附加价值但耗时的活动和流程来简化从供应商到客户的物流。客户需要快速交货、持续的货物跟踪和电子信息传输，以减少时间浪费。不过，上述三类战略很多时候难以单独应用。根据客户的要求，企业的物流（供应链）系统往往需要在资本、响应和效率的适当组合中寻求平衡。

（七）其他学说

除了上述六种常见的学说外，随着人们对物流认识的深入，还产生了其他一些学说，包括成本中心说、利润中心说和服务中心说等，它们分别从一个角度阐释了物流的重点所在或物流的重要性。

1. 成本中心说

成本中心说是指人们对物流的关注点主要是降低成本。物流是"降低成本的宝库"是这种认识的形象表述。在这种认识下，在整个企业战略中，物流只对营销活动成本发生影响，物流是企业成本的重要产生点，因此，解决物流问题，主要不在于要搞合理化、现代化和支持保障其他活动，而是通过物流管理和物流的各项活动降低成本。该学说没有将物流放在主要位置尤其是企业发展战略的主导位置，过分强调成本的降低将影响物流本身的进一步发展。

2. 利润中心说

利润中心说是指物流可以为企业提供大量直接和间接利润，是形成企业经营利润的主要活动。而且，物流也是国民经济中创造利润的主要活动。

3. 服务中心说

服务中心说是指物流活动最大作用在于提高企业对用户的服务水平进而提高企业的竞争能力，而不在于为企业节约消耗、降低成本或增加利润。这一学说特别强调物流的服务职能，有利于形成企业战略发展能力。在个性化、定制化越来越盛行的今天，谁能为客户提供卓越的物流服务，将在战略上创造不同于竞争者的差异化核心竞争力，有助于保持持续的竞争优势。

实训项目

- 实训内容：物流认知实训。
- 实训手段：视频片段、实物图片展示。
- 实训目的：了解物流发展历史和现状、主要功能、操作流程。

练习题

一、单项选择题

1. 物流概念是（　　）才产生的。
   A. 20世纪初　　　B. 20世纪末　　　C. 19世纪初　　　D. 19世纪末

2. 物流概念的发展按时间顺序包括三个发展阶段及相对应的三个美国行业研究协会分别是（　　）。
   A. PD，CLM；Logistics，NCPDM；SCM，CSCMP
   B. PD，NCPDM；Logistics，CLM；SCM，CSCMP
   C. PD，CSCMP；Logistics，CLM；SCM，NCPDM
   D. Logistics，CLM；SCM，CSCMP；PD，NCPDM

3. 相对煤炭、矿石这样的原材料，高科技产品的价值系数要（　　）。
   A. 高得多　　　　B. 高　　　　　　C. 低　　　　　　D. 低得多

4. 商流是指商品通过买卖活动而发生的价值形态变化和（　　）的转移。
   A. 使用权　　　　B. 所有权　　　　C. 经营权　　　　D. 处置权

5. 物流的流通加工功能创造（　　）。
   A. 拥有效用　　　B. 形质效用　　　C. 空间效用　　　D. 时间效用

6. 物流业属于（　　）产业。
   A. 劳动密集型　　B. 资金密集型　　C. 知识密集型　　D. 科技密集型

7. 运输工具行程利用率的提高关键要避免（　　）运输。
   A. 空驶　　　　　B. 迂回　　　　　C. 重复　　　　　D. 超载

8. 吨位利用率的提高有赖于（　　）。
   A. 双程有载　　　　　　　　　　　B. 增加车辆载重能力
   C. 超载　　　　　　　　　　　　　D. 货源充足

9. 德鲁克曾认为"（　　）是经济领域里的黑暗大陆"。
   A. 流通　　　　　B. 物流　　　　　C. 商流　　　　　D. 资金流

10. 包装材料的节约却增加了运输中货物的破损，这种现象可称为（　　）。
    A. 黑暗大陆　　　B. 物流冰山　　　C. 效益背反　　　D. 第三利润源

二、多项选择题

1. 根据物流活动发生的层次可以将物流分为（　　）。
   A. 社会物流　　　B. 行业物流　　　C. 生产物流　　　D. 企业物流

2. 物流创造时间效用包括（　　）。

A. 缩短物流时间　　B. 增加物流时间　　C. 克服时间间隔　　D. 延长时间差

3. (　　)是物流系统的要素。

A. 流程　　　　　B. 流速　　　　　C. 流量　　　　　D. 流向

4. 物流系统要素中,流体的自然属性包括(　　)。

A. 价值　　　　　B. 重量　　　　　C. 价格　　　　　D. 体积

5. 物流效益背反存在(　　)情况。

A. 物流功能之间的成本冲突　　　　B. 物流服务水平与物流成本的冲突

C. 物流标准与物流技术的冲突　　　D. 现代物流理念与传统物流实践的冲突

三、填空题

1. 日本早期将 PD 表达为_____。
2. 商品流通渠道包括_____和_____。
3. 商流是指商品通过买卖活动而发生的价值形态变化和_____的转移。
4. 现代的流通概念包括_____、_____、_____和_____。
5. _____是一个比物流更大的系统概念,物流是其中的一部分。
6. _____是供应物流与社会物流的衔接点。
7. _____是企业物流与社会物流的又一个衔接点。
8. 物流学是一门_____学科。
9. 在波特的价值链模型中,内向物流(或进向物流)与_____均被认为是企业创造价值的基本活动。
10. 物流学发展根源于_____和市场营销。

四、判断题

1. "境内关外"的物流活动属于国内物流。　　　　　　　　　　　　　　　(　　)
2. Logistics 是一个与战争密切相关的概念。　　　　　　　　　　　　　　(　　)
3. 物流的时间效用由储存功能创造。　　　　　　　　　　　　　　　　　(　　)
4. 商品的价值系数越大,表明其运费承受能力越强。　　　　　　　　　　(　　)
5. 物流冰山理论中的"冰山一角"是指企业生产过程中发生的物流成本。　(　　)
6. 物流活动自第二次世界大战后才诞生。　　　　　　　　　　　　　　　(　　)
7. 商品在配送中心拆大包为小包创造的是拥有效用。　　　　　　　　　　(　　)
8. 某一次货物运输的周转量等于货物运量与经过的运输距离的乘积。　　(　　)
9. 一个国家或地区在一定时期内各种货物运输方式平均运距的大小无法反映各种运输方式分工是否合理。　　　　　　　　　　　　　　　　　　　　　　　　　　(　　)
10. 商流可以迂回,物流力争直达。　　　　　　　　　　　　　　　　　　(　　)

五、简答题

1. 我国国家标准是如何对物流进行定义的?
2. 如何理解逆向物流、回收物流与废弃物物流?
3. 传统物流与现代物流有何不同?
4. 物流空间效用的含义是什么及在哪些情况下创造?
5. 商物分离和战略说的含义是什么?

六、论述题

1. 有哪些提高物流速度的途径以更好地满足客户的需求？
2. 企业在优化物流成本时，应采取什么观点？其理论依据是什么？请举例说明。

七、案例分析题

菜鸟：第四方物流的翘楚

从1998年提出概念到2013年，关于第四方物流的理解大多停留在最初的概念阶段，其实并没有本质上的变化，也缺乏真正大规模落地的案例，直到菜鸟网络（简称菜鸟）的出现。该公司是2013年由阿里巴巴集团牵头、联合顺丰集团、"三通一达"（申通、圆通、中通、韵达）以及相关机构成立的一个互联网科技公司。公司成立后正式启动了"中国智能骨干网"项目，通过自建、共建、合作、改造等多种模式，在全国范围内形成一套开放的社会化仓储设施网络，在此基础上，搭建四通八达的物流网络，打通物流骨干网和"毛细血管"，提供智慧供应链服务。菜鸟作为一家以大数据技术为核心的科技公司，实质上是定位于打造一个真正的覆盖全国甚至未来统筹全球物流体系的第四方物流。在阿里巴巴的介绍中，菜鸟将利用先进的互联网技术，建立开放、透明、共享的数据应用平台，为电子商务企业、物流公司、仓储企业、第三方物流服务商、供应链服务商等各类企业提供优质服务，支持物流行业向高附加值领域发展和升级。

数年前，菜鸟就聚合了涵盖仓储、干线、快递、跨境物流等物流全产业链上的优势资源，试图打造成数据驱动的第三方物流公司的协作平台。菜鸟物流数据平台通过整合阿里电商体系、物流公司、商家、消费者以及第三方社会机构的数据，致力于实现物流过程的数字化、可视化，扫除横亘在各方之间的数据障碍，使物流公司和商家等的信息对称化程度获得较大提升，用户则可通过天猫、淘宝、速卖通等阿里电商及相关产业平台产生商流订单驱动菜鸟物流系统，将订单数据与物流数据融合形成天网，从而使菜鸟成为实现数据驱动的云供应链协同平台。

菜鸟的愿景是：极致的消费者物流体验、高效的智慧供应链服务、技术创新驱动的社会化协同平台。其目标是与物流合作伙伴一道，加快实现"全国24小时，全球72小时必达"。为此，2019年5月28日，在菜鸟举办的2019全球智慧物流峰会上，菜鸟总裁万霖宣布菜鸟将实施"一横两纵"战略，并提出菜鸟未来三年的数字化目标。"一横两纵"中"一横"是指推动全行业数字化升级，"两纵"是指推动新零售供应链和全球化供应链数字化升级，建设整个物流行业的数字化基础设施，搭建面向未来的、基于新零售的智慧物流供应链解决方案，打造一张全球化的物流网络。菜鸟计划用数字化促进S2B2C（一种创新商业模式，其中S为大供应商即平台，B为渠道商，C为客户）供应链的全线打造，加速智慧供应链大脑上线运行，提升库存健康度。同时，菜鸟数字化技术让全球134个产地港口接货做到了"一盘货"，以及数字通关等，可以提高货物流转效率。菜鸟未来三年的数字化目标：一是将和快递行业一起每年为超过10亿人次提供全新寄件服务；二是菜鸟驿站方面，将和快递行业共建10万个社区级站点，菜鸟驿站是菜鸟网络布局线下重要的一环，通过与高校、便利店、物业、社区服务站等合作，主要针对消费者的线下实体服务体系的建设，包括进到小区的服务站和自提点等；三是菜鸟物联网技术方面，将和快递行业共同连接智能物流终端1亿个。

2020年伊始，"新冠"肺炎肆虐，对物流行业提出了极大挑战，同时也让整个社会思考：我们的供应链应该如何升级迭代，变得更智能、更稳健？

菜鸟供应链全面升级商家服务产品矩阵，推出迭代的菜鸟数智大脑，通过前沿的数智能力、得天独厚的仓配服务产品，引领中国供应链数智进化，让数智供应链成为商家的竞争力、成为中国新的基础设施。

（一）供应链数智进化：数字商业的关键一战

当前，一场数字商业的升级变革正在广泛地进行。虽然中国的电商飞速发展，很多企业搭载数字化营销取得长足的进步，但是在供应链端还处于传统阶段，甚至成为企业新的竞速中的短板。

用数字化、智能化来改造供应链，打造新的供应链竞争力，不仅是锦上添花，更是一道必须做的命题。

作为阿里巴巴商业操作系统中的物流供应链基础设施，菜鸟供应链提出了"引领中国供应链数智进化"的使命，借助遍布全国的仓配网络、得天独厚的电商物流能力，推动数字化、智能化技术在供应链领域的应用，为商家提供更前沿、更高效和更全面的供应链服务，在助力客户供应链转型升级的同时，引领中国供应链数智进化，如图1-10所示。

图1-10　菜鸟引领中国供应链数智进化

（二）供应链全新升级四大产品版块

菜鸟供应链全新推出的产品矩阵包含四大版块，如图1-11所示。

特别重磅推出菜鸟供应链数智大脑，通过数智化分仓、数智化预测、数智化决策等产品组合，助力商家数智化技术，驱动供应链升级，使供应链更高效、更智能。同时推出全新的数智仓配组合，以及综合的供应链数智全案服务、物流商流联动服务。

1. 数智大脑

菜鸟供应链数智大脑是整合当今前沿科技推出的系列产品，覆盖分仓到运营的完整场景，是供应链升级的有力工具。

数智大脑系列产品涵盖：分仓宝，助力商家更科学分仓，让货品离消费者更近，让用户时效体验更佳；预测宝，通过联合销售预测、产销计划、补货的CPFR（协同规划、预测与补货）工具，让商家周转更快、资金释放更多。值得注意的是，预测宝的销售预测可以预测到未来4～13周的SKU（库存量单位）和分仓销量，处于目前预测的顶尖水平；决策宝，通过可视化数据看板，驱动数据化运营，让决策更"有数"、更科学，如图1-12所示。

图 1-11　菜鸟供应链新的产品矩阵

图 1-12　菜鸟供应链·数智大脑系列产品

2. 数智仓配

作为阿里巴巴商业操作系统的物流供应链基础设施,菜鸟供应链在多年的电商物流服务、双 11 作战中,沉淀出了强悍的物流供应链能力和得天独厚的仓配资源。

目前,菜鸟供应链在全球拥有仓储数超 230 个,国内拥有 7 大仓配网络枢纽、覆盖全国 2 700 多个区县的物流骨干网络,其中当次日达覆盖全国 1 600 多个区县;拥有合作运输车辆超过 23 万辆,专线超 609 万条,快递网点超 20 万个。这使原先点到点单个包裹的零散独立配送被集约规模化的配送模式所取代,带来物流配送效率的大幅度提升和成本的大幅度下降。为了更好地服务全球的消费者和商家,菜鸟还将物流网络延伸至全球 224 个国家和地区,真正搭建起一张具有全球配送能力的跨境物流骨干网。

通过打造多样化、个性化的服务,菜鸟希望向消费者提供更优质的物流服务体验。目前,菜鸟供应链仓配物流矩阵覆盖全链路、多层次,包含数智 B2B 仓、数智 B2C 仓、数智协同仓、数智集货仓、数智干运等。其中,在数智 B2C 仓中,区分高端仓、品质仓、经济仓,供不同业态、不同发展阶段和不同需求的商家选用。如图1-13所示。

图1-13　菜鸟供应链·数智仓配

3. 数智全案

菜鸟供应链数智全案产品，针对全链路需求或特定场景需求，整合菜鸟综合服务工具、能力，为商家提供完整的解决方案。目前，一站式供应链产品有"全链宝"和"大促宝"，如图1-14所示。

图1-14　菜鸟供应链·数智全案

"全链宝"让全托管更简单。基于仓、干、配在菜鸟供应链系统数智支持下高效运转，菜鸟全权负责仓网结构设计、库存计划与调拨执行，在全链路前沿数智技术赋能下，商家可以安心全托管。

"大促宝"让天下没有难做的大促。产品覆盖大促供应链全部环节，配备大促数据驾驶舱，提供大促专属的"商家服务"，平稳应对高爆发订单的大促、实现大促日常化！

4. 商流联动

商流联动产品有"供应链金融"和"渠道宝"两类，如图1-15所示。

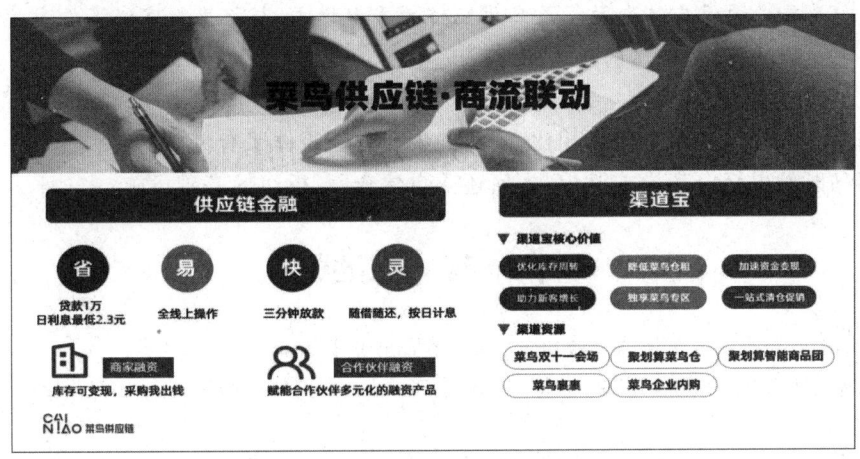

图 1-15　菜鸟供应链·商流联动

"供应链金融"具有四大特色：省、易、快、灵。其中，省，贷款一万，利息最低2.3元；易，全部流程线上操作；快，三分钟放款；灵，随借随还，按日计息。

"渠道宝"除优化库存周转外，还能独享菜鸟专区资源，涵盖菜鸟双11会场、聚划算菜鸟仓、菜鸟裹裹等丰富的渠道资源。

（三）"三大升级＋四大优势"赋能商家一起进化

纵观全新的产品矩阵，菜鸟供应链不仅提供优质的仓配服务和数智系统，更期待与商家一起建设下一代数据供应链。赋能商家实现从仓配到供应链、从精细化到科技化、从部门化到产销协调中枢的三大升级。

菜鸟供应链具备四大优势如图1-16所示，可以助力商家打造供应链竞争力。一是更高的供应链回报。依托阿里大数据和菜鸟数智能力，赋能商家精准预测、科学决策、链路优化，促进降库存、提周转。二是更强的供应链弹性。依托仓配网络、专业运营和数智技术，具备强大的弹性能力，满足商家高达数百倍的大促巅峰保障。只有爆款，没有爆仓。三是更快的供应链创新。紧贴新零售等商业模式创新，为商家创新提供快速迭代、敏捷反应的供应链解

图 1-16　菜鸟供应链四大优势

资料来源：菜鸟网络官网(2020-04-08)、快咨询(2018-09-10)。

决方案。四是更广的供应链资源。菜鸟供应链的平台模式,与阿里数字经济体高效协同,为商家提供丰富可选、稳定可靠的仓运配资源。

思考:
1. 与第四方物流的基本概念相比,菜鸟的第四方物流体系有哪些特点?
2. 菜鸟既然以轻资产模式胜出,为何还要自建仓库、枢纽等基础设施?

本章参考文献

[1] 汝宜红,田源. 类似物流学[M]. 3 版. 北京:高等教育出版社,2019.

[2] ARCHA,SHAW. Some Problems in Market Distribution [M]. Cambridge:Harvard University Press,1915.

[3] FRED E,CLARK. Principles of Marketing[M].New York:Macmillan Company,1922.

[4] BROUWER T A,DOUWE EGBERTS, HOLLAND. Evolution of the physical distribution concept—a case history [J].International Journal of Physical Distribution,1972,2 (1):33-36.

[5] DOUGLAS LONG. International Logistics:Global Supply Chain Management [M]. Dordrecht:Kluwer Academic Publishers,2003.

[6] MARTIN CHRISTOPHER.Logistics &Supply Chain Management [M].4th ed. Upper Saddle River:Prentice Hall,2011.

[7] OLIVER R K,WEBBER M D.Supply-chain management:logistics catches up with strategy[M]// CHRISTOPHER M. Logistics-The strategic issues. London:Chapman & Hall,1992.

[8] 托马斯·弗里德曼. 世界是平的——21 世纪简史[M].何帆,肖莹莹,郝正非,译. 长沙:湖南科学技术出版社,2006.

[9] KATE VITASEX. Supply Chain Management Terms and Glossary[S]. Lombard, Illinois:CSCMP,2013.

[10] 王健. 现代物流概论[M]. 3 版. 北京:北京大学出版社,2019.

[11] 张莉莉,姚海波,熊爽. 现代物流学[M]. 北京:北京理工大学出版社,2020.

[12] 崔介河. 物流概论[M]. 5 版. 北京:北京大学出版社,2020.

[13] 中华人民共和国国家质量监督检验检疫总局,中国国家标准化管理委员会. 社会物流统计指标体系(GB/T 24361—2009)[S]. 北京:中国标准出版社,2009.

[14] PORTER, MICHAEL E. Competitive Advantage:Creating and Sustaining Superior Performance[M]. New York:Free Press,1985.

[15] 保罗·萨缪尔森,威廉·诺德豪斯. 经济学[M]. 萧琛,译. 18 版. 北京:人民邮电出版社,2008.

[16] PAUL R. MURPHY, DONALD WOOD. Contemporary Logistics [M].11th ed. Upper Saddle River:Prentice Hall,2014.

[17] 王红艳. 现代物流基础[M]. 北京:北京理工大学出版社,2020.

[18] PENELOPE POULOU.Break Through Movie Reveals Wondrous Underwater World[EB/OL].[2015-04-10]. http://www.51voa.com/VOA_Standard_English/breakthrough-movie-wondrous-underwater-world-62375.html.

[19] 小保罗·墨菲,迈克尔·克内梅耶. 物流学[M]. 杨依依,译. 12 版. 北京:中国人民大学出版社,2019.

[20] 迈克尔·胡格斯. 供应链管理精要[M]. 刘浩华,译. 北京:中国物资出版社,2010.

[21] MIKE MACRAE. The First World War and the Birth of Modern Logistics[EB/OL]. [2014-08-13]. http://lidd.ca/the-first-world-war-and-the-birth-of-modern-logistics/.

[22] PETER KLAUS,STEFANIE MüLLER. Towards a Science of Logistics:Milestones along Converging Paths

[EB/OL]. [2015-04-08]. http://www.springer.com/cda/content/document/cda_downloaddocument/9783642279218-c1.pdf?SGWID=0-0-45-1330639-p174285259.

[23] SHAMIM, MOHAMMED. Encyclopaedia of Logistics Management[M]. Mumbai, IND: Himalaya Publishing House, 2009.

[24] CONVERSE, PAUL D. The Other Half of Marketing[C]. Proceedings of the 26th Annual Boston Conference on Distribution, 1954: 310-314.

[25] DELFMANN, WERNER, et al. Towards a Science of Logistics: Cornerstones of a Framework of Understanding of Logistics as an Academic Discipline[J]. Logistics Research, 2010, 2(2): 57-63.

[26] 刘浩华,李振福,崔爱平,等. 物流战略管理[M]. 北京:中国财富出版社,2018.

[27] DRUCKER, PETER F. The Economy's Dark Continent[J]. Fortune, 1962(4): 265-270.

[28] ALAN HARRISON, HEATHER SKIPWORTH, REMKO VAN HOEK, et al. Logistics Management & Strategy[M]. 6th ed. New York: Pearson, 2019.

[29] QEIS KAMRAN. Strategic Value Chain Management: Models for Competitive Advantage[M]. London: Kogan Page, 2020.

[30] JOHN COYCLE, C. JOHN LANGLEY JR., ROBERT NOVACK, et al. Supply Chain Management: A Logistics Perspective[M]. 11th ed. Winfield: South West College ISE, 2020.

[31] RAJAT K. BAISYA. Integrated Supply Chain and Logistics Management[M]. Thousand Oaks: SAGE Publications Press, Ltd., 2020.

第一章

物流系统与服务

 引导案例

宝供一体化物流服务

宝供物流企业集团有限公司(以下简称宝供物流)创建于1994年,1999年经国家工商总局批准,成为国内第一家以物流名称注册的企业集团,是我国最早运用现代物流理念为客户提供一体化物流服务的专业第三方物流企业,是目前我国最具规模、最具影响力、最领先的第三方物流企业之一,也是我国现代物流和供应链管理的开拓者和实践者。

宝供物流以其超前的物流服务理念、遍布全国的运作网络、一流的质量保证体系、全程的信息服务优势、先进的物流管理模式、丰富的物流实践经验以及强大的学习型、知识型物流人才队伍,为多家跨国公司和国内大型企业提供优质高效的专业化物流服务,已成为物流与供应链解决方案的引领者。

当前,宝供物流已在全国65个城市设有7个分公司、8个子公司和50多个办事处,形成了一个覆盖全国并向美国、澳大利亚、泰国、中国香港等地延伸的国际化物流运作网络和信息网络,与国内外近百家著名企业结成了战略联盟(其中包括宝洁、飞利浦、联合利华、安利、通用电器、松下、三星、东芝、LG、壳牌、丰田汽车、雀巢、卡夫等50余家世界500强企业),为合作企业提供商品以及原辅材料、零部件的采购、储存、分销、加工、包装、配送、信息处理、信息服务、系统规划设计等供应链一体化的综合物流服务。

这些综合物流服务获得成功的背后离不开宝供物流所有人的共同努力,主要体现在以下四个方面。

(1) 不断创新经营理念,促进物流经营的现代化。现代物流是一个新兴产业,不同于传统意义上的仓库、运输,是集各种现代高科技手段、网络信息通信技术以满足客户的需要建立起来的供应链一体化物流服务。因此,宝供物流自成立之日起,就不断汲取国外先进物流理念,大胆探索和创新。宝供物流成立初期,基于对市场的敏锐观察和分析,率先打破传统的分块经营、多头负责的储运模式,建立了门对门的物流服务方式。从生产中心到销售末端,无论中间经过多少环节,采用多少运输方式,一概实施全过程负责。

(2) 充分发挥第三方物流服务的优势,增强企业的市场竞争力。宝供物流第三方物流经营模式是以市场需求为导向、物流系统优化为基础、信息技术和管理技术为手段,推动资源的合理配置和社会优势资源的整合,构筑完整的综合价值链,为客户提供一体化、专业化、

全过程的物流服务。其主要服务内容包括：①物流策划，包括物流规划与模式设计，按客户的需求进行个案分析，为客户量身设计出独特而适宜的物流规划方案；②物流运作管理，包括运输、仓储、装卸、包装、分拣和理货等管理，规范业务运作管理系统，规范业务部门运作标准，明确业务运作管理机构的设置及职能、操作岗位及职责、作业分类及运作流程、各项作业的标准操作程序以及各项作业的考核办法；③物流信息，包括信息系统规划、信息技术支持和信息管理，为公司和客户双方监控物流过程提供实时、准确的信息服务。

（3）建立先进的物流信息系统和运作网络，不断提高物流服务效率。采用信息网络技术构建现代物流体系发达的神经系统是提高物流服务效率的重要保障。宝供物流从1997年开始，累计投入数千万元资金建设了基于Internet/Intranet功能强大的物流信息管理系统，实现对全国各地物流运作信息实时动态的跟踪管理，确保信息处理的及时性、准确性和有效性。这个系统也向客户开放，客户可通过Internet或其他网络方式，利用该系统实时了解自己货物的运作信息，确保对货物的有效管理控制。2001年，借助VPN平台、XML技术，宝供物流实现了与飞利浦、宝洁、红牛等客户电子数据的无缝链接，全面代替了传真、输单等手工操作，摆脱了落后的手工对账方法，利用数据库、网络传递等计算机辅助手段实现数据的核对、归类和整理，极大地提高了工作效率。这一技术的采用，给客户的库存管理提供了很大便利，也促使形成了一种新的管理模式，促进了客户成品管理水平的提高。宝供物流这套信息化应用系统被英特尔公司誉为目前国际上先进的物流信息系统，也是全国最早以信息服务驱动提供物流全面解决方案的第三方专业物流公司。

（4）努力开发智力资源，为拓展业务提供高素质的人才支持。通过高起点招聘、加强培训、完善用人机制和激励机制，宝供物流逐步建立起一支高素质的专业人才队伍。宝供物流现有的1 400多名员工中，大专以上学历达到74.8%，拥有包括教授级、博士后、博士、硕士在内的高层次、高素质的专业人才，还聘请国内外大批物流领域的资深人士组成专家顾问团，提高企业的咨询和决策水平。为了未来需要，宝供物流推行"北极星"计划，每年招收一批优秀的大学毕业生，为他们提供完善的培训。同时，为激励与推进物流行业人才的成长，宝供物流设立了行业公益性的"宝供物流奖励基金"，用于奖励在物流科技、物流理论、物流管理工作与对物流宣传普及方面有突出贡献的各类人才和项目资助，还面向30余所大学提供公益奖学金。1997年起，宝供物流在国家经济贸易委员会等部门的支持下，与北京工商大学合作，每年召开一次"物流技术与管理发展高级研讨会"，邀请中外物流界的专家、学者、政府主管部门的领导及企业的物流管理者交流、研讨，传播现代物流知识及理论、技术方法，解决物流实践中存在的问题，介绍先进的物流技术与管理经验，引起了社会各界的普遍关注，为物流业的发展提供了理论指导。

案例解析

宝供物流能获得成功发展，离不开它所提供的优质物流服务。宝供物流从物流基础服务做起，不断升级完善服务品种和服务体系，创新物流增值服务，进而实现物流一体化向供应链一体化的"三级跳"。宝供物流作为最早在中国提供一体化增值服务的第三方物流供应商，严格遵循"控制运作成本、降低客户风险、全面提升物流服务质量，使客户集中精力发展主业，增强核心竞争可持续发展能力，成为客户最佳战略联盟伙伴"的超前物流服务理念，向客户提供具有个性化优势的特色物流服务，从而获得了较强的市场竞争力。

案例思考

通过该案例,请思考物流服务的类型有哪些,企业可通过哪些措施提高物流服务。

案例涉及的主要知识点

物流服务　第三方物流　一体化服务　核心竞争力

学习导航

- 掌握系统的含义及物流系统的概念、特征。
- 熟悉分析物流系统的构成要素。
- 了解物流系统设计的基本内容。
- 掌握物流系统化理念。
- 了解物流服务的特征及服务水平决策。
- 掌握物流服务模式的选择。

教学建议

- 备课要点:物流系统的构成要素、物流系统的设计、物流服务模式。
- 教授方法:案例、讲授。
- 扩展知识领域:物流系统优化理念。

第一节　系统概述

一、系统的概念

系统是在人类的长期实践中形成的概念。1937年,美籍奥地利生物学家贝塔朗菲第一次提出一般系统的概念,强调把生物系统视为一个有机整体。贝塔朗菲对生命体的认识为提出系统定义奠定了基础。贝塔朗菲对系统的定义是:系统是相互联系、相互作用的诸元素的综合体。

古希腊和古代中国在系统思想的产生与早期发展中具有突出地位和贡献。古希腊哲学家德谟克利特主张世界上一切事物都是相互联系的,都受因果必然性和客观规律的制约。在中国,系统科学的研究是在20世纪50年代从推广应用运筹学开始的。70年代末,著名科学家钱学森等专家学者提出了利用系统思想把运筹学和管理科学统一起来的见解,推动了系统工程的研究和应用。钱学森给出了系统的描述性定义:系统是由相互作用和相互依赖的若干组成部分结合成的、具有特定功能的有机整体。

可以从三个方面理解系统的概念。

(一)系统由若干要素组成

这些要素可能是一些个体、元件、零件,也可能其本身就是一个系统(或称为子系统)。例如,运算器、控制器、存储器、输入/输出设备组成了计算机的硬件系统要素,而硬件系统要素又是计算机系统的一个子系统。

(二)系统有一定的结构

一个系统是其构成要素的集合,这些要素相互联系、相互制约。系统内部各要素之间相对稳定的联系方式、组织秩序及失控关系的内在表现形式,就是系统的结构。例如,钟表是由齿轮、发条、指针等零部件按一定的方式装配而成的,但一堆齿轮、发条、指针随意放在一起却不能构成钟表;人体由各个器官组成,而单个各器官简单拼凑在一起不能称其为一个有行为能力的人。

(三) 系统有一定的功能或目的性

系统的功能是指系统在与外部环境相互联系和相互作用中表现出来的性质、能力和功能。例如,信息系统的功能是进行信息的收集、传递、储存、加工、维护和使用,辅助决策者进行决策,帮助企业实现目标。

本书编者认为系统是由两个以上相互区别或者相互作用的单元有机结合起来完成某项功能的综合体。系统由两个或两个以上要素组成;各要素间相互联系,使系统保持稳定;系统具有一定的结构,保持系统的有序性,从而使系统具有特定的功能。

二、系统的特点

(一) 整体性

系统的整体性是指系统各个部分结合在一起表现出来的整体功能要大于各个组成部分功能的简单叠加。系统至少是由两个或两个以上可以相互区别的要素(或子系统)组成的,单个要素不能构成系统,完全相同的要素数量虽多也不能构成系统。

(二) 相关性

系统内各要素(子系统)相互依存、相互制约、相互作用,形成了一个相互关联的整体,这种要素(子系统)间的特定"关系"体现出了系统的整体性,要素相同但关联关系不同,则系统表现的整体特性就不同。也正是这种"关系",使系统中每个要素的存在依赖于其他要素的存在,往往某个要素发生了变化,其他要素也随之变化,并引起系统变化。

(三) 目的性

目的性是指系统具有将各个要素集合在一起的共同目的。人工系统和复合系统都具有明确的目的,即系统表现出的某种特定功能。这种目的必须是系统的整体目的,不是构成系统要素或子系统的局部目的。通常情况下,一个系统可能有多重目的。

(四) 层次性

一个系统是由若干要素或子系统组成的,不同的要素或子系统可能又分成更小单位的构成要素或子系统,因此,系统是有层次的。例如,生命体有细胞、组织、器官、系统和生物体几个层次;企业有个人、班组、车间和厂部等层次。一般来说,系统的结构和功能都指相应层次上的结构与功能,层次越多其系统越复杂。

(五) 环境适应性

系统具有随外部环境变化进行自我调节以适应新环境的能力。系统与环境要进行各种形式的交换,受到环境的制约与限制,环境的变化会直接影响系统的功能及目的,系统必须在环境变化时,对自身功能作出相应调整,不致影响系统目的的实现。没有环境适应性的系统是没有生命力的。

三、系统的一般模式

系统的一般模式包含输入、转化和输出三个要素。系统是相对于外部环境而言的,外部

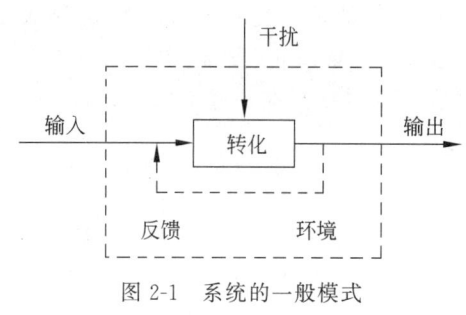

图 2-1　系统的一般模式

环境向系统提供劳力、手段、资源、能量、信息等,成为"输入"。然后,系统应用自身所具有的功能,对输入的元素进行转化处理,形成有用产品,再"输出"到外部环境供其使用。但是在这个"输入—转化—输出"的过程中,由于外部环境的影响,系统的输出结果可能偏离预期目标,所以系统还具有将输出结果信息反馈给输入的功能,从而随时调整输入,以得到更理想的结果。系统的一般模式如图 2-1 所示。

第二节　物流系统

一、物流系统的概念

物流系统是社会经济大系统的一个子系统或组成部分。根据系统的定义可知,物流系统是由存在有机联系的物流各要素所组成的综合体。物流系统主要受内部环境以及外部环境的影响,物流系统整体构成十分复杂,其外部存在过多的不确定因素,其内部存在相互依赖的物流功能要素。

物流系统是指在一定的空间和时间里,物流活动所需的机械、设备、工具、节点、线路等要素构成的相互联系、相互制约、具有特定功能的有机整体。

二、物流系统的总体框架

根据物流系统各要素的性质不同,物流系统的总体框架可以看成是由物流硬件系统、物流作业系统、物流管理系统和物流信息系统四部分组成的,如图 2-2 所示。

(一) 物流硬件系统

物流硬件系统主要是由物流基础设施、设备及工具等基础条件构成的系统。基础设施如公路、铁路、航道、港站、物流中心、配送中心、仓库等;设备及工具如货运汽车、铁道车辆、货船、客货船、货机、装卸搬运工具、仓储货架、托盘、货箱和自动分拣设备等。

图 2-2　物流系统总体框架

(二) 物流作业系统

物流作业系统是由物流基础功能组成的业务操作子模块构成,具体包括运输模块、储存模块、配送模块、包装模块、装卸搬运模块和流通加工模块等。

(三) 物流管理系统

物流管理系统主要是由物流活动有关的管理组织、规章制度、业务流程、经营管理活动等构成。

(四) 物流信息系统

物流信息系统是由人员、计算机硬件、软件、网络通信设备及其他办公设备组成的人机交互系统,其主要功能是进行物流信息的收集、存储、传输、加工整理、维护和输出,为物流管理者及其他组织管理人员提供战略、战术及运作决策的支持,以获取组织的战略竞争优势,提高物流运作的效率与效益。

三、物流系统的要素

任何物流系统都是由各种要素构成的,物流系统的要素包括一般要素、功能要素、软件要素和硬件要素,如图 2-3 所示。

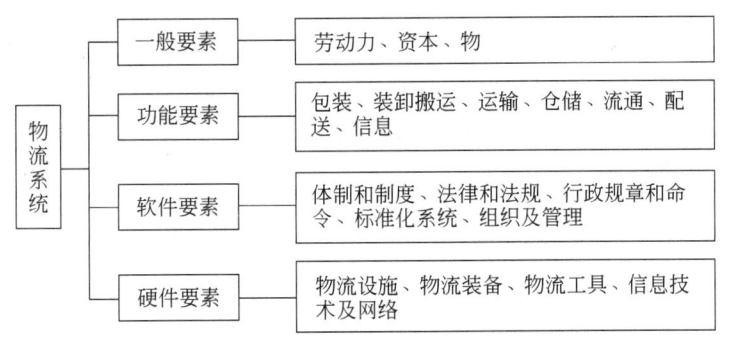

图 2-3 物流系统的要素构成

(一)物流系统的一般要素

物流系统的一般要素也就是物流的基础要素,是由人、财、物构成的,即包括劳动力要素、资本要素、物的要素,如图 2-4 所示。其中劳动力要素是第一要素。资本要素是指伴随物流交换的过程而出现的资金流动的过程,物流系统的建设需要大量的资金投入物流系统中。物的要素不仅包括流转的货物,还包括实现"物流"所必需的劳动工具和劳动手段,如各种物流设施、工具和材料等。

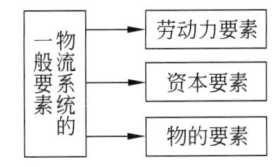

图 2-4 物流系统的一般要素

(二)物流系统的功能要素

物流系统的功能要素一般指物流系统所具有的基本功能要素,包括运输、储存、装卸搬运、包装、流通加工、配送和信息处理等基本活动,这些基本活动有效地组合、联结在一起构成物流系统的功能子系统,如图 2-5 所示。

(三)物流系统的软件要素

物流系统的建立需要借助很多支持系统。尤其是处于复杂的社会经济系统中,要明确物流系统的地位就要协调其与其他系统的关系。这些非物质系统的支持要素,称为物流系统的软件要素,如图 2-6 所示。

1. 体制和制度

物流系统的体制和制度决定了物流系统的结构、组织、领导和管理方式。国家对其控制、指挥、管理的方式以及这个系统的地位和范畴是物流系统发展的重要保障。有了这个支持条件,物流系统才能在国民经济中确立地位。

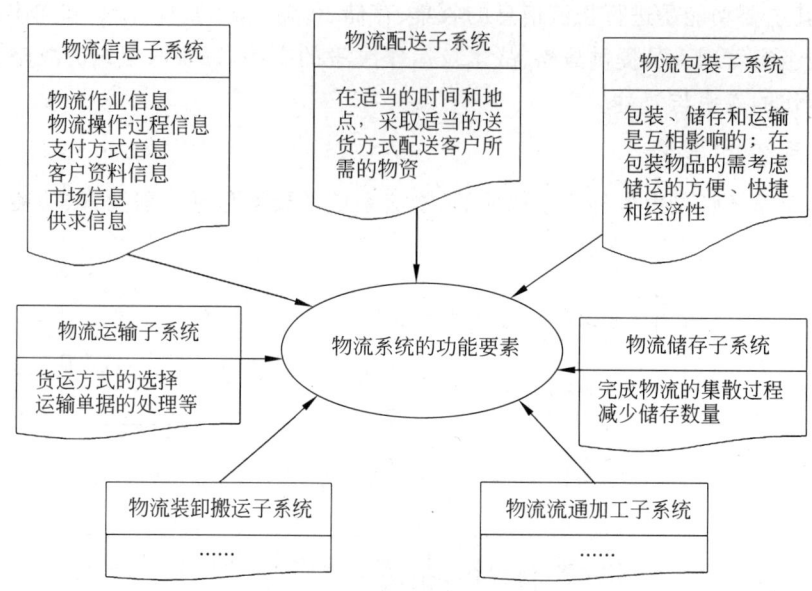

图 2-5　物流系统的功能要素

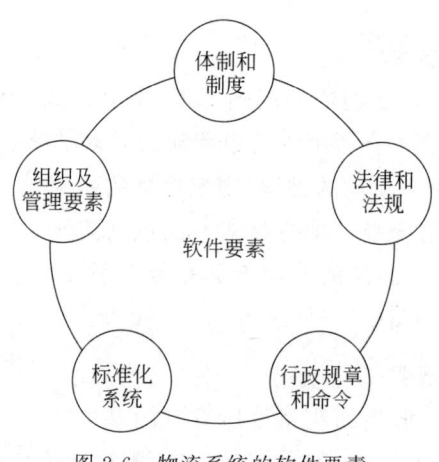

图 2-6　物流系统的软件要素

2. 法律和法规

物流系统的运行不可避免地涉及企业或人的权益问题。法律、法规一方面限制和规范了物流系统的活动,使之与更大的系统相协调;另一方面为物流系统的正常运转提供了保障。

3. 行政规章和命令

物流系统与一般系统的差异在于,物流系统关系到国家军事、经济命脉,所以,国家和政府的行政规章、命令等行政干预手段也往往成为支持物流系统正常运转的重要支柱。

4. 标准化系统

标准化系统是保证物流环节协调运行、物流系统与其他系统在技术上实现联结的重要支持条件。

5. 组织及管理要素

组织及管理要素是物流系统的"软件",起连接、调运、协调、指挥其他要素以保障物流系统目标实现的作用。

(四) 物流系统的硬件要素

物流系统的建立和运行需要大量技术装备等硬件要素,主要包括物流设施要素、物流装备要素、物流工具要素、信息技术及网络要素等。这些要素的有机联系对物流系统的运行有决定意义,对实现物流总功能和某一方面的单一功能不可或缺。物流系统的硬件要素如图 2-7 所示。

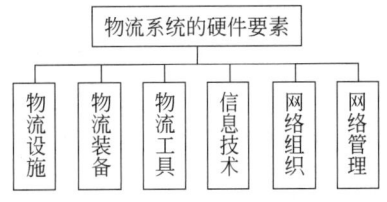

图 2-7 物流系统的硬件要素

1. 物流设施要素

物流设施是组织物流系统活动的基本物质条件,包括物流中心、仓库、物流路线、建筑、公路、铁路和港口等。

2. 物流装备要素

物流装备是保证系统运行的物质条件,是实现各个物流功能要素的手段,包括仓库货架、进出库设备、加工设备、运输设备和装卸机械等。

3. 物流工具要素

物流工具也是物流系统运行的物质条件之一,是完成物流各功能要素具体工作的手段,包括包装工具、维护保养工具、办公设备等。

4. 信息技术及网络要素

信息技术及网络是掌握和传递物流信息的手段。在现代物流系统支持要素中,它的地位越来越重要。不同的物流系统,需要选择不同的信息水平和信息技术,根据所需信息水平的不同,来决定包括通信设备及线路、数据传递设备和计算机及网络设备等物流装备水平。

四、物流系统的特点

物流系统的运行对象是全部社会物质资源,资源的多样化导致物流系统的复杂化。物流系统是一个"人机系统""可分系统""动态系统""复杂系统""多目标系统",如图 2-8 所示。

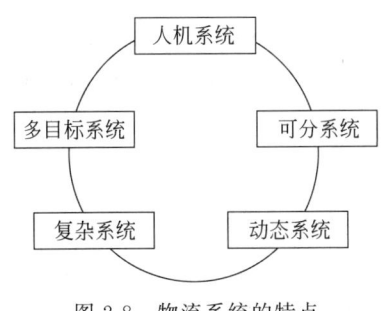

图 2-8 物流系统的特点

(一) 物流系统是一个人机系统

一般来说,物流系统是由物流劳动者、货物、港口车站、仓库、装卸搬运机械、运输及配送设备等构成。

(二) 物流系统是一个可分系统

作为物流系统,无论其规模多么庞大,都是由若干个相互联系的许多子系统组成的。根据物流系统的运行环节,可以将物流系统划分为以下几个子系统:物资的包装系统;物资的装卸系统;物资的运输系统;物资的储存系统;物资的流通加工系统;物资的回收再利用系统;物资的情报系统和物流的管理系统等。

(三) 物流系统是一个动态系统

物流系统是一个具有满足社会需要、适应环境变化能力的动态系统。为适应经常变化的社会环境,使物流系统良好地运行,人们必须经常不断地修改、完善物流系统的各组成部分。为适应经常变化的社会环境,物流系统必须是灵活、可变的。

(四)物流系统是一个复杂系统

物流系统中人力、物力、财力资源的组织和合理利用,是一个非常复杂的问题。收集、处理物流信息并使之指导物流活动也是一项复杂的工作。

(五)物流系统是一个多目标系统

成本最小、服务最优、库存量最小、速度最快和规模经济都可能是物流系统追求的目标。在物流系统某一目标的实现过程中也可能会出现一些矛盾,物流系统需尽量协调多个目标间的矛盾,明确各个目标的优先性,减少不同目标之间的相互干扰和影响,最终达到多目标兼顾的满意状态。物流系统的目标如图2-9所示。

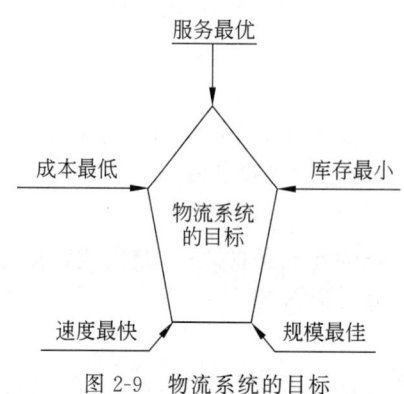

图 2-9 物流系统的目标

第三节 物流系统化理念

一、精益物流理念

精益思想起源于20世纪六七十年代,在丰田公司的汽车生产管理中逐渐成形。作为一种新型的生产组织方式,精益制造的概念给物流及供应链管理提供了一种新的思维方式。

(一)精益物流的内涵

精益物流是运用精益思想对企业物流活动进行管理。具体来说,精益物流是指以客户需求为中心,从供应链整体的角度出发,对供应链物流过程中的每一个环节进行分析,找出不能提供增值的浪费所在,根据不间断、不绕流、不等待、不做无用功等原则制订物流解决方案,以减少整个供应提前期和供应链中的各级库存,适时提供仅由供应链需求驱动的高效率、低成本的物流服务,并努力追求完美。

(二)精益物流的目标与原则

精益物流的目标是用较少的资源,如人力、空间、设备、时间等进行各种操作,有效组织材料的流动,杜绝浪费,使用最短的前置期,使库存成本最小化,即精益物流的目标是要减少浪费。

精益物流具体可遵循以下几个原则：①以客户需求为中心。要从客户的立场,而不是仅从企业的立场或一个功能系统的立场,来确定什么创造价值、什么不创造价值；②对价值链中的产品设计、制造和订货等的每一个环节进行分析,找出不能提供增值的浪费所在；③根据不间断、不迂回、不倒流、不等待和不出废品的原则制订创造价值流的行动方案；④及时创造仅由顾客驱动的价值；⑤一旦发现有造成浪费的环节就及时消除,努力追求完美。

（三）精益物流的关键要素

1. 顾客化

顾客化是精益物流的直接目标。顾客需求作为价值流动力,这里的顾客既包括企业外部客户,也包括下一个工序、相关部门、相关人员等企业内部客户。在精益物流模式中,价值流的流动要靠下游顾客的拉动,而不是靠上游来推动,当顾客没有发出需求指令时,上游的任何环节都不要去生产产品,而当顾客的需求指令发出后,则快速生产产品,提供服务。因此,在实现精益物流的过程中,良好的顾客关系管理有决定性的作用。

2. 准时化

准时化是精益物流的基本特征。对于精益物流而言,并不是速度越快越好,过快的速度往往会导致对环境变化的错误判断,或者因为高速度而导致成本的增加。因此,在准时化的判断上,速度应该是能够满足顾客需要的合适的速度,既不过快,也不过慢。

3. 合作与双赢

合作与双赢是精益物流不可缺少的组织机制。与传统竞争年代中供求双方之间的利益对立关系相比,精益物流更强调企业之间的合作关系。物流职能是依托于生产、销售、顾客服务而存在的,没有在这些职能之间形成供给—需求链,物流就没有存在的基础。因此,企业内部的物流部门只有与生产部门、销售部门、顾客服务部门之间密切协作,才能实现精益物流,才能获得双赢的机会。

4. 供应链一体化的集成

供应链一体化的集成是精益物流实现的基础。供应链一体化的集成包括企业内部供应链的集成、企业外部供应链的集成以及实现集成化的动态联盟。它构建了精益物流的实现网络和运行轨迹。

以上四个要素的共同作用保证了精益物流运行的方向和实现。

（四）精益物流的做法

精益物流归根结底就是精益思想在物流业务中的实践与应用,要以精益理念为准则,以客户需求为中心,创造价值,减少浪费,进行流程再造,推行团队合作,持续改进,追求物流和供应链管理的完美。精益物流的做法就是识别和消除所有浪费。除了使产品增值所需的材料、设备和人力资源的绝对最小量以外的一切东西都是要消除的对象,也就是任何非必需的东西都需要消除。

在企业物流活动中,常见的浪费包括过量生产、库存、搬运、返工、过程不当、多余动作、等待。在精益物流系统理念下,一般可以遵循四个步骤消除浪费：①了解什么是浪费；②识别工序中哪里存在浪费；③使用合适的工具来消除已识别的特定浪费；④实施持续改进措施,重复实施上述步骤。消除浪费的四个步骤是闭环重复进行的,所以消除浪费的过程也是促进物流系统不断完善的过程。

(五) 精益物流系统的特点

精益物流系统主要具备四方面特点：①精益物流系统是一个拉动型的物流系统。精益物流系统不提倡多余需求的生产和库存，所以精益物流系统一般是按单生产，是由需求订单拉动的系统。②精益物流系统是一个高质量的物流系统。精益物流系统是一个不断发现浪费、消除浪费并不断提升、不断完善的过程，最终将具备高质量系统的特点。③精益物流系统是一个低成本的物流系统。精益物流系统的本质和目标就是降低成本和消除浪费，所以，低成本是精益物流系统的典型特点。④精益物流系统是一个不断完善的物流系统。精益物流本身是追求不断闭环优化、不断提升的过程，所以，不断完善也是精益物流系统的特点。

二、物流一体化理念

(一) 物流一体化的含义

现代物流拓展了传统物流的多项功能，实现了对货物流通的一体化管理，表现为以实现客户满意为第一目标，注重整个货物的流通过程以实现企业整体最优。

物流一体化的概念是1983年在第四次国际物流大会上提出的，反映了企业管理功能日益融合、企业边界的拓展和物流各项功能成为一个整体的趋势。物流一体化是物流管理的问题，指专业化物流管理人员和技术人员充分利用专业化物流设备、设施，发挥专业化物流运作管理经验，逐渐确立物流系统的观念，以求运输、仓储和其他物流要素协调运作，取得整体系统化最优的效果。

1985年的第五次国际物流大会再一次重点强调了物流一体化的思想，强调采购、需求、配送和库存管理等物流功能的一体化，包括共同的物资代码和数据库的创新、运输网络合理化、配送和库存管理能力的集中安排等。自20世纪80年代后期以来，许多优秀企业将物流一体化作为重要的战略。

(二) 物流一体化的目标

物流一体化的目标是应用系统科学的方法充分考虑整个物流过程的各种环境因素，对物资实物活动过程进行整体规划和运行，实现整个系统的最优化。物流一体化具体包括：①提高效率——速度快、时间少、质量高；②减少浪费——有效地使用社会流通设施、设备，节约社会财富，克服大而全、小而全，避免设施、设备、工具的重复建设，货损低；③系统优化——最佳运行方案、最优资源配置；④降低成本——减少流通环节、缩短流通周期、加速资金周转、降低流通费用及社会消耗。

(三) 物流一体化的实现形式

物流一体化通过预测客户的需求，满足客户愿望和需求所必需的资金、物资、人员、技术和信息，优化实现客户需求的物品生产交付网络，并利用这些网络及时实现客户需求，主要包括功能维的一体化、进程维的一体化和地理维的一体化，如图2-10所示。

功能维的一体化属于横向一体化，是指企业专注于某项特定的物流功能，与同行业竞争企业进行联合；进程维的一体化属于纵向一体化，是指面向整个生产制造环节，要求企业结合产品的材料供应、生产和销售等上下游环节不同深度的业务，包括前向一体化和后向一体

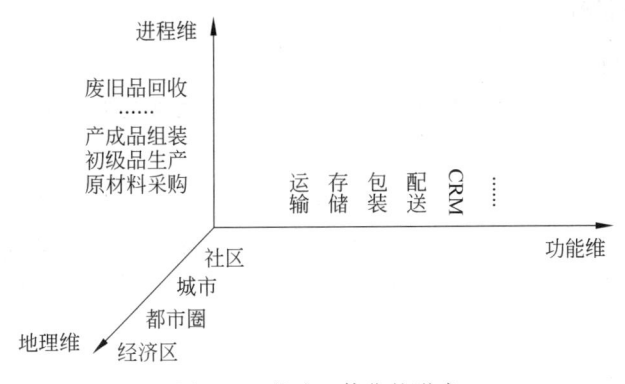

图 2-10 物流一体化的形式

化,是以虚拟企业联盟为实现形式,以供应链、价值链理论为基础,对战略性资源进行的柔性整合;地理维的一体化属于区域物流一体化,是指在地区之间,通过合理的地域分工形成区域一体化的物流网络体系,实现更大的社会效益。

第四节 物流服务

一、物流服务的概念

目前,物流服务没有统一的定义,国家标准《物流术语》(GB/T 18354—2006)中物流服务的定义:物流服务是指为满足客户需求所实施的一系列物流活动过程及其产生的结果。物流服务本身就是在权衡服务与成本的基础上,向顾客提供满意、高效、及时的物流服务的过程。

二、物流服务的特点

从本质和内容看,物流服务与其他社会经济活动相比有许多不同之处,这些不同给物流企业的经营带来了重大影响,具体来讲,物流服务的主要特点如下。

(一)从属性

客户的物流需求不是凭空产生的,而是以商流的发生为基础,伴随商流而产生的,针对这样的需求提供的物流服务,显然具有从属性。

(二)无形性

服务与有形物品最本质的区别就是它具有无形性。顾客选择服务产品的主要依据在于服务提供者的声誉。因此,物流服务企业应该非常重视企业声誉,视声誉为生命,绝不能为了短期和暂时的利益而丢掉企业赖以生存的声誉。

(三)即时性和非储存性

物流服务属于非物质形态的劳动,它生产的不是有形产品,而是一种伴随销售和消费同时发生的即时服务,这就决定了它具有即时性和非储存性。

(四)移动性和分散性

物流服务本身是一个过程,物流服务的客户对象分布广泛,而且大多数是不固定的,所以，具有移动性和分散性。

（五）需求波动性

由于物流服务的移动性和分散性，所以其需求的方式和数量都是多变的，有较强的波动性。

（六）可替代性

一般企业都有可能具有自行运输、保管等自营物流的能力，自营物流的普遍性，也加剧了物流服务的竞争，使物流服务具有可替代性。

（七）不稳定性

物流服务的不稳定性是在服务传递的过程中发生的。物流管理者不可能消除这种属性，只能在顾客和服务提供者之间寻求一定的平衡，这是管理物流服务不稳定性的一个根本基点。

三、物流服务的种类

（一）物流基本服务

物流基本服务是向所有顾客提供支持的最低水平的物流服务。它包括物流的基本环节，有运输、仓储、配送、装卸搬运、包装、流通加工和信息服务等。

1. 运输

运输是物流服务的基本服务内容之一。物流的主要目的就是要满足客户在时间和地点两个条件下对一定货物的需求，时间的变换和地点的转移是实现物流价值的基本因素。

2. 仓储

仓储是物流服务的主要职能之一，对于企业来说，仓储功能是利用一定的保管手段和库存维护实现的。企业既可以构建自己的仓库，也可以通过租赁仓库实现仓储功能，也可以交给第三方公司来完成。

3. 配送

配送是将货物送交收货人的一种活动，其目的是要做到收发货经济，配送过程更为完善，保持合理库存，为客户提供方便，降低缺货的危险，减少订货、发货费用。

4. 装卸搬运

装卸的目的是加快货物的流转速度，作业中使用装载、卸载、提升、运输、码垛等装卸搬运机械，要求提高装卸搬运作业效率，减少货物破损。

5. 包装

包装是物流系统的构成要素之一，与运输、保管、搬运等有十分密切的关系。良好的包装不仅可以保护货物、方便存储和搬运，而且还能宣传和美化货物，从而吸引更多的顾客。

6. 流通加工

流通加工的主要目的是方便生产或销售，专业化的物流中心常常与固定的制造商或分销商进行长期合作，为实现物流与生产或销售的衔接而替制造商或分销商完成一定的标志加工作业，比如贴标签、制作并粘贴条形码等。

7. 信息服务

由于现代物流系统的运作已经离不开现代信息技术，因此，可以将物流各个环节及各种物流作业的信息进行实时采集、分析、传递，并向客户提供各种作业明细信息及咨询信息，这是相当重要的。

(二) 物流增值服务

物流增值服务是指对具体的顾客进行独特的物流服务,是超出物流基本服务的各种延伸服务。随着物流竞争的加剧,不但要求物流企业在传统的运输和仓储服务方面有更严格的服务质量,还要求它们广泛拓展物流业务,提供不同类型的增值服务。

1. 增加便利性的服务

一切能够简化手续、简化操作的服务都是这类的增值性服务,比如,在提供物流服务时,推行一条龙门到门服务,提供完备的操作或作业提示,免费培训、维护,省力化设计或安装,代收货款,24小时营业,自动订货、物流全过程追踪等都是对客户便利性的增值性服务。

2. 加快反应速度的服务

加快反应速度的服务是指在客户提出要求时,能以最快速度抽取物流服务的要素,及时提供所需服务。快速反应已经成为提高物流服务水平的目标之一。比如,通过提升运输车辆的速度、区域前置仓的使用来实现满足顾客需要的快速服务。

3. 降低成本的服务

降低成本的服务即通过物流服务的延伸,寻找能够帮助企业节约物流成本的解决方案。比如采用比较适用且投资较少的物流技术和设备设施;推行物流管理优化技术等。

4. 其他延伸服务

其他延伸服务是指不拘于增加便利性、加快反应速度或降低成本等目标的扩展类物流服务。比如,将计算机管理的运用延伸到市场调查与预测、采购及订单处理;还可以延伸到物流咨询、物流系统设计、物流方案的规划与选择、库存控制决策建议、货款回收与结算、教育与培训等。

前沿理论与技术

除上述分类涉及的基本物流服务与增值物流服务外,还有一些常见的热点服务,包括应急服务、精准服务、敏捷服务、完美服务等。

四、物流服务模式的分类

(一) 物流经营服务模式

1. 行业物流服务模式

行业物流服务模式是通过运用现代技术手段和专业化的经营管理方式,在拥有丰富目标行业经验和对客户需求深度理解的基础上,在某一行业领域内,提供全程或部分专业化物流服务的模式。这种经营模式的主要特点是将物流服务的对象分为几个特定的行业领域,然后对这个行业进行深入细致的研究,掌握该行业的物流运作特性,提供具有特色的专业服务。

2. 项目物流服务模式

项目物流服务模式是指为具体的项目提供全程物流服务的模式。我国的项目物流需求主要集中在一些重大基础设施项目或各类综合性会展上,如三峡工程、秦山核电站、国家体育馆等基建项目,以及奥运会、世博会、广交会、高交会等大型会展项目,都需要综合完备的物流服务。提供该类服务的物流企业必须具备丰富的物流运作经验和强大的企业实力。

3. 定制式物流服务模式

定制式物流服务模式是指针对某个特定的客户制订完全个性化的物流服务方案。这种服务可以为客户提供从原材料采购到产成品销售过程中所有环节的全程物流服务,服务范围涉及储存、运输、流通加工、包装、配送、物流咨询等全部业务内容,甚至还包括订单管理、库存控制、供应商关系管理等在内的其他增值性服务。

4. 物流服务延伸模式

物流服务延伸模式是指在现有物流服务的基础上,通过向两端延伸,向客户提供更加完善全面的物流服务,从而提高物流服务的附加价值,以满足客户高层次物流需求的经营模式。

5. 物流管理输出模式

物流管理输出模式是指物流企业以物流管理与物流运作的技术为资本,通过接管客户企业的物流资产或者成立合资物流公司的方式,来满足客户企业物流需求的服务模式。

6. 物流连锁经营模式

物流连锁经营模式是指特许者将自己所拥有的商标、商号、产品、专利和专有技术、经营方式等以特许经营合同的形式授予被特许者使用;被特许者则按照合同的规定,在特许者统一的业务模式下从事物流经营活动,并向特许者支付相应费用的物流经营模式。

7. 物流咨询服务模式

物流咨询服务模式是指利用物流企业的专业人才优势,深入客户企业内部,为其提供市场调查研究、物流系统规划、物流成本控制、业务流程再造等相关服务的经营模式。

(二)企业物流服务模式

企业常见的物流运作模式主要包括自营物流模式、外包物流模式、混合物流模式和联盟物流模式等。

1. 自营物流模式

自营物流是企业自己从事物流经营管理的行为。最典型的自营物流比如海尔集团物流模式,海尔集团最初从实施物流业务流程重组开始,到成立统一的物流推进部,再到后来成立海尔物流有限公司,都是利用集团自身的资源与力量来完成相关的企业物流活动,实现了以订单信息流为中心,带动物流、商流、资金流的共同运作。目前,很多有实力的制造企业都是自己出资成立专门的物流公司,如宝钢集团成立宝铁储运公司,成立的物流公司作为制造企业的子公司实行独立经营、自负盈亏,主要专注服务于母公司的物流业务。

自营物流模式的优点主要有:①控制力强,自营物流可使企业对供应、生产及销售中的物流进行较为全面的控制;②服务性强,能有效地为企业的生产经营活动提供物流服务支持,保证生产经营活动对物流的需要;③协调性强,可根据企业生产经营需要而建立,能合理规划物流作业流程;④专业性强,主要为企业自身的经营活动提供物流服务,具有较强的专业性。

自营物流模式的缺点主要有:①增加了企业的投资负担,削弱了企业抵御市场风险的能力,企业为了实现对物流的直接组织和管理,就需要投入较多的资金,配备相应的物流人员,削弱企业的市场竞争力;②规模化程度较低;③不利于核心竞争力的提高。对于非物流企业来说,尽管物流对自身的活动有着重要的影响,但物流并非企业自身的核心业务,也非自身最擅长的业务。如果采取自营物流,在企业总资源一定的情况下,相对减少了对核心业务的投入。另外，企业管理人员需花费过多的时间、精力和资源去从事物流工作，这样也会削弱企业的核心竞争力。

2. 外包物流模式

物流外包是企业业务外包的一种主要形式，也是供应链管理环境下企业物流资源配置的一种新形式。物流外包即企业为了集中资源、节省管理费用，增强核心竞争能力，将其物流业务以合同的方式委托给专业的物流公司运作的行为。现在许多公司开始将自己的货物或产品的储存和配送完全外包给专业性的货物配送公司来完成。物流外包不仅仅降低了企业的整体运作成本，更重要的是使企业摆脱了物流过程及现存物流操作模式和操作能力的束缚，充分利用社会资源的外生力量来辅助完成自身价值链的优化，从而达到持续稳定的发展。

企业选择物流外包通常是基于以下几种原因。

(1) 核心业务的需要。如果企业的核心业务不是物流，而是其他领域，那么，为了增强自身的核心业务能力，企业需要集中精力，所以可以选择将物流外包出去。

(2) 降低成本的需要。如果企业不擅长物流这项业务活动，可以将专业的事交给专业的公司去做，第三方物流公司能够以更专业的技术实现更低的成本，所以，为了降低成本，会选择将物流外包出去。

(3) 改善服务水平的需要。企业可以借助第三方物流企业的专业水准来提高物流服务水平。此时企业要用长远发展的眼光选择物流服务提供商。

(4) 物流活动比较难以管理。当企业物流活动复杂难管时，为了简化企业运营管理，可以选择把物流外包出去。

(5) 不具备资源。企业本身不具备物流有关业务的资源，企业本身力不从心，所以选择把物流外包给第三方物流企业去完成。

(6) 分担业务风险，提高企业的柔性化水平。一旦物流外包了第三方物流企业，那么相应的经营风险也随之转移给了第三方物流企业。

物流外包的优点主要有：①企业将有限的资源集中用于发展核心业务。企业将物流业务外包给第三方物流企业，可以使企业实现资源的优化配置，减少用于物流业务方面的车辆、仓库和人力的投入，将有限的人力、财力集中于核心业务。②为企业节省费用，增加盈利。从事物流外包业务运作的第三方物流企业利用规模经营的专业优势和成本优势，通过提高各环节能力的利用率，实现费用节省，使企业获益。③加速企业商品周转，减少库存，降低经营风险。第三方物流服务提供者借助精心策划的物流计划和适时的运送手段，能够最大限度地加速库存商品周转，减少库存，为企业降低经营风险。④降低管理难度，提升管理效率。物流业务外包既能使企业享受合作伙伴专业管理带来的效率和效益，又可将内部管理活动变为外部合同关系，把内部承担的管理职责变为外部承担的法律责任，有利于简化管理工作。

物流外包的缺点主要有：①可能会有企业商业机密泄露的风险。企业选择物流外包就意味着与其他物流服务商进行合作，合作过程中势必会存在双方信息的交流与转换，增加了泄露企业商业机密的风险。②丧失一部分内部就业机会。企业选择与物流服务商进行合作，会带来自身企业物流有关岗位及相关业务人员的减少，丧失了一部分内部就业机会。③对物流活动失去直接控制。企业将物流业务外包给物流服务商后，无法实时监控物流服务商的操作过程,对物流活动缺失了直接操作机会的同时也失去了相应的控制能力。

为了防止物流外包流于形式或失败,需要注意以下几点。

(1) 制订具体的、详细的、具有可操作性的工作范围。工作范围即物流服务要求明细,对服务的环节、作业方式、作业时间、服务费用等细节做出明确的规定,工作范围的制订是物流外包最重要的一个环节,它是决定物流外包成败的关键要素之一。

(2) 协助第三方物流服务供应商认识企业。视第三方物流服务商的人员为内部人员,一般需要与第三方物流服务供应商分享公司的业务计划,让其了解公司的目标及任务,通过紧密友好的合作实现更好的效果。

(3) 建立冲突处理方案。为避免与第三方物流服务供应商发生冲突,事前就应该建立当冲突发生时双方如何处理的方案,一旦有一方的需求不能得到满足时,即可采取适当的措施以改进彼此的关系。

(4) 不断进行调整。市场就是战场,形势千变万化,所以采用外包模式后,仍需亲自视察和监督,不断了解问题所在并及时进行调整与纠正。

(5) 保持弹性。物流外包项目应该是慢慢扩展的,要注意第三方物流服务供应商所能提供服务的宽度,让其保持一定的弹性,以最灵活的方式为企业提供最佳的服务。

3. 混合物流模式

混合物流模式既包括了自营模式又包括了外包模式,沃尔玛的物流模式就属于这种类型。沃尔玛日常类别的产品大多是经过自己的配送中心完成的自营物流配送,而生鲜食品类的产品大都是借助社会资源的第三方专业物流企业来完成的,这种模式更有利于企业发挥自己的长板,同时也可借助别人的长板来补自己的短板,从而更有效地降低了物流成本。

4. 联盟物流模式

联盟物流模式是指为了充分发挥物流企业之间的互补优势,两家或两家以上的物流企业通过签订战略联盟协议而形成相互信任、风险共担、收益共享的物流协作伙伴关系的经营模式。企业整合内部的物流资源,与有意合作的其他企业法人联盟,如共同出资组建合资或股份制物流公司,实行共同经营、共负盈亏、共担风险。通过合资,原企业可以获得长期高效的服务,合作企业也可以获得可靠的客户源,通过达成一定的契约开展业务并进行利润分配。联盟物流模式可以使原企业与合作企业在物流设施、运输能力、物流管理技术等方面实现优势互补,从而达到整个联盟效益最大化的目的。美的与新加坡吉宝物流合资控股的安得物流公司就属于这种类型。安得物流除了满足美的集团的物流需求外,作为独立的第三方物流企业同样可以服务于其他企业。

五、物流服务模式的决策因素

(一) 企业物流模式选择的关键因素

1. 企业的行业性质与产品性质

企业所处的行业不同、经营的产品不同,物流模式的选择不同。因为不同的行业和产品,需求的大小不同,物流配送的规模也有很大差别。不同的产品对物流配送时间的要求也有很大不同。

2. 企业规模和实力

一般说来,大型企业由于实力较雄厚,有能力建立自己的物流系统,制订合适的物流需求计划,保证物流服务的质量。另外,还可以利用过剩的物流网络资源拓展外部业务。而中小企业则受人员、资金和管理等资源的限制,物流管理效率难以提高。此时,企业为把资源用于主要的核心业务上,就适宜把物流管理交给第三方物流公司。

3. 物流系统总成本

物流管理追求的主要目标之一就是物流系统总成本最低。物流系统总成本由运输总成本、库存维持费用(包括库存管理费用、包装费用以及返工费)、批量成本(包括物料加工费和采购费)、总固定仓储费用、总变动仓储费用、订单处理和信息费用及顾客服务费用(包括缺货损失费、降价损失费和丧失潜在顾客的机会成本)构成。如果外包出去能够带来更大的成本节约,也就是创造更高的效益,就可以选择外包;反之,自营。

4. 物流的客户服务能力

在选择物流模式时,考虑成本尽管很重要,但物流的客户服务能力也至关重要。也就是说,物流满足企业对原材料及时需求的能力和可靠性,对企业的零售商和最终顾客不断变化的需求的反应能力等方面也应该作为重要的因素考虑。

5. 企业的物流管理能力

物流是第三方利润源泉。当企业的物流管理能力强、物流网络资源丰富、具备经营物流的能力时,建议企业自营物流;反之,当企业的物流管理能力弱、物流资源缺乏、不具备经营物流的能力时,建议企业将物流外包。

6. 企业的发展战略

如果外包是符合企业发展战略的,那就将物流业务外包出去。反之,如果外包不符合企业发展战略或与企业发展战略相悖,那就应该选择自营物流。

7. 企业的核心竞争力

如果物流是企业的核心竞争力,那么就应该选择自营;如果物流不是企业的核心竞争力,可以考虑物流外包,从而更好地为企业核心竞争力的打造创造条件。

除了这几点外,还有三个方面可以作为物流模式选择的依据。一是看外包是否有风险。如果外包有风险,那就要选择自营;反之,外包无风险就可以选择外包。二是看需求是否稳定。如果需求不稳定,有明显淡旺季之分,建议选择外包;反之,可以选择自营。三是看市场是否密集。如果企业面临的市场很分散,自营就不容易,建议选择外包;反之,可以选择自营。

(二)企业物流模式决策分析方法

1. 物流模式选择矩阵

虽然影响企业物流模式选择的因素有多个,但简单来说,企业采用自营物流模式、外包物流模式还是物流联盟模式取决于"物流对于企业成功的关键程度"与"企业的物流管理能力"两个因素的平衡,如图2-11所示。企业所处的位置决定了企业进行物流模式决策时有以下三种方案可供选择。

方案1:选择自营物流模式。假如物流对于企业成功很关键,且企业对客户服务要求高、物流成本占总成本的比重大,企业的物流管理能力较强,已经有高素质的人员对物流运作进行有效的

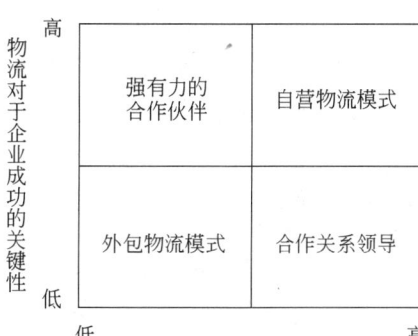

图2-11 物流模式选择

管理,那么该企业就不应该采用外包物流模式,而应该采用自营物流模式。

方案2:选择外包物流模式。假如对于一家企业来说,物流对于企业成功不是很关键,物流并不是其核心战略,企业内部物流管理水平也不高,那么将物流业务外包给第三方物流企业就有利于降低成本、提高客户服务质量。

方案3:选择物流联盟模式。

(1) 寻找强有力的合作伙伴。假如物流对于企业成功很关键,而企业的物流管理能力很低,那么寻找物流伙伴将会给企业带来很多收益。好的合作伙伴在公司现有的,甚至还未进入的市场上拥有物流设施,可以向企业提供自营物流模式无法获得的物流服务及专业化的管理。

(2) 成为合作关系的领导。如果企业的物流活动不那么重要,但是企业的物流管理能力较强,由专业人员管理,那么企业就会主动寻找需要物流服务的伙伴,通过共享物流系统,提高货物流量,实现规模经济效益,降低企业成本。

2. 层次分析法

层次分析法(AHP法)最先于20世纪70年代提出,是一种定性分析和定量分析相结合的多目标决策分析方法,特别是将决策者的经验判断给予量化,在目标(因素)结构复杂且缺乏必要的数据的情况下更为实用,近几年获得了非常广泛的应用。

层次分析法解决问题的基本思路和基本原理:①把要解决的问题分层系列化,即根据问题的性质和既定目标,将问题分解为不同的组成因素,按照因素之间的相互影响和隶属关系将其分层聚类组合,形成一个递阶的、有序的层次模型;②对模型中每一层次因素的相对重要性,依据人们对客观现实的判断给予定量表示,再利用数学方法确定每一层次全部因素相对重要性次序的权值;③通过综合计算各因素相对重要性的权值,得到最低层(方案层)—相对最高层(总目标)重要性次序的组合权值,以此作为评价和选择方案的依据。

3. 模糊综合评价方法

模糊综合评价方法是对受多种因素影响的事物做出全面评价的一种十分有效的多因素决策方法,其特点是评价结果不是绝对地肯定或否定,而是以一个模糊集合表示。建立综合评判模型的基本步骤包括:①建立评判对象的因素集;②建立评判集;③建立单因素评判;④综合评判。

在模糊综合评判的四个步骤中,建立单因素评判矩阵和确定权重分配,是两项关键性的工作,在企业选择物流模式的问题中,可以采用专家或企业管理人员评分的方法求出。

实训项目

- 实训内容:物流模式选择过程。
- 实训手段:选取不同物流模式的企业案例进行课堂分析与讨论。
- 实训目的:从物流模式的类型、不同物流模式的优缺点、物流模式选择的影响因素等多个维度来模拟物流模式的选择过程。

练习题

一、单项选择题

1. 第一次提出一般系统论概念的是（　　）。
   A. 恩格斯　　　　B. 钱学森　　　　C. 贝塔朗菲　　　　D. 德谟克利特

2. 系统应用自身的功能，对输入的元素进行（　　）处理，形成有用的产品或服务，再输出到外部环境供其使用。
   A. 输入　　　　B. 输出　　　　C. 反馈　　　　D. 转化

3. （　　）是指在一定的空间和时间里，物流活动所需的机械、设备、工具、节点、线路等物质资料要素相互联系、相互制约的有机整体。
   A. 运输系统　　　　B. 仓储系统　　　　C. 物流系统　　　　D. 信息系统

4. （　　）是组织物流系统活动的基本物质条件。
   A. 物流设施要素　　　　B. 物流中心　　　　C. 物流路线　　　　D. 建筑

5. （　　）是保证系统运行的物质条件，是实现各个物流功能要素的手段。
   A. 仓库货架　　　　B. 加工设备　　　　C. 装卸机械　　　　D. 物流装备要素

6. 精益思想起源于20世纪六七十年代，在（　　）汽车生产管理中逐渐成形。
   A. 福特　　　　B. 丰田　　　　C. 本田　　　　D. 奥迪

7. （　　）是指物流的若干功能要素之间存在着损益的矛盾。
   A. 效益背反　　　　B. 延迟　　　　C. 等待　　　　D. 返工

8. 物流服务的（　　）是在服务传递的过程中发生的，物流管理者不可能消除这种属性，只能在顾客和服务提供者之间寻求一定的平衡。
   A. 从属性　　　　B. 无形性　　　　C. 非储存性　　　　D. 不稳定性

9. （　　）是向所有顾客提供支持的，最低的物流服务水平。
   A. 基本服务　　　　B. 增值服务　　　　C. 完美服务　　　　D. 延伸服务

10. （　　）是指对具体的顾客进行独特的服务，是超出基本服务的各种延伸服务。
    A. 基本服务　　　　B. 增值服务　　　　C. 完美服务　　　　D. 物流服务

11. 企业为了实现其顾客满意的价值，为提高顾客满意度、忠诚度，提高企业品牌价值，会选择（　　）物流模式。
    A. 自营　　　　B. 外包　　　　C. 混合　　　　D. 联盟

12. （　　）即企业为集中精力增强核心竞争力，而将物流业务以合同的方式委托于专业的物流公司运作的一项经营活动。
    A. 自营　　　　B. 外包　　　　C. 混合　　　　D. 联盟

二、多项选择题

1. 系统的输入有（　　）。
   A. 劳动力　　　　B. 资源　　　　C. 能源　　　　D. 信息

2. 系统的特点包括（　　）。
   A. 整体性　　　　B. 相关性　　　　C. 目的性　　　　D. 层次性

3. 系统的一般模式包含（　　）三个要素。

A. 输入 B. 转化 C. 输出 D. 修正
4. 物流系统的构成要素可分为（　　）。
   A. 一般要素 B. 物流功能要素
   C. 物流系统的软件要素 D. 物流系统的硬件要素
5. 物流系统的一般要素也就是物流的基础要素，是由（　　）构成的。
   A. 劳动力要素 B. 资本要素 C. 物的要素 D. 工具要素
6. 物流系统的软件要素包括（　　）。
   A. 体制与制度 B. 法律、法规 C. 行政规章和命令 D. 标准化系统
   E. 组织及管理要素
7. 物流系统的建立和运行需要大量技术装备等硬件要素，主要包括（　　）。
   A. 物流设施要素 B. 物流装备要素
   C. 物流工具要素 D. 信息技术及网络要素
8. 物流系统的一般性特点有（　　）。
   A. 物流系统是一个人机系统 B. 物流系统是一个可分系统
   C. 物流系统是一个动态系统 D. 物流系统是一个复杂系统
   E. 物流系统是一个多目标系统
9. 物流系统的子系统包括（　　）。
   A. 运输系统、储存保管系统 B. 包装系统、装卸搬运系统
   C. 流通加工及废弃物的回收与处理系统 D. 配送系统、信息管理系统
10. 物流系统中（　　）资源的组织和合理利用是一个非常复杂的过程。
    A. 人力 B. 物力 C. 财力 D. 机械
11. 物流系统是一个多目标系统，主要实现的目标包括（　　）。
    A. 成本最小 B. 服务最优 C. 库存量最小 D. 速度最快
    E. 规模经济
12. 物流服务的主要特点有（　　）。
    A. 从属性和无形性 B. 即时性和非储存性
    C. 移动性和分散性 D. 需求波动性和可替代性
    E. 不稳定性
13. 物流的基本服务包括（　　）。
    A. 运输和配送 B. 保管 C. 装卸搬运 D. 包装和流通加工
14. 按照物流经营主体的不同，物流模式可以分为（　　）。
    A. 自营模式 B. 外包模式 C. 混合模式 D. 合作模式
15. 物流外包的优势有（　　）。
    A. 归核优势 B. 成本优势 C. 服务优势 D. 信息优势
16. 在选择物流承包商的时候主要考虑（　　）因素。
    A. 行业运营经验和声誉 B. 网络覆盖
    C. 成本 D. 战略性资产
    E. 一体化物流能力
17. 精益物流的目标是用较少的资源，如（　　）等进行各种操作，有效组织材料的流

动,杜绝浪费,使用最短的前置期,使库存成本最小化。

  A. 人力   B. 空间   C. 设备   D. 时间

18. 常见的浪费包括(　　)。

  A. 过量生产、库存   B. 搬运、返工

  C. 过程不当、多余动作   D. 等待

19. 消除浪费的步骤包括(　　)。

  A. 了解什么是浪费

  B. 识别工序中哪里存在浪费

  C. 使用合适的工具来消除已识别的特定浪费

  D. 实施持续改进措施,重复实施上述步骤

20. 精益物流系统的特点有(　　)。

  A. 拉动型的物流系统   B. 高质量的物流系统

  C. 低成本的物流系统   D. 不断完善的物流系统

三、判断题

1. 系统是相互联系、相互作用的诸元素的综合体。(　　)
2. 系统与环境要进行各种形式的交换,受到环境的制约与限制,环境的变化会直接影响系统的功能及目的,但系统对环境的变化也无能为力。(　　)
3. 物流系统是一个人机系统。(　　)
4. 物流是一个多目标系统。(　　)
5. 服务与有形物品最本质的区别就是它具有无形性。(　　)
6. 物流服务指为满足客户需求所实施的一系列物流活动过程及其产生的结果。(　　)
7. 物流服务是一种伴随销售和消费同时发生的即时服务,这就决定了它具有移动性和分散性。(　　)
8. 对一般企业来说,最佳的物流服务水平在实现企业利润最大化时的水平。(　　)
9. 精益物流的目标是要减少浪费。(　　)
10. 任何超过加工必要的物料供应都是要被消除的库存对象,也就是要消除各种多余库存。(　　)
11. 不同物流功能子系统成本之间存在约束关系。(　　)
12. 自营模式主要是指工业或商业企业自己经营的物流。(　　)
13. 企业自营物流可以根据需要对物流活动的各个环节进行有效的调节,可以全过程地控制物流系统的运作。(　　)
14. 第三方物流企业的介入会使企业自身对物流的控制能力下降。(　　)
15. 如果企业不擅长物流这项业务活动,可以将专业的事交给专业的公司去做,第三方物流公司能够以更专业的技术实现更低的成本。(　　)

四、简答题

1. 系统的相关性特点指什么?请举例说明具体体现。
2. 物流系统的特点有哪些?请分别举例说明。

3. 企业在面临物流服务水平决策的时候,有哪些依据和原则?

4. 企业物流模式选择时需要考虑哪些因素?对物流外包服务商的选择又有哪些参考指标?

五、案例分析题

在一家街头的零售店里,某饮料企业的一位理货员来给店里送货,以下是他和零售店老板之间的对话。

企业理货员:"张老板,我来给您送货。"

零售店店主:"你们公司送货怎么这么慢呢?我订的货应该在昨天就送到了!可你现在才来,你看,我的客户都跑掉了!"

企业理货员:"对不起,我们公司那边有点问题。"

零售店店主:"怎么你们送来的货与我的订单内容不一样啊?"

企业理货员:"是吗?"

零售店店主:"这个产品不对,我要的是150毫升的饮料,你送的是500毫升的;这个产品也不对,我要30瓶,你们只拿了20瓶!真是乱七八糟的!像你们这样送货,客户全都得跑光了。产品不对!时间也不对!我要退货,真是受不了你们,我不会再和你们打交道了!"

思考:

1. 饮料企业经营中存在什么问题?
2. 你认为应该怎样解决问题?

本章参考文献

[1] 周启蕾. 物流学概论[M]. 北京:清华大学出版社,2013.

[2] 李山康. 现代物流概论[M]. 北京:北京理工大学出版社,2012.

[3] 张乃强,方波,左斌,等. 钢厂中间库钢卷智能物流系统的关键技术设计实现[J]. 制造业自动化,2020,42(6):17-20,65.

[4] 齐祥芹,钱丹蕾,尤诗翔. 电商企业的精益供应链成本管理研究——以亚马逊为例[J]. 财会月刊,2019(14):57-64.

[5] 李严锋,解琨. 精益物流[M]. 北京:中国财富出版社,2012.

[6] 程士国,朱冬青. 物流系统功能要素间效益协同机理研究:以鲜切花为例[J]. 管理评论,2020,32(3):289-299.

[7] 张忠向,何军,吕毅. 基于物流外包的零售企业供应链决策研究[J]. 商业经济研究,2018(17):116-120.

[8] 季逸清,石岢然. 物流外包企业、第三方物流企业与政府之间的演化博弈[J]. 商业经济研究,2018(9):107-109.

[9] 曾欣韵,闵婕. 第三方物流整合与物流服务质量、企业运营绩效相关性分析[J]. 商业经济研究,2019(12):90-93.

[10] 王慧颖,徐周庆. "中国制造2025"背景下基于供应链一体化的第三方物流企业商业模式创新研究——基于飞力达公司的案例分析[J]. 科技促进发展,2018,14(12):1135-1144.

第二章

物流基本功能

引导案例

戴尔公司零库存

在企业生产中,库存是由于无法预测未来需求变化,而又要保持不间断的生产经营活动必须配置的资源。但是,过量的库存会诱发企业管理中的诸多问题,如资金周转慢、产品积压等,因此很多企业往往认为,如果在采购、生产、物流、销售等经营活动中能够实现零库存,企业管理中的大部分问题就会随之解决。零库存便成了生产企业一个不懈追求的管理目标。

1. 戴尔公司简介

全球领先的 IT 产品及服务提供商戴尔公司,总部设在得克萨斯州奥斯汀,于 1984 年由迈克尔·戴尔创立。戴尔公司是全球 IT 界发展最快的公司之一。

戴尔公司创立之初是向客户提供计算机组装服务,先天在研发能力和核心技术方面与业界的 IBM、惠普等公司有着一定差距,要想在市场竞争中占据一席之地,必须进一步分拆计算机价值链的机会,依靠管理创新获取成本优势。因此,戴尔在发展过程中虽有业务和营销模式的革新,但把重点放在成本控制和制造流程优化等方面,尤其是创造了直销模式,旨在减少中间渠道,直接面对最终消费者,达到降低成本的目的。实施面向大规模定制的供应链管理更能帮助戴尔与供应商有效合作和实现虚拟整合,降低库存存货周期及成本,从而获取高效率、低成本的优势,这也正是其核心竞争力所在。

2. 戴尔公司也经历过库存危机

(1) 库存过量。戴尔公司成立才 4 年多,就顺利地从资本市场筹集了资金,首期募集资金即达到 3 000 万美元。对于靠 1 000 美元起家的公司来说,这笔钱的筹集使戴尔的管理者开始认为自己无所不能,大量投资存储器,一夜之间形势逆转,导致重大存货风险。"我们并不了解,自己只知道追求成长,对其他的事一无所知,"迈克尔说,"成长的机会似乎是无限的,我们也习惯于不断追求成长。我们并不知道,每一个新的成长机会,都伴随着不同程度的风险。"

(2) 存货风险。戴尔每年的采购金额已经高达 200 多亿美元,假如出现库存金额过量 10%,就会出现 20 亿美元的过量库存,一则会占用大量的资金;二则库存若跌价 10%,则会造成 2 亿美元的损失。迈克尔评价说:"在电子产业里,科技改变的步调之快,可以让你手上

拥有的存货价值在几天内就跌落谷底。而在信息产业,信息的价值可以在几个小时、几分钟,甚至几秒钟内变得一文不值。存货的生命,如同菜架上的生菜一样短暂。我们在市场景气达到最高峰时买进的存储器超过实际所需,然后存储器价格就大幅度滑落;而屋漏偏逢连夜雨,存储器的容量几乎在一夕之间从 256KB 提升到 1MB,我们在技术层面也陷入了进退两难的窘况,我们立刻被过多且无人问津的存储器套牢。我们这个一向以直接销售为主的公司,也和那些采取间接模式的竞争对手一样,掉进了存货的难题里。结果,我们不得不以低价摆脱存货,这极大地降低了收益,甚至到了一整季的每股盈余只有一分钱的地步。"库存过量风险还直接引发了戴尔公司的资金周转危机。

戴尔经历巨大的库存风险之后,通过媒体向投资者公开披露风险信息,造成股价暴跌,这使迈克尔本人第一次面临前所未有的市场压力。巨大的库存风险促使戴尔公司积极深刻地反省自己,同时也促使迈克尔深思存货管理的价值。存货过量的风险是直接引导戴尔确立"摒弃存货"原则的基础:一是充分利用供应商库存,降低自身的库存风险;二是通过强化与供应商的合作关系,并利用充分的信息沟通降低存货风险。在经历风险之后,戴尔才深刻认识到库存周转的价值。在互联网技术出现之后,戴尔公司又进一步完善了库存管理模式,并丰富了"信息代替存货"的价值内涵。

3. 戴尔的零库存供应链管理模式介绍

戴尔的零库存需要客户支持、系统改进、供应商关系、市场细分等多个环节的参与配套。

戴尔供应链高度集成,上游或下游联系紧密,成为捆绑的联合体。不同于 IBM(注意力横跨整个设计、制造、分销和市场的全过程),戴尔在装配和市场上做足了功夫。戴尔的营运方式是直销,在业界号称"零库存高周转"。在直销模式下,公司接到订货单后,将计算机部件组装成整机,而不是像很多企业那样,根据对市场的预测制订生产计划,批量制成成品。真正按顾客需求定制生产,这需要在极短的时间内完成,速度和精度是考验戴尔的两大难题。

戴尔的做法是,利用信息技术全面管理生产过程。通过互联网,戴尔公司和其上游配件制造商能迅速对客户订单做出反应:当订单传至戴尔的控制中心,控制中心把订单分解为子任务,并通过网络分派给各独立配件制造商进行排产。各制造商按戴尔的电子订单进行生产组装,并按戴尔控制中心的时间表来供货。戴尔所需要做的只是在成品车间完成组装和系统测试,剩下的就是客户服务中心的事情了。

"经过优化后,戴尔供应链每 20 秒钟汇集一次订单。"

通过各种途径获得的订单被汇总后,供应链系统软件会自动地分析出所需原材料,同时比较公司现有库存和供应商库存,创建一个供应商材料清单。戴尔的供应商仅需要 90 分钟的时间就能准备所需要的原材料并将它们运送到戴尔的工厂,戴尔再花 30 分钟时间卸载货物,并严格按照制造订单的要求将原材料放到组装线上。由于戴尔仅需要准备手头订单所需的原材料,因此工厂的库存时间仅有 7 小时。这一切取决于戴尔的雄厚技术基础——装配线由计算机控制,条形码使工厂可以跟踪每一个部件和产品。在戴尔内部,信息流通过自己开发的信息系统,和企业的运营过程及资金流同步,信息极为通畅。精密的直接结果是用户的体验,一位戴尔员工说:"我们跟用户说的不是'机器可能周二或者周三到你们那里',我们说的是'周二上午 9 点到'。"

案例解析

上述案例主要介绍戴尔公司在面对库存危机时,努力推进零库存供应链管理模式,降低库存周期及成本,从而获取高效率、低成本的优势。

案例思考

1. 库存水平不合理对企业经营会产生怎样的影响?
2. 戴尔公司的零库存供应链管理模式成果的关键因素是什么?

案例涉及的主要知识点

库存　库存管理　零库存管理　库存成本

学习导航

- 理解运输的概念和作用,了解各种运输分类,掌握各种运输方式的特点,了解常见运输模式的内涵,掌握不合理运输及其表现形式并理解其内涵。
- 理解仓储的概念,了解仓储的作用及功能,掌握库存管理方法,掌握仓储合理化的内涵。
- 理解装卸搬运的概念,了解装卸搬运活动的特点,了解常见装卸搬运设备的特点,掌握各类装卸搬运方法,掌握搬运合理化的内涵。
- 理解包装的概念,掌握包装的作用,了解包装的标识,掌握集装单元化和包装合理化的内涵。
- 理解流通加工的概念,掌握流通加工的功能,了解流通加工的类型,了解流通加工合理化的内涵。
- 理解配送的概念,了解配送中心的概念,掌握配送模式的概念,掌握配送合理化的内涵。
- 理解物流信息技术在物流基本功能中的应用及其效果。

教学建议

- 备课要点:各种运输方式的特点,不合理运输及其表现形式;库存管理策略;各类装卸搬运方法,搬运合理化的内涵;包装的作用,集装单元化和包装合理化的内涵;流通加工的功能和类型;配送模式;物流信息管理的内容。
- 教授方法:案例、讲授、实证、启发式。
- 扩展知识领域:供应链环境下物流基本功能的实现、物流金融、国际物流与货运代理。

第一节　运　输

一、运输的定义

运输是人类社会的基本活动之一,与社会生产和人民生活密切相关,被马克思称为采掘业、农业和加工工业之外的"第四物质生产部门"。从早期的肩扛、手提,进步到借助于畜力或对自然力的原始利用,直至发展到现代发达的铁路、航空以及水路等多种运输方式。

关于运输的定义有多种,有学者认为运输是通过运输工具和方法使货物在生产地和消费地之间或者是物流据点之间流动,也有学者认为运输是指人员或物品借助于运力系统在一定空间范围内产生的位置移动。根据国家标准《物流术语》(GB/T 18354—2006),运输是指用设备和工具将物品从一个地点向另一地点运送的物流活动,包括集货、分配、搬运、中转、装入、卸下、分散等一系列操作。通过运输,可实现物流的空间效用。

二、运输的作用

(一)运输有利于开拓市场

随着运输技术的发展,运输手段不断改善,不仅提高了运输效率,降低了运输成本,更重要的是货物流通可能到达的地理区域大为拓展。由此,运输系统的发展同时扩大了市场区域范围和市场本身的交换规模,使得商品的大范围和大规模流通成为可能。

(二)运输有利于鼓励市场竞争并降低市场价格

运输成本是所有商品市场价格的重要组成部分,运输费用的多少将极大地影响商品的市场价格水平。运输技术的发展和运输效率的提高,降低了运输成本,从而降低商品价格。同时,运输成本的降低让原来无法负担高昂运输成本的小型企业或个体生产者也可以进入市场参与竞争。市场竞争程度的加剧可以使消费者享受到更多利益。因此,运输系统的存在鼓励了市场竞争,也降低了商品价格。

此外,运输与土地利用和土地价格之间也存在密切的关系。运输范围的拓展和市场范围的扩大,带动了人口的流动和企业的迁移,并由此使原本闲置的土地获得了充分利用。运输延伸所到达的地区土地增值,从而促进该地区的市场繁荣和经济发展。

(三)运输有利于保证商品品质

采用合理的运输方式,设计合理的运输路线,选择合适的运输工具,可以有效保证所运输商品的品质。以农产品运输为例,农产品由于其含水量高、易腐烂等自然特性,在运输过程中损耗率往往很高。特别是在我国,由于农产品物流起步较晚,水平较低,农产品在运输过程中的损耗率可以达到惊人的 20%～30%。如果在农产品的运输过程中,能根据不同农产品的自身特点和经济价值,选择合适的运输方式,如海鲜、水产品使用航空运输方式等;设计科学的运输路线,减少迂回和重复,缩短农产品的在途时间;提高农产品运输过程中低温车、冷藏车等冷链物流工具的使用比例,就可以极大地降低农产品的在途损耗,确保消费者可以获得有质量保证的新鲜农产品。

三、运输的分类

根据分类方式的不同,运输可以分为不同类型,如表 3-1 所示。

表 3-1 运输的类型

分类方式	类型名称	解释
按运输作用分类	集货运输	将货物集中以后通过交通运输主干线进行大批量的、长距离的运输
	分拨运输	货物是通过零散运输运送到各个客户方
按运输中途是否换装分类	直达运输	货物从发送地到接收地,中途不需要换装,可以节约运输时间,节约运输成本
	中转运输	物品从发送地到接收地,中间至少有一次落地并换装的运输,灵活方便
按运输协作程度分类	一般运输	在运输的过程中,采用单一的运输工具,或是孤立地采用不同种的运输工具,在运输过程中没有形成有机协作整体的运输形式
	多式联运	使用两种或两种以上的运输工具,相互衔接、转运而共同完成的运输过程

续表

分类方式	类型名称	解　释
按运输方式分类	陆上运输	依靠汽车、火车等灵活性较好的运输工具实现物品长途或短途的空间转移
	水上运输	依靠船舶、排筏等运输工具进行的物品流动活动,包括内河运输和海洋运输
	航空运输	使用飞机或其他航空器进行运输的运输方式
	管道运输	货物在管道内借助高压气泵的压力往目的地输送货物的运输方式

四、基本运输方式

(一)铁路运输

铁路运输是我国一种重要的陆上运输方式,在我国的运输体系中发挥着不可替代的骨干作用。铁路运输主要承担中长距离、大宗货物的运输。

1. 铁路运输的营运方式

(1) 整车(整列)运输,是指根据一批货物的重量、体积、形状或性质的运输需要,使用一节或一节以上 30t 货车(俗称"车皮")进行装运,并规定七类货物必须办理整车托运。

(2) 零担运输,是指根据一批货物的重量、体积、形状或性质的运输需要,无须使用一节货车装运的,即可按照零担方式办理运输。在铁路零担运输中,一件货物体积不得小于 $0.02m^2$(一件货物重量达 10kg 以上的除外),一张运单托运的货物不得超过 300 件。

(3) 集装箱运输,是指使用集装箱作为货物的承载容器,在铁路上进行运输的方式。适合采用集装箱运输的货物通常被称为适箱货。

此外,铁路运输还可以分为营业性线路运输和专用线路运输。

2. 铁路运输的设施设备

铁路运输的设备分为固定设施和活动设备。固定设施主要包括客运站、货运站、客货运站和铁路线路。活动设备主要包括蒸汽机车、内燃机车、电力机车等各种牵引机车,以及敞车、棚车、平车、罐车、保温车等各种承载车辆。

3. 铁路运输的特点

1) 铁路运输的优点

(1) 适应性强。铁路的建设受地形约束较小,绝大多数有运输需要的地方均可修建;铁路运输过程中受自然和气候的影响较小,基本可以实现全天候运作。

(2) 运输能力强。在陆上运输的各种方式中,铁路运输的载货能力是最强的。一列火车通常可以运载 2 000~3 000t 的货物,重载列车可运载 2 万吨以上的货物,远远超过公路运输方式。同时,铁路运输拥有强大的通过能力,每一条铁路一昼夜能通过众多的列车。因此,铁路运输的输送能力很强。

(3) 安全程度高。根据历年《交通运输安全生产事故报告》数据,与其他几种基本运输方式相比,铁路运输的事故率是很低的。

(4) 运输速度较快。常规铁路的货运列车速度一般为 60~80km/h,部分常规铁路可以达到 140~160km/h。高速铁路上运行的旅客列车时速可以达到 210~310km/h。

(5) 运输能耗小。铁路运输轮轨之间的摩擦阻力小于汽车车辆和地面之间的摩擦阻力,铁路机车车辆单位功率所能牵引的质量约比汽车高 10 倍,因而铁路单位运输所消耗的能量要比汽车运输少得多。

(6) 环境污染程度小。不同的运输方式对环境的污染程度是不一样的。公路上行驶的各类车辆排放出大量的尾气,严重污染空气;喷气式飞机、超音速飞机除了排放大量二氧化碳以外,还会产生严重的噪声污染。而在我国,随着电气化铁路成为铁路运输的主要方式,铁路运输对于环境和生态平衡的影响程度变小。

(7) 运输成本较低。铁路运输由于运距长、运量大,从而单位运输成本更低。铁路运输成本只有公路运输成本的 1/17~1/11,航空运输成本的 1/267~1/97。

2) 铁路运输的缺点

(1) 建设投资高,周期长。平原地区单线电气化铁路每公里造价可以达到 2 500 万元左右,山地、高原、冻土地带等复杂地形环境,以及复线形式铁路造价更高。同时,铁路的建设周期长,一条干线的建设往往需要 5~10 年。

(2) 灵活性差。铁路运输的线路相对固定,只能在固定线路上实现运输,难以做到"门对门",在运输的起终点需要以其他运输手段配合和衔接。此外,铁路运输只有达到一定的运输量,才能保证其经济性。

(3) 运输时间较长。在铁路运输过程中必需的列车编组、解体和中转改编等作业环节,会耗费一定时间,从而增加货物的总体运输时间。

(4) 货损率比较高。由于装卸次数较多,铁路运输中的货物毁损或灭失事故通常比其他运输方式多。

综上所述,铁路运输适用于大宗低值货物的中长距离运输(据《中国统计年鉴 2020》数据显示,2015—2019 年铁路运输平均运距为 711.2km),也较适合运输散装货物(如煤炭、金属、矿石、谷物等)、罐装货物(如化工产品、石油产品等)以及集装箱运输。

(二) 公路运输

公路运输是现代运输的主要方式之一。公路运输以汽车为主要运输工具,也可使用其他车辆,如人力车、畜力车等。

1. 公路运输的营运方式

(1) 整车运输,是指托运人一次托运货物的重量在 3t 以上(含 3t),或虽不足 3t,但由于体积、形状等其他货物性质,需要使用一台或一台以上车辆的运输组织形式。

(2) 零担运输,是指托运人一次托运货物的重量不足 3t,需要和他人货物拼车的运输组织形式,具有运量零星、批数较多、流向分散的特点。

(3) 联合运输,联合运输的方式有公铁联运、公海联运和公公联运等。

(4) 集装箱运输,是指利用集装箱组织的汽车运输。

2. 公路运输的设施设备

公路运输的设施包括不同等级的公路,如高速公路、一级公路、二级公路、三级公路和四级公路;各种大小、等级的停车场、货运站;不同长度的桥梁、隧道等。汽车的种类很多,大致可以分为以下几种。

(1) 普通货车。普通货车包括轻型货车(载重量在 2t 以下)、中型货车(载重量在 2~8t)、重型货车(载重量在 8t 以上)。

(2) 厢式货车。厢式货车具有载货车厢,能有效防止货差货损。按货箱高度,可以分为高货箱和低货箱两种。

(3) 专用车辆。专用车辆是指适用于装运某种特定的货物,从而实现比使用普通货车或箱式货车更高的效率,包括油罐车、汽车搬运车和混凝土搅拌车等,但专用车辆的通用性较差。

(4) 自卸车。自卸车实现了运输与装卸的有机结合,在缺少装卸设备的条件下,可依靠车辆本身的附设设备进行装卸作业,包括翻卸车和随车吊等。

3. 公路运输的特点

1) 公路运输的优点

(1) 较高的灵活性。这是公路运输最显著的特点。公路运输对于运行条件的要求不高,可以实现"门对门"运输。公路运输可以满足不同种类、不同距离、不同重量货物的运输需求,提供满足客户特定要求的有针对性的服务。

(2) 货损、货差小。使用公路运输货物能保证质量,及时送达,公路运输的货损、货差率远低于大多数铁路运输的货损、货差率,略高于航空运输的货损、货差率。

(3) 原始投资少,资金周转快,回收期短。相关资料显示:美国公路货运企业每收入1美元仅需投资0.72美元,而铁路则需要2.7美元。公路运输的资本每年周转3次,铁路则需要3~4年才周转一次。

2) 公路运输的缺点

(1) 载运量小。公路货运车辆的载重量远低于水路运输、铁路运输。按强制性国家标准《汽车、挂车及汽车列车外廓尺寸、轴荷及质量限值》(GB 1589—2016)相关条款规定,载重量最大的六轴车辆的最大货车总质量不得超过49t。

(2) 安全性差。以人员伤亡情况为例,交通部数据显示,近年来道路交通事故年均发生数量均在20万起以上,造成约30万人员伤亡;而铁路、水路运输交通事故造成的年均人员伤亡人数都在千人以下。

(3) 单位运输成本高。由于货运汽车的载重量较小,分摊运输成本能力较差,降低了劳动生产率,在长距离运输中单位运输成本远高于铁路、水路运输。

(4) 环境污染严重。不同于铁路运输以电力机车为主体,水路运输可以在一定程度上借助水流的自然动力,汽车主要通过燃烧汽油、柴油获得动力,尾气排放量大,对运输环境会造成较为严重的污染。

综上所述,公路运输主要承担近距离、小批量的货运,以及水路、铁路运输难以达到的长途、大批量货运。大量统计资料证明,公路运输在运距200km左右范围时综合运输经济效益最佳。随着高速公路网络的逐步建立和完善,公路运输将从短途运输逐步向短、中、长途运输共同发展。

(三) 水路运输

水路运输由船舶、航道和港口组成,水路运输的动力来自水的浮力和燃烧燃料获得的机械动力,是历史最悠久的一种运输方式,简称水运。按水路运输航行的区域,水路运输可分为远洋运输、沿海运输和内河运输三种类型。远洋运输通常指无限航区的国际运输;沿海运输指在国内沿海区域各港口间进行的运输;内河运输指在江、河、湖泊及人工水道上从事的运输。水路运输是在干线运输中起主力作用的运输方式。

1. 水路运输的营运方式

(1) 班轮运输,又被称为定期船运输,是指船运公司按照公布的船期表在特定的航线上,以既定的挂靠港顺序,进行规则的、反复的航行和运输的一种船舶经营方式。它包括件杂货班轮运输和集装箱班轮运输。集装箱班轮运输如今已经是国际物流业的主流业务之一。班轮运输对于船舶的技术性能以及船员和设备等有较高的要求,且需要一套完整的货运程序。

(2) 租船运输,又被称为不定期船运输。与班轮运输的方式不同,租船运输既没有固定的船舶排期,也没有固定的航线和挂靠港,而是按照货源的要求和货主对货物运输的要求安排船舶航线计划,组织货物运输,是相对于班轮运输的另一种船舶经营方式。

2. 水路运输的设施设备

水路运输的设施设备由港口、航道和船舶组成。

1) 港口

根据我国《港口法》的定义,港口是指位于江河、湖泊和海洋沿岸,具有船舶进出、停泊、靠泊,旅客上下,货物装卸、驳运、储存等功能,并具有相应设备的由一定范围的水域和陆域组成的场所与基地。港口按地理位置可分为海湾港、河口港、内河港;按使用目的可分为存储港、转运港、经过港;按国家政策可分为国内港、国际港、自由港。

2) 航道

航道是指在内河、湖泊、港湾等水域内供船舶安全航行的通道,由可通航水域、助航设施和水域条件组成。

3) 船舶

(1) 集装箱船又称箱装船、货柜船或货箱船,是一种专门载运集装箱的船舶。船只的全部或大部分货舱用来装载集装箱,往往在甲板或舱盖上也可堆放集装箱。集装箱船装载效率高,极大地缩短了停港时间。

(2) 散装船,适用于装运谷物、煤炭、矿石和盐等散装货物。散装货物一般都是廉价的原材料或初级产品,因此散装货船的运量很大,通常都是单向运输。散装货船的大小分为三个等级:约3万吨的方便型、6万吨的巴拿马极限型和10万吨以上的海峡型。

(3) 油船又称油轮,是专门用来装运散装石油类、液体货物类的船舶,是远洋运输中特大型、大型船舶。一般而言,大型油轮的排水量在20万~30万吨,超大型油船可达到50万吨以上。

(4) 液化气船,是专门用来装运经液化的天然气和石油气体的船舶。

(5) 滚装船又称"开上开下"船或"滚上滚下船",是指用牵引车牵引载有箱货或其他件货的半挂车或轮式托盘直接进出货舱装卸的运输船舶,也可以客货滚装。

(6) 载驳船,是专门用来装运以载货驳船为货物单元的船舶。

(7) 冷藏船,是指设有冷藏设备,专门用来装易腐、鲜活货物的船舶,其吨位一般较小,大多在几百吨至几千吨。

各类船舶示例如图3-1所示。

3. 水路运输的特点

1) 水路运输的优点

(1) 运输能力强。水路运输的能力是五种基本运输方式中最强的,如在远洋运输中,几十万吨的油轮或散货船非常普遍;即使在内河运输中,上千吨级的船舶也较为常见,国内许多拖驳或顶推驳船的装载能力已超过万吨。

(2) 运输成本低。由于运输能力强,又可以借助水的自然浮力,使水路运输的成本较

图 3-1 各类船舶

低。据统计，我国水路运输成本只有铁路运输成本的 40%，美国沿海运输成本只有铁路运输成本的 1/8；长江干线运输成本只有铁路运输成本的 84%，而美国密西西比河干流的运输成本只有铁路运输成本的 1/4~1/3。

(3) 建设投资较少。除船舶购买、港口建设，以及某些内河航道需要花费一定费用疏浚外，水路运输可以利用江河湖海等自然水利资源，其整体建设费用比修筑铁路的费用少得多。

(4) 劳动生产率较高。水路运输强大的运输能力，较少的船员人数需求，使水路运输劳动生产率较高。据统计，沿海运输劳动生产率是铁路运输的 6.4 倍，长江干线运输劳动生产率是铁路运输的 1.26 倍。

(5) 水路运输还便于实现集装箱运输和多式联运。

2) 水路运输的缺点

(1) 速度慢。由于船舶体积相对较大，水流阻力大，因此航速一般较低，通常只能达到 40km/h 左右，远低于铁路和公路运输。

(2) 受自然条件影响较大。冬季结冰、枯水期水位变低等因素使内河航道和某些港口难以实现全年通航。海上运输除了受冬季结冰影响外，还容易受台风、大雾等不良天气影响。另外，港口航道水深的限制会使某些大型船舶无法停靠。

(3) 灵活性差。水路运输只能在固定的水路航线上航行，不能实现"门到门"的运输，需要其他运输手段的配合和衔接，才能最终完成整个运输过程。

综合考虑以上因素，水路运输适合于大运量、长距离、时效性要求不高的大宗货物的运输（据《中国统计年鉴 2020》数据显示，2015—2019 年水路运输平均运距为 1 459.8km），特别适合于集装箱的运输以及国际贸易运输，适合于运输矿石、煤炭、石油、粮食等散货。

(四)航空运输

航空运输是以航空器为运输工具,实现旅客、行李、货物、邮件在区域内位置转移的活动。

1. 航空运输的营运方式

国际航空运输有班机运输、包机运输、集中托运和航空快件运输等方式。

(1) 班机运输,是指定期开航的定始发站、达到站、途经站的飞机运输。一般航空公司都使用客货混合型飞机,在搭载旅客的同时运送小批量货物。由于时间固定、航线固定,收发货人可以准确掌握启运、到达时间和到达地点,从而保证货物运输的安全、快捷。

(2) 包机运输。当货物批量较大,客货混合的班机不能满足需求时,即可考虑采用包机运输。包机运输分为整机包机和部分包机。整机包机是指航空公司按照事先约定的条件和费率,将整架飞机租给租机人,从一个或几个航空站装运货物至指定目的地的运输方式,适合于大宗货物的运输。部分包机是指由几家航空货运代理公司或发货人联合包租整架飞机,或者由包机公司把整架飞机的舱位分租给几家航空货运代理公司。部分包机适于1吨以上不足整机的货物运输,运费率较班机低,但运送时间较班机要长。

(3) 集中托运。集中托运是指航空货运代理公司把若干批单独发运的货物组成一整批,向航空公司办理托运,填写一份总运单发运到同一到站点,由航空货运代理公司在目的地的指定代理人负责收货、报关,并将货物分别拨交于各收货人的一种运输方式。集中托运在国际航空运输业中开展比较普遍,也是航空货运代理的主要业务之一。

(4) 航空快件运输,是指具有独立法人资格的企业,通过航空运输及自身或代理的网络,在发货人和收货人之间以最快速度传递文件和物品的一种现代化的运输组织方法。因为主要运送国际往来的文件和物品,所以也称国际快件运输。

2. 航空运输的设备

航空运输体系由航空港、飞机、航空线、空中交通管理系统四个部分组成。

(1) 航空港。国际民航组织将航空港定义为:供航空器起飞、降落和地面活动而划定的一块地域或水域,包括域内的各种建筑物和设备装置。一般情况下,航空港与机场几乎是同义的,但实际两者还是有区别的。所有可以起降飞机的地方都可以称为机场,而航空港则专指那些可以经营客货运输的机场。

(2) 飞机。飞机是航空运输的主要载运工具。

(3) 航空线。航空线是航空运输的线路,是由空管部门设定的飞机由一个机场飞抵另一个机场的通道。飞机航线分为非固定航线和固定航线;也可按其性质和作用分为国际航线、国内航线和地方航线三种。

(4) 空中交通管理系统。为了保证航空器飞行安全及提高空域和机场飞行区的利用效率而设立的各种助航设备和空中交通管制机构及规则构成了空中交通管理系统。

3. 航空运输的特点

1) 航空运输的优点

(1) 运输速度快。在五种运输方式中,航空运输的速度是最快的。运输距离越长,节省的时间越多,其速度优势越显著。

(2) 机动性强。飞机在空中飞行,只要有机场,不受其他地面情况限制,可到达其他运输工具无法到达的地点。

(3) 安全性高。与其他方式相比,航空运输的管理制度比较严格、完善,中间环节较少,因此运输过程中发生意外损失的机会也就相对较少。

(4) 建设周期短，投资少。开辟一条 1 000 km 的民航线路，一般需要 5 亿元左右；而同样长度的铁路则需要投资 20 亿元左右。同时，由于只需要建设起点和终点处的机场，建设周期大为缩短。

2) 航空运输的缺点

(1) 载运量小。由于飞机的机舱容积和载重量的限制，航空运输的载运量是五种运输方式中比较小的，不能承运大型、大批量的货物。目前世界上最大型的军用运输机，其满载载货量也只有 70t 左右。

(2) 单位运输成本高。飞机购置、租赁和维修费用高，燃油消耗量大，加之载运量小使得航空运输单位成本极为昂贵，在很大程度上限制了航空运输的发展。

(3) 易受天气条件的影响。航空运输受天气条件的影响较大，在遇到大雨、浓雾、台风等天气时，飞机停飞，使得旅客、货物滞留在航空港，不能保证准时送达。

(4) 可达性差。航空运输不能保证"门到门"运输，必须借助于其他运输方式转接。

因此，航空运输适合运载的货物主要有两种：①价值高、运费承担能力较强的货物，如贵重设备的零部件、高档产品等；②紧急需要的物资，如救灾抢险物资等。航空运输适合承担远距离的货运(据《中国统计年鉴2020》数据显示，2015—2019 年航空运输平均运距为 3 427 km)。

(五) 管道运输

管道运输是随着石油的生产而产生和发展的一种运输方式。管道运输是一种由大型钢管、泵站和加压设备等组成的运输系统完成运输工作的运输方式。货物在管道内借助高压气泵的压力向目的地输送。管道运输是一种运输通道和运输工具合二为一的专门运输方式。

1. 管道运输的分类

按管道的铺设方式不同，管道可以分为埋地管道、架空管道和水下管道。按运输介质不同，管道可以分为原油管道、成品油管道、天然气管道、油气混输管道、固体物料浆体管道。按其在油气生产中的作用不同，油气管道又可分为矿场集输管道，原油、成品油和天然气的长距离输送干线管道和天然气或成品油的分配管道等。

2. 管道运输的特点

1) 管道运输的优点

(1) 运量大。由于管道埋于地下，管道运输可以做到 24 小时连续运行。一条管径为 720 mm 的管道每年可以运送易凝高黏原油 2 000 万吨，一条管径 1 200 mm 的原油管道每年运输量可达 1 亿吨。

(2) 建设投资相对较小，占地面积少，受地理条件限制少。管道建设的投资和施工周期均不到铁路的 1/2。管道埋于地下，除了泵站、首末站占用一些土地外，无须其他土地资源。管道运输一般不受地形与坡度的限制，从而缩短了运输里程。

(3) 安全可靠、连续性强。由于石油、天然气易燃、易爆、易挥发、易泄漏，采用地下管道运输的方式十分安全，同时还可大大减少运输过程中的挥发损耗，降低泄漏对空气、水和土壤的污染。

(4) 运输成本低。在各种运输方式中，管道运输的运输成本最低。以石油为例，管道运输、水路运输、铁路运输的运输成本之比为 1∶1∶1.7。

2) 管道运输的缺点

管道运输缺点主要在于专用性强,灵活性差。管道运输功能单一,只能运输石油、天然气及固体料浆,只能在固定的管道中实现单向运输,不能随便扩展管线,也不能实现"门到门"的运输服务。

因此,管道运输主要负担单向、定点、量大的流体状货物(如石油、天然气、煤浆、某些化学制品原料等)的中长距离运输(据《中国统计年鉴2020》数据显示,2015—2019年管道运输平均运距为591.4km)。

五、几种常见的运输模式

(一)甩挂运输

近年来,随着交通运输工具的更新换代,出现了以牵引车为动力,以半挂车、全挂车等承载装置为主要运输工具的甩挂运输模式。

1. 甩挂运输的概念

甩挂运输使用带有动力的机动车将随车拖带的承载装置,包括半挂车、全挂车甚至货车底盘上的货箱牵引至目的地后,甩下承载装置,再拖带其他装满货物的承载装置返回原地,或者驶向新的地点。这种一辆带有动力的主车,连续拖带两个以上承载装置的运输方式被称为甩挂运输,如图3-2所示。甩挂运输模式的特点在于:①挂车本身没有动力,由牵引车拖带行驶;②一台牵引车往往配置多台挂车,牵引车与挂车之间不固定搭配,根据运输需要进行组合;③减少了货物的装卸搬运,避免不必要的运输程序,运输效率高。

图3-2 甩挂运输

2. 甩挂运输的模式分类

企业开展甩挂运输的基本运营模式有四种类型,如表3-2所示。

表3-2 甩挂运输基本运营模式

运营模式	适用场合
"一线两点"	货运量较大且稳定,装卸作业地点固定的中短途运输线路
"一线多点、沿途甩挂"	装(卸)货地点集中,卸(装)货地点分散,货量比较稳定的运输线路

续表

运营模式	适用场合
"多线一点,轮流甩挂"	发货点集中、卸货点分散,或卸货点集中、发货点分散的运输网络,主要特征是多条线路集中于一点,在该点集中进行装卸作业
"网络化甩挂"	已经具有成熟的运输网络且网络中的货源条件稳定的公路快速货运行业

3. 甩挂运输的优点

(1) 提高运输效率。甩挂运输使牵引车和挂车能够自由分离,减少了货物装卸的等待时间,加速了牵引车周转,提高了牵引车生产效率。

(2) 节约资源,实现节能减排。甩挂运输组织模式能够减少车辆空驶和无效运输。有关数据资料显示,如果全国物流运输业能够将甩挂运输周转量比例增大 10%,则每年可以节省燃油可折合 300 万～400 万吨标准煤,相应减少二氧化碳排放 650 万～850 万吨。

(3) 降低物流成本。甩挂运输要求牵引车和挂车按照一定比例进行配置,能有效节省牵引车购置费、人工费和管理费等运营成本。

(二) 冷链运输

冷链运输是物流行业中一个特别的分支,属于物流领域高端物流的范畴。冷链运输与其他运输方式的不同之处在于冷链运输的特别冷藏手段和运输方法。

1. 冷链运输的概念

冷链运输(cold-chain transportation)是指在运输全过程中,无论是装卸搬运、变更运输方式,还是更换包装设备等环节,都使所运输的货物始终保持一定温度的运输。冷链运输是冷链物流的一个重要环节。

2. 冷链运输的特点

冷链运输的特点可以归纳为以下几个方面。

(1) 技术要求高。冷链包含的制冷技术、保温技术、产品质量变化机理和温度控制及监测技术是支撑冷链的技术基础。

(2) 投资成本高。冷库建设和冷藏车的购置需要大量投资,比一般库房和干货车辆要高出 3～5 倍。

(3) 运营成本高。冷链运输运作成本高,电费和油费的维持是冷链运输的必要投入要素。

(4) 监控困难。冷链运输产品的生产、储存、运输、销售等诸多环节都需要进行控制,需要严格的管理制度,同时又需要高素质的操作人员。

3. 冷链运输的对象

冷链运输的对象主要包括以下几类:鲜活产品,如蔬菜、水果、肉、禽蛋、水产品和花卉产品等;加工食品,如速冻食品、包装熟食、奶制品和快餐原料等;医药品,如各类药品、针剂和药剂等。

(三) 国际多式联运

国际多式联运是在集装箱运输的基础上产生并发展起来的一种综合连贯运输方式。国际多式联运以集装箱作为运输中货物的承载容器,将海上运输、铁路运输、公路运输、航空运输和内河运输等各种单一运输方式有机结合起来,组成一体化的连贯运输过程,完成货物的国际运输。

1. 国际多式联运的概念

根据《联合国国际货物多式联运公约》的相关定义,国际多式联运是指以至少两种不同的运输方式,由多式联运经营人把货物从一国境内接运货物的地点运至另一国境内指定交付货物的地点。根据这一定义,构成国际多式联运需要满足以下几个条件。

(1) 一份多式联运合同。合同明确多式联运经营人(承运人)和托运人之间的权利、义务、责任、豁免的合同关系和多式联运的性质。

(2) 一份全程多式联运单据。单据证明多式联运合同,同时证明多式联运经营人已接管货物并负责按照合同条款运输货物。

(3) 至少两种不同运输方式的连贯运输。这是确定一票货运是否属于多式联运的重要特征。为了履行单一方式运输合同而进行的该合同所规定的货物接送业务不应视为多式联运,如航空运输中从仓库到机场的这种陆空组合不属于多式联运。

(4) 国际货物运输。这是区别国内运输是否符合国际法规的限制条件。

(5) 一个多式联运经营人。该经营人对全程运输负责,寻找分承运人,实现分段运输。

(6) 全程单一费率。多式联运经营人在对货主负全程责任的基础上,指定一个货物发运地至目的地全程单一费率,并以包干形式一次向货主收取运输费用。

2. 国际多式联运经营人的性质

国际多式联运经营人既不是发货人的代理或代表,也不是参加联运的承运人的代理或代表,而是多式联运的当事人,是一个独立的法律实体。对于货主来说,它是货物的承运人;对于分承运人来说,它是货物的托运人。经营人一方面和货主签订多式联运合同,另一方面又以托运人身份与分承运人签订各段运输合同,具有双重身份。一旦在运输过程中任何一个环节出现货损现象需要赔偿,货主只需要向承担全程责任的多式联运经营人索赔,而无须直接向实际承担运输的分承运人索赔。

国际上承担多式联运业务的一般都是规模较大的货运公司或者货运代理,具有一定的运输手段,如车辆、仓库,并与货主和各类运输公司都有密切的业务关系。国际上称这种企业为"无船公共承运人"(non-vessel operating common carrier, NVOCC)。

3. 国际多式联运经营人的责任

从接收货物开始,国际多式联运经营人即开始承担相应责任,直至交付货物为止。在此根据负责范围和赔偿限额的不同,根据目前国际上的做法,可分为以下三种类型。

(1) 统一责任。在统一责任制下,多式联运经营人对货主负不分区段的统一责任,即货物的任何灭失或损失,无论发生在哪个区段,经营人按一个统一原则负责,并一律按一个约定的限额赔偿。

(2) 分段责任。在分段责任制下,多式联运经营人的责任范围以各区段运输原有责任为限,如海上区段按照《海牙规则》,航空区段按《华沙公约》办理。在某些区段上不适用上述公约时,则按照有关国家的国内法规处理。

(3) 修正(双重)统一责任。修正(双重)统一责任制,是介于上述两种责任制之间的责任制,故又称混合责任制,也就是责任范围方面与统一责任制相同,在赔偿限额方面与部分责任制相同。

六、不合理运输的表现形式

在现代物流的各个环节中,运输是最重要、最基础的环节之一。物流合理化在很大程度上取决于运输环节是否合理。运输是降低物流费用最具潜力的领域,因此在优化物流系统时,实现运输合理化是一项最基本的任务。

(1) 迂回运输,是指商品运输本可以走直线或经最短的运输路线,但却采取绕道而行的不合理运输现象。

(2) 过远运输,是指本可以就近产地运输的货物却舍近求远,从远距离的产地调运,从而拉长运输距离,造成运力浪费的一种运输现象。过远运输有两种情况:①原本可以从距离较近的产地调运物资,却从远地采购;②多个生产同种货物的产地与销地,某一产地的货物没有供应给较近的销地,而是调运给较远的销地。

(3) 对流运输(相向运输),是指同类或可以相互替代的货物在一条运输路线或平行线上运输,与相对方向发生全部或部分对流。

(4) 倒流运输,是指把货物从产地或者中转站运往销地,然后又全部或部分从销地运回产地的一种运输现象。

(5) 重复运输,是指一批货物本来可以直接运往目的地,中途经过中转站卸载并重新装运,增加了不必要的运输环节的一种运输现象。

(6) 空驶,是指空车没有载运货物而行驶的一种运输现象。造成空驶的原因是多方面的:没有充分利用社会化的运输体系,依靠自备车送货提货,出现单程重车、单程空驶的不合理运输;信息不对称,造成货源不实、车辆来回放空,形成双程空驶;车辆过分专用,导致无法搭运回程货,只能单程实车、单程回空周转。

(7) 亏载运输,是指由于运输工具选择不当,没有装满车船容量的亏吨现象。

(8) 超载运输,是指交通运输工具的实际装载量超过核定的最大容许限度。

(9) 无效运输,是指由于货物质量次、杂质多,或运输的商品在当地不适销,而造成的运输能力浪费于不必要的物资运输的现象。

(10) 运力选择不当,是指由于没有正确分析各种运输工具的优劣势,从而导致运输工具选择不合理的一种运输现象。常见的运力选择不当包括弃水走陆、铁路或大型船舶短途运输以及运输工具承载能力选择不当等。

(11) 托运方式选择不当,是指原本可以选择最有效的托运方式却没有使用,造成了运力浪费以及费用支出增加的一种不合理运输现象。如应该采用直达运输却使用了中转运输,应当零担运输却使用整车运输等都属于此类不合理运输方式。

七、实现运输合理化的有效途径

实现运输合理化就是要采用正确的运输方式,精心设计运输路线,高效配置运输资源,合理选择运输方式和工具,最大限度地提高运输合理化水平,提高运输效率和经济效益。

(一) 分区产销平衡

分区产销平衡就是在组织物流活动时,充分考虑产销的资源分布状况,按照近产近销原则组织货物运输;将某些货物的产地与销售地固定搭配,即一定的生产区域出产的货物固定运往一定的销售地。

(二) 直达运输

直达运输是指货物中途不换装直接从起点运到终点或用户手中。需要指出的是，应根据用户的需求判断是否需要采用直达运输，当运输批量较小时，中转运输也是可取的。

(三) 配载运输

配载运输是指充分利用运输工具载重量和容积，合理安排装载的货物以求合理化的一种运输方式。配载运输要注意轻重货物的合理配载，在运输以重质货物为主的货物情况时，搭载一些轻泡货物。

(四) 合装整车运输

合装整车运输是指在货物运输过程中，将同一方向的不同货物组配在一辆车内，以整车运输的方式托运到目的地或某一中转站，再中转分运。采用合装整车运输的方式可以充分利用货车的容积和载重量，多载货，不空驶，以最大限度地利用运力。

(五) "四就"直拨运输

"四就"直拨运输是指各种物资在组织货物调运过程中，由相关管理机构提前筹划，直接分配给基层的各零售商、用户，减少中间环节。"四就"指的是就厂直拨、就站（码头）直拨、就库直拨和就车（船）直拨。

(六) 增加技术装载量

增加技术装载量是指在组织物流运输时，合理运用各种技术手段，以最大限度增加车船载重吨位和装载容积，提高运输工具的使用效率。增加技术装载量的主要方法有使用集装箱运输、散装化运输、托盘运输、轻重配套运输、顶推法、甩挂运输、"满载超轴"、改进堆码方法、解体运输等。

(七) 发展社会化运输体系

运输社会化是运输业发展的大势所趋。运输社会化实行专业分工，打破单个物流企业自成运输体系的状况。发展社会化的运输体系，统一安排运输工具，对于避免迂回运输、倒流运输、空驶、运力选择不当等多种不合理运输现象具有重要意义，实现社会效益和规模效益的统一。

第二节 仓 储

一、仓储的概念

仓储是现代物流中除运输外又一基本功能和主要环节。在物流过程中，没有仓储环节，就不能解决生产集中性与消费分散性的矛盾，也不能解决生产季节性与消费常年性之间的矛盾。除此之外，仓储还可以有效保护商品的所有权和使用价值，加速商品流转，提高物流效率和质量，促进社会效益的提高。

根据国家标准《物流术语》(GB/T 18354—2006)，仓储是指利用仓库及其相关设施、设备进行物品的进库、存储、出库的作业。通过仓储，实现对物品的保存功能，对物品的数量、质量进行管理控制。

二、仓储的作用

随着现代物流的发展,仓储作为物流系统的重要组成部分,越来越被众多的学者与物流从业者所重视。仓储的作用也越来越显著,主要表现在以下几个方面。

(一) 调节商品的时间需求

一般而言,商品的生产与消费不可能做到完全同步。为了弥补这种不同步所造成的损失,需要储存商品来消除这种时间性的需求波动。以大米为例,人们日常生活中对大米的需求是持续的,但大米的生产却不是随时都能进行的。因此,必须储存一些大米,在不能生产大米的季节供给消费者。通过这种有目的性的商品存储,可以防止商品供给和需求之间剧烈矛盾的产生,从而稳定商品物价。

(二) 降低物流运输成本,提高运输效率

通过物流仓储环节,可将同一地点的小批量商品聚集成较大的批量,然后再进行统一运输,到达目的地后,再分成小批量送到客户手中。这样虽然产生了一定的储存成本,但是可以更大限度地提高运输效率,降低运输成本。

(三) 快速响应消费需求

企业如果在商品生产出来之后能够尽快把商品运到目标消费区域的仓库中,那么消费者有消费需求时,能够得到尽可能快的供应,从而提高消费者满意度,培养消费者的忠诚度,塑造企业的良好形象。

三、仓库的功能

仓库最基本的功能是存储物资,并对存储的物资实施保管和控制。随着现代物流的发展,仓库的功能越来越多元化,已远远超出了单一的存储功能。

(一) 储存和保管的功能

仓库是储存物品的特定空间。根据所存储物品(物资)的不同,需要使用不同的设施、设备和方法。同时也需要仓库管理人员具备一定的物品储存的专业知识,并能熟练运用各种搬运机具,以更好地发挥仓库的储存、保管功能。

(二) 流通加工功能

现代仓库的功能已由单纯保管型向流通型转变。仓库内不仅有储存、保管货物的设施、设备,而且增加了分拣、配套、捆装、流通加工、信息处理等设备。因此,现代仓库已具备流通加工功能,从而扩大了仓库的经营范围,提高了仓库的服务质量。

(三) 信息中转功能

仓库是物流活动的中转站,在处理仓储活动相关的各种事务时,需要通过互联网、电子数据交换(EDI)和条形码等信息交换手段,与物流其他环节交换仓储信息,如仓库利用水平、进出库频率、仓库存储物品数量和品种信息、顾客需求等。

四、仓库的分类

现代物流中仓库的分类方法非常多,这里介绍几种主要的分类方法。

(一) 按仓库在社会再生产过程中所处的位置不同分类

(1) 生产领域仓库,包括原材料及零配件仓库,半成品、在制品和产成品仓库。其中,原

材料及零配件仓库主要用于储备生产所需的各种原材料、零配件,以及一些低值易耗品。半成品、在制品仓库是指在企业生产过程中,处于不同生产阶段之间的半成品仓库和在制品仓库,主要用于衔接各生产阶段,保证生产的连续进行。产成品仓库主要储存已经制成并经检验合格,进入销售阶段的产成品。

(2) 流通领域仓库,包括专业储运中转仓库和供销企业的自用仓库。专业储运中转仓库又称储运仓库,一般为各部门和各地区供销企业储运货物;而供销企业自用仓库一般规模不大,较为灵活,适用于零散的小额货物。

(二) 按保管目的分类

(1) 配送中心(流通中心)型仓库,以配送和流通加工为主要功能的仓库。
(2) 存储中心型仓库,以储存为主要功能的仓库。
(3) 物流中心型仓库,具有储存、发货、配送及流通加工功能的综合型仓库。

(三) 按保管条件分类

(1) 普通仓库,用来存放对仓储环境没有特殊要求的一般货物。
(2) 保温仓库,用来储存对温度等有特殊要求的物资,如农产品、医药制品等,包括恒温库、恒湿库及冷藏库等。这种类型的仓库在建筑结构上具备隔热、防寒及密封等功能,并配有空调、制冷机等专门设备。
(3) 特种仓库,用来储存危险品的仓库,如石油库、化工危险品仓库等。

(四) 按保管物品分类

(1) 原料、产品仓库,是生产企业为了保证生产和销售的连续性,专门用于存储原材料、半成品和产成品的仓库。
(2) 商品、物资综合仓库,是流通领域内的企业、组织或个人为了保证市场供应,解决季节时差,用于存储各种商品、物资的综合性仓库。
(3) 战略物资储备仓库,由国家或地方政府修建的,用于储备各种战略物资,以应对自然灾害、战争及其他意外事件发生的仓库。

(五) 按建筑结构形态分类

(1) 平房仓库,一般构造简单,建筑费用低,适于人工操作。
(2) 楼房仓库,是指二层楼以上的仓库,可以减少占地面积,出入库多采用机械化或半机械化作业。
(3) 货架仓库,采用钢结构货架储存货物,通过各种输送机、水平搬运车辆、叉车及高架堆垛机进行机械化作业,是现代物流发展中广泛使用的一种仓库形式。按货架的层数,可分为底层货架(货物堆放层数不大于10层)和高层货架仓库(货物堆放层数为10层以上)。
(4) 罐式仓库,储存散装颗粒和液体物资为主的储罐类仓库,可用来存储石油、天然气和液体化工产品等。

五、仓储作业流程

仓储作业流程可分为以下三个阶段。

(一) 物品的入库管理

物品的入库管理是指物品进入仓库储存时所进行的检验及接收等一系列作业环节,可分为物品入库前的准备工作、物品的接运、物品检验和入库信息录入等主要环节。

1. 物品入库前的准备工作

物品入库前的准备工作包括组织准备和工具准备,如针对所验物品的性能、特点和数量,确定存放地点、垛形和保管方法,准备搬运设备及人力等。

2. 物品的接运

除去少数企业铺设有铁路专用线,可以将物品直接运至企业所在位置外,大部分物品只能到达铁路、港口、航空港的货场所在处,这就需要企业组织一次短途运输,将物品接运回企业所在位置。接运工作必须认真细致,及时安全,避免将一些已经损坏的物品或有差错的物品接回仓库,造成验收中责任难分,加大保管工作的难度和货物损失。在货场接运货物的过程同时也是货物的初步检验阶段。

3. 物品检验

物品检验包括数量检验和质量检验两个方面。数量检验是保证物品数量准确必不可少的措施,要求在物品入库时一次检验完成。根据货物数量和质量检验工作的难易程度,质量检验可以采用全检和抽检两种方式。根据相关质量标准或合同中关于质量的规定,检验物品的质量状况。质量检验是确定责任的最后一个环节,必须严格、仔细。一旦物品入库,将无法向供货方或运输方索赔。值得注意的是,入库时所进行的检验通常是较为初步的检验。如果需要进行更为深入的检验,可提交相关专业检验机构进行检验。

4. 入库信息录入

物品检验完成后,将本次入库的一切信息,包括其中存在的问题进行详细记录,录入企业的仓储管理系统,更新存货台账。

(二) 物品的在库管理

物品入库后即进入在库管理阶段。为保证储存物品的使用价值不受损害,需要对在库物品进行恰当的保管和保养。

1. 物品的保管

物品的保管是指将通过控制温度、湿度,使用合适的存储设备,加强日常巡视等一系列作业活动,保证物品在规定的储存期限内,数量不短缺,质量不损坏。

2. 物品的保养

物品的保养是为了保持物品原有质量,或恢复某些受损货物质量而进行的一种养护作业活动。保养的目的是尽可能地保护其原有使用价值不受损害。

(三) 物品的出库管理

物品出库是指物品发出时仓库各业务部门所需办理的手续及其作业的全过程,包括物品出库的程序、清理善后工作和物品出库中发生问题的处理等。

物品出库业务主要包括以下内容:核单备货、复核、包装、点交、登账以及清理现场和档案。

(1) 核单备货。商品发放需要有正式的出库凭证。商品出库时需认真审核凭证的真实性,核对凭证中商品的名称、型号、规格、单价数量、收货单位、有效期限等。审核凭证后,按照单证中所列项目即可开始备货工作。备货应本着"先进先出、易霉易坏先出、接近有效期先出"的原则展开,备货完毕后要及时变动料卡余额数量,填写实发数量和日期。

(2)复核。为防止差错,备货后应立即进行复核。出库的复核形式主要有专职复核、交叉复核和环环复核三种。

(3)包装。出库的商品如果不能满足用户或运输部门的要求,应重新包装。

(4)点交。商品经复核后,需要办理交接手续,当面将商品交接清楚。交接清楚后,提货人员应在出库凭证上签章。

(5)登账。点交后,仓管人员应在出库单上填写实发数、发货日期等内容,并签章。

(6)清理现场和档案。现场清理包括清理库存商品、库房、场地、设备等;档案清理是指对收发、保养、盈亏数量等情况进行整理。

六、库存管理

(一)库存的概念与分类

根据国家标准《物流术语》(GB/T 18354—2006),库存(inventory)是指储存作为今后预定的目的使用处于闲置或非生产状态的物品。广义的库存还包括处于制造加工状态和运输状态的物品。

按照物资在生产中的作用分类,库存可分为主要原材料、辅助材料、燃料和动力、修理用备件。按照物资存在状态分类,库存可分为原材料库存、成品库存、部件库存、备件库存、在制品库存。按照库存持有目的分类,库存可分为经常性库存、保险性库存、季节性库存。按照存放地点分类,库存可分为制造商库存、在途库存、分销中心库存、零售商库存。

(二)库存管理的概念

根据国家标准《物流术语》(GB/T 18354—2006),库存管理是指在保障供应的前提下,以库存物品的数量最少和周转最快为目标所进行的计划、组织、协调与控制。以前的观点认为,仓库里的商品越多,说明企业经营状况越好;现在则认为在保证供应的前提下,降低库存水平,减少对流动资金的占用,有利于企业的日常经营[①]。

传统意义上的仓库管理和库存管理有本质区别。仓库管理主要是针对仓库或库房的布置、物料运输和搬运以及存储自动化等所进行的管理。库存管理的对象是库存项目,即企业中的所有物料,包括原材料、零部件、在制品、半成品、产品,以及辅助材料。库存管理的主要目的是在供需之间建立缓冲,达到缓和用户需求与企业生产能力之间、最终装配需求与零配件之间、零件加工工序之间、生产厂家需求与原材料供应商之间矛盾的作用。通过有效的库存管理,可以协调采购、生产、销售各部门之间的流程,以实现企业整体效益的提高。

(三)几种常见的库存控制模型

保持一定的库存是非常必要的。通过保持一定的库存水平,可以提高客户服务水平。由于在订单完成周期中存在各种不确定因素,以及交货提前期的存在,企业必须通过保有库存使得产品或服务保持一定的可得性,这是保持一定客户服务水平的必要条件。通过保持一定的库存水平,可以降低企业生产成本。保有库存可以使生产的批量更大,批次更少,运作水平更高,因而产生一定的经济效益;由于库存在供求之间起着缓冲器的作用,可以消除需求波动对产出的影响。此外,保持一定的库存水平,还可以有效调节生产与消费的地理差异和时间差异,保证生产的连续进行。然而,库存资产一般占企业总资产的15%～40%。

---

① 关于库存及仓库管理更多的知识,可参见"仓库社区":http://www.iepgf.cn。

库存水平过高，会大量占用企业流动资金，影响企业的正常运营。同时，不合理的库存水平会掩盖采购和生产中的问题。物品在库存期间也可能发生各种损耗。因此，有必要对库存水平进行合理管理、控制。

库存管理策略种类非常多，此处将介绍常见的几类库存管理策略。无论哪一种库存管理策略，其基本的决策变量都是订货点（R）（R 也可理解为可允许的最小库存水平）、订货批量（Q）、检查周期（T）和最大库存（S）。决策变量的不同组合即可产生各种不同库存控制方法，如表 3-3 所示。

表 3-3　库存控制计划组合

订购频率	订购数量	
	订货批量（Q）固定	最大库存（S）
订货点（R）	R,Q	R,S
检查周期（T）固定	T,Q	T,S

1. 定量订货库存管理系统（R,Q）

该模型是建立在以下假设前提之上的：需求稳定；订货提前期不变；每次订货量不变；每次订货一次入库，入库过程在极短时间内完成；订货成本、单件存储成本和单价固定不变；不允许出现缺货。

定量订货库存管理系统的原理如图 3-3 所示，其基本原理是当库存数量下降到订货点 R 时，立即发出订单补充库存，且每次订购的数量均为 Q。其中，LT 为前置期，主要由两部分组成，分别是生产销售准备时间和在途时间。为此，必须连续检查库存，以监控库存的变化情况。

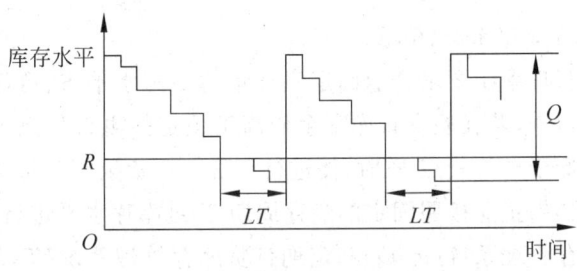

图 3-3　定量订货库存管理系统

定量订货库存管理系统的优点：①每次订货之前都要详细检查和盘点库存，检查是否降低到订货点，能够及时了解和掌握库存动态；②每次订货数量固定，且是预先确定好的经济订货批量，方法简便。

定量订货库存管理系统的缺点：①必须对所有存货的实物数量不断地加以核查和盘点，从而增加了库存保管的维持成本；②该系统对各项存货的管理是分别进行的，该方式要求对每个品种单独进行订货作业，即不考虑产品联合订货。这样会增加订货成本和运输成本。

定量订货库存管理系统适用于品种数目少但占用资金量大的 A 类库存（参看 ABC 分

类法)。

2. 定期订货库存管理系统(T,S)

定期订货库存管理系统的原理如图 3-4 所示,其基本原理是按一定的周期 T 检查库存,并立即发出订单补充库存,每次订购的数量为当前实际库存量与最大库存量 S 之间的差额。使用这种控制方法,无须连续检查库存,而是间隔一定周期 T 后才检查一次库存。

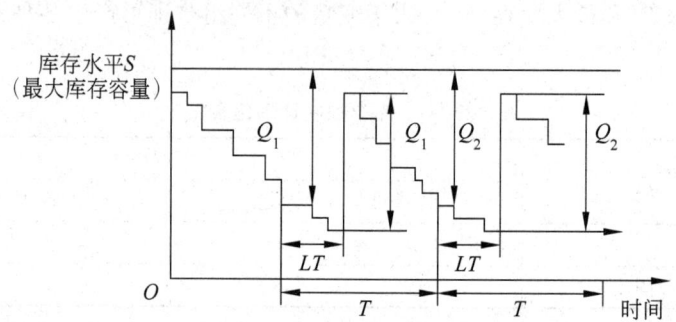

图 3-4 定期订货库存管理系统

定期订货库存管理系统的优点:①订货间隔时间确定,多种货物可同时进行采购,可以降低订单处理成本、运输成本和获得供应商的价格折扣;②由于不需要经常进行库存盘点,只是到了订货周期开始才检查库存量,极大地减少了库存管理人员的工作量,从而降低了库存管理费用。

定期订货库存管理系统的缺点:由于不经常进行库存检查和盘点,对于企业存货的实际情况无法及时掌握,企业为了应对订货间隔期间内需要的突然变动,往往安全库存水平较高。

3. 最大—最小库存管理系统(R,S)

最大—最小库存管理系统要求企业确定库存量的最高水平 S、再订货点 R。企业须不断地对库存水平进行检查,若在检查日库存余额高于预定的再订货点 R,便不订货;若在检查日库存余额等于或低于再订货点 R 时,便进行订货。订货量等于最高库存水平减去盘存时的实际库存水平。如果企业按照固定的盘存周期 T 对库存水平进行检查,则该库存管理系统成为定量订货库存管理系统(R,Q)和定期订货库存管理系统(T,S)的组合,又称非强制性补充供货系统(R,T,S)。

4. ABC 分类管理方法

库存的 ABC 分类管理法于 1951 年由 GE 的迪基开发而成,其理论基础源于 Pareto 在 19 世纪末研究社会财富分配时总结出的 80/20 原则。Pareto 认为原因和结果、投入和产出、努力和报酬之间本来存在着无法解释的不平衡:多数,它们只能造成少许的影响;少数,它们造成主要的、重大的影响。库存的 ABC 分类管理法是依据物料的资金占用比例,划分其重要程度的一种管理方法。

库存的 ABC 分类管理法中 A、B、C 三类物料的划分标准以及相应的库存控制方法如表 3-4 所示。

表 3-4　库存的 ABC 分类管理法中 A、B、C 三类物料的划分标准及控制方法

类型	特　点	控　制　方　法
A	品种数约占库存总数的 5%～15%，成本约占 60%～80%	进行重点管理。现场管理要更加严格，应放在更安全的地方；为了保持库存记录的准确，要经常进行检查和盘点；预测时要更加仔细
B	品种数约占库存总数的 20%～30%，成本约占 20%～30%	进行次重点管理。现场管理不必投入比 A 类更多的精力；库存检查和盘点的周期可以比 A 类要长一些
C	成本也许只占总成本的 5%～15%，但品种数也许占库存总数的 60%～80%	只进行一般管理。现场管理可以更粗放一些，但是由于品种多，差错出现的可能性也比较大，因此也必须定期进行库存检查和盘点，周期可以比 B 类长一些

5. CVA 分类管理方法

库存的 ABC 分类管理方法也存在不足，往往忽视了 C 类物料库存水平控制的重要性。而某些看上去并不起眼的物料却对生产有着重要的影响，如大型机械设备的生产过程中一颗螺丝钉的缺失可能会导致整个生产过程的停滞。CVA 分类管理方法（critical value analysis）虽然也是对物料进行分类管理，但其分类的基础是库存物料的"关键性"。

库存的 CVA 分类管理法中各类物料的划分标准以及相应的库存控制方法如表 3-5 所示。

表 3-5　库存的 CVA 分类管理法中不同类型物料的划分标准及控制方法

类　型	特　点	控　制　方　法
最高优先级	生产经营活动中的关键物资	不允许缺货
较高优先级	生产经营活动中的基础性物资	允许偶尔缺货
中等优先级	多为比较重要的物资	允许合理范围内的缺货
较低优先级	需要使用，但可替代性高的物资	允许缺货

6. 零库存管理

零库存是一种特殊的库存概念，是库存管理的理想状态。它并不要求企业的某些物品的储存量真正为零，而是通过实施特定的库存控制策略，使物品（包括原材料、半成品和产成品）在采购、生产、销售、配送等一个或几个经营环节中，不以仓库存储的形式存在，而均处于周转的状态，实现供应链节点企业库存量的最优化。

零库存管理的主要运作形式有以下几种：①委托保管方式，是指接受企业的委托，由受托方代存代管货物，从而使企业不再保有库存，从而实现"零库存"；②协作分包式，这主要是制造企业的一种产业结构形式，以若干分包企业的准时供应，使主企业的供应库存为零；③同步方式、准时制方式依靠有效的衔接和计划达到工位之间、供应与生产之间的协调，实现零库存；④无库存储备，保持储备但不采取库存形式。

7. 供应商管理库存

供应商管理库存（vendor managed inventory，VMI）是由供应商为客户管理库存，并为它们制订库存策略和补货计划。供应商根据客户的销售信息和库存水平，为客户进行补货，是供应链上成员间达成紧密业务伙伴关系后的一种结果。

实施 VMI 策略的常见方式有以下几种：①供应商提供包括所有产品的软件，客户使用软件执行存货决策，客户拥有存货所有权并管理存货；②供应商在客户所在地，代表客户执行存货决策，管理存货，但存货的所有权归客户；③供应商在客户所在地，代表客户执行存货决策并管理存货，拥有存货所有权；④供应商不在客户所在地，但定期派人代表客户执行存货决策并管理存货，拥有存货所有权。

通过实施 VMI 策略，可以实现供应商和客户双方效益的最大化。对于客户有以下好处：库存管理的效率更高，库存周转和顾客服务水平不确定性降低，有效减少资金占用、降低库存成本；有利于将企业资源投放到核心领域。

但 VMI 策略本身也存在一定缺陷：①VMI 策略是建立在双方高度信任的基础上的，因为整个过程中的生产销售情况和库存情况都是透明的，所以存在客户信息的滥用和泄露的问题（此时实际上客户的生产、销售数据都被供应商掌握，风险较高）；②虽然协议框架是供应商与客户共同协商的，但供方拥有主动权和决策权，在决策过程中会因为协商不够而造成失误。

8. 联合管理库存

联合管理库存（jointly managed inventory，JMI）指由供应商和客户联合管理库存。JMI 是一种风险分担的管理模式，强调供需双方同时参与，共同制订库存计划，使供应链中每个库存管理者都从相互之间的协调性出发，保持供应链相邻各节点需求的确定都是供需双方协调的结果。

通过实施 JMI 策略，为实现供应链的同步化运作提供了条件和保证，减少了需求扭曲现象，降低了库存的不确定性，提高了供应链的稳定性。实施 JMI 策略后，库存作为供需双方信息交流和协调的纽带，可以暴露供应链管理中的缺陷，为改进供应链管理水平提供依据。JMI 策略的实施为零库存管理、准时采购、精细化管理创造了条件。但 JMI 策略建立和协调的成本很高，在现实情况中往往难以实现。

实施 JMI 策略的基本流程是：供应商和客户合作建立包括共同合作目标、协调控制方法、信息沟通渠道、利益分配和激励机制在内的供需协调管理机制；发挥 MRP 和 DRP 等资源管理系统的作用；建立供应商和客户之间的快速响应系统；发挥第三方物流系统的作用。

七、仓储合理化

仓储合理化，即为在保证仓储功能实现的前提下，使用多种方法、策略实现物品仓储的经济性。仓储功能是对物品仓储需求的满足，但在实际的仓储过程中，往往存在对仓储功能的过度重视。为实现仓储功能，投入过多的人力、物力、财力，造成仓储环节的不经济。因此，合理仓储的实质是在保证仓储功能实现的前提下，尽量减少资源的投入，并合理组织、利用，从而实现库存成本的整体最优化。

仓储是否实现合理化，可以从以下几个方面进行考量。

（一）质量

保证仓储物品的质量是仓储环节的基本功能和要求。只有保证了仓储物品的质量，物品的使用价值才能最终实现。如果在仓储期间，物品的质量受损，再谈仓储环节能创造多少时间价值就没有任何意义了。因此，保证仓储物品的质量是衡量仓储工作合理化水平的首要标志。

（二）数量

在仓储环节中，数量是衡量是否实现仓储合理化的另一主要标志；不仅要保证物品在仓储期间的数量不能短缺,更重要的是将库存数量控制在一个合理水平,应该运用科学的管理方法和策略,根据企业实际需求,在企业所处供应、生产消耗、运输等现实条件约束下,合理控制库存水平。

(三)时间

物品在仓储环节中停留时间过长,意味着物品的积压,势必占用企业的流动资金,影响企业的正常运营。同时,在总仓储时间一定的情况下,个别物品存储时间过长也意味着仓储过程某一环节的不合理,如在出库环节中没有做到物品的"先进先出"等。因此,物品存储必须有一个合理的时间范围。

(四)品种、数量结构

企业生产活动中需要消耗的各种物品往往存在品种、数量上的固定比例关系。如果某一种物品缺货,就有可能使企业的生产停顿下来。不同区域消费者对于商品品种的需求不一样,不同市场的消费潜力也不同,因此不同区域仓储物品的品种、数量结构也应相应调整。各类仓储物品的品种、数量比例是否符合企业生产、经营的实际需求,是衡量仓储合理化水平的又一标志。

(五)库存成本

仓储过程中会发生库存持有成本、订货或生产准备成本、缺货成本、购置成本(购入成本)等各类成本和费用。计算所得的库存成本是判断仓储是否合理的重要依据。

第三节 装卸搬运

一、装卸搬运的概念

根据国家标准《物流术语》(GB/T 18354—2006),装卸是指物品在指定地点以人力或机械装入运输设备或从运输设备上卸下的活动;搬运是指在同一场所内将物品进行水平移动为主的物流作业。

装卸搬运是物料装卸和物料搬运两项作业的统称。这两项作业又密不可分,习惯上常常以"装卸"或"搬运"代替"装卸搬运"的完整含义。在流通领域里的装卸搬运一般指货物装卸;在生产领域里装卸搬运一般指物料搬运。在强调物料存放状态的改变时通常使用"装卸"一词;在强调物料空间位置的改变时,使用"搬运"这个词。需要注意的是,装卸搬运的"运"发生在同一地域,范围较小,距离较短;运输中的"运"则发生在较大范围内,距离较长。两者使用的设备也有较大差异:搬运一般使用叉车、托盘搬运车等设备;运输使用的通常是各类车辆、船舶、飞机。

装卸搬运的作业内容通常包括以下几个环节。
(1)装卸,指从运输设备上将物料装载或卸下。
(2)搬运,使物料短距离内移动。
(3)堆码,将物料或包装货物进行码放、堆垛等。
(4)取货,从保管场所将物料取出。
(5)分类,将物料按品种、发货方向、顾客需求等进行分类。
(6)理货,将物品备齐以便随时装货。

二、装卸搬运的特点

（一）装卸搬运是支持性、保障性和服务性的活动

无论是在生产领域还是在流通领域，装卸搬运都起到了重要的支持、保障和服务作用。在生产领域，装卸搬运使原材料、零部件、半成品和在制品在各生产环节之间流转，保证了生产活动的连续不间断进行。装卸搬运直接影响其他物流活动的质量和速度。据统计：在中等批量的生产车间里，零件在机床上的时间仅占生产时间的5%，而95%的时间消耗在原材料、工具、零件的搬运中，物料搬运的费用占全部生产费用的30%~40%。在流通领域，一旦商品的装卸搬运出现问题，商品就将滞留在某一流通环节，影响商品流通的正常进行。

（二）装卸搬运是附属性、伴生性的活动

装卸搬运活动不会独立出现或存在。所有的装卸搬运活动必然发生在其他物流活动开始或结束时，如运输开始时需要通过装车完成运输前的准备，卸车完成后才能开始仓储活动的入库环节。正因为这种附属性、伴生性，装卸搬运容易被人忽视，被视为其他物流活动的组成部分。

（三）装卸搬运是衔接性的活动

装卸搬运是任何其他物流活动相互过渡、紧密衔接的纽带。正因为装卸搬运活动的存在，物流各个环节才能形成一个有机整体，才能被视为一个"系统"，如出库标志仓储环节的结束，同时也意味着运输环节的开始，而衔接这两个环节的正是装卸搬运。装卸搬运活动的效率往往是影响物流整体系统的关键。

三、装卸搬运的分类

从不同的角度，按照不同的方法，装卸搬运作业可以分为不同类型，具体如表3-6所示。

表3-6 装卸搬运分类

分类方法	类别	解释
按施行的物流设施、设备对象分类	仓库装卸	以堆垛、上架、取货等操作为主，包括出库、入库、维护保养等一系列活动
	港口装卸	包括码头前沿的装船，也包括后方的支持性装卸搬运。有的港口装卸还采用小船在码头与大船之间"过驳"的方式
	汽车装卸	利用装卸作业达到车与物流设施间货物过渡的目的，一次装卸量不大
	飞机装卸	适用于远距离、小批量货物的转移
	铁路装卸	对火车车皮的装进卸出
按装卸搬运的机械及机械作业方式分类	吊车"吊上吊下"方式	使用各种起重机械等起吊装置的垂直移动实现装卸，并在吊车运行的范围内或回转范围内实现搬运，属于垂直装卸方式
	叉车"叉上叉下"方式	用叉车从货物底部托起货物，并依靠叉车的行驶完成货物搬运，属于水平装卸方式

续表

分类方法	类别	解释
按装卸搬运的机械及机械作业方式分类	半挂车或叉车的"滚上滚下"方式	港口装卸使用叉车或半挂车、汽车承载货物,随船到达目的地后,再从船上开下
	"移上移下"方式	在两车之间进行靠接,靠水平移动从一台车辆推移到另一台车辆上
	散装方式	对散装货物进行装卸
按作业特点分类	连续装卸、间歇装卸	
按作业性质和场所分类	车船装卸	在载运工具之间的装卸、换装作业
	场库装卸	在仓库、物流中心、集散点等处进行的装卸作业
	港站装卸	在车站、港口、码头等地进行的装卸作业
按物品的运动形式分类	水平装卸和垂直装卸	
按被搬运对象分类	单件货物装卸、散装货物装卸、集装货物装卸等	
按装卸搬运作业分类	堆垛作业	将商品从预先放置的场所,移动到汽车之类的物品运输设备或仓库之类固定设备的指定位置,再按照要求的位置和形态放置物品的作业
	拆垛作业	堆垛作业的逆作业
	分拣作业	在堆垛、拆垛作业前后或在配送作业之前发生的作业,把物品按品种、出入先后顺序、货流分类,分别放置到规定位置的作业
	配货作业	把拣取分类完成的货品经过配货检验过程后,装入容器并做好标示,再运到配货准备区,等待装车后发运

四、常用装卸搬运设备

装卸搬运机械是指用来搬移、升降、装卸和短距离输送物品的机械。常见的装卸搬运设备有叉车、托盘搬运车、起重机械、传送带和输送机械等,以及托盘、集装箱、集装袋等搬运单元化、标准化容器。

(一)叉车

叉车是用来装卸、搬运和堆码单元货物的车辆,具有适用性强、机动灵活、效率高的优点。叉车按动力可以分内燃式、蓄电池式两种:内燃式包括汽油内燃(载重量1~3t)、柴油内燃(载重量3t以上);蓄电池式载重量一般在2t以下。叉车按结构特点可以分为平衡重式、前移式、插腿式、侧面叉车等。

1. 平衡重式叉车

平衡重式叉车是使用最广的叉车种类之一,适用于露天或室内作业。平衡重式叉车的特点在于:货叉在前轮中心线以外,尾部装有平衡重防翻;充气轮胎运行速度快,且有较好的爬坡能力;多级门架提升高度高,可前后倾,便于叉货和稳定,如图3-5所示。

2. 前移式叉车

前移式叉车是指门架(或剪式货叉)可以前后移动的叉车。前移式叉车的特点在于:取卸货时,货叉随着门架前移到前轮以外(或伸出剪式货叉);行走时门架后移(或收回剪式货叉),使货物重心后移于前、后轮之间,运行稳定;不需要平衡重,自重轻,尺寸小,降低直角通道宽和直角堆垛宽,适用于车间、仓库内工作;按操作可分为站立式、座椅式;采用蓄电池为动力,不会污染周围的空气,且起一定的平衡作用;库内作业地面条件好,用实心轮胎,车轮直径小,如图 3-6 所示。

3. 插腿式叉车

插腿式叉车是堆垛用叉车,结构紧凑,货叉在两个支腿之间,取卸货和走行时都很稳定。插腿式叉车尺寸小,转弯半径小,在库内作业比较方便,但是货架或货箱的底部必须留有一定高度的空间,以使叉车的两个支腿插入。插腿式叉车可分为手摇机械式、手动液压式和电动液压式三种,适用于工厂车间、仓库内效率要求不高,但需要有一定堆垛、装卸高度的场合,如图 3-7 所示。

图 3-5　平衡重式叉车　　　　图 3-6　前移式叉车　　　　图 3-7　插腿式叉车

4. 侧面叉车

侧面叉车主要用于长料货物的搬运,其特点有:有放置货物的平台,门架与货叉在车体的中央;横向伸出取货,缩回车体内将货物放在平台上即可行走;司机的视野好,所需通道宽度也较小,如图 3-8 所示。

图 3-8　侧面叉车

(二)托盘搬运车

托盘搬运车是一种轻小型搬运设备。它有两个货叉似的插腿,可插入托盘自由叉孔之内,广泛应用于收发站台的装卸或车间内各工序间无须堆垛的搬运作业。托盘搬运车可以分为手动式和电动式两种,电动式又可以分为步行式,踏板驾驶式和侧座式。如图 3-9～图 3-11 所示。

图 3-9　手动托盘搬运车　　图 3-10　步行式电动托盘搬运车　图 3-11　踏板式电动托盘搬运车

(三) 起重机械

起重机械是以间歇作业方式对物料进行起升、下降和水平移动的搬运设备,其作业循环包括取物、起重、平移、下降、卸载等环节,广泛应用于工业、交通运输业、建筑业、商业和农业。起重机械至少具有完成物品上、下升降功能的起升机构,可分为简单起重机械和通用起重机械。简单起重机械只能完成单动作起升,如滑车、葫芦、升降机和电梯。通用起重机械可以完成多动作,除升降外,还可完成水平或旋转运动,通常用吊钩工作。这里所指的"通用"不仅指搬运物料的多样性,还有使用场所的广泛性。

1. 简单起重机械

简单起重机械一般只作升降运动或一个直线方向移动,只具备一个运动结构。简单起重机械起升货物重量不大,作业速度及效率较低,常见的简单起重机械有:手拉葫芦,用于手动梁式起重机或架空运输;手扳葫芦,手柄扳动钢丝绳或链条;环链电动葫芦;钢丝绳电动葫芦;升降机,如图 3-12 所示。

2. 通用起重机械

通用起重机械具有使物品作水平方向的直线运动或回转运动机构。常见的通用起重机械有回转式起重机和桥架式起重机两种。回转式起重机分为固定回转和移动回转两类。前者装在固定地点工作(转柱式、定柱式、转盘式),后者安装在有轨或无轨的运行车体上(汽车式、轮胎式、履带式属无轨运行回转式;塔式、港口门座式和铁路起重机属于有轨运行回转式)。桥架式起重机有梁式、通用桥式、龙门式、装卸桥等,如图 3-13 所示。

在搬运中选择起重机械时,应参考以下因素选择合适的起重机械:所需起重物品的重量、形态、外形尺寸;工作场地的条件,如长宽高、室内或室外;工作级别,如频繁程度、负荷情况;每小时的生产率要求。

(四) 传送带和输送机械

输送机械是在一定的线路上连续不断地沿同一方向输送物料的搬运机械,装卸过程无须停车。传送带即为皮带类型的输送机械。传送带和输送机械主要完成水平物品的搬运,兼有一定垂直或倾斜搬运能力,搬运对象主要为小型件及散状物品。传送带和输送机械的特点:输送能力大,运距长,结构简单,生产率很高;还可在输送的同时完成若干工艺操作,应用十分广泛;输送机械可进行水平、倾斜和垂直输送,也可组成空间输送线路,输送线路一

图 3-12　简单起重机械

图 3-13　通用起重机械

般是固定的。常见的传送带和输送机械有斜槽输送机、带输送机、轮式输送机和辊子输送机等,如图 3-14 所示。

五、常见装卸搬运作业方法

常见的装卸搬运作业方法有以下几种。

(一) 单件作业法

单件作业法即单件、逐件的装卸搬运,是人力作业阶段的主导方法。长大笨重、形状特殊的物品,以及集装会增加危险的物品,或者某些无法设置、难以设置装卸机械的场合,需采取传统的单件作业法。

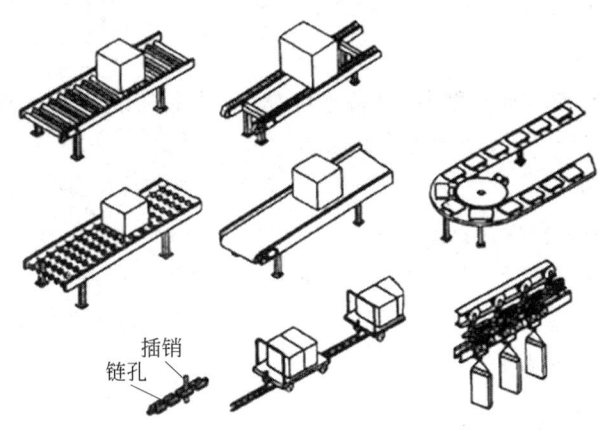

图 3-14　各类传送带和输送机械

（二）集装作业法

先将物品集零为整（集装化）再行装卸搬运的方法称为集装作业法，包括集装箱作业法、托盘作业法、网袋作业法、货捆作业法、挂车作业法等。

（三）重力作业法

重力作业法是利用货物的重力势能来完成装卸作用的方法，主要适用于铁路运输，汽车也可用这种方法装载。重力法装车设备有筒仓、溜槽、隧洞三类。重力卸车则主要指底开门车或漏斗车在高轴线或卸车坑道上自动开启车门，煤或矿石依靠重力自行流出的卸车方法。

（四）倾翻作业法

倾翻作业法是将运载工具的载货部分倾翻，使货物卸出的方法，主要用于铁路敞车和自卸汽车的卸货。铁路敞车作业时，敞车被送入翻车机，夹紧固定后，敞车和翻车机一起翻转，货物倒入翻车机下面的受料槽。

（五）气力输送作业法

气力输送作业法是利用风机在管道内形成气流，依靠气体的动能或压差来输送货物的方法。这种方法的装置结构紧凑、设备简单、劳动条件好、货物损耗少。但消耗功率较大、噪声较大。近年发展起来的依靠压差的推送式气力输送，克服了上述缺点。气力输送作业法主要用于装卸粮谷和水泥等。

（六）机械作业法

机械作业法是采用各种机械，使其工作机械直接作用于货物，通过舀、抓、铲等作业方式，从而达到装卸目的的方法。常用的机械有：胶带输送机、堆取料机、装船机、链斗装车机、单斗和多斗装载机、挖掘机、斗式、带式和螺旋卸船机、各种抓斗等。港口装船推荐采用移动式装船机，卸船以抓斗为主，堆场作业采用旋臂堆料机、斗轮机及门式斗轮堆取料机等。

（七）人力作业法

人力作业法是指完全依靠人力，使用无动力机械的作业方法。

（八）间歇作业法

间歇作业法是指在两次装卸搬运作业之间存在一个重程和一个空程两个阶段的作业方

法,如桥架式起重机的作业过程。

(九) 连续作业法

连续作业法是指在装卸过程中,设备连续作业,物品的装卸搬运流程不间断的作业方法,如使用传送带或输送机械完成的装卸搬运。

六、装卸搬运合理化

装卸搬运过程中需要使用各种相关设备,消耗一定的人力、物力资源,因此会产生相应的费用,增加总的物流成本。装卸搬运合理化的目标即在于提高装卸搬运的作业效率,缩短作业时间,减少装卸搬运过程中的资源消耗,提高装卸搬运的经济效益。实现装卸搬运的合理化,可从以下几个方面着手。

(一) 防止无效作业

(1) 装卸搬运过程中应尽量减少装卸次数。在物流过程中,装卸搬运的次数远多于其他物流活动。而且,每一次装卸搬运的费用相当于几十千米的运输费用。因此,过多的装卸搬运次数不仅会使得物流成本大大增加,还会延缓整个物流进程的速度。所以,应尽量减少装卸搬运的次数。

(2) 提高被装卸物料的纯度,即装卸量提纯。装卸搬运过程中,物品中会夹杂没有使用价值或使用价值不大的杂质或掺杂物,如煤炭的装卸搬运中会夹杂一些矸石或其他杂质。此外,很多物品的包装属一次性包装或者回收使用价值较低,此时包装过大、过重,装卸搬运过程会有较大一部分劳动消耗在这些包装上,经济意义不大。

(3) 缩短搬运作业的距离。不合理的装卸搬运路线设计,会人为加大作业距离,从而延长作业时间,消耗更多的资源。

(二) 充分利用重力

在装卸过程中,应充分考虑重力因素,制造一定的高度落差,从而利用货物自身的重量完成装卸过程,减少动力消耗,降低装卸成本。如在从卡车、铁路货车卸货时,通过使用溜板、溜槽等简单工具,利用卡车与地面或搬运车辆之间的高度差,从高处自动滑至低处。整个过程中,无须消耗人力劳动;相比使用叉车、起重机械等设备,消耗能源更少。

(三) 提高搬运活性

物料和货物的存放状态对装卸作业的难易程度称为搬运活性。搬运活性可以用活性系数衡量,所费的人工越多,活性就越低。反之,所需的人工越少,活性就越高,但相应的投资费用也越高。图 3-15 直观地显示了物品的搬运活性系数。散放在地上的物料要运走,需要经过集中、搬起、升起和运走四次作业,所需的人工作业最多,活性水平最低,活性系数定为 0。

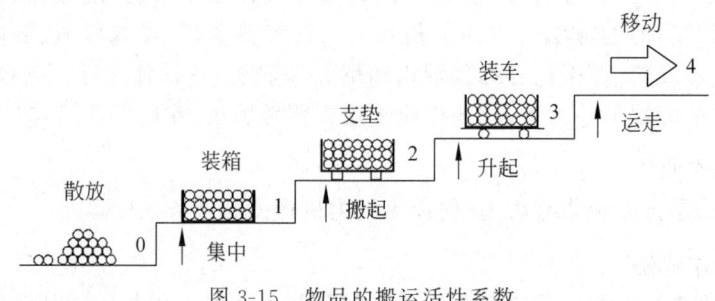

图 3-15 物品的搬运活性系数

活性的区分和活性系数的确定原则如表3-7所示。在对物料的活性有所了解的情况下,可以利用活性理论改善搬运作业。

表 3-7 活性的区分和活性系数的确定原则

物品状态	作业说明	作业种类				还需要的作业次数	不需要的作业次数	搬运活性系数
		集中	搬起	升起	运走			
散放在地上	集中、搬起、升起、运走	√	√	√	√	4	0	0
装箱集中	搬起、升起、运走	×	√	√	√	3	1	1
托盘上	升起、运走	×	×	√	√	2	2	2
车中	运走	×	×	×	√	1	3	3
运动着的输送机	不需要	×	×	×	×	0	4	4
运动着的物品	不需要	×	×	×	×	0	4	4

第四节 包 装 概 述

包装的发展可谓源远流长,历经了古代包装、近代包装和现代包装三个阶段:古代包装,从原始人用兽皮包肉,用贝壳装水,用芭蕉叶、竹筒装食物等开始形成了一种原始的包装形态;近代包装始于19世纪初,西方爆发了工业革命,随着机器的发明和能源的开发,人们开始要求产品质量的提高,并开始注意到产品外观的美观等问题,于是包装开始起到美化作用,从而具有了审美价值;现代包装,20世纪30年代,美国开始出现超级市场,销售的商品范围广,数量多,能达到5 000~20 000种商品,货架上成千上万的同类产品,只能靠各自的包装吸引顾客。

大部分物品在物流过程中需要频繁进行装卸、搬运、运输和堆码等物理性活动,为了保护物品和提高效率,需要适当的包装和集装措施。包装不仅有助于防止物品损坏,而且也有助于推销商品,使顾客知悉产品信息。此外,包装的大小、形状和材料极大地影响生产劳动效率。尽管包装不像运输一样昂贵,但包装占综合物流成本的10%。

一、包装的定义

一般而言,包装有两层含义:①指盛装的容器、材料及其他辅助物品;②指实施包装过程的操作。日本工业规格 JIS 2001 将包装定义为:物品在运输、保管、交易、使用时,为保持物品的价值、性状,使用适当的材料、容器进行保管的技术和被保护的状态,分为逐个包装、内包装和外包装三种。在美国,对包装的定义为:使用适当的材料、容器并施与技术,使其能将产品安全送达目的地,即在产品输送过程中的每一个阶段,无论遇到怎样的外来影响,均能保护其内装物,不影响产品的价值。

国家标准《包装术语》(GB/T 4122.1—2008)中,包装的定义为:"包装是指为在流通过程中保护商品、方便运输、促进销售,按照一定技术方法而采用的容器、材料及辅助物等的总体名称;也指为了达到上述目的而在采用容器、材料和辅助物的过程中施加一定技术方法的操作活动。"我国关于包装的定义较好地诠释了包装的两方面含义,即包装是包装物和进行包装的相关操作的总称。

二、包装的功能

包装的功能主要有以下三种。

（一）保护功能

包装的一个重要功能就是保护其中的物品在流通的过程中质量和数量不发生变化,特别是在质量方面,良好的包装应能保证物品在流通过程中,代表质量状况的各种物理、化学性质不发生异常变化。具体来说,包装的保护功能体现在以下几个方面。

1. 防止物品的破损变形、渗漏、泄漏

包装可防止物品在装卸、搬运、运输、仓储等物流各环节中因冲击、震动、挤压等外力作用而发生破损变形、渗漏、泄漏。

2. 防止商品发生化学变化

包装可防止物品在流通过程中出现发霉、变质、生锈等化学变化。良好的包装应能阻止水分、潮气、各种有害气体、过强光线等外在环境因素对物品的损害,起到保护作用。

3. 防止有害生物对物品的影响

在物品的流通过程中,某些物品容易受到昆虫、鼠类等有害生物的侵袭,如食品在流通过程中就需要特别注意防止昆虫或鼠类的接触、啃咬,否则不仅对物品本身是一种伤害,影响其使用价值和经济价值,同时还容易传染疾病,造成不良后果。

（二）便利功能

良好包装给物品带来的便利功能是多方面的,可以体现在生产方便、装卸搬运方便、仓储方便、消费者使用方便多个方面。

1. 生产方便

在生产过程中,工人需要拆开各种原材料、零部件的外包装。在实现保护功能的前提下,轻薄、易拆解的包装可以使工人拆开外包装的效率大为提高,从而将更多的时间用于生产加工,提高生产效率。同时,包装拆解后,便于折叠的包装材料有利于保持生产现场的整洁。

2. 装卸搬运方便

在物品装卸搬运过程中,过大、过重的包装意味着无效的装卸搬运。同时,包装的形状、尺寸、规格、物理性能等方面如能与装卸搬运设备相匹配,就能进一步提高装卸搬运的效率。以使用传送带搬运物品为例,包装尺寸过大容易导致物品从传送带上倾翻;包装规格设计过重,传送带可能无法传送;包装材料过软、包装形状不规则会使包装与传送带之间摩擦力不够,影响物品在传送带上的移动。

3. 仓储方便

良好的包装所具有的形状、尺寸更易于在仓储过程中堆垛,或与仓库货架更易匹配。同时,仓储人员通过附着在物品包装上的特定标记、条形码、RFID芯片等可以有效识别物品信息,从而实现对物品的有效管理。以 RFID 技术为例,仓储人员可通过无线方式采集RFID芯片存储的物品信息,从而获取关于物品的数量、品种、入库仓储时间、所有者等各类信息。这些信息经仓储管理信息系统处理后,即可形成各类仓储作业指令,指示仓储人员下一步的作业活动。信息的及时、准确传递,极大地提高了仓储作业的效率水平。

4. 消费者使用方便

物品包装表面通常都会有各种文字、标识和图案。根据这些文字、标识和图案,消费者可以非常方便地获取关于该种物品的名称、生产厂家、生产日期、使用方法、注意事项等各类信息,便于消费者对物品的使用。同时,精心设计的包装形式也进一步方便了消费者的使用,如常见的易开罐、易开瓶、易开盒设计等。

(三) 促销功能

包装形状与构造具有吸引顾客的魅力,包装的文字、图案、色彩可以刺激顾客的购买欲,包装由此被称为"不会说话的推销员"。美国杜邦化学公司提出的"杜邦定律"认为,63%的消费者是根据商品的包装进行购买的,而国际市场和消费者是通过商品认识企业的。我国古代也曾留下"买椟还珠"的典故。因此,从某种意义上来说,商品的包装就是企业的形象,优秀、精美的商品包装能够在一定程度上促进商品的销售,提升企业的市场形象。在设计直接面对最终消费者的包装时,必须注意包装的美观性,以促进商品的销售。

三、包装的分类

现代包装种类繁多,形式和功能也不尽相同。为了选择合适的包装,必须对包装进行科学的分类。在此,介绍部分常见的包装分类。

(一) 按包装在流通中的作用分类

1. 销售包装

销售包装又称商业包装或内包装。销售包装是物品运送的最小单位,是直接接触商品并跟随商品进入零售终端和消费者见面的包装。这类包装通常经过精心设计,造型美观大方,并附着商品的各类相关信息,其主要目的是促进销售。

2. 运输包装

运输包装又称工业包装或外包装。运输包装根据需要对容器有缓冲防震、固定、保温、防水的技术措施要求,具有密封、增强功能,以最大限度地避免运输中外界环境对物品可能产生的影响。运输包装一般还有相应的标识说明,方便检验、计数和分拨。运输包装主要基于物品输送的目的,起到保护作用并且考虑输送搬运作业方便。

在商业包装和运输包装之间,有时还会存在一种包装形式中包装。中包装将物品或单个包装,或一个至数个归整包装,或置于中间容器中。为了对物品及单个包装起保护作用,内包装也会采用一定措施。

在现代包装的发展趋势中,运输包装与商业包装之间的关系日趋复杂。有时运输包装本身即是商业包装,两者间的界限日益模糊。许多知名大企业越来越重视商品的运输包装,一方面高质量的运输包装可以更好地保护商品,便于物流作业;另一方面运输包装也可以起到一定的宣传展示作用。

(二) 按包装适用的广泛性分类

1. 专用包装

专用包装是根据被包装物特点进行专门设计、专门制造,只适用于某种专门产品的包装。

2. 通用包装

通用包装不进行专门设计制造,而是根据标准系列尺寸制造包装,用以包装各种标准尺寸的产品。

（三）按包装容器分类
(1) 按包装容器的抗变形能力，包装可分为硬包装和软包装两类。
(2) 按包装容器形状，包装可分为包装袋、包装箱、包装盒、包装瓶、包装罐等。
(3) 按包装容器结构形式，包装可分为固定式包装和拆卸折叠式包装两类。
(4) 按包装容器使用次数，包装可分为一次性包装和多次周转包装两类。

（四）按包装技术分类
按包装技术分类，包装可分为防潮包装、防锈包装、防虫蚀包装、防腐包装、防震包装、危险品包装等。

（五）按包装材料分类
按包装材料分类，包装可分为纸制品包装、塑料制品包装、金属包装、竹木器包装、玻璃包装和复合材料包装。

（六）按所包装物品分类
按所包装物品分类，包装可分为粉末包装、颗粒包装、块状包装、片状包装、棒状包装和流体包装。

四、包装材料与标识

（一）包装材料的性能
不是所有材料都适合用来制造包装。要实现包装的三大功能，包装材料自身须具备一定的性能。

1. 保护性

保护性是指包装材料制成包装后应能有效保护被包装的物品。这就要求包装材料具有一定强度、韧性及弹性等，以减小或抵消外界的冲击；同时包装材料应具有较好的阻隔性，阻隔外界环境中的水分、气体、光线等因素对被包装物品的影响。

2. 可加工性

不同的物品需要有不同形式的包装，这就要求包装材料具有良好的可加工性：包装材料要易于加工；能进行大规模生产，易于实现包装作业的机械化、自动化；适宜印刷，便于印上各类文字、图案及其他信息。

3. 安全性

包装材料，尤其是食品包装材料应无毒、无腐蚀性，以免影响人的身体健康。同时，包装材料应具有防微生物、防鼠、防蛀、防虫等性能。包装材料还应具有阻燃、防静电等性能。

4. 经济性

包装材料的经济性主要表现在以下几个方面：①包装材料应来源丰富，获取成本较低；②包装材料自身重量不应过大，最好能够折叠，以降低物流成本；③包装材料应有利于刺激消费者的购买欲望，达成促进销售的目的；④包装材料应尽量做到可回收，循环使用。

5. 环保性

包装材料在生产、使用过程中要有利于环保，不会对环境造成不利影响。

（二）包装材料
根据不同产品的包装要求，包装材料种类繁多，可以分为纸质包装材料、塑料包装材料、玻璃及陶瓷包装材料、金属包装材料四种。

1. 纸质包装材料

纸质包装材料包括纸、纸板或以纸为基材的复合材料,是应用最为广泛的包装材料,可占所有包装材料用量的40%以上。其制成的包装主要表现为可盛装物品的纸质器具。纸质包装材料主要取材于木材、稻草、麦秸、芦苇等。纸质包装材料的优点在于资源广泛、多样,制造成本低;易于加工;具有一定的刚度、强度以及良好的弹性和韧性;无毒无污染等。同时,纸质包装自身重量轻,可折叠,因此有利于节约储运空间和降低物流成本。某些纸质包装可以反复使用,但纸质包装材料也存在防潮、防湿能力较差的缺点。

2. 塑料包装材料

常见塑料包装材料有聚烯烃、聚酰胺和聚碳酸酯,这是另外一种应用比较广泛的包装材料,占所有包装材料用量的25%以上。其制成的包装主要表现为塑料薄膜、塑料包装容器、泡沫塑料、塑料编织袋和塑料无纺布等。塑料包装材料的优点在于具有良好的可加工性,易于成型,易于着色,且加工成本较低;耐化学性好,有良好的耐酸、耐碱、耐各类有机溶剂的性能;具有良好的绝缘性。同时,塑料包装材料也具有一定的强度。但某些塑料包装材料无法在自然环境中降解,从而对环境造成一定污染。

3. 玻璃及陶瓷包装材料

玻璃及陶瓷包装材料化学成分为硅酸类材料,其制成的包装主要表现为各种容器或器皿。玻璃及陶瓷包装材料的优点在于造价便宜;具有很高的硬度及良好的阻隔性、化学稳定性和热稳定性,因此可用来盛装各种酒类、饮料、化学制剂;透明的玻璃材料具有良好的光学性能,且容易进行颜色的改变,玻璃包装因而经常被用来加工成工艺容器以达到促销的目的;玻璃及陶瓷包装材料还可以反复多次使用,从而降低包装成本。但玻璃及陶瓷包装材料强度较低、易碎,在物流过程中需要采取一定的措施予以保护。

4. 金属包装材料

常见的金属包装材料有低碳薄钢板和含碳量小于0.25%的铁碳合金。其中,镀锡薄钢板,又称镀锡板、马口铁,即两面镀锡的低碳薄钢板在金属包装材料中应用极为广泛,被大量用于制造各种罐头容器。金属包装材料可被制成金属盒、金属箱、金属罐、金属桶等多种形式。金属包装材料是所有包装材料中强度最高的;同时具有较好的阻隔性;可加工性较好。金属包装材料的缺陷在于制造成本相对较高,且金属包装材料自身重量较大。

各种包装材料示例如图3-16所示。

(三)包装标识

如前所述,包装可以分为销售包装和运输包装,因此包装标识也相应分为销售包装标识和运输包装标识。

1. 销售包装标识

销售包装标识主要通过包装上印刷的图案、文字、条形码等来传递产品信息,方便消费者识别、选购。因此,销售包装标识中的图案应美观大方,可带给顾客美好的视觉感受,突出商品的特点,从而吸引消费者进行购买。销售包装标识中的文字应标明商品的品名、产地、数量、规格、主要成分、用途和使用方法等信息,以方便消费者选购和使用。销售包装标识中的条形码是由宽度不等的多个黑条和空白,按照一定的编码规则排列,用以表达一组信息的图形标识符。常见的条形码由反射率相差很大的黑条(简称条)和白条(简称空)排成平行线

图 3-16 各种包装材料

图案。条形码可以标出物品的生产国、制造厂家、商品名称、生产日期、图书分类号、邮件起止地点、类别、日期等许多信息。在流通过程中,通过光电扫描设备识读条形码,即可方便而准确地查询商品的各种信息,实现快速结算,既提高了企业的效益,又方便了顾客。

2. 运输包装标识

运输包装标识是在运输包装上印刷的特定图形、文字和符号,其作用在于传递包装内物品信息,指示物品在物流过程中应采取的防护措施。印刷包装标识又可进一步细分为包装识别标识、危险品标识和指示性标识。

包装识别标识又称收发货标识,是各种商品分类图示标识和其他文字说明排列格式的总称。通过包装识别标识,作业人员即可在运输、仓储、装卸搬运等物流环节中有效识别货物,避免错发错运。包装识别标识主要包括四项内容:收货方名称或代码;发货方名称或代码;目的地(港)名称;件号、批号,还可包括货物产地、合同号(订单号)、许可证号、体积、重量等内容。

危险品标识是一种警示性标识,用以指示该货物具有易燃、易爆或有毒等危险特性。危险品标识一般采用特殊、醒目的色彩或黑色菱形及文字来引起相关人员的注意。常见的危险品标识包括爆炸品标识、易燃气体标识、有毒气体标识、有毒品标识等。

指示性标识是在物流过程中提示相关作业人员按标识要求进行操作,如小心轻放、由此夹起、禁用叉车等,以适应产品怕湿、易碎、惧高温等特性。物流过程中常见的指示性标识(部分)如图 3-17 所示。

五、集装单元化及器具

(一)集装单元化

1. 集装单元化的概念

有人称集装单元化是物料搬运、物流作业的一场革命。集装单元化器具不能单纯地看

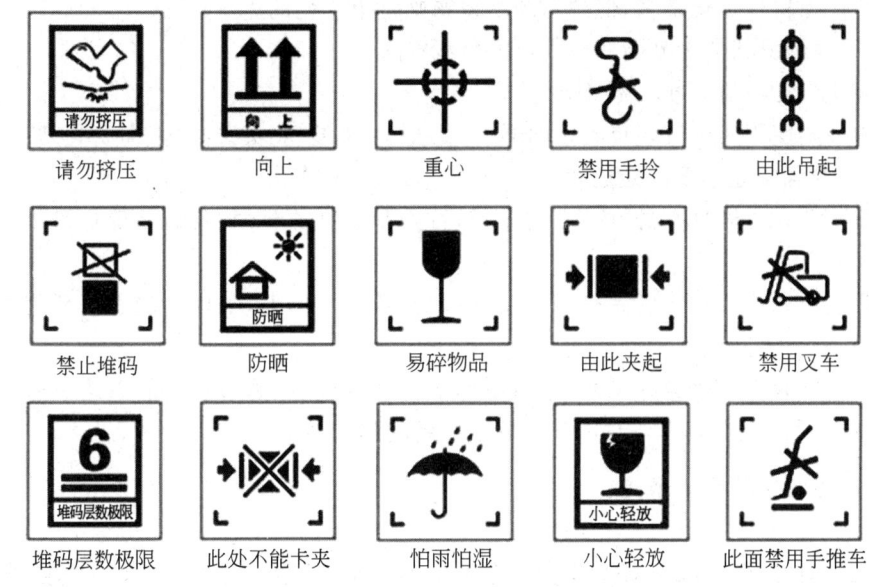

图 3-17 常见指示性标识(部分)

作一个容器,它是物料的载体,是物流机械化、自动化作业的基础。标准化后的单元化容器也是物流设备、物流设施、物流系统设计的基础,是高效联运、多式联运的必要条件。

集装单元化就是采用集装器具或捆扎方法,把物品组成标准规格的单元货件,以加快装卸、搬运、仓储、运输等物流活动。物品通过组合包装,实现集装单元化后,改变了物品散放状态,提高了搬运活性指数,便于搬运机械的操作,减少了人力装卸,从而提高生产作业率,降低搬运成本。装卸次数也相应减少,降低了物品破损的可能性。实现物品的集装单元化可以防止物品散失,易于清点和增加货物堆码层数,也改变了堆放条件,能更好地利用仓库面积和空间。单元化是将规模思想应用到不同物料的搬运中,其效果已在物流业得到最好的印证。物品搬运不仅要实现单元化,所得单元还应实现标准化。标准化是指物品包装与集装单元的尺寸(如托盘的尺寸、包装箱的尺寸等)要符合一定的标准模数。标准化后有利于物流系统中各个环节的协调配合,在易地、中转等作业时不用换装,提高通用性,减少搬运作业时间,减轻物品的散失、损坏,从而节约费用。常见的标准化集装单元可以是托盘、箱、袋、筒和集装箱等,其中以托盘、集装箱和集装袋应用最为广泛。

2. 集装单元化的特点

集装单元化的优点如下。

(1) 形成最少次数的搬运,降低搬运成本。

(2) 节省装货、卸货的时间,实现快速的物料运送。

(3) 就集装单元重新设计包装或排列,可减少搬运中物料的损坏。

(4) 实现搬运空间的最大利用。

(5) 由于时刻保持适合集装单元的包装形式,故可节省包装费用。

(6) 减少物品存储的时间和成本。

(7) 为交货、传递提供良好沟通单位。

(8) 提供安全搬运方法。

（9）零件项目虽变化繁多，但搬运的承载物则是单一化的。

（10）不规则形状的物品能变成安定的负载形态。

集装单元化也存在以下一些不足。

（1）购买和使用实现集装单元化的器具，如托盘、集装箱、集装袋等，需要耗费一定的费用，集装单元化器具也需要一定的存放空间。

（2）集装单元化器具本身有一定的重量，特别是大型器具，如集装箱等自身重量较大，增加了搬运负荷。

（3）集装单元化器具使用完毕后，存在取回空器具的问题，如商品配送至零售商后，需要取回放置商品的空托盘。

（4）如果集装单元化器具尺寸、规格不标准，或者物流相邻节点之间缺乏有效沟通，在移动点两端容易出现运载设备对承载器具不适用的问题。

（二）常见集装单元化器具

1. 托盘

随着叉车在市场上出现，托盘作为叉车的一种附属装卸搬运工具，与叉车配套使用。同时货物带托盘储存的办法，使托盘成为一种储存工具；为消除转载时码盘拆盘的繁重体力劳动，托盘从港内、站内、企业内使用发展到随车船运输，成为一种运输工具。托盘不仅是仓储系统的辅助设备，而且是整个物流系统的集装化工具，是物流合理化的重要条件。按托盘材料不同，托盘可分为木托盘、钢托盘、铝托盘、纸托盘、塑料托盘、胶合板托盘和复合材料托盘等；按使用方式不同，托盘分为通用托盘和专用托盘两种。其中，通用托盘是指在企业内外一般货物流通使用，可供互换的托盘其尺寸和结构一般都符合国际、国家或行业标准的规定。通用托盘按其结构不同可分为平托盘、箱式托盘、柱式托盘和轮式托盘等。

在通用托盘中，平托盘是一种基本型托盘，其应用最为广泛，其他各种结构的托盘都是由平托盘发展而来的。平托盘在承载面和支撑面间加上纵梁，构成可集装物料，可使用叉车或搬运车等进行作业的货盘。平托盘按使用面可分为单面平托盘、双面平托盘；按货叉插入口分为两向进叉托盘、四向进叉托盘，如图 3-18 所示。

图 3-18　平托盘

托盘主要参数有五个,即长度、宽度、总高度、叉孔高和插口高,如图 3-19 所示。其中总高度一般为 100～150mm,单面取 140mm,双面 150mm;叉孔高 70mm,叉孔宽度为 95～127mm;自由叉孔(插口)则专门为托盘搬运车插腿插入所用,高度为 100mm。托盘尺寸在上述这三个参数上基本统一,但托盘的长度和宽度尺寸世界各国都不相同,而这两个关键尺寸与货架、搬运设备、运输工具等密切相关,对托盘尺寸进行标准化至关重要。目前主要的托盘规格尺寸有以下几种:800mm×1 200mm(欧式托盘)、1 000mm×1 200mm(通用标准托盘)、1 016mm×1 219mm(40in×48in,美式托盘)、1 140mm×1 140mm(日、韩采用的日式托盘)。国际标准择优采用 800mm×1 200mm 和 1 000mm×1 200mm 两种尺寸。2007 年我国颁布了国家标准(GB/T 2934—2007),将 1 200mm×1 000mm 和 1 100mm×1 100mm 两种规格作为我国联运通用平托盘的规格,并推荐使用 1 200mm×1 000mm 规格。托盘结构及参数如图 3-19 所示。

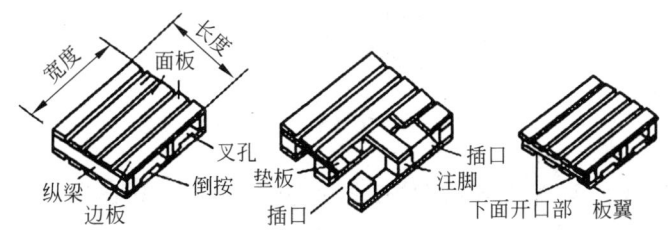

图 3-19　托盘结构及参数

2. 集装箱

集装箱最早出现在 1830 年英国的铁路运输中,当时主要的作用是完成较大货物的包装或作为集装吊具。第二次世界大战后,经过几十年的发展,集装箱从最初只用于陆上运输发展到用于水上、陆上运输以及多式联运,从 1～3t 的小型箱发展到大、中、小型集装箱齐备,从各国箱型、尺寸标准不一发展到拥有国际统一的箱型、尺寸标准。目前,根据国际标准化组织(ISO)TC/104 技术委员会的定义,凡具备下列条件的运输容器,可称为集装箱。

(1) 具有足够的强度,能长期反复使用。

(2) 中途转运时,不用搬动箱内的货物,可整体转载。

(3) 备有便于装卸的装点,能进行快速装卸。

(4) 便于货物的装入和卸出。

(5) 具有 $1m^3$ 以上的内部容积。

集装箱结构示意图如图 3-20 所示。

集装箱按照箱体结构形式可以分为内柱式集装箱、外柱式集装箱、折叠式集装箱;按照功能可以分为通用干货集装箱(杂货集装箱)、罐式集装箱、保温集装箱、汽车集装箱、牲畜集装箱、散料集装箱、台架式集装箱、平台(板架)集装箱、敞顶集装箱等;按制造材料,集装箱可分为铝合金集装箱、钢制集装箱、玻璃钢集装箱和不锈钢集装箱,其中钢制集装箱自重大、强度高、价格低,是最常用的集装箱。

ISO 组织对集装箱的尺寸规格及其他参数进行了详细的规定,现行国际标准为第一系列(第二系列、第三系列已经降格为技术报告)。在第一系列中,所有集装箱主要外部尺寸的宽度均为 8ft(2 438mm),高度主要有 8ft(2 438mm)、8.5ft(2 591mm)、9.5ft(2 896mm)

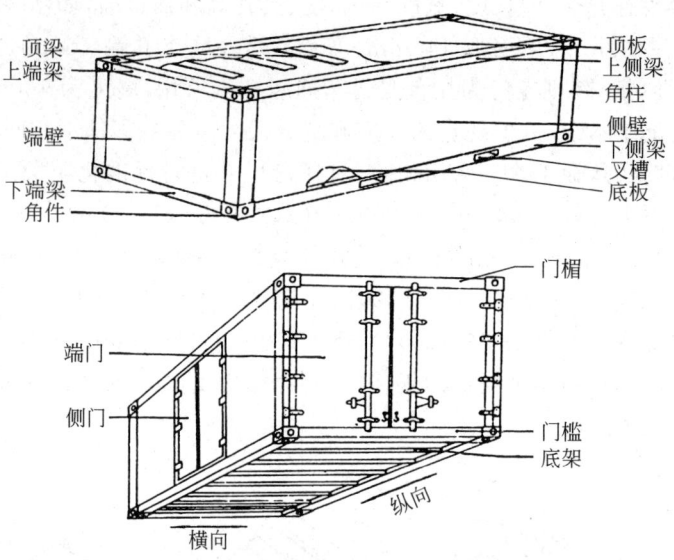

图 3-20 集装箱结构示意图

三种,长度则有 A、B、C、D、E 五种,分别为 40ft、30ft、20ft、10ft、45ft。按照长度和高度的组合,现行集装箱尺寸类型共有 15 种,如表 3-8 所示。为便于统一计算集装箱的营运量,采用集装箱 TEU(twenty-feet equivalent units)为换算单位,即 20ft 集装箱为 1TEU(20-8-8),40ft 集装箱为 2TEU(40-8-8)。集装箱外部尺寸的发展趋势是趋向于大型化,40ft、45ft 的大型集装箱越来越多。我国现行国家标准为《集装箱外部尺寸和额定重量》(GB/T 1413—2008),等同于 ISO 668:1995。

表 3-8 集装箱箱型主要外部尺寸 单位:m

集装箱型号	长度	高度	集装箱型号	长度	高度
1AAA	12.192	2.896	1CC	6.058	2.591
1AA	12.192	2.591	1C	6.058	2.438
1A	12.192	2.438	1CX	6.058	<2.438
1AX	12.192	<2.438	1D	2.991	2.438
1BBB	9.125	2.896	1DX	2.991	<2.438
1BB	9.125	2.591	1EEE	13.716	2.896
1B	9.125	2.438	1EE	13.716	2.591
1BX	9.125	<2.438			

为了便于集装箱作业管理,在 ISO 6346—1995 中规定了集装箱的标记符号,包括必备和自选两种,每一类中又可以分为识别标记与作业标记。在必备的识别标记中,主要标记是箱主代号(4 个大写字母,前 3 位箱主自定,第 4 个字母一律用 U)、顺序号(箱号,6 位数字)、核对号(1 位方框数字),如 KKTU745263 8。作业标记有额定质量和自重标记、空陆水联运集装箱标记、登箱顶触电警告标记、超高标记等,如图 3-21 所示。

3. 集装袋

集装袋又称柔性集装箱,是集装单元器具的一种,配以起重机或叉车,就可以实现集装

图 3-21　集装箱标记符号

单元化装卸、搬运。它适用于装运大宗散状粉粒状物料,其特点在于:结构简单、自重轻、可以折叠、回空所占空间小、价格低廉。集装袋可以重复使用。常见的集装袋多为橡胶、塑料或帆布材质,形状有圆桶形、方形、圆锥形、折叠形,提升重量从 0.5t 到 3t 不等,提升方式有顶面提升、底面提升和侧面提升三种,如图 3-22 所示。

图 3-22　集装袋

六、包装合理化

包装合理化是指在包装过程中使用适当的材料和技术,制成与物品相适应的容器,从而在满足物品包装要求、体现包装功能的基础上,最大限度地节约包装费用,降低包装成本。

实现包装合理化,可从以下几个方面着手。

（一）包装的轻薄化

由于包装只是起保护作用，对产品使用价值没有任何意义，因此在强度、寿命、成本相同的条件下，更轻、更薄、更短、更小的包装，可以提高装卸搬运的效率。轻薄短小的包装一般价格比较便宜，如果是一次性包装还可以减少废弃包装材料的数量。

（二）包装的单一化

为了提高包装作业的效率、节约包装成本，同一类商品的包装应努力实现包装的单一化，包括使用同一种包装材料、同一种包装技术或方法、同一种包装规格等。

（三）包装的标准化

包装的标准化是指包装的规格尺寸应尽量符合国家关于包装模数尺寸的规定。包装模数是关于包装基础尺寸的标准化及系列尺寸选定的一种规定。包装模数是根据托盘的尺寸，以托盘高效率承载包装物为前提确定的，从而保证物流各个环节的有效衔接。按包装模数尺寸设计的商品包装可以按照一定的堆码方式合理、高效率地码放在托盘上。2016年12月，工信部、商务部印发《关于加快我国包装产业转型发展的指导意见》明确推广包装基础模数（600mm×400mm）系列，以包装标准化推动包装的减量化和循环利用。

第五节　流通加工

一、流通加工概述

（一）流通加工的概念

国家标准《物流术语》（GB/T 18354—2006）对于流通加工的定义是：物品在从生产地到使用地的过程中，根据需要施加包装、分割、计量、分拣、刷标志、拴标签、组装等简单作业的总称。

流通加工与一般的生产加工是不同的。

(1) 流通加工与生产加工在加工对象上的区别：流动加工的对象是进入流通过程的商品，生产加工的对象是某种原材料、零部件、半成品等，不是最终产品。

(2) 流通加工与生产加工在加工深度上的区别：流通加工大多是简单加工。

(3) 流通加工与生产加工在责任人上的区别：流通加工的组织者是商业或物资流通企业；生产加工以生产企业为责任人和组织者。

(4) 流通加工与生产加工在附加价值上的区别：生产加工在于创造商品价值和使用价值，而流通加工的目的在于完善其使用价值，并在不作很大改变的情况下提高价值。

（二）流通加工的作用

流通加工是现代物流活动中的一个重要环节，其作用可体现在以下几个方面。

1. 弥补生产加工的不足

现代社会，顾客对于产品的要求日益个性化和多元化，生产环节的各种加工活动往往不能完全满足顾客的需求。如钢铁企业生产的钢铁产品，其尺寸、规格、型号所能形成的组合数量有限，而顾客的需求是千变万化的。在这种情况下，由流通企业根据供应方或需求方的委托，对钢材进行进一步裁剪，是解决上述矛盾的有效方法。同时，经过流通加工的产品，省去了顾客购买后自行加工所要耗费的时间和人力、物力资源,方便顾客使用。

2. 提高物料利用率、设备利用率和劳动生产率

流通加工把原先分散的多个生产企业为多个顾客提供的商品集中起来进行专业加工,可以极大地提高劳动生产率和物料利用率。首先,通过集中加工,可以集中开料,合理套裁,因材施用,裁出大件后剩余的边角料还可以再裁成小件,物料利用率较之分散加工明显提高。其次,在分散加工情况下,由于受到生产周期和生产节奏的限制,加工设备利用率时高时低,加工能力得不到充分发挥;而在集中情况下的流通加工面对的是全社会,加工规模大幅度扩大,加工任务饱满,加工设备利用率显著提高。最后,由于进行集中的流通加工可以使得加工规模扩大,因而可以采用技术更为先进的专用设备,配置专业的流通加工人员,劳动生产率较之分散加工大为提高。

3. 充分利用送达手段

在拥有流通加工环节的情况下,商品从生产厂家到达顾客的过程被分为了两个阶段。第一阶段是从生产厂家到流通加工所在地,流通加工环节一般设置在顾客需求的产生地。这一阶段中,物流距离长,产品品种相对较少,批次较少,批量大,适宜采用铁路、水路等大运量的运输方式。这一阶段产品使用的是适合运输要求的物流包装,单位包装尺寸大,内含产品数量多。第二阶段是从流通加工所在地到顾客。这一阶段物流距离短,产品品种多,批次多,批量小,适宜使用汽车或其他小型车辆,主要以配送的方式完成。这一阶段产品多使用商品包装,单位包装尺寸小,内含产品数量较少,适合顾客使用。通过流通加工,实现两类包装的转换,有利于不同送达手段结合,发挥各自的最高效率。

4. 提高产品经济价值

通过流通加工,美化了产品外观,完善了产品功能,提高了产品质量,使产品更受市场和消费者欢迎,从而在一定程度上提高了产品本身的经济价值。如温州当地企业生产的许多小商品(玩具、服装、小饰品),在异地经过流通加工后,再次销售时,价格可以提高 20% 以上。

5. 更好地满足消费者的个性化消费需求

随着经济、社会的发展,消费者的消费需求日趋个性化。为了更好地满足消费者的个性化要求,可以在出库前于仓储场所进行一定程度的流通加工,以生产独特的产品。

(三) 流通加工的类型

流通加工的类型众多,主要有以下几种。

1. 为便于保管、储存产品而进行的流通加工

这类流通加工主要发生在产品进入仓储环节之前,其目的在于通过流通加工使产品更适合进行仓储保管。常用的加工手段有改装、冷冻、保温保鲜、防锈加工、防霉处理等。如为了保证农产品在仓储过程中品质不发生变化,不出现腐烂、变质现象,以利于销售,通常事先都要对农产品进行保温保鲜或冷冻加工。

2. 以满足需求多样化为目的而进行的流通加工

这类流通加工多根据顾客需求,对未经加工的初级产品进行多种类型的加工。如在钢材消费领域,经常要进行剪板加工,按照顾客要求,使用加工机械改变钢板的外形、尺寸。

3. 以促进销售为目的而进行的流通加工

这类流通加工的目的在于促进销售。如许多产品在从生产厂家向顾客所在地物流的过程中,为了便于装卸搬运和运输,往往使用较大的包装规格,而消费者需要的是较小的包装

规格,则可通过流通加工完成包装规格的转换。通过流通加工,还可以改变产品外形,提升产品品质或使用价值,从而激发消费者的购买欲望,促进销售。如农产品的精制加工,销售之前预先对农产品进行分类、清洗、分切、包装。

4. 以降低物流损耗为目的而进行的流通加工

这类流通加工的目的在于减少产品在装卸搬运、运输、仓储等环节中受到的损害,保证产品使用价值的实现。如自行车在到达消费地后再进行整车装配,然后进行销售;又如葡萄酒原液从产品批量运输至消费地后再完成配置、灌装、贴商标、包装等后续环节,进行销售。

5. 以提高物料利用率为目的而进行的流通加工

如上文所述,通过集中的流通加工,将许多生产企业分散的初级加工汇聚起来,可以极大地提高物料的利用率。同时集中的流通加工带来的规模效应,还有利于提高设备利用率和劳动利用率。

6. 以获取经济效益为目的而进行的流通加工

通过流通加工,可以提高产品所具有的经济价值,从而为生产企业或流通企业带来更多的经济效益。

二、流通加工合理化

流通加工合理化的本质是实现流通加工的最优配置,即在有必要设置流通加工环节的前提下,在合理的地点,选择合理的流通加工方式和技术装备,通过实现流通加工合理化,体现流通加工存在的作用和价值。

(一) 不合理的流通加工形式

1. 流通加工地点设置不合理

为衔接单品种、大批量生产与多样化需求的流通加工,加工地点应设置在需求地区;当在产地或需求地设置流通加工的选择正确时,还有一个在小地域范围的选址问题。

2. 流通加工方式选择不当

流通加工方式包括流通加工对象、流通加工工艺、流通加工技术、流通加工程度等。流通加工不是对生产加工的代替,而是一种补充和完善。如果工艺复杂,技术装备要求高,或者加工可以由生产过程延续解决时,都不宜再设置流通加工;尤其不宜与生产加工过程争夺效益高的生产环节。

3. 多余的流通加工

流通加工过于简单或对于生产及消费作用不大,甚至由于流通加工的盲目性,不但未能解决品种、规格、质量、包装等问题,反而增加了环节。

4. 成本过高的流通加工

流通加工作用的一个重要体现就是较大的投入产出比,因而有效地起到了补充、完善作用。如果流通加工成本过高,不能实现以较小的投入换取较高的回报,流通加工的经济效益则无从谈起。

(二) 实现流通加工合理化

1. 流通加工和配送结合

一方面按配送的要求进行加工;另一方面将流通加工设置为配送业务流程中分货、拣货、配货中的一环,加工后的产品直接投入配送,无须再单独设置一个流通加工环节。而加工后再配送,可以有效提高配送服务水平。

2. 流通加工和配套结合

配套是指对使用上有联系的用品集合成套地供应给用户使用。配套的主体来自各个生产单位,但完全配套有时无法全部依靠现有的生产单位。适当的流通加工可以促成更完善的配套,从而更大限度地体现了流通加工的桥梁和纽带作用。以汽车制造业为例,很多生产环节所需零配件有较为固定的数量、种类配套关系,但这些零配件来自多个不同供应商,采购过程相对独立,难以做到完全配套。在生产开始之前,通过分割、计量、分拣等流通加工手段,实现零配件的配套,有利于提高生产效率。

3. 流通加工和运输结合

在支线运输转换为干线运输,或干线运输转换为支线运输时,按照下一步干线或支线运输的要求进行流通加工,可以极大地提高运输及转载水平,从而有效衔接干线运输和支线运输,促进两种运输形式的合理化。

4. 流通加工和商流结合

流通加工可以有效促进销售,使商流合理化,也是流通加工合理化可考虑的方向之一。如通过流通加工简单改变商品的包装形式,方便顾客购买;通过流通加工,免去顾客使用前组装、调试的不便,都是流通加工促进商流的有力例证。

5. 流通加工和节约结合

在流通加工过程中,要注意节约能源、节约设备、节约人力及减少其他各种耗费。这是在实现流通加工合理化过程中特别要注意考虑的重要因素。

流通加工是否合理,最终还要看其能否实现社会效益和经济效益的"双赢",特别是社会效益。流通加工企业生存的价值在于以补充完善为己任。如果只追求企业自身的经济利益,不适当地进行流通加工,甚至与企业争利,就违背了设置流通加工的初衷,反过来也挤压了自身的生存空间。

第六节 配 送

一、配送概述

(一) 配送的概念

国家标准《物流术语》(GB/T 18354—2006)中对于配送给出的定义是:在经济合理区域范围内,根据用户要求,对物品进行拣选、加工、包装、分割、组配等作业,并按时送达指定地点的物流活动。

配送就是根据用户的要求,在物流设施内进行分拣、配货等工作,并将配好的货物送交收货人的过程。配送是物流系统中由运输派生出的功能,在配送过程中也包含其他的物流功能(如装卸、储存、包装等),是多种功能的组合。因此,配送是物流系统的一个缩影,也可以说是一个小范围的物流系统。

(二) 配送与一般送货的区别

配送的本质是一种特殊的送货形式,但与一般的送货行为存在较大的差异,如表3-9所示。

表 3-9　配送与一般送货的区别

项目	配送活动	送货活动
内容	根据客户需求将物品进行装卸搬运、仓储、分拣、配货、运输等物流活动	仅仅是根据客户需求进行的送货行为
组织管理	由专职流通企业组织,要求有现代化的技术装备做保证,应建设完善的信息系统和集分货、配货、送货等多种功能为一体的配送中心	由生产企业或批发商承担,中转仓库的送货只是一项附带业务
基础设施	应以完整的现代交通运输网络和管理水平为基础,同时还要和订货系统紧密联系,必须依赖现代信息的作用,完成配送系统的建设	无具体要求
时间要求	有很强的计划性,对送抵时间有严格要求	时间不一定准确,计划性较差
工作效率	充分考虑运力、货物的车辆配重、运输线路规划等因素,同时由一辆货车向多处运送,工作效率较高	不考虑配载、线路规划等因素,货车一次向一地运送
技术装备	全程使用现代化物流技术装备,表现出在规模、水平、速度、效率、质量等多方面的优势	技术装备简单,技术水平较低
行为性质	面向特定顾客的增值服务	企业销售活动中的短期促销行为,偶然性较强

(三) 配送与运输的区别

从广义的角度看,配送是运输的一部分,是一种短距离的运输。配送与运输既有共性的部分,但也存在明显的差异,如表 3-10 所示。

表 3-10　配送与运输的区别

项目	运输	配送
运输性质	干线运输、支线运输	支线运输、末端运输
货物性质	品种少、批量大	品种多、批量小
运输工具	大型货车、铁路运输、水路运输	小型货车或其他小型运输工具
管理重点	效率优先	服务优先

(四) 配送的类型

按照不同的要求,从不同的角度出发,配送可以划分成多种类型。

1. 按配送主体所处的行业分类

按配送主体所处的行业不同,配送可分为制造业配送、农业配送、商业配送、物流企业配送等类型。

2. 按实施配送的节点不同分类

按实施配送的节点不同,配送可分为配送中心配送、仓库配送、商店配送、生产企业配送。配送中心专业性较强,和用户有固定的配送关系,一般实行计划配送,商品留有一定的库存量。配送中心配送能力强,配送距离较远,配送品种多,配送数量大。仓库配送规模较小,配送的专业化较差,但可以利用原仓库的储存设施及能力、收发货场地、交通运输线路等。相比较而言,配送中心配送属于专营配送形式,而仓库配送、商店配送、生产企业配送属于兼营配送形式。

3. 按配送商品的特征不同分类

按配送商品的特征不同,配送可分为单(少)品种大批量配送、多品种和小批量配送、配套成套配送。单(少)品种大批量配送方式下由于品种单一,批量较大,组织工作较为单一,可使用整车配送,配送成本较低。这种方式一般情况下由生产企业进行配送,直接送达客户,也可由配送中心完成。多品种和小批量配送是按照客户要求,在配送中心将所需的各种物资配备齐全后,再送达客户手中。多品种和小批量配送方式下品种较多,批量较小,批次比较频繁,对配送作业要求较高。配套成套配送是指配送中心按企业生产需求,将生产产品所需要的各种零部件按比例全部配齐,按生产要求定时送达生产企业。在这种配送方式下,配送中心承担了生产企业大部分的供应物流,有助于企业实现"零库存"。配套成套配送方式下配送物品的种类众多,配送时间要求严格。

4. 按配送的时间及数量分类

按配送的时间及数量不同,配送可分为定时配送、定量配送、定时定量配送、即时配送。定时配送是一种按规定时间间隔进行的配送,时间固定,易于安排配送计划,但难以应付突发性的配送需求。定量配送是指按照事先规定的批量,在一定的时间范围内进行的配送。由于对配送时间要求并不严格,所以便于将不同用户的货物集中起来,提高配送车辆的使用效率,同时也有利于形成集装单元。定时定量配送兼具定时配送和定量配送的优点,计划性强,要求较高。即时配送是指按照客户订单要求,即时对物品进行的配送。即时配送适合一些临时需要或紧急物资的配送。

5. 按经营形式的不同分类

按经营形式的不同,配送可分为销售配送、供应配送、销售—供应一体化配送、代存代供配送。销售配送是指由销售企业作为促销策略的一种进行的配送。供应配送是指由客户或客户组建的配送设施完成配送,满足该企业或该企业集团旗下其他子公司的生产经营需要。销售—供应一体化配送是指销售企业向固定的客户配送产品,在自己销售的同时,承担起客户的供应者角色。代存代供配送是指客户将属于自己的货物委托给配送中心或第三方物流企业代存、代供,甚至是商品的代订,再由配送中心或第三方物流企业组织商品的集中配送。

此外,还可以按加工程度不同将配送分为加工配送、集疏配送,或按配送企业专业化程度不同将配送分为综合配送、专业配送。

二、配送中心

(一) 配送中心的概念

国家标准《物流术语》(GB/T 18354—2006)中对配送中心的定义是:从事配送业务且具有完善的信息网络的场所或组织,应基本符合下列要求:主要为特定的用户服务;配送功能健全;辐射范围小;多品种、小批量、多批次、短周期;主要为末端客户提供配送服务。

配送中心首先必须采取各种方式(如零星集货、批量进货)去组织货源。其次必须按照用户的要求及时分拣(分装)和配备各种货物。配送中心还必须有比较强的加工能力以开展各种形式的流通加工。从这个意义上讲,配送中心实际上是集集货中心、分货中心和流通加工中心为一体的现代化的物流基地,也是能够发挥多种功能作用的物流组织。

仓库仅仅是储存商品,而配送中心绝不是被动地接受委托存放商品,它还起到集配作用,具有多样化的功能。配送中心在服务内容上由商流、物流分离发展到商流、物流、信息流有机结合;在流通环节上由经过多个流通环节发展到由一个中心完成流通全过程;在经销方式上由层层买断发展到代理制;在相互关系上由临时的、随机的关系发展到长期、固定的关系。

(二) 配送中心的分类

配送中心的分类标准种类繁多,下面介绍其中常见的几种。

1. 按配送中心的设立者分类

按配送中心的设立者分类,配送中心可以分为制造商型配送中心、批发商型配送中心、零售商型配送中心、专业物流配送中心几种。

2. 按配送服务范围分类

按配送范围分类,配送中心可以分为城市配送中心和区域配送中心。城市配送中心是以城市范围为配送范围的配送中心,由于城市范围一般处于汽车运输的经济里程,这种配送中心可直接配送到最终用户,且采用汽车进行配送。所以,这种配送中心往往和零售经营相结合,由于运距短,反应能力强,因而从事多品种、小批量、多用户的配送较有优势。

区域配送中心以较强的辐射能力和库存准备,向省(州)际、全国乃至国际范围的用户配送。这种配送中心配送规模较大,一般而言,用户也较多,配送批量也较大。而且,往往是给下一级的城市进行配送,也配送给营业所、商店、批发商和企业用户。虽然也从事零星的配送,但不是主体形式。

3. 按配送货物的属性分类

按配送货物的属性,配送中心可以分为食品配送中心、日用品配送中心、医药品配送中心、化妆品配送中心、家电品配送中心、电子(3C)产品配送中心、书籍产品配送中心、服饰产品配送中心、汽车零件配送中心以及生鲜处理中心等。

4. 按配送中心内部特性分类

按配送中心内部特性分类,配送中心可以分为储存型配送中心、流通型配送中心和加工型配送中心。储存型配送中心以仓储为主要功能,往往具有较大规模的仓库和储存场地。流通型配送中心没有长期存储功能,货物只在中心内作短暂停留,即通过自动分拣系统完成分拣,送至客户相应货位或直接装载至配送用车辆。加工型配送中心以流通加工为主要功能,根据客户或市场需求,对所配送的货物预先进行加工。

(三) 配送中心的功能

1. 采购、备货功能

采购、备货是配送的基础工作或准备工作。配送中心汇集不同客户的需求,形成一定的采购规模,并根据市场供求关系变化情况,制订周密的采购计划,进而降低采购、备货成本。

2. 仓储、保管功能

一般而言,配送中心为了满足客户的配送需求,应保持一定数量的库存储备,而且在仓储期间需要对物品进行有效的保管、保养。

3. 流通加工功能

配送过程中,为了满足客户的特定需求或便于配装、配载以及运输,配送中心往往需要事先对货物进行一些流通加工处理。

4. 分拣、配货功能

不同的客户对于货物的品种、规格、型号、数量、送达时间等要求不同,配送中心应根据客户的不同要求对货物进行分拣、配货。分拣、配货功能也是配送中心区别于传统仓库的特有功能之一。

5. 配装功能

配送中心主要为末端客户提供配送服务，配送业务呈现出小批量的显著特点，单个客户的配送量往往达不到车辆配送的有效载运负荷。为了提高配送效率，配送中心要将不同客户的货物通过合理搭配集中到一台车辆上。

6. 送货功能

配装好的货物要按客户要求的时间、地点及时送达。由于配送中心面对的多为末端客户，数量庞大且分布较为分散，配送中心应科学、合理地设计送货路线，制订送货计划，并通知客户做好接货准备。

7. 信息处理功能

配送中心通过汇总、处理和传递各种配送信息，一方面协调配送中心内部各部门、各环节的作业进度，进行有效管理；另一方面将配送信息在供应链节点企业之间进行传递、共享，有利于提升配送中心的服务水平。

三、配送模式

配送模式是配送中心或企业针对配送所采取的基本战略和方法。在国内外对配送理论的研究和实践发展中，逐渐形成了自营配送模式、第三方配送模式、共同配送模式、互用配送模式等。

（一）自营配送模式

自营配送模式是指企业物流配送的各个环节由企业自身筹建并组织管理，实现对企业内部及外部货物配送的模式。许多大型连锁零售企业采用的就是自营配送模式。

采用自营配送模式的优点：反应快速、灵活；企业拥有对配送系统运作过程的有效控制权；可以合理地规划设计配送流程，提高配送作业效率，降低配送成本。采用自营配送模式的劣势：一次性投资较大，加重了企业的资金负担，财力有限的企业往往无力承担；要求企业有较为饱和的配送需求，以形成配送的规模效应，提高对配送设施设备和相关作业人员的利用率；企业在不具有采用自营配送模式所要求的专业能力时，不宜采用自营配送模式，因为会降低配送效率，同时也分散企业的资源。

（二）第三方配送模式

第三方配送模式是指交易双方把自己需要完成的配送业务委托给第三方来完成的一种配送运作模式。这种模式一般适用于配送能力相对较弱的中小型企业，如工商企业和电子商务网站等。

采用第三方配送模式的优点：有利于企业将资源集中到企业的主营业务方向上，培养企业的核心竞争力；无须或在一定程度上减少在配送业务方面的固定资产投资，降低中小型企业的经营风险；获得第三方物流企业提供的专业配送服务，提高配送效率。采用第三方配送模式的劣势：第三方物流企业所提供的配送服务不一定能完全契合企业配送需求，针对性相对较差；丧失对配送业务的控制权。

（三）共同配送模式

共同配送模式是指多家企业联合，在互惠互利的基础上，形成共同出资、共担成本、共享配送资源、共同经营的功能互补的配送联合体的配送模式。经营规模较小或门店数量较少的连锁零售企业比较适合采用这一模式。

采用共同配送模式的优点：参与企业共同分担建设配送系统的投资，经营风险较小；通过配送资源的共享和共同经营，有利于提高资源的利用率和配送作业的效率。采用共同配送模式的劣势：共同配送模式运营过程中产生的费用难以有效区分、核算，如何在参与企业之间进行分摊的问题难以解决；在共同经营过程中，参与企业在目标、管理体制和标准、企业文化等方面存在差异，需要较长的时间进行磨合，成为模式运作过程中的一大隐患。

（四）互用配送模式

互用配送模式是指几个企业为了各自利益，以契约的方式达到某种协议，互用对方配送系统进行配送的模式。

采用互用配送模式的优点：企业不需要投入较多的资金和人力，就可扩大自身的配送规模和范围；通过资源的共享可以提高资源的利用效率。采用互用配送模式的劣势：需要企业有较高的管理水平以及与相关企业的组织协调能力。

共同配送模式与互用配送模式有一定相似之处，容易混淆。两者之间的差异如表 3-11 所示。

表 3-11　共同配送模式与互用配送模式的差异

共同配送	互用配送
旨在建立配送联合体，以强化配送功能为核心，为社会服务	旨在提高自己的配送功能，以企业自身服务为核心
旨在强调联合体的共同作用	旨在强调企业自身的作用
稳定性较强	稳定性较差
合作对象是需要经营配送业务的企业	合作对象可以是经营配送业务的企业，也可是非经营配送业务的企业

四、配送作业流程

配送作业应以服务客户为中心，做到"两好""四快"："两好"即客户服务好和在库货物保管好；"四快"即入库验收快、出库发送快、财务结算快、解决问题快。配送作业应坚持以下几个原则：准确，如实反映货物的数量、规格、型号及质量情况；及时，快速，在规定时间内保质、保量地完成收货、验收、出库、结算；经济，合理调配和使用人力、设备，充分利用仓容，提高作业效率；安全，贯彻"安全第一、预防为主"的安全生产方针，消除货物保管及作业中的一切不安全因素。

配送作业的基本流程由以下几个环节组成（以配送中心的基本作业流程为例）。

（一）进货

1. 订货

配送中心在接收、汇总客户订单后，应根据所要配送货物的品种、规格、数量和配送时间等信息，检查库存状况。如果现有库存不足以满足客户需求，则需向供应商发出采购请求。

2. 收货

供应商发出的货物到达后，配送中心需要组织人力、物力到港站、码头或其他货场接收货物,并运回配送中心。

3. 验收

货物送到配送中心后,在入库前应按照采购订单上标注的货物信息,对货物的数量和质量进行检验。

4. 入库

验收完毕后,配送中心应对合格的货物及时办理入库手续,更新库存信息,组织货物入库。

(二) 储存

根据配送中心类型的不同,货物在配送中心内的储存形态可分为两种:一种是进行较长时间的仓储,此时应重点关注货物在仓储过程中的保管、保养问题;另一种是暂存,即货物在配送中心短暂停留,经过分包或其他流通加工,马上分拣、配货,进行转运,此时应重点关注货物转运时间和地点的准确性,防止出现差错。

(三) 分拣和配货

分拣和配货是指配送中心根据客户的订单或配送计划,按照一定的方法,将需要配送的货物从其储位或其他区域拣取出来,并进行分类、集中的过程。分拣和配货工作量大,作业时间短,准确性要求高,是整个配送作业流程的关键环节。

分拣作业是搬运和信息处理两种活动的综合。分拣作业包括查找存储在不同地方的货物、向货物存储处的多次来回行走、拾取货物和拣货确认等多个环节。

从行走方式来看,分拣作业可以采取人至货和货至人两种方式。人至货方式是指拣货者通过步行或搭乘拣选车辆到达货品存储位置;货至人方式是指需要拣选的货物由机器寻址找出,自动送到拣选者的作业位置,拣取者在固定位置内作业。

常见的分拣作业拣选策略有以下四种。

1. 摘果式

摘果式要求拣选人员巡回于仓储区域,一次将一个订单的所有货物从头到尾拣取挑出并集中,是比较传统的拣选方式。摘果式一次只拣选一张订单,完成后不必再分选、合并,但当商品品种较多时,行走路径加长,从而降低了拣选效率。此外,如果多个拣选人员同时作业,在通道内容易发生拥堵。

2. 播种式

播种式是指将多张订单集合成一批,将该批所有订单所要的同种货物一起拣出,其他的货物也分别拣出。同种货物在拣货时或回到暂存区后还要根据不同订单需求二次分配。播种式拣选效率较高,适合订单数量较多的情况,但其缺陷在于无法对订单做出即时反应,需等待订单积累到一定数量时才能处理,因此产生了停滞。拣选完毕后还要进行二次分配,如果货物数量较多,将会耗费大量时间。

3. 分区式

分区式是指各个拣选人员分别在不同拣选区共同拣选一个或多个订单的货物。每个拣货员只负责其所在分区内货物的拣选。所有拣取的货物最后再分选、合并。这实际是一种分区播种式,但要多个拣货员才能完成拣货任务。分区式的优点在于每个分区可视需要选择不同的技术和设备,但存在难以平衡各区拣选人员工作量和拣选速度的弊端。

4. 波浪式

波浪式是按照某种特征将要发货的订单分组,如同一承运商的所有订单为一组,一次完成这一组订单,下一次再拣选另一组的订单。波浪式只适用于自动拣选机械的拣选,如UPS自动仓库分拣系统就是采用这种方式拣选的。

(四) 检查和加工

货物分拣完毕后,应根据订单信息再次核对货物是否分拣无误,然后根据客户要求决定是否要进行流通加工,以及进行何种形式的流通加工。

(五) 配装出货

为充分利用配送车辆的载重和容积能力,提高车辆的装载率,从而降低配送成本,在出货之前还要完成配装作业,即将不同客户的货物组合配装在一台车辆上。在配装出货时,应注意两个基本原则:一是按照货物配送目的地的远近组织配装,先到达目的地的货物装在配装货载的外面或上面,后到达目的地的货物装在里面或下面;二是做到"轻者在上、重者在下"。

(六) 配送运输

配送中心应从方式、路线和车辆三个方面来制订科学、合理的配送运输计划。配送车辆可以使用自备车辆送货,也可借助社会上专业运输组织的力量,联合进行配送运输作业。

五、配送合理化

实现配送合理化,有利于提高配送效率,提升客户服务水平,降低配送成本。配送合理化的判断标志包括库存标志(库存总量、库存周转)、资金标志(资金总量、资金周转、资金投向的改变)、供应保证标志(缺货次数、配送企业集中库存量、即时配送的能力及速度)、社会运力节约标志、用户企业节约标志等。此处,介绍几种常用的措施。

(一) 推行专业配送

使用专业设施、设备,建立专业化管理机制,设计并严格执行专业的操作程序,以实现配送合理化。

(二) 推行加工配送

在配送过程中加入加工环节,一方面有利于减少加工的盲目性;另一方面有利于提高配送的服务水平。两者的结合,是实现配送合理化的重要措施。

(三) 推行共同配送

通过共同配送,可以实现以最短距离、最低成本完成配送,有利于提高配送合理化水平。

(四) 推行送取结合

在客户货物配送到位后,再将客户生产的产品或其他货物用同一车辆运回,为客户代存代储,帮助客户降低库存水平,同时又可避免配送车辆空车回程,提高了车辆的使用效率。

(五) 推行准时配送

提高配送的准时化水平,才能更好制订接货计划,安排接货所需的人员、车辆,保证货物、物料的及时供应,客户才能放心实施低库存或零库存,提高生产经营效率。

第七节 信息处理

一、物流信息的概念

(一)物流信息

物流信息是物流活动中各个环节生成的信息,一般是随着生产、消费的物流活动而产生的,与物流过程中的运输、储存、装卸、包装等各种职能有机结合在一起,是整个物流活动顺利进行所不可缺少的。

物流信息分为广义和狭义两种,狭义的物流信息是指与物流活动(如运输、储存、包装、装卸、流通加工等)有关的信息;广义的物流信息不仅指与物流活动有关的信息,还包含与其他流通活动有关的信息,比如商品交易信息和市场信息等。

物流信息主要包括以下特点。

1. 信息量大、种类多、来源广

物流信息的来源是一系列活动的结果,信息的产生方式、传播方式是不同的,信息的收集、分类、筛选、处理、统计、研究等工作的难度较大。

2. 动态性强、实时性高

物流活动并不是局限于一个静态的点,而是一个动态的过程,物流信息的产生、加工、传播和应用在时间、空间上都不可能保持固定不动,信息的有效期短,导致价值衰减速度快、时效性差。

3. 趋于标准化

物流活动不局限于一个区域,而是涉及全球经济区域,统一的标准是明显的趋势。

物流信息的传送连接着物流活动的各个环节,并指导各环节的工作,起着桥梁和纽带的作用。物流信息可以帮助企业对物流活动各环节进行有效的计划、控制与协调,以达到系统整体优化的目标。物流信息还有助于提高物流企业科学管理和决策的水平。

(二)物流信息技术

物流信息技术是指应用于物流活动各环节中的信息技术。根据物流的功能以及特点,物流信息技术主要包括信息分类编码技术、物流信息采集技术、空间信息技术、电子数据交换技术等。

物流信息技术是现代物流区别传统物流的根本标志,是物流现代化的重要标志。

(三)物流信息系统

物流信息系统是指由人员、设备和程序组成的、为物流管理者执行计划、实施、控制等职能提供信息的交互系统。

物流信息系统是建立在物流信息的基础上的,只有具备大量的物流信息,物流信息系统才能发挥作用。在物流管理中,人们要寻找最经济、最有效的方法来克服生产与消费之间的时间距离和空间距离,就必须传递和处理各种与物流相关的情报,这种情报就是物流信息。它与物流过程中的订货、收货、库存管理、发货、配送及回收等职能有机地联系在一起,使整个物流活动顺利进行。

二、物流信息采集技术

物流信息的产生过程各不相同,物流过程经过许多物流节点,物流信息也在不同的物流节点中产生,为了实现对信息的处理过程,需要使用有效的采集技术来完成对物流信息的收集工作。目前主要的物流信息采集技术包括条码技术和无线射频识别技术。

(一) 条码技术

条码又称条形码,是一组规则排列的条空和相对应的数字组成的图形符号,是 20 世纪在计算机应用中产生和发展起来的一种自动识别技术,是集光电技术、计算机技术、通信技术、印刷技术于一体的综合性技术。

条码技术是实现销售时点信息系统(POS)、电子数据交换技术(EDI)和电子商务的基础。随着自动连续补货、有效消费者反应(ECR)、快速响应(QR)等供应链管理策略的兴起,条码也成为供应链管理领域的重要技术。

目前,几乎所有的商品都使用条码识别系统,顾客选定商品后,售货员只要把商品包装上的条码对着扫描阅读器,计算机就能自动查询售价并作收款累计。当把顾客选定商品的所有条码都扫描后,计算机也就立即报出总价并把购物清单打印出来。这样,商店只需配备少量的售货员便能迅速、准确地完成结账、收款等工作,既方便消费者,也为商店本身改善管理、提高销售效率、降低销售成本创造了条件。

就批发、仓储运输部门而言,通过使用条码技术,商品分类、运输、查找、核对、汇总迅速、准确,能缩短商品流通和库内停留时间,减少商品损耗。在商品包装上使用符合国际规范的条码,能在世界各国的商场内销售,出口厂商就可以及时掌握自己的产品在国际市场的需求情况、价格动态和其他有关信息,从而不断改进商品的生产和销售,进而促进国际贸易的发展。

(二) 无线射频识别技术

无线射频识别(RFID)技术是一种基于电磁理论的通信技术,用于信息的自动采集,可通过无线电信号识别特定目标并读写相关数据,而无须识别系统与特定目标之间建立机械或光学接触,适用于物料跟踪、运载工具和货架识别等要求非接触数据采集和交换的场合。

RFID 技术可识别调整运动物体并可同时识别多个标签。RFID 无须直接接触、无须光学可视、无须人工干预即可完成信息输入和处理,且操作方便快捷,能够广泛应用于生产、物流、交通、医疗、防伪、跟踪、设备和资产管理等领域。

在物流领域,RFID 技术使得合理的产品库存控制和智能物流技术成为可能。它在物流行业的应用流程是:每个产品出厂时都被附上电子标签,然后通过读写器写入唯一的识别代码,并将物品的信息录入数据库中。此后装箱销售、出口验证、到港分发、零售上架等各个环节都可以通过读写器反复读写标签。标签就是物品的"身份证",借助电子标签,可以实现对商品在原料、半成品、成品、运输、仓储、配送、上架、最终销售,甚至退货处理等环节的实时监控。

三、物流空间信息技术

(一) 全球定位系统

全球定位系统(GPS)是利用卫星星座(通信卫星)、地面控制部分和信号接收机对对象进行动态定位的系统。GPS 可以利用空中卫星对地面目标进行精确定位与导航,以达到全天候、高精度地跟踪地面目标移动轨迹的目的。

GPS 包括三大组成部分：空间星座部分、地面监控部分和用户设备部分。空间星座部分由 24 颗卫星组成；地面监控部分由分布在全球的 5 个地面站组成（包括卫星检测站、主控站和信息注入站）；用户设备部分主要由接收机硬件和软件组成。用户通过用户设备接收 GPS 卫星信号，经信号处理而获得用户位置、速度等信息，最终实现利用 GPS 进行导航和定位的目的。

我国的全球定位系统是北斗卫星导航系统（BDS）。我国正在实施的自主研发、独立运行的北斗卫星导航系统，具备在我国及其周边地区范围内的定位、授时、报文等功能，并已在测绘、电信、水利、交通运输、渔业、勘探、森林防火和国家安全等诸多领域逐步发挥出重要作用。

全球定位系统已在物流领域广泛应用，主要应用在汽车运输定位及跟踪调度、铁路车辆运输管理、船舶跟踪及最佳航线的确定、空中运输管理和军事物流配送等领域。

（二）地理信息系统

地理信息系统（GIS）是由计算机硬件、软件和不同的方法组成的系统，该系统可以用来支持空间数据的采集、管理、处理、分析、建模和显示，解决复杂的规划和管理问题。

地理信息系统属于信息技术，属于空间信息系统，具有以下特点。

（1）具有采集、管理、分析和输出多种地理空间信息的能力，具有空间性和动态性。

（2）以地理研究和地理决策为目的，以地理模型方法为手段，具有区域空间分析、多要素综合分析和动态预测能力，产生高层次的地理信息。

（3）由计算机系统支持进行空间地理数据管理，并由计算机程序模拟常规的或专门的地理分析方法，作用于空间数据，产生有用信息，完成人类难以完成的任务。

GIS 应用于物流领域，主要是指利用 GIS 强大的空间分析能力来完善物流分析的技术。地理或空间的数字化数据格式一般有两种：矢量和栅格。矢量数据由点、线和多边形组成。物流企业可以把顾客的地点以点的形式储存在数据库中；公路网可以描绘成一组线，而仓库服务的区域边界可以看成一个多边形。扫描的数据也可以用栅格的形式表示，每一个栅格里存储特定的数据。GIS 在物流中的具体应用主要是物流中心选址、信息查询、最佳路径和最短路径选择，完整的 GIS 物流分析软件一般集成车辆路线模型、最短路径模型、网络物流模型、分配集合模型和设施定位模型等。

四、物联网技术

物联网（the internet of things，IOT）是指通过各种信息传感器、射频识别技术、全球定位系统、红外感应器、激光扫描器等各种装置与技术，实时采集任何需要监控、连接、互动的物体或过程，采集其声、光、热、电、力学、化学、生物、位置等各种需要的信息，通过各类可能的网络接入，实现物与物、物与人的泛在连接，实现对物品和过程的智能化感知、识别和管理。物联网是一个基于互联网、传统电信网等的信息承载体，它让所有能够被独立寻址的普通物理对象形成互联互通的网络。

物联网是物与物、人与物之间的信息传递与控制。物联网的基本特征可概括为整体感知、可靠传输和智能处理。

（1）整体感知：可以利用射频识别、二维码、智能传感器等感知设备感知获取物体的各类信息。

（2）可靠传输：通过对互联网、无线网络的融合，将物体的信息实时、准确地传送，以便信息交流、分享。

（3）智能处理：使用各种智能技术，对感知和传送到的数据、信息进行分析处理，实现监测与控制的智能化。

物联网技术是智慧物流的支撑。智慧物流是指以物联网、大数据、人工智能等信息技术为支撑，在物流的运输、仓储、包装、装卸搬运、流通加工、配送、信息服务等各个环节实现系统感知、全面分析、及时处理以及自我调整的功能。智慧物流的实现能大大降低各相关行业运输的成本，提高运输效率，增强企业利润。

五、物流公共信息平台

物流公共信息平台能整合各物流信息系统的信息资源，完成各系统之间的数据交换，实现信息共享。

（一）物流公共信息平台的概念

物流公共信息平台是指为物流企业、物流需求企业和政府及其他相关部门提供物流信息服务的公共商业性平台，其本质是为物流生产提供信息化手段的支持和保障。

这里的"公共"是强调平台的独立性，是指用户具有普遍性，不是面对特定的对象；这里的"物流信息"是广义上的物流信息；"平台"强调该平台的开放性和可扩展性。

物流公共信息平台的定义包括以下几个层次。

（1）物流公共信息平台必须面向供应链物流过程，物流是供应链流程的一部分。物流公共信息平台是供应链成员共同使用的公共品，只有真正融入它们的管理和协调体系中才能发挥价值。

（2）物流公共信息平台是一种基于IT的协调架构。物流服务价值链是基于供应链的基本原理而构建的。物流公共信息平台的"协调"作用是平台建立的首要目的，供应链上下游成员通过"平台"实现信息共享和紧密集成，共同为顾客传递价值。物流公共信息平台是一种面向客户的多层次电子化协调架构。

（3）物流公共信息平台以提供服务为生存条件。物流公共信息平台是开放性的、新型的信息技术应用形态，其价值取决于为用户创造价值的模式和平台所拥有的用户数量。物流公共信息平台的服务模型，即它的用户价值创造模式，直接影响用户加入平台所能获得的收益。提供有特色的、优质的、多样的服务是物流公共信息平台生存的必要条件。

（4）物流公共信息平台以物流信息系统的广泛应用为基础。物流信息系统的应用反映组织面向物流管理和操作效率的信息价值观。物流公共信息平台是物流服务价值链中各组织间信息交换和集成的媒介，通过跨组织的信息系统连接供应链上的企业物流信息系统，使它们紧密集成和协同运行。

（5）物流公共信息平台是一系列硬件、软件、网络、数据和应用的集合，其中数据和应用是其核心内容。物流公共信息平台构建在国家信息基础结构之上，因而相对于国家信息基础结构而言，物流公共信息平台解决的是不同组织间物流业务逻辑互连的问题，其逻辑形态表现为一系列物流标准和信息技术标准，是标准化的物流过程及接口以及标准化的物流信息视图的集合。

（二）物流公共信息平台的构成

物流公共信息平台可以分为底层和上层。底层是公共物流信息基础平台，上层是公共物流信息系统平台。公共物流信息基础平台提供物流基础信息和数据；公共物流信息系统平台对底层信息进行加工处理，并向用户提供服务。

物流公共信息平台的建设必须有充分的增值服务作为支持，否则很难得到推广。提供丰富的增值服务是公共物流信息系统平台取得成功的必要策略。

在物流信息平台的发展过程中，想要降低开展增值服务的难度，使平台用户能够得到充足的增值服务，就要充分发展平台的上层——公共物流信息系统平台的作用。

（三）物流公共信息平台的业务系统

在互联网环境下，物流公共信息平台的业务系统一般包括以下几个部分。

1. 物流信息服务网站

物流信息服务网站主要提供基础的网站服务，主要内容有：新闻中心，管理和发布物流新闻；法规介绍，管理和发布物流行业和企业相关的法律、法规，主要发布国家法律和部委、地方法律、法规等；出行信息服务，帮助驾驶员通过对在途时间、行驶里程、通行费用等的综合考虑而进行最优的路径选择，还可以了解沿途的气象、路况等信息；物流企业展示，介绍知名物流企业、物流公司的基本信息、相关业务等内容；物流设施设备租赁，为承租、出租双方提供有关物流设备、物流设施租赁的信息发布、查询服务。

2. 营运车辆及从业人员资质认证系统

在"人、车、户"等基础数据库的基础上，开发从业人员与营运车辆信息查询及身份验证系统，实现人员、车辆和运输业户的信息共享，并提供相应的身份验证手段，方便社会用户选择诚实守信的运输业户进行运输业务委托，从而进一步规范物流市场，为广大企业、社会公众提供更好的物流服务。

3. 物流企业信用管理系统

建立物流企业信用管理系统的目的是促使政府监管部门对物流企业进行更加科学、合理的信用监管和评定，降低工作成本，提高政府监管部门的工作效率，实现对物流企业的有效监控管理，进一步完善物流企业的信用体系，促进物流企业信用体系的良好发展。建设物流企业信用管理系统是物流公共信息服务平台建设的重要内容。通过利用运管、工商、质检、卫生、税务等相关政府机构和职能部门的信息系统和数据资源，实现向社会征信并公示物流企业信用信息，从而创新监管方式、建立长效监管机制、提升物流企业信用、打造"诚信物流"。

4. 货运交易信息服务系统

货运交易信息服务系统应充分吸纳道路运输经营业户、货运中介组织和货代企业以及货主单位入网，以优惠的条件、便捷的应用手段广纳货运信息上网。信息服务中心通过信息平台为货运交易双方提供信息服务，并不直接参与交易，承托双方可通过系统进行自主交易，即线上查询、线下交易的方式，通过与意向方取得联系来进行货运信息的交易。

5. 车辆定位及货物跟踪系统

通过GPS/GIS综合服务系统，为物流企业和物流需求企业提供车辆定位及货物跟踪系统，便于企业了解物流过程，为物流企业的高效率管理及高质量的服务提供技术支持。

6. 物流业务托管系统

通过先进的物流技术和信息技术建设符合现代物流企业物流运作模式的托管系统，提供电子商务、客户服务、货代管理、运输管理、仓储管理、合同管理、车辆管理、配送管理等功能,帮助物流企业实施有效合理的业务管理。

前沿理论与技术

除上述涉及的物流理论外,目前常见的理论研究与实践热点还包括城市配送、多式联运、物联网、全自动仓储、绿色仓储、绿色包装等。

- 实训内容:物流各基本环节操作、运行直观认知。
- 实训手段:视频片段、实物图片展示、校外实习、实训基地参观。
- 实训目的:了解物流各基本环节的操作流程,感知、了解各种常见物流设施设备的工作特点。

一、单项选择题

1. 下列五种运输方式中运输能力最强的是( )。
   A. 铁路运输　　　B. 公路运输　　　C. 水路运输　　　D. 航空运输
   E. 管道运输

2. 可以实现"门对门"的运输形式是( )。
   A. 铁路运输　　　B. 公路运输　　　C. 水路运输　　　D. 航空运输
   E. 管道运输

3. 弃水走陆属于( )的不合理运输现象。
   A. 过远运输　　　　　　　　　　B. 无效运输
   C. 运力选择不当　　　　　　　　D. 托运方式选择不当

4. 运输的矿石中含有大量杂质属于不合理运输中的( )。
   A. 重复运输　　　B. 亏载运输　　　C. 无效运输　　　D. 运力选择不当

5. 商品在仓储期间进行的流通加工体现了仓储的( )作用。
   A. 提高客户满意度　　　　　　　B. 满足消费者个性化消费需求
   C. 保管　　　　　　　　　　　　D. 保养

6. 通过物流仓储,保证商品能尽可能快地供应,体现了仓储的( )作用。
   A. 调节商品的时间需求　　　　　B. 降低运输成本,提高运输效率
   C. 提高客户满意度　　　　　　　D. 满足消费者的个性化消费需求

7. 定量订货库存管理系统中订货时机是( )。
   A. 每隔一个固定的周期 T 即发出订货请求
   B. 当库存数量降到订货点 R 时
   C. 每隔一个固定周期 T 且库存数量降到订货点 R 时
   D. 随机进行

8. 最大—最小库存管理系统中订货数量的确定是（　　）。
   A. 经济订货批量　　　　　　　　　B. 实际库存量与最大库存量之间的差额
   C. 参照上一次订货数量　　　　　　D. 若干订货周期订货量的平均值
9. 适用于室外作业的叉车是（　　）。
   A. 平衡重式叉车　　B. 前移式叉车　　C. 插腿式叉车　　D. 侧面叉车
10. 前移式叉车以（　　）为动力，以适应室内作业。
    A. 汽油机　　　　B. 柴油机　　　　C. 天然气　　　　D. 蓄电池
11. 托盘搬运车将（　　）插入托盘自由叉孔实现托盘的搬运。
    A. 门架　　　　　B. 货叉　　　　　C. 插腿　　　　　D. 吊钩
12. 欧式托盘的规格尺寸是（　　）。
    A. 800mm×1 200mm　　　　　　　　B. 1 000mm×1 200mm
    C. 1 016mm×1 219mm　　　　　　　D. 1 140mm×1 140mm
13. 我国优先推荐的联运通用平托盘尺寸为（　　）。
    A. 800mm×1 200mm　　　　　　　　B. 1 000mm×1 200mm
    C. 1 100mm×1 100mm　　　　　　　D. 1 140mm×1 140mm
14. 集装箱国际标准第一系列中所有集装箱宽度均为（　　）。
    A. 8ft　　　　　　B. 8.5ft　　　　　C. 9ft　　　　　　D. 9.5ft
15. 流通加工的对象包括（　　）。
    A. 原材料　　　　B. 半成品　　　　C. 零部件　　　　D. 最终产品
16. 流通加工与生产加工在附加价值上的区别在于（　　）。
    A. 流通加工创造商品价值　　　　　B. 流通加工创造使用价值
    C. 流通加工完善使用价值　　　　　D. 流通加工两种价值均创造
17. 配送的运输性质属于（　　）。
    A. 干线运输和支线运输　　　　　　B. 干线运输和末端运输
    C. 支线运输和末端运输　　　　　　D. 干线运输和长途运输
18. 属于专营配送模式的是（　　）。
    A. 配送中心配送　　B. 仓库配送　　C. 商店配送　　D. 生产企业配送
19. 商品的流通加工信息可视为（　　）的物流信息。
    A. 广义　　　　　　　　　　　　　B. 狭义
    C. 不能视为物流信息　　　　　　　D. 无所谓广义和狭义之分
20. 现代物流区别于传统物流的根本标志是（　　）。
    A. 功能更为先进的物流设备　　　　B. 造价更高的物流设施
    C. 更高素质的从业人员　　　　　　D. 物流信息技术的引入

二、多项选择题
1. 适合大批量、长距离货物运输的运输形式是（　　）。
   A. 铁路运输　　　B. 公路运输　　　C. 水路运输　　　D. 航空运输
2. 以下属于增加技术装载量方法的是（　　）。
   A. 使用集装箱　　B. 托盘运输　　　C. 甩挂运输　　　D. "满载超轴"
   E. 发展社会化运输

3. 以下属于物品入库前准备工作作业活动的是（　　）。
   A. 确定存放地点　　　　　　　　B. 确定存放垛形
   C. 确定保管方法　　　　　　　　D. 准备搬运设备及人力
4. 物品出库管理作业活动中备货的原则是（　　）。
   A. 后进后出　　B. 先进先出　　C. 易霉坏先出　　D. 接近有效期先出
5. CVA 分类管理法中允许缺货的货物分类是（　　）。
   A. 最高优先级　B. 较高优先级　C. 中等优先级　D. 较低优先级
6. ABC 分类管理法中需要进行重点管理的是（　　）。
   A. A 类物料　　B. B 类物料　　C. C 类物料　　D. 以上均需要
7. 使用蓄电池为动力的叉车是（　　）。
   A. 平衡重式叉车　　　　　　　　B. 前移式叉车
   C. 插腿式叉车　　　　　　　　　D. 侧面叉车
   E. 托盘搬运车
8. 托盘尺寸中国际统一的是（　　）。
   A. 长度　　　　B. 宽度　　　　C. 总高度　　　　D. 叉孔高
   E. 插口高
9. 集装箱长度有（　　）。
   A. 40ft　　　　B. 30ft　　　　C. 20ft　　　　　D. 10ft
   E. 45ft
10. 流通加工与生产加工的区别主要体现在（　　）。
    A. 加工对象　　B. 加工深度　　C. 责任人　　　D. 附加价值
11. 下列属于为便于保管、储存产品而进行的流通加工的是（　　）。
    A. 改装　　　　　　　　　　　　B. 使用加工机械改变钢板的形状、尺寸
    C. 冷冻　　　　　　　　　　　　D. 防锈加工
    E. 防霉处理
12. 以下属于互用配送模式特点的是（　　）。
    A. 以企业自身服务为核心
    B. 旨在强调企业自身的作用
    C. 稳定性较强
    D. 合作对象可以是经营配送业务的企业，也可以是非经营配送业务的企业
13. 物流信息技术包括（　　）。
    A. 信息分类编码技术　　　　　　B. 物流信息采集技术
    C. 空间信息技术　　　　　　　　D. 电子数据交换技术
14. RFID 技术的特点是（　　）。
    A. 无须直接接触　　　　　　　　B. 无须光学可视
    C. 无须人工干预　　　　　　　　D. 一次只能识别一个标签

三、判断题

1. 适合承运价值高、运费承担能力较强货物的运输形式是航空运输。（　　）
2. 大批量散装矿石的远距离运输适合采用水路运输。（　　）

3. 从远距离产地调运货物供给市场的运输行为属于迂回运输。（   ）
4. 采用合装整车运输有利于多载货，不空驶，以最大限度利用运力。（   ）
5. 物品保管的目的是保证在规定的储存期限内数量不短缺、质量不损坏。（   ）
6. 物品检验的目的主要是进行质量检验。（   ）
7. 定期订货库存管理系统的订货数量为事先计算所得的经济订货批量。（   ）
8. VMI策略中供应商不一定拥有存货的所有权。（   ）
9. 传送带和输送机械主要完成水平物品的搬运，不具备垂直或倾斜搬运能力。（   ）
10. 叉孔专为托盘搬运车插腿插入所用。（   ）
11. 流通加工有利于提高劳动生产率和物流利用率。（   ）
12. 通过流通加工完善产品的使用价值，从而也提高了产品的经济价值。（   ）
13. 共同配送模式中需要参与企业在目标、管理体制和标准、企业文化等方面进行长时间的磨合。（   ）

四、简答题

1. 简述甩挂运输的概念。
2. 如何理解国际多式联运经营人的双重身份？
3. 简述仓储的作用。
4. 简述VMI策略的常见实施方式。
5. 简述销售包装和运输包装的区别。
6. 简述流通加工的主要类型。
7. 配送的模式有哪些？
8. 简述共同配送模式和互用配送模式的区别。
9. 物流信息有哪些特点？
10. 怎样理解物流公共信息平台的定义？

五、论述题

1. 在选择运输方式时，应综合考虑哪些因素？
2. 如何理解零库存管理并不一定要求某些物料的储存量真正为零？
3. 浅谈对集装单元化的理解。

本章参考文献

[1] 陈子侠,彭建良. 物流技术与物流装备[M]. 北京：中国人民大学出版社,2010.
[2] 崔介何. 物流学概论[M]. 北京：北京大学出版社,2010.
[3] 冯国芩,陈希望. 现代物流基础[M]. 大连：大连理工大学出版社,2010.
[4] 谷岩. 仓储管理实务[M]. 北京：首都经济贸易大学出版社,2020.
[5] 关善勇. 流通加工与配送实务[M]. 北京：北京师范大学出版社,2011.
[6] 黄玉兰. 物流联网概论[M]. 2版. 北京：人民邮电出版社,2018.
[7] 霍佳震. 物流信息系统[M]. 北京：清华大学出版社,2011.
[8] 郎为民. 大话物联网[M]. 北京：人民邮电出版社,2011.
[9] 李波,王谦,丁丽芳. 物流信息系统[M]. 2版. 北京：清华大学出版社,2019.

[10] 李洪奎.仓储管理[M].北京：机械工业出版社,2012.
[11] 李岩.运输与配送管理[M].北京：科学出版社,2010.
[12] 刘南.交通运输学[M].杭州：浙江大学出版社,2009.
[13] 刘南,兰振东.运输与配送[M].北京：科学出版社,2010.
[14] 梁旭,刘徐方.物流包装[M].北京：清华大学出版社,2019.
[15] 石佐生.配送管理[M].北京：冶金工业出版社,2009.
[16] 孙晓程.国际货物运输与保险[M].大连：大连理工大学出版社,2009.
[17] 王健,等.现代物流概论[M].北京：北京大学出版社,2019.
[18] 文杰.现代物流学[M].北京：中国财富出版社,2019.
[19] 吴承健,傅培华,王珊珊.物流学概论[M].杭州：浙江大学出版社,2009.
[20] 吴建.现代物流学[M].北京：北京大学出版社,2010.
[21] 易兵,熊蒋亮,等.物流设施与设备[M].2版.北京：清华大学出版社,2018.
[22] 曾剑,王景峰,邹敏.物流管理基础[M].3版.北京：机械工业出版社,2008.
[23] 郑宁.物流运输管理[M].2版.上海：上海财经大学出版社,2019.
[24] 张竞禾.配送中心规划与运作管理[M].北京：中国财富出版社,2019.
[25] 张劲珊.物流信息技术与应用[M].北京：清华大学出版社,2013.
[26] 张如云,等.物流包装与实务[M].北京：清华大学出版社,2018.
[27] 周亚建.物流基础[M].北京：中国物资出版社,2007.
[28] 王帅,林坦.智慧物流发展的动因、架构和建议[J].中国流通经济,2019,33(1):35-42.
[29] 吴萍."互联网＋"背景下智慧物流发展的新动能、态势与路径[J].商业经济研究,2018(7):81-83.

CHAPTER 第四章

企业物流管理

引导案例

马钢物流一体化资源配置模式①

结束了上午的会议,A 部长回到自己的办公室,对旁边新来的实习生小 H 说:"你去通知一下三个物流室的主任,我们下午 2 点开一个简短的会议,关于采购、生产、销售物流一体化管控问题。""好的,我马上去通知。"

"A 部长,大家都到齐了,我们可以开始开会了。"小 H 提醒正在看分析报告的 A 部长。"好的。大家下午好,是这样的,今天找大家过来,是为了讨论采购、生产、销售物流一体化管控问题。2015 年年底,我们实现了对采购、生产、销售物流的归并整合(图 4-1 马钢物流内部机构),到现在已经有 3 年的时间了。我们一直希望能通过归并整合,最终构建一个合理的综合运输体系,让各运输方式能够有效地衔接,降低物流运营成本,提高综合运输组织化的水平,发挥一体化管控的优势,让三个物流室的业务流程能够完美执行。但是,'三流'归并后未能真正实现采购、生产、销售物流联动,达到运力资源共享、集中调配、提升运输效率的目的。"

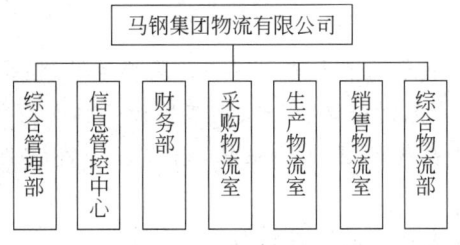

图 4-1 马钢物流内部机构

"从企业内部来说,目前采购、生产、销售三个物流室工作都是各自管理,条块分割,相互之间缺乏协调合作,依旧只服务于公司各保供单元的业务管理。业务层'横向脱节、纵向控制不力',对外部变化或异常情况反应滞后,导致物流低效,资源浪费。以上是我们实现'三流归一'后运行的基本情况,想请三位主任能够再具体地谈谈你们对采购、生产、销售物流一体化管控的看法。"

---

① 资料来源:"马钢杯"第六届全国大学生物流设计大赛。

"我很支持采购、生产、销售物流一体化。"采购物流室的G主任对A部长说道,"目前,我们采购物流室主要负责港口装卸、运输、代理合同的签订及执行、质量异议处理、国内段运输保险相关业务等,也负责召集业务范围内的物流商评价小组会、定价小组会等。我们实现一体化的主要困难是难以与销售物流室实现运力资源的共享。"

"对,最主要的问题就是船型不匹配问题。你看,我们销售物流室的船吨位在1 500t以下,而他们采购物流室的最低规格是5 000t的船,运力资源很难共享。"销售物流室的C主任表达了自己的看法,"虽然我们都很支持一体化管控,但是真正做到一体化是很困难的。举个例子,我现在要运货到广州,那条航线上正好有采购物流室的货,但是船的规格不能满足进港的要求,又或者原料的品种不同,船不能带回。船舶空载率较高,造成运力资源的浪费,我们很难解决这个问题。"

"这的确是一个很突出的问题,我们不仅要考虑实际业务特性,还要结合港口码头实际情况,商讨解决。那生产物流室对一体化管控有什么看法和问题呢?"A部长看向生产物流室的Z主任。

"我觉得一体化管控是很好的。对于生产物流室来说,一体化管控是有很大帮助的。目前生产物流主要依据公司与股份公司签订的生产委托协议,开展相关生产物流的汽运、港务、仓储、铁运等内部物流业务的组织和协调,并负责组织召开股份公司物流计划会,编制月度物流计划。水运卸船计划、新老系统资源分配计划、水转汽运输计划的安排和落实,以及协同铁运公司安排卸车计划都由生产物流室负责。"

"说得简单一点,生产物流室就是根据股份公司生产计划,安排每个月的生产、采购的物流计划,主要负责组织卸船、卸车,对每天到港、到站的车辆进行安排。我认为生产物流室在一体化方面做得还是不够的,特别是与销售物流的联动,运力资源共享问题。例如,对内部保产卷钢的运输,现在由汽运公司负责,而销售物流仅负责成品材的运输,两者之间未能实现联动,销售物流有充足的运力,未能与生产物流共享。同样,生产物流也有充足的运力,未能与销售物流共享。另外,在物流信息系统方面也需要改进。虽然已对公司内部的水运信息平台进行完善改进,但还需进一步集成,与马钢汽运公司服务于内部汽运信息化系统互联互通,实现资源共享。"

"Z主任讲得很对,目前我们的业务流程这一块需要改进,但是具体的改进方案还没有,这次请各位来,就是想听听大家对采购、生产、销售物流一体化管控的建议。"A部长表达了自己的困惑。"还有我们销售物流室的C主任,请你讲一讲销售物流室对一体化管控的建议。"

"好的。刚刚我也在G主任讲的时候讲过了,目前销售物流室在物流一体化上面最大的问题就是无法做到资源的有效利用。销售物流室的职责主要是以下几方面:①销售物流运价的招标组织、比价或商务谈判;②制定销售物流相关制度,签订销售物流业务合同,参与相关物流商的准入、管理与评价;③根据销售计划制订年、月销售物流运输计划;④根据招标等结果,进行运输资源的分配;⑤根据提单量组织好车辆、船舶,协调好铁路,做好产成品公路、水路、铁路外发的日常工作;⑥运输发票运输量及价格的审核,以及销售物流相关数据的统计。在业务方面我们与生产、采购物流室的衔接流程还是流畅的,但是在运力方面还是不能够有效利用。所以我认为,想要很好地实现采购、生产、销售物流一体化管控,还要在管理、业务流程等方面更进一步地优化。"

"对的，A部长你看，采购物流室在负责进口煤炭、矿等以及国内的一些原料分批运输到岸后，与生产物流室进行沟通，由生产物流室负责将到岸的货物放置堆场，这样我们前期工作就到此为止。而销售物流室仅仅只是负责不自提货物的运输，与前两者之间并没有很大的关联。我认为目前的问题就是：①三个物流室业务不能高效协同，造成物流运行低效。②三个物流室的物流资源不能共享，导致运力浪费。例如，当采购物流把原材料卸下后，船是空载的，这时与销售物流室之间没有衔接，那么若有要装的产品需要运输，销售物流室方面要安排船，就浪费了采购物流室这边的资源。③三个物流室之间不能集中管理，做不到统一调配，结果就是物流计划兑现率低，客户满意度下降，物流服务水平低。我们目前所遇到的问题是实现一体化的一个重大阻碍，所以借鉴其他企业的经验是很有必要的。"采购物流室的G主任对A部长建议。

案例解析

马钢物流现在还未完全实现集中管控，物流服务模式虽有创新，在一定程度上提升了物流保障能力，但是它的优势还未在整个运营管理中显现出来。

一体化管控是非常有必要的，也是未来发展的趋势。可以从业务共性、物流运输模式等方面考虑"重来重往"，实现采购和销售物流联动，还有就是需要改变现有的运载方式，实现协调联动。总的来说，还是需要重新考虑管理组织架构、业务操作流程、管理信息化整合、物流资源的共享等来探索一体化管控模式。

案例思考

1. 结合以上案例分析如何建立马钢物流的一体化管控？
2. 结合所学分析马钢物流是不是需要拓展对外第三方物流业务？

案例涉及的主要知识点

钢铁物流 采购物流 生产物流 销售物流 一体化管控

学习导航

- 了解企业物流的内涵和特征，掌握企业物流管理的内容。
- 了解企业物流的分类及其相互关系。
- 掌握企业生产物流的概念及主要内容。
- 学习企业供应物流的主要模式，了解供应物流领域新的服务方式。
- 了解企业销售物流的主要环节，学习其主要物流模式。
- 掌握企业逆向物流的基本概念及其成因。

教学建议

- 备课要点：企业物流管理的主要内容及分类；生产物流的计划于控制；供应物流的模式及其选择应用；销售物流的主要环节、物流模式及案例分析；企业逆向物流的概念、成因及分类。
- 教授方法：案例、讲授。
- 扩展知识领域：企业生产与运作管理。

第一节　企业物流管理概述

一、企业物流的内涵和特征

（一）企业物流的概念

国家标准(GB/T 18354—2006)将企业物流定义为"货主企业在经营活动中所发生的物流活动"。从这个定义中可以看出，企业物流是企业内部的物品实体流动，是从企业角度上研究与之有关的物流活动，是具体的、微观的物流活动的典型领域。

企业物流可理解为围绕企业经营的物流活动。企业经营活动的基本模式是投入→转换→产出。对于生产类型的企业来讲，是原材料、燃料、人力、资本等的投入，经过制造或加工使之转换为产品或服务；对于服务型企业来讲则是设备、人力、管理和运营等的投入，转换为对用户的服务。物流活动便是伴随着企业的投入→转换→产出等活动而发生的：相对于投入的是企业外供应或企业外输入物流；相对于转换的是企业内生产物流或企业内转换物流；相对于产出的是企业外销售物流或企业外服务物流。由此可见，在企业经营活动中，物流是渗透到各项经营活动之中的。

（二）企业物流的分类

如果把企业物流设定为一个综合的、独立的物流系统，那么这个大系统就可以划分为若干个物流子系统。按照企业的日常经营可以将企业物流划分为供应物流、生产物流、销售物流和逆向物流(回收和废弃物流)。其中生产物流处于中心地位，它是和生产同步进行的；供应物流和销售物流是生产物流的外延部分，它受企业外部环境的影响较大。

（三）企业物流的特征

供应物流和销售物流是企业物流与社会物流之间的接口，是企业生产物流(企业内部物流)向前后的延伸，两者的物流特点和社会物流相近。因此，企业物流的特征主要体现在其生产物流上。

(1) 现代企业物流与生产的紧密性。企业物流与生产流程或生产工艺紧密结合或融为一体，如计算机集成制造系统(CIMS)中的工件和刀具支持系统；现代汽车和家电生产企业中各种自动化生产线装配线上的胚料、工件、配件、组装件的运达和配送等，此时，物流系统的流量、流速及作业质量都直接与生产的速率及质量相关联。

(2) 现代企业物流结构的多样性。现代企业物流已不是独立或封闭的系统，与社会物流分工的交叉或角色互换，如第三方物流企业、生产企业自营物流公司的企业内外部物流业务，尤其是集成供应链模式下企业物流与社会物流在物流系统的规划、决策、计划、实施、控制、管理等方面的完全一体化，形成了现代企业物流结构的多样性。

(3) 现代企业物流能力的综合性。现代企业物流不仅要求装卸、输送、转载等物流运作的机械化、自动化或无人化的能力，以及物料存储的立体化与自动化，信息流的及时性、准确性及信息的实时跟踪、交互与处理能力，而且要具有极强的内外部应变与协调能力，以满足企业的生产经营需求。

(4) 现代企业物流是企业生产营销的重要支持系统。在知识经济时代和信息网络社会大环境中迅速发展的我国工业现代化进程中，物流已成为企业生产营销的重要支持系统。

现代企业物流体制变革及市场经济对企业物流要求的提高,信息网络技术对企业物流系统革新的促进,集成供应链管理模式的兴起和发展所形成的一体化物流系统,都将使企业的生产经营离不开现代物流系统的有力支持,尤其是经济全球化的发展趋势将更会加强现代物流在企业中的战略地位。

二、企业物流管理的内容

企业的物流管理就是从企业物流一体化到供应链一体化,改变传统供应关系中制造商、上下游供应商、分销商的关系,形成一种纵横一体化经营的集成管理模式,同时,将现代管理技术应用于物流管理之中。

企业物流管理的内容主要包括物流活动本身的管理、物流活动相关要素的管理以及物流活动效果的管理,具体表现如下。

物流活动本身的管理主要是从物流系统诸要素角度分析,包括运输管理、储存管理、装卸搬运管理、包装管理、流通加工管理、配送管理、物流信息管理、客户服务管理。

物流活动相关要素的管理主要是从对物流系统诸要素管理的角度分析,包括物流人员的管理、物流技术设施设备的管理、物流管理财务费用的管理、物流活动安全的管理、物流组织、方法以及信息的管理等。

物流活动效果的管理主要是从物流活动的具体职能的角度分析,包括物流计划管理、物流质量管理和物流技术管理。其中,物流计划管理指对物质生产、分配、交换、流通整个过程的计划管理,也就是在物流大系统计划管理的约束下,对物流过程中的每个环节都要进行科学的计划管理,具体体现在物流系统内各种计划的编制、执行、修正及监督的全过程;物流质量管理涉及物流服务质量、物流工作质量、物流工程质量等的管理;物流技术管理,包括物流硬技术和物流软技术的管理。

第二节 企业生产物流

一、生产物流概述

(一) 生产物流的概念

生产物流也可称为厂区物流、车间物流等,在国家标准《物流术语》(GB/T 18354—2006)中的定义是:企业生产过程中,原材料、在制品、半成品、产成品等在企业内部的实体流动。具体而言,企业生产物流是指原材料、燃料、外购件投入生产后,经过下料、发料、运送到各个加工点和存储点,以在制品的形态,从一个生产单位(或仓库)流入另一个生产单位(或仓库),按照设定的生产工艺进行加工、储存,始终体现着物料实物形态的流转过程。

生产物流是企业物流系统的核心组成部分,其起点是原材料、外购件的投入,终点是成品库,并贯穿于生产全过程。

(二) 生产物流的过程

企业生产物流的过程大体为:原材料、零部件、燃料等辅助材料从企业仓库和企业的"门口"开始,进入生产线开始端,再进一步随生产加工各个环节运动;在运动过程中,本身被加工,同时产生一些废料、余料,直到生产加工终结,再运动至成品仓库便终结了企业生产物流过程。

(三) 影响生产物流的因素

不同的生产过程由不同的生产物流组成,生产物流的构成取决于下列因素。

(1) 生产类型。不同类型的生产企业的物流活动的表现不同。生产类型是影响企业生产物流的最主要的关键因素,也影响生产物流的构成和比例。

(2) 生产规模。一般而言,生产规模越大,生产过程的构成越齐全,物流量就越大。

(3) 企业的专业化与协作水平。企业的专业化与协作水平提高,生产物流趋于简化,物流流程缩短。

(四) 生产物流的特点

1. 实现价值的特点

企业生产物流和社会物流的一个最本质不同之处,即企业物流最本质的特点,主要不是实现时间价值和空间价值的经济活动,而主要是实现加工附加价值的经济活动。企业生产物流一般是在企业的小范围内完成,当然,在全国或者世界范围内布局的巨型企业除外。因此,生产物流空间距离的变化不大,且多是在企业内部的储存,与社会储存的目的不同,这种储存是对生产的保证,而不是一种追求利润的独立功能,因此,时间价值不高。企业生产物流伴随加工活动而发生,实现加工附加价值,即实现企业主要目的。所以,虽然生产物流的空间、时间价值潜力不高,但加工附加价值却很高。

2. 主要功能要素的特点

企业生产物流的主要功能要素也不同于社会物流。一般物流的主要功能要素是运输和储存,其他功能要素是作为辅助性或次要功能或强化性功能要素出现的;生产物流的主要功能要素则是搬运活动。许多生产企业的生产过程,实际上是物料不停地搬运过程,在不停地搬运过程中,物料得到了加工,改变了形态。即使是配送企业和批发企业的内部物流,实际也是不断搬运的过程,通过搬运,商品完成了分货、拣选、配货工作,完成了大改小、小集大的换装工作,从而使商品形成了可配送或可批发的形态。

3. 物流过程的特点

企业生产物流是一种工艺过程型物流,一旦企业生产工艺、生产装备及生产流程确定,也就形成了一种稳定性的企业物流,物流便成了工艺流程的重要组成部分。由于这种稳定性,企业物流的可控性、计划性便很强,一旦进入这一物流过程,选择性及可变性便很小,对物流的改进只能通过对工艺流程的优化而实现,这方面与随机性很强的社会物流也有很大的不同。

4. 物流运行的特点

企业生产物流的运行具有极强的伴生性,往往是生产过程中的一个组成部分或一个伴生部分,这决定了企业物流很难与生产过程分开而形成独立的系统。但同时,企业生产物流中也存在与生产工艺过程可分的局部物流活动,如仓库的储存活动、接货物流活动、车间或分厂之间的运输活动等。这些局部物流活动有本身的界限和运动规律,当前企业物流的研究大多针对这些局部物流活动。

二、生产物流类型

(一) 生产类型的概念

生产类型是指生产的产品产量、品种和专业化程度在企业技术、组织和经济上的综合反映与表现。它在很大程度上决定了企业和车间的生产结构、工艺流程和工艺装备的特点,生产过程的组织形式及生产管理方法，同时也决定了与之匹配的生产物流类型。各个工业企业在产品结构、生产方法、设备条件、生产规模、专业化程度、工人技术水平以及其他各个方面，都具有各自不同的生产特点，这些特点反映在生产工艺、设备、生产组织形式、计划工作等各个方面，对企业的技术经济指标有很大影响。因此，各个企业应根据自己的特点，从实际出发，建立相应的生产管理体制。这样，就有必要对企业进行生产类型的划分。

（二）生产物流类型分类

1. 从生产专业化的角度分类

从生产专业化的角度分类，可以把生产物流划分为单件生产、大量生产、成批生产三种类型。其含义及特征如下。

1）单件生产

单件生产需要生产的产品品种多但每一品种生产的数量极少，生产重复度低。具体特点是：生产过程中，工人以师傅带徒弟的方式培养；个人具有高超技术；生产的组织分散；产品设计和零件制造分散；设备使用通用机器。

单件生产的物流特征如下。

(1) 生产重复程度低，从而物料需求与具体产品制造存在一一对应的相关需求。

(2) 由于单件生产，产品设计和工艺设计存在低重复性，从而物料的消耗定额不容易或不适宜准确制定。

(3) 由于生产品种的多样性，使制造过程中采购物料所需的供应商多变，外部物流较难控制。

2）大量生产

大量生产需要生产的产品品种数相对单一，而产量却相当大，生产的重复度非常高且大批量配送。大量生产的具体特点是：品种数量单一但产量相当大；产品设计和零件制造标准化、通用化、集中化程度高；很强的零件互换性和装配的简单化使生产效率极大地提高，生产成本低，产品质量稳定。

大量生产的物流特征如下。

(1) 由于该生产类型的企业物料被重复加工度高，从而物料需求的外部独立性和内部相关性易于被计划与控制。

(2) 由于产品设计和工艺设计相对标准与稳定，从而物料的消耗定额容易准确制定。

(3) 由于生产品种的单一性，使制造过程中物料采购的供应固定，外部物流相对而言较容易控制。

(4) 为达到物流自动化和效率化，强调在采购、生产、销售物流各功能的系统化方面，引入运输、保管、配送、装卸、包装等物流作业中各种先进技术的有机配合。

3）成批生产

成批生产需要生产的产品品种繁多而且每一品种有一定的生产数量，生产的重复度中等。具体特点是：品种数量多但产量有限；产品设计系列化，零部件制造标准化、通用化程度高；工艺过程采用成组技术；运用柔性制造系统使生产系统能适应不同产品或零件的加工要求，并能减少加工不同零部件之间的换模时间。

成批生产的物流特征如下。

(1) 物料生产的重复度介于单件生产和大量生产之间，一般生产频率固定，采用混流生产。

(2) 以物料需求计划(material requirement planning,MRP)实现物料的外部独立需求与内部的相关需求之间的平衡,以JIT(准时生产制)实现客户个性化特征对生产过程中物料、零部件、成品的拉动需求。

(3) 由于产品设计和工艺设计采用并行工程处理,物料的消耗定额容易准确制定,从而产品成本容易降低。

(4) 由于生产品种具有多样性,对制造过程中物料的供应商有较强的选择要求,因此外部物流的协调较难控制。

2. 从物料流向的角度分类

从物料流向的角度分类,可以把生产物流划分为项目型生产物流、连续型生产物流、离散型生产物流三种类型。

1) 项目型生产物流(固定式生产)

项目型生产物流是当生产系统需要的物料进入生产场地后,几乎处于停止的"凝固"状态,或者说在生产过程中物料流动性不强。它分两种状态:一种是物料进入生产场地后就被凝固在场地中,与生产场地一起形成最终产品,如住宅、厂房、公路、铁路、机场和大坝等;另一种是在物料流入生产场地后,"滞留"时间很长,形成最终产品后再流出,如大型的水电设备、冶金设备、轮船和飞机等。管理的重点是按照项目的生命周期对每个阶段所需的物料在质量、费用以及时间进度等方面进行严格的计划和控制。

2) 连续型生产物流(流程式生产)

连续型生产物流是指物料均匀、连续地供应,不能中断;生产出的产品和使用的设备、工艺流程都是固定且标准化的;工序之间几乎没有在制品储存。管理的重点是保证连续供应物料和确保每一生产环节的正常运行。由于工艺相对稳定,有条件采用自动化装置实现对生产过程的实时监控。

3) 离散型生产物流(加工装配式生产)

产品是由许多零部件构成的,各个零部件的加工过程彼此独立;制成的零件通过部件装配和总装配最后成为产品,整个产品的生产工艺是离散的,各个生产环节之间要求有一定的在制品储备。管理的重点是在保证及时供料和零件、部件的加工质量基础上,准确控制零部件的生产进度,既要减少在制品积压,又要保证生产的成套性。

3. 从物料流经的区域或功能角度分类

从物料流经的区域或功能角度分类,可以将生产物流分为工厂间物流和工序间物流两种。工厂间物流是指大型企业各专业厂间运输物流或独立工厂与材料、配件供应厂之间的物流。工序间物流也称工位间物流、车间物流,指生产过程中车间内部以及车间、仓库之间各工序、工位上的物流。其内容包括:接受原材料、零部件后的储存活动;加工过程中间的在制品储存活动;成品出厂前的储存活动;仓库向生产车间运送原材料、零部件的搬运活动;各种物料在车间、工序之间的搬运活动。

三、生产物流计划

(一) 生产物流计划的作用

生产物流计划是指为保证生产顺利进行而编制的生产物流供应计划,是企业计划期内生产物流供应活动的行动纲领。它是和企业的物流能力、物料需求、制造需求、采购需求等紧密联系在一起的。其核心是编制生产作业计划,即根据计划期内规定的出产产品的品种、数量、期限，以及发展的客观实际，具体安排产品及其零部件在各工艺阶段的生产进度。同时，为企业内部各生产环节安排短期的生产任务，协调前后衔接关系。

（1）保证生产计划的顺利完成。为了保证按计划规定的时间和数量生产各种产品，要研究物料在生产过程中的运动规律，以及在各个工艺阶段的生产周期，以此来安排经过各个工艺阶段的时间和数量，并使系统内各个生产环节内的在制品结构、数量和时间相协调。

（2）为均衡生产创造条件。均衡生产是指企业及企业内的车间、工段、工作地等各个生产环节，在相等的时间阶段内，完成等量或均增数量的产品。均衡生产的要求：每个生产环节都要均衡地完成所承担的生产任务；不仅在数量上均衡地生产和产出，各个阶段的物流也要保持一定的比例性；尽可能缩短物料流动的周期，保持一定的节奏性。

（3）加强在制品管理，缩短生产周期。保持在制品、半成品的合理储备，是保证生产物流连续进行的必要条件。在制品过少，会使物流中断，影响生产的顺利进行；反之，又会造成物流不畅，延长生产周期。因此，对在制品的合理控制，既可减少在制品占用量，又能使各个生产环节实现正常衔接与协调，按物流作业计划有节奏地、均衡地组织物流活动。

（二）期量标准

期量标准是生产物流计划工作的重要依据，因此，也称作业计划标准，是对加工对象在生产过程中的运动经过科学分析和计算，从而确定的时间和数量标准。"期"表示期间，如生产周期、提前期等；"量"表示数量，如一次同时投入生产的在制品数量、仓库应存储的在制品数量等。

合理的期量标准，有助于建立正常的生产秩序和工作秩序，组织均衡生产，充分利用生产能力，缩短产品生产周期，加速流动资金周转，提高企业经济效益。值得注意的是，不同类型的企业，由于生产过程的组织形式不同，应采用不同的期量标准。

四、生产物流控制

生产物流控制是指在生产作业计划执行过程中，对有关产品或零部件的数量和生产进度所进行的控制。生产物流控制是物流控制的核心，是实现生产作业计划的保证。在实际的生产物流系统中，由于受系统内部和外部各种因素的影响，计划与实际之间会产生偏差，为了保证计划的完成，必须对物流活动进行有效控制。因此，物流控制是物流管理的重要内容，也是物流管理的重要职能。

（一）控制系统的组成要素

一个控制系统必须由若干个要素组成，主要内容如下。

（1）控制对象。控制对象可由人和设备组成一个基本系统单元，通过施加某种控制指令，从而完成某种变化。在生产物流中，物流过程是主要的控制对象。

（2）控制目标。控制本身并不是目的，系统必须有一个事先设定的目标。控制系统定期进行检查，发现偏差，及时进行调整，以利于目标的实现。

（3）控制主体。在一个控制系统里，目标已定，收集控制信息的渠道也已畅通，需要一个机构来比较当前状态与目标状态的差距，如差距超过允许的范围，则需要制定纠正措施，下达控制命令。这样的机构称为控制主体。

（二）生产物流控制的原理

在生产物流系统中，物流协调和减少各个环节生产和库存水平的变化是很重要的。在这样的系统中，系统的稳定与所采用的控制原理有关。下面介绍两种典型的控制原理。

1. 物流推进式(push system)控制原理

物流推进式控制是由生产推进式发展而来的。根据最终需求量,在考虑各阶段的生产提前期之后,向各阶段发布生产量指令,这种方式称为推送方式。以这种方式进行物流控制的原理称为物流推进式控制原理。物流推进式控制原理的特点是集中控制,每个阶段物流活动服从集中控制的指令,各阶段没有独立影响本阶段局部库存的能力。这就意味着这种控制原理不能使各阶段的库存保持期望水平。

推进式生产物流控制原理的代表方法是 MRP。MRP 是 20 世纪 60 年代从美国开始发展起来的,它是指企业利用先进的计算机技术,根据产品的结构、产品的需求和现有的库存情况,较精确地制订产品及其零配件的生产投入产出日程,使企业能明确地了解何时需要哪些零配件及其数量,并能及时、快速地调整计划使其符合新的市场需求。

2. 物流拉动式(pull system)控制原理

与推式生产相反,拉式生产是在最后阶段按照外部需求,向前一阶段提出物流供应要求,前一阶段按本阶段的物流需求向上一阶段提出要求。以此类推,接受要求的阶段再重复地向前一阶段提出要求。这种方式称为拉引方式。这种方式在形式上是多道工序,但由于各阶段各自独立发布指令,所以实际上是前一阶段的重复。采用这种方式的物流控制原理称为物流拉动式控制原理。

拉动控制原理的特点是分散控制,每个分散控制的目标是满足局部需求,在这种控制原理中,所有的局部控制使本阶段达到要求。然而,由于没有实时协调,满足需求和降低库存费用的总目标在各个局部控制中没有考虑。因此,采用这种控制原理,系统中总的库存水平一般高于基准的库存水平。

(三) 生产物流控制的内容

生产物流控制的主要内容有以下几个方面。

1. 生产物流进度控制

生产物流进度控制是对物料从投入到成品入库的全过程进行的控制。生产物流进度控制是生产作业控制的关键,具体包括物料投入进度控制、物料出产进度控制和工序物料控制等内容。

2. 在制品占用量控制

在制品占用量控制主要是控制车间内各工序之间在制品的流转和跨车间协作工序在制品的流转,加强工序间检验对在制品流转的控制。此外,还可以采用看板管理法控制在制品的占用量。采用"看板方式"生产与一般方式生产的一个显著区别是,它不是采用前道工序向后道工序送货,而是实行后道工序在需要的时候向前道工序领取需要的部件,前道工序只生产被后道工序取走的那部分零部件,严格控制零部件的生产和储备。看板作为取货指令、运输指令、生产指令,用以控制生产和微调计划,有着重要的作用,它是随物流运动而发挥作用的。

3. 偏差的测定与处理

在生产物流计划实施过程中,按照预定时间及顺序检测计划执行的结果,即计划量与实际量的差距,根据发生差距的原因及程度,采用不同的方法进行处理。

完成上述控制内容的系统可以采取不同的结构和形式,但都具有一些共同的要素。这些共同的要素包括以下几个方面。

(1) 强制控制和弹性控制的程度,即通过有关期量标准、严密监控等手段所进行的强制或弹性控制。

（2）目标控制和程序控制，即控制系统是核查生产实际结果还是对生产程序、生产方式进行核查。

（3）管理控制和作业控制。管理控制的对象是全局，即为使系统整体达到最佳效益而按照总体计划来调节各个环节、各个部门的生产活动。作业控制的对象是对某项作业，是局部的，其目的是保证具体任务或目标的实现。有时不同作业控制的具体目标之间可能会出现脱节或矛盾的情况，需要管理控制对此进行协调，以达到整体最优的效果。

（四）生产物流控制的程序

对不同类型的生产方式来说，生产物流控制的程序基本上是一样的。与控制的内容相适应，生产物流控制程序一般包括以下几个步骤。

（1）制定期量标准。期量标准要合理、先进，并随着生产条件的变化不断修正。

（2）制订计划。依据生产计划制订相应的物流计划。

（3）物流信息的收集、传送、处理。

（4）短期调整。为了保证生产正常进行，要及时调整偏差，以确保计划的顺利完成。

（5）长期调整。长期调整的目的是保证生产及其有效性的评估。

五、典型的生产物流和设备

（一）利用输送机的生产物流

输送机是生产物流采用的主要通用物流机具，甚至形成了一种生产方式的代表。20世纪初，泰勒的"科学管理"就以传送带为"科学管理"方法的内容之一。同时期，美国汽车工业巨头亨利·福特创造的"福特制"，更以连续不停地传送带运转来组织标准化的、机械化的甚至自动化的生产，使输送机成了现代化大生产非常重要的机具。

输送机在生产工艺中的应用主要有两方面：一方面是作为物料输送用机具，如矿石、煤炭原材料的运输；另一方面是用作装配中的主要机具，工人固定在装配线上某一位置，每个工人完成一种标准的作业，随输送机不停运行，从输送机一端进入的半成品（如汽车骨架）在输送机前进过程中，不断安装各个组件、零件，在输送机另一端输出制成品。

采用输送机作为装配线或生产工艺的生产领域主要有汽车工业、家用电器工业、电子工业、仪表工业、机械制造工业等。在生产流水线采用的主要输送机种类有皮带输送机、辊道输送机、链式输送机、悬挂输送机、板式输送机等。

（二）作业车

以作业车为放置被加工物的物流载体，随作业车沿既定工序运动，不断完成装配或加工。

（三）具有物流能力的专业技术装备

具有物流能力的专业技术装备是以实现加工、制造等技术手段为主要目的的。装备本身虽有物流能力，可以使物料在运动过程中接受各个固定位置的技术加工措施，但是它却完全不同于通用的物流机具，不能将其看成是物流设备。两种典型装备如下。

1. 高炉

炼铁用装备，各种物料（矿石、炉料等）由上部投入，物料在高炉中，依靠本身重力从上往下运动，在运动过程中，经过了预热、升温、软化、熔融，成为铁水从炉下部流出，在炉内完成了物流过程，也完成了熔制过程。

2. 水泥回转窑

一定倾斜角度的水泥筒状转炉,从窑尾(高处)投入配合料,在窑炉不停转运中,配合料逐渐向低端运动,经过干燥预热、煅烧、放热反应、烧成、冷却各个区域,完成几十米甚至上百米的运动,从窑头输出熟料。回转窑不但是水泥工艺专用设备,也具有了输送物料的功能。

(四) 利用升降台车

利用升降台车可以实现等高水平的装卸搬运,减少搬上搬下的劳动操作,防止反复搬上搬下对人力的消耗和造成工人的疲劳,有利于加快衔接速度,减少损耗,因而可提高生产效率。

第三节 企业供应物流

一、供应物流的概念与基本过程

(一) 供应物流的概念

国家标准《物流术语》(GB/T 18354—2006)关于供应物流的定义为:为下游客户提供原材料、零部件或其他物品时所发生的物流活动。

(二) 基本过程

企业供应物流的具体情况各不相同,但基本过程是相同的,一般有以下三个阶段。

1. 第一阶段,取得资源

取得资源是完成所有供应活动的前提条件。取得什么样的资源,要由核心生产过程决定,同时也要按照供应物流可以承受的技术条件和成本条件来进行决策。物资的质量、价格、信誉、供应的及时性等都是重要的考虑因素。取得资源可通过采购或交换的方式实现。

2. 第二阶段,组织到厂物流

取得的资源必须经过物流才能到达企业。在物流过程中,往往要反复运用装卸搬运、存储、运输等物流活动才能使取得的资源到达企业。组织到厂物流可以由企业、社会公共物流部门、第三方物流企业等完成。

3. 第三阶段,组织厂内物流

到达企业的物资,经工作人员确认后,在厂区继续移动,最后到达车间、分厂或生产线。组织厂内物流通常由企业自己承担。企业的仓库就是内外物流的转换节点。

二、供应物流的模式

供应物流过程因不同企业、不同供应环节和不同的供应链而有所区别,从而形成不同的企业供应物流组织模式,其中包括以下四种基本组织模式。

(一) 供应商主导供应物流模式

企业作为用户,在买方市场条件下,向供应商提出对本企业进行供应服务的要求,并作为向供应商方面进行采购订货的前提条件。

(二) 第三方物流供应物流模式

企业完成采购程序之后,由销售方和本企业之外的第三方从事物流活动,从而实现了商流与物流的分离,这符合市场经济中专业化分工的趋势。目前,部分国内汽车制造企业采取这种物流模式，即零部件供应商接收汽车制造企业的采购订单后，与第三方物流公司签订物流服务合同，由第三方物流公司将零部件送到汽车制造企业工厂。

（三）企业主导供应物流模式

这种供应物流模式更多的是在卖方市场环境下，由企业自己组织所采购物品的物流活动。在这种物流模式下企业与供应商签订的采购合同是离岸价格，即企业上门取货的价格。

（四）供应链供应物流模式

这是近年来随供应链理论发展起来的供应物流模式。

三、供应物流的作用

在企业物流系统中，供应物流的作用是通过整个供应系统的运行得以体现的。这说明了企业供应物流存在的必要性和对企业生产经营活动的重要性。下面从供应物流的三个阶段来理解它的作用。

（一）第一阶段，企业物资的采购

这个阶段的主要工作是企业物资的采购。原材料和零部件等生产物资的采购是企业正常生产的前提，"巧妇难为无米之炊"形象地说明了企业生产与原材料、零部件等生产物资的关系。无论企业的生产设备有多完善、生产技术有多先进，落实到真正的生产活动中必须有物质作为媒介，否则难以发挥作用。而采购恰恰就是为企业的生产准备适当的"主料"和"佐料"。

这个阶段的主要作用就是为生产活动进行物质准备，保证企业按照事先制订的生产计划在组织生产的过程中可以随时无阻碍地获得需要的原料，实现无间断生产，即实现企业生产的持续性。同时，这种对生产的保证也可以为企业节省额外支出，许多生产线或生产设备的启动成本很高，由于生产原料不能及时供应而造成生产线或生产设备暂停使用，重新开启设备而产生的费用就需企业额外支出。

（二）第二阶段，生产物资的厂外移动

这个阶段大多数是以企业物流的外部化表现出来的，也就是说，生产企业直接利用外部物流服务——专业物流服务企业或物资供应企业提供物流服务。这个阶段的专业工作是运输，将生产物资按照企业的要求在适当的地点取得再送到适当的地点。企业完成生产物资的采购后，并不意味着生产准备工作的结束，而恰恰相反，这只是准备工作的开始。

这个阶段的主要作用表现在生产物资厂外移动的协调与安排，促进物资空间价值的实现。生产物资的运输涉及几个环节的衔接问题：生产物资的供方与需方的物资交接、运输承运人与需求方的交接、物资运输方与储存方的交接等。同时，运输过程中突发事件的处理也属于供应物流的协调工作范围。协调的好坏直接影响生产计划的执行情况。

（三）第三阶段，生产物资的厂内移动

这个阶段主要是利用企业本身的物流服务。本阶段的工作重点是物资的在库管理和厂内搬运。在准时生产制下，企业物资直接运送到生产线或生产车间，但是能够实现这种生产方式的企业很少，多数企业还是按库存安排生产或类似于准时生产，但仍然要保有一定数量的库存。因此，绝大多数的生产资料都不能在运达企业时就被投入生产，而是要经过短暂的在库存储，然后在适当的时间通过企业内的搬运系统进入企业的生产过程。

这个阶段的主要作用是协调企业生产活动与物料管理活动的统一，保证生产物资时间价值的实现。如果企业的生产物资管理得好，可以按照企业的生产计划将库存物资稳定而准时地送到生产线上，那么企业就可以获得供应物流协调工作的益处：降低企业的原材料库存，减少企业资金的额外占用。

四、供应物流领域新的服务方式

（一）准时供应方式

采用准时供应方式，可以派生出零库存方式、即时供应方式、到线供应方式等多种新的服务方式。在买方市场环境下，供应物流活动的主导者是买方。购买者（用户）有极强的主动性，用户企业可以按照最理想的方式选择供应物流；而供应物流的承担者，作为提供服务的一方，必须以最优的服务才能够被用户所接受。从用户企业一方来看，准时供应方式是一种比较理想的方式。

准时供应方式是按照用户的要求，在计划的时间内或者在用户随时提出的时间内，实现用户所要求的供应。准时供应方式大多是双方事先约定供应的时间，互相确认时间计划，因而有利于双方做供应物流和接货的组织准备工作。

（二）即时供应方式

即时供应方式是准时供应方式的一个特例，是完全不依靠计划时间而按照用户即时提出的时间要求，进行准时供应方式。这种方式一般作为应急的方式采用。

在网络经济时代，由于电子商务的广泛开展，在电子商务运行中，消费者所提出的服务要求大多缺乏计划性，且又有严格的时间要求，因此，在新经济环境下，这种供应方式有被广泛采用的趋势。需要说明的是，这种供应方式由于很难实现计划和共同配送，所以，一般成本较高。

（三）零库存供应模式

在买方市场环境下，由于产品供大于求，买方有主导权，就可以设计出各个领域的零库存。这个零库存的前提条件是有充足的社会保障供应。当然，现代的管理方法和科学技术手段也是不可或缺的。

（四）看板方式

看板方式是准时方式中的一种简单有效的方式，也称为"传票卡制度"或"卡片制度"，是由日本丰田公司首先采用的。看板方式通过在企业的各工序之间，或在企业之间，或在生产企业与供应者之间，采用固定格式的卡片为凭证，由下一环节根据自己的节奏，逆生产流程方向，向上一环节指定供应，从而协调关系，做到准时同步。采用看板方式，有可能使供应库存实现零库存。

第四节　企业销售物流

企业的产品只有销售出去才能实现其价值，从而获取企业利润。一般而言，企业既可以与消费者（客户）之间直接进行销售活动，也可以通过中间商，如批发商、代理商、销售公司、零售商等形式将企业产品销售到消费者手中。无论是通过直接销售渠道，还是通过间接销售渠道，企业若想实现产品实体的转移，销售物流成为关键纽带。

一、企业销售物流的概念

企业销售物流又称分销物流,是指企业在销售过程中,将产品的所有权转给用户的物流活动,是产品从生产地到用户的时间和空间的转移,是以实现企业销售利润为目标,对包装、运输、储存等诸环节的统一。

国家标准《物流术语》(GB/T 18354—2006)关于销售物流的定义为:企业在出售商品过程中所发生的物流活动。生产企业或流通企业在出售商品时,物品在供方和需方之间的实体流动被称为销售物流。对于销售物流概念的理解,应把握以下几点。

(1)销售物流是一个系统,具有一体化特征。它是协助企业销售系统的一个物流系统。作为一体化系统,销售物流包括订单处理、产成品库存、发货运输、销售配送等物流活动。

(2)销售物流是连接生产、流通企业和消费者的桥梁。企业的销售物流是企业物流的一部分,是整个企业物流活动的一个重要环节。它以产品离开生产线进入流通领域为起点,以送达用户并经售后服务为终点。企业一方面依靠销售物流将产品不断运至消费者和客户,另一方面通过降低销售过程中的物流成本,间接或直接增加企业利润。

(3)销售物流是企业物流与社会物流的一个衔接点。作为连接生产、流通企业与用户的桥梁,企业销售物流与社会销售系统相互配合,共同完成企业的分销和销售任务。

(4)销售物流具有很强的服务性。首先,销售物流是以实现销售为目的的,它的所有活动及环节都是为实现销售利润服务的。其次,作为销售系统的终端承担者,销售物流的服务性表现得更加明显。它以客户为中心,以满足客户需求为出发点,快速、及时地实现销售和完成售后服务。销售物流的时间越短、速度越快,资本所发挥的效益就越大。

二、企业销售物流的作业环节

企业完成产品制造之后,就需要把这些产品销售出去,转化为企业的利润。完整的销售物流活动包括:产品从仓库(车间)运出,经过分销物流完成长距离、长干线的物流活动;经过配送完成区域范围的物流活动;到达企业、商业用户或最终消费者。企业销售物流过程如图4-2所示。

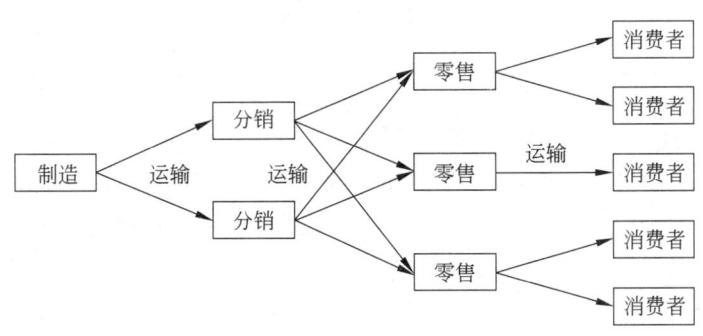

图 4-2 企业销售物流过程

对于按照订单进行生产的企业而言,其产品可直接进入市场流通领域,进行实际销售,无须进入产成品的在库储存环节;对于按照产品的需求制订计划进行生产的企业,产成品进入流通领域以前多数会经过短暂的在库储存阶段,然后根据企业销售部门收到的产品订单和产品运输时所选择的运输方式等来决定产品的运输包装。之后,企业就可以将产成品投入企业所建立或选择的销售渠道中进行实物的流转了。一般而言,企业销售物流主要包括以下基本作业环节。

(一)产成品包装

包装是企业生产物流系统的终点,也是企业销售物流系统的起点。产品的包装主要分为商业包装和工业包装。商业包装主要是为了促进商品的销售,工业包装则是在销售物流过程中起到便于保护、仓储、运输、装卸搬运的作用。因此,在包装时,既要考虑储存、运输等环节的方便,也要考虑材料及工艺的成本费用。

(二)产成品储存

储存是满足客户对商品可得性的前提。保持合理库存水平,及时满足客户需求,是产成品储存的最重要的工作内容。销售库存管理是一个存在明显二律悖反现象的物流活动,当库存过少时,无法满足消费者的需求;当库存过多时,则会造成高昂的库存成本,占用企业资金。

当前主要有三种销售库存仓储模式,包括自由仓库仓储、租赁仓库仓储及合同仓储。这几种仓储方式各有优缺点,如表 4-1 所示。企业应结合具体情况,进行合理选择。

表 4-1 三种仓储模式的优缺点对比

模式	自由仓库仓储	租赁仓库仓储	合同仓储
优点	① 更大程度地控制仓储 ② 管理更具灵活性 ③ 长期储存时,成本低于公共仓储 ④ 有利于树立企业的良好形象	① 节约资本投资 ② 可满足库存高峰时大量额外的库存需求 ③ 避免管理上的困难 ④ 降低库存成本 ⑤ 经营活动更加灵活 ⑥ 便于掌握保管和搬运成本	① 有利于企业有效利用资源 ② 有利于企业扩大市场 ③ 有利于企业进行新市场的测试 ④ 有利于企业降低运输成本
缺点	① 长期占用企业部分资金 ② 成本高,大部分企业难以修建	① 增加企业的包装成本 ② 增加企业控制的难度	① 对物流活动失去直接控制 ② 不适合经营产品价值较高的企业

(三)订单处理

订单管理是每日的运营作业,是物流作业的起点。销售物流订单管理的目标是简化接单作业、处理量多繁杂的订货资料、掌握订单进度。在现今的流通行业中,主要的订单形态有一般交易订单、现销式交易订单、间接交易订单、合约式交易订单、寄库式交易订单、兑换券式交易订单。

为使库存保持最低水平,客户会在考虑批量折扣、订货费用和存货成本的基础上,合理地频繁订货。企业为客户提供的订货方式越方便、越经济,越能影响客户,如免费电话服务、预先打印订货表,甚至为客户提供远程通信设备。随着计算机和现代化通信设备的广泛应用,企业跟踪订货状态的能力也大大提高,使客户与供应商的联系更加紧密。

(四)产品发送

产品发送环节主要解决货物在空间上的位移问题,是实现销售物流的关键环节。产品发送以供给方和需求方之间的运输活动为主,旨在实现:运输速度快,及时满足客户需要;运输手段先进,减少运输途中的商品损坏率;运输路径合理组织,尽可能缩短商品运输里程;运输线路选择合理,减少重复装卸和中间环节;运输工具使用恰当,根据商品的特性选择最佳运输工具;运输时间合理,保证按时将商品送到指定地点或客户手中;运输安全系数高,避免丢失、损坏等情况。

此外,末端配送也是产品发送的关键环节。配送是在局部范围内对多个用户实行单一品种或多品种的按时按量送货。

(五)装卸搬运

装卸搬运作为连接仓储与配送的重要环节,在整个销售物流过程中也有十分重要的作用。装卸搬运的合理与否,直接关系到销售物流运输的质量以及整个销售物流过程的质量。因此,做好装卸搬运工作、促进装卸搬运的合理化,是提高销售物流质量的重要措施。为了更好地实现合理化搬运,应遵循单位装载化、搬运平衡化、机械化、标准化、水平直线、活性、重力利用等原则。

三、销售物流模式

销售物流有三种主要的模式:生产者企业自己组织销售物流,第三方物流企业组织销售物流,用户自己提货的形式。

(一)生产者企业自己组织销售物流

生产者企业自己组织销售物流实质上就是企业自营物流模式的一种体现,这是在买方市场环境下的主要销售物流模式之一,也是我国当前绝大部分企业采用的物流形式。生产企业自己组织销售物流,实际上是把销售物流作为企业生产的一个延伸或者是看成生产的继续,生产者企业销售物流成了生产者企业经营的一个环节。而且,这个经营环节是和用户直接联系、直接面向用户提供服务的一个环节。在企业从"以生产为中心"转向以"市场为中心"的情况下,这个环节逐渐变成了企业的核心竞争环节,已经逐渐不再是生产过程的继续,而是企业经营的中心,生产过程变成了这个环节的支撑力量。

生产者企业自己组织销售物流的好处在于可以将自己的生产经营和用户直接联系起来,信息反馈速度快、准确程度高,信息对于生产经营的指导作用和目的性强。企业往往把销售物流环节看成是开拓市场、进行市场竞争中的一个环节,尤其在买方市场前提下,格外看重这个环节。

生产者企业自己组织销售物流,可以对销售物流的成本进行大幅的调节,充分发挥它的"成本中心"的作用,同时能够从整个生产者企业的经营系统角度,合理安排和分配销售物流环节的力量。

在生产者企业规模可以达到销售物流的规模效益前提下,采取生产者企业自己组织销售物流的办法是可行的,但不一定是最好的选择。其主要原因在于:①生产者企业的核心竞争力的培育和发展问题,如果生产者企业的核心竞争能力在于产品的开发,那么销售物流可能会占用过多的资源和管理力量,对核心竞争能力造成影响;②生产者企业销售物流专业化程度有限,自己组织销售物流缺乏优势;③一个生产者企业的规模终归有限,即便是分销物流的规模达到经济规模,但延伸到配送物流之后,也很难再达到经济规模,因此可能会反过来影响市场更广泛、更深入的开拓。

（二）第三方物流企业组织销售物流

由专门的物流服务企业组织企业的销售物流，实际上是生产者企业将销售物流外包，将销售物流社会化。

由第三方物流企业承担生产者企业的销售物流，其最大优点在于，第三方物流企业是社会化的物流企业，它向很多生产者企业提供物流服务，因此可以将企业的销售物流和企业的供应物流一体化，可以将很多企业的物流需求一体化，采取统一解决的方案，从而做到专业化和规模化，并可以从技术方面和组织方面强化成本的降低和服务水平的提高。在网络经济时代，这种模式是一个发展趋势。

（三）用户自己提货的形式

用户自己提货的形式实际上是将生产者企业的销售物流转嫁给用户，变成了用户自己组织供应物流的形式。对销售方来讲，已经没有了销售物流的职能。而在电子商务快速发展的今天，这种形式又逐渐发展为电子商务配送的一种主要形式。

第五节　企业逆向物流

人类社会所需要的各种物资都来自自然界，无论食品、服装，还是建筑材料，都是由自然界取得原材料后经过加工制造而成的。在人类社会中，从生产经过流通直至消费，是物资流向的主渠道，是正向物流系统；在企业的运营过程中，还应该考虑逆向物流系统。

一、逆向物流的基本概念

企业物流活动有两个不同的方向：前向物流与逆向物流。逆向物流这个词语最早是 Stock 在 1992 年向美国物流管理协会提交的一份报告中提出的。他认为逆向物流是一种包含了产品退回、物料替代、物品再利用、废弃物处理和再处理、维修与再制造等流程的物流活动。在美国物流协会的定义之外，美国逆向物流协会将逆向物流定义为："逆向物流是一种物品移动的过程中，从最终目的地移动至其他地点，主要是为了获得在其他方面无法得到的价值，或是为了对产品做适当的处置。"国家标准《物流术语》(GB/T 18354—2006)将逆向物流称为反向物流，定义为物品从供应链下游向上游的运动所引发的物流活动，其中将逆向物流分为回收物流和废弃物物流两大类。

回收物流是退货、返修物品和周转使用的包装容器等从需方返回供方所引发的物流活动；废弃物物流是将经济活动中失去原有使用价值的物品，根据实际需要进行收集、分类、加工、包装、搬运、储存等，并分送到专门处理场所的物流活动。

综上所述，逆向物流有广义和狭义之分。狭义的逆向物流是指对那些由于环境问题或产品已过时的原因而导致的产品、零部件或物料回收的过程。广义的逆向物流除了包含狭义的逆向物流的定义外，还包括废弃物物流的内容，其最终目标是减少资源使用，并通过减少使用资源达到废弃物减少的目标，同时使正向以及回收的物流更有效率。

二、逆向物流的成因

（一）经济因素

1. 反馈市场信息

逆向物流的过程也是信息流产生的过程，这些信息包括了产品退货原因、产品库存、产品质量以及顾客对企业的满意度和市场竞争力水平等各种信息,这些信息对企业的自身发展具有重大作用,通过供应链的下游传递到供应链上游,能够帮助企业预测市场需求,提高顾客服务水平和顾客满意度,以及增强市场竞争力。

2. 提高产品质量

逆向物流处于质量管理 PDCA(plan,do,check,action)闭环中的检查和改进两个重要环节上,并作用于两端,能够不断改善并提高企业产品质量和促进质量管理体系的发展。

通过对退回来的产品进行详细的分析,查清楚问题的本质和原因,再将这些信息反馈给企业的管理人员和负责产品设计与品质管理的相关部门,能够有效地促进企业提高产品质量管理水平,树立企业的质量意识,并最终达到提高产品质量的目的。

3. 提高服务水平

顾客满意度对现代企业来说具有不可替代的作用,同时也是企业追逐的目标之一,而通过实施逆向物流可以更好地向这一目标迈进。企业在实施逆向物流过程中,能够有效地处理顾客投诉,及时化解顾客与企业之间的矛盾,对恢复企业的信誉和提高顾客满意度与忠诚度有重要作用。同时,实施逆向物流能够加强顾客退货服务的反应速度,提高企业的竞争力。

4. 提高企业知名度和形象

随着人们生活水平和文化素质的不断提高,顾客更青睐于对环保更为有利的产品。但是,我国逆向物流的发展还处于初级阶段,未能有效建立逆向物流网络,大部分企业还没有意识到逆向物流的重要性,同时也没意识到资源稀缺和环境恶化的问题。在这种形势下,如果有企业能主动实施逆向物流,将会提高该企业在公众和政府中的形象,从而赢得广大消费者的好感,间接提高企业的市场竞争力。

5. 节约资源

现在社会以资源节约型和环境友好型社会为建设目标。而实施逆向物流能更好地促进这一目标的实现,不仅能够提高资源的利用率,还能获得可回收资源,以较少的资源换取经济效益和社会效益的较大发展,实现经济社会的可持续发展。

(二) 市场因素

1. 产品生命周期驱使

现代科技日新月异,产品生命周期逐渐缩短,许多高新技术产品,如笔记本电脑、掌上电脑、手机等,其生命周期可能只有几个月,更新换代速度极快。终端用户每年都淘汰掉大量的过时产品,这些产品中的大部分都是可以再回收利用的,期间还涉及一系列的包装、退货等问题,若不实施逆向物流来处理这些产品,不仅会造成资源浪费,还会对周围的环境造成破坏。

2. 新的产品分销渠道的推动

进入 21 世纪,电子商务和互联网技术高度发展,借助这些新技术,网络购物、电视购物迅速普及,在方便人们生活的同时,产品退货量和退货率比以前都有了很大提高。在这种形势下,逆向物流的重要作用就更加凸显了。

3. 消费者地位的提升

消费者在整个供应链中的地位也随着市场竞争的加剧而得到提高,传统的卖方市场已经转变为以消费者为主导的买方市场,但是,供应链上游供应商所负的责任和面对的风险也越来越大,这是市场的发展趋势。为了能对消费者的逆向物流需求做出快速的反应并处理,应尽快建立一个能覆盖整个供应链上游和下游的逆向物流网络。

(三) 法律、法规因素

社会在发展,市场也在不断变化,人们的环保意识与以前相比已经有了显著增强。我国出台了各种各样的环保法律、法规,加大对企业的约束力度,企业也必须承担起更大的责任。

传统的正向物流没有涉及产品的回收问题,对资源和环境都造成了一定程度的破坏,不利于经济社会的健康发展。相关回收及环保法律、法规的出台,将强制性地规定企业对产品的整个生命周期负责,回收废弃产品和包装物等物品,对企业实施逆向物流与构建逆向物流网络起到了约束作用。

(四) 社会因素

随着我国经济的高速增长,对自然资源的消耗会急剧增加。与此同时,由于缺少必要的保护措施,对资源的过度开发和废弃物对环境的过度污染,又严重破坏了大自然这个维持人类社会存在和发展的生态系统。实际上,很多产品都能够被企业重新再利用,逆向回收不仅能够为新的生产提供原料,而且经过逆向回收来的产品或废弃物通过清洗、加工等各个环节的处理可以重新销售,极大地减少了资源的浪费。因此,实施逆向物流能有效减少生态破坏,保护环境,降低治理污染的费用,有利于经济的循环发展和社会的可持续发展。

三、逆向物流的分类和特征

(一) 逆向物流的分类

1. 按照逆向物流产生的原因分类

按照逆向物流产生的原因,逆向物流可分为回收逆向物流和退货逆向物流两种。

(1) 回收逆向物流是指对顾客所持有的废旧物品回收到供应链上各节点的物流活动,包括五种物资流:直接再售产品流(回收→检验→配送),再加工产品流(回收→检验→再加工),再加工零部件流(回收→检验→拆分→再加工),报废产品流(回收→检验→处理),报废零部件流(回收→检验→拆分→处理),具体如图 4-3 所示。

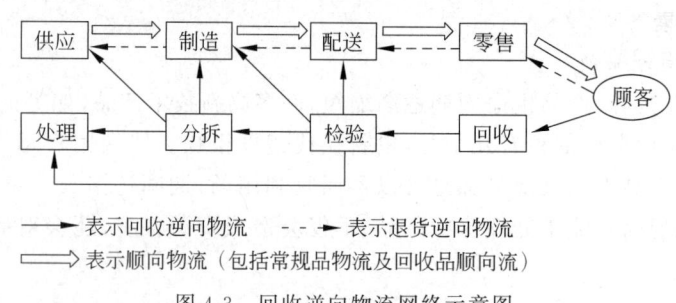

图 4-3　回收逆向物流网络示意图

(2) 退货逆向物流是指供应链中的最终消费者或者下游企业将不符合订单要求的商品或者产品退给上游供应商的过程。有效的退货逆向物流管理能够降低退货成本,提高商家信誉,从而保护和促进电子商务的健康发展。退货管理主要从起点管理、流程管理和后续管理三个方面进行。

① 起点管理。起点管理即从源头上控制,减少顾客的退货,主要包含以下内容:首先,

必须保证信息对称,一是供应商必须保证消费者在购买商品之前就理解其退货政策,包括何种商品、何种方式、何时能实现退货,从源头上降低退货量,维护供应商信誉;二是必须为消费者提供完整、有效的商品信息。其次,要尽可能保证顾客权益,允许顾客及时取消订单,及时和准确地配送。最后,要尽可能减少自己的损失,比如要对顾客定制严格的货物退货限制条件,退货后可以拆分出售等。

② 流程管理。流程管理主要是针对退货的处理流程,目的在于缩短退货的处理周期,增加其再售的机会,提高效率。这主要体现在退货处理的标准化和自动化层面。对于退货处理,供应商必须有详尽的可操作性标准,这个标准必须渗透到退货流程中的各个环节,这样可以减少处理人员在面临复杂决策时的时间成本,同时也增加了处理人员退货处理的权利。

③ 后续管理。退货成功处理以后,并不意味着退货管理的结束,退货管理中应该渗透可持续发展的思想。退货管理不是为了成功处理退货,而是为了避免同类退货的再次发生。因此,要有详细的退货管理记录,要对退货数据进行统计分析。这包括横向比较和纵向比较两个方面,横向比较是与传统的销售渠道比较,纵向比较是针对历史记录进行分析,目的在于发现规律和问题以有效地预测退货的高发期,合理安排退货处理人员和库存量。

2. 按照退货来源分类

按照退货来源,逆向物流可分为制造业退回、商业退回、产品召回、保修退回、终端使用退回五大类。

3. 按照回流产品在逆向物流中的再利用方式

按照回流产品在逆向物流中的再利用方式,逆向物流可分为直接再利用、修理、再生、再制造四大类。

4. 按照逆向物流材料的物理属性

按照逆向物流材料的物理属性,逆向物流可分为钢铁和有色金属制品逆向物流、橡胶制品逆向物流、木制品逆向物流、玻璃制品逆向物流等。

(二) 逆向物流的特征

1. 流动的逆向性

逆向物流中退回的商品或报废物品的流动一般是:消费者→中间商→生产厂家→原材料或零部件供应商,因此,逆向物流与正常的商品流的方向正好相反,与正向物流运作的起始点也完全相反。逆向物流更趋向于反应性的行为和行动,其中的实物流动和信息流动基本上都是由供应链末端的成员或最终消费者引起的。

2. 逆向物流的不确定性

由于废旧物资的产生来源是分散的,可能产生于生产领域、流通领域或生活消费领域,涉及任何领域的部门、个人,即社会的每一个角落。因此,逆向物流的不确定性首先表现为物流起始点的分散和不确定;其次是逆向物流需求时间和需求数量的不确定,这导致逆向物流的预测非常困难。另外,逆向物流的目的地有时是不明确的,废弃的产品或退货品可能送到销售商那里,也可能送到生产商那里。

逆向物流需求的不确定和目的地的不明确,导致逆向运输路线的不明确。与逆向物流正相反的是,正向物流的需求地、需求时间、数量和物品种类都是确定的,且在恰当的时间将恰当数量的、正确质量的产品送达正确的地点,正是物流系统的目的。

3. 逆向物流的缓慢性

逆向物流的缓慢性表现在三个方面,即逆向物流量积累速度的缓慢、处理过程的复杂和回收物品价值恢复的缓慢。首先,一般来说,开始的时候逆向物流的物品种类多、数量少,只有当不断汇集的时候,才能形成较大的流动规模;其次,废弃物资的收集、整理、检验、循环再利用是一个复杂的过程,且废弃物资不可能一经回收就能立即满足人们对它的价值恢复要求,而是需要经过分类、检验、改造、加工等环节,甚至只能作为原料回收进入生产再循环使用,这一系列的过程说明,回收物资的生产恢复是需要较长的时间的,其经济价值的体现不是立刻就能实现的。

4. 逆向物流的复杂性

因逆向物流的来源地分散、无序,不能集中一次向接收点转移,而且由于资源再利用的方式不同,不同处理手段对恢复资源价值的贡献也有显著差异,因而,逆向物流的处理系统与方式也复杂多样。另外,制造商有时还对返回商品的处理有一些特殊的规定,如二级市场转卖的商品必须除去标识、换铭牌等,这些也使逆向物流处理方式选择众多,增加了复杂性。

5. 处理费用的昂贵性

逆向物流处理费用的昂贵表现在两个方面:首先,由于回收或退回物品的来源地和数量不确定,且这些物品通常缺少包装或包装已破损,很难充分利用运输和仓储的规模效应,因而,物流效率低、成本高;其次,许多回收物品需要进行人工检测、判断和处理,不能利用机械化设备进行大规模的操作,极大地增加了人工费用,也导致处理效率低下。

6. 价值的非单调性

价值的非单调性体现在逆向物流处理的不同阶段。一方面,由于回收或退回的物品在逆向物流过程中,会产生一系列的运输、仓储和其他处理作业,作业活动越多,所花费的处理成本也越高,这些作业成本将逐步抵消回收物的价值,使其价值逐步递减。另一方面,物品通过逆向流动后,经过翻新、修整、改制、再生循环处理等逆向物流加工方式后,这些物品重新获得其价值,又使其价值逐步递增。

实训项目

- 实训内容:企业案例分析实训。
- 实训手段:典型案例展示与分析,课堂讨论。
- 实训目的:通过典型企业物流相关案例分析与解读,加深对企业物流管理相关内容与方法的理解。

练习题

一、单项选择题

1. (　　)是企业创造价值的过程。
    A. 供应物流　　　B. 生产物流　　　C. 销售物流　　　D. 回收物流
2. 企业价值实现的过程是(　　)。
    A. 企业生产物流管理　　　　　　B. 企业采购物流管理

C. 企业销售物流管理　　　　　　　D. 企业回收物流管理
　3. 以下不属于生产物流范畴的是(　　)。
　　　A. 在制品储存　　　　　　　　　　B. 在制品库存控制
　　　C. 原材料采购　　　　　　　　　　D. 原材料领取及配送
　4. 销售物流管理的具体内容不包括(　　)。
　　　A. 制定市场战略和物流战略　　　　B. 规划物流网络布局
　　　C. 策划销售物流总体运作方案　　　D. 根据销售信息制订主生产计划
　5. 逆向物流的特征不包括(　　)。
　　　A. 逆向性　　　B. 不确定性　　　C. 复杂性　　　D. 巨量性

二、判断题

　1. 生产物流指的是在企业内部为保障生产而进行的物流管理,也可以称为在制品物流。
　　　　　　　　　　　　　　　　　　　　　　　　　　　　　　　　　　　(　　)
　2. 生产物流管理需确定物料需求的时间和数量,而不需确定所需物料的来源。(　　)
　3. 销售物流,具体是指产品从下生产线开始,经过包装、装卸搬运、储存、流通加工、运输、配送,最后送到零售企业手中的物流活动。　　　　　　　　　　　　　(　　)
　4. 销售物流服务与物流成本是一种"效益背反"的关系。　　　　　　　　　(　　)
　5. 废弃物物流是指将经济活动中失去原有使用价值的物品,根据实际需要进行收集、分类、加工、包装、搬运、储存等,并分送到专门处理场所的物流活动。　　　(　　)

三、简答题

　1. 简述生产物流与供应物流、销售物流之间的关系。
　2. 企业销售物流主要包括哪些基本作业环节?
　3. 企业物流的活动内容有哪些?
　4. 生产物流的主要影响因素有哪些?
　5. 如何进行退货逆向物流管理?

四、案例分析题

"爱回收"的C2B逆向物流

　　中国已经是全球手机消费的最大市场,但根据联合国环境发展署2009年发布的报告,全球每年废弃的手机约有4亿部,其中中国有近1亿部,回收率却不足1%。成立于2011年11月的"爱回收"瞄准的就是手机回收这一特定的逆向物流市场。事实上,"爱回收"并非唯一的"手机回收"行动实践者。2015年年初,苹果宣布在华地区手机的以旧换新计划;2015年夏,魅族推出mCycle业务,正式展开旧手机回收业务;同年,华为、荣耀相继提出手机回收项目。作为一家典型的C2B互联网企业,"爱回收"通过"互联网+再生资源"的商业模式将消费者、回收商和处理企业聚集在一起,同时为回收交易作担保,并能够得到政府的有效监管。从"爱回收"回收平台的逆向物流商业模式来看,主要由消费者、回收平台、专业处理商、第三方回收商、第三方物流企业、第三方支付、政府等主体构成。以手机回收为例,平台的商业运作流程包括以下几点。

　　(1) 消费者与爱回收平台的交易流程(交投、回收、以旧换新)。
　　(2) 平台对回收手机的质检评级。

(3) 低端手机交由合作伙伴的环保降解。

(4) 中档手机竞拍分配给回收商。

(5) 高保值手机(九成新以上)经专业处理后的二手平台销售和维保服务等。

与此同时,政府为平台提供资助补贴,维持平台的稳定运行,并对平台的运行进行监督管理。

思考:

1. 正向物流与逆向物流的差异是什么?

2. 分析逆向物流的商业价值。

本章参考文献

[1] 黄福华. 现代企业物流管理[M]. 北京:科学出版社,2020.

[2] 王雪峰. 企业物流管理[M]. 上海:复旦大学出版社,2018.

[3] 崔国成,闫秀峰,李朝敏. 采购与供应链管理[M]. 武汉:武汉理工大学出版社,2010.

[4] 汝宜红. 物流学导论[M]. 北京:北京交通大学出版社,2008.

[5] 马士华,林勇. 企业生产与物流管理[M]. 北京:清华大学出版社,2009.

[6] 赵启兰. 企业物流管理[M]. 北京:机械工业出版社,2020.

[7] 田源. 逆向物流管理[M]. 北京:机械工业出版社,2020.

[8] 孙家庆,唐丽敏. 物流学导论[M]. 北京:清华大学出版社,2012.

[9] 徐剑,王哲,余维田,等. 物流学[M]. 北京:机械工业出版社,2012.

[10] 李松庆. 物流学概论[M]. 北京:清华大学出版社,2012.

[11] 甘卫华. 逆向物流[M]. 北京:北京大学出版社,2012.

[12] 李雪松. 供应链管理[M]. 北京:清华大学出版社,2010.

CHAPTER 第五章

供应链管理

 引导案例

京东的智慧供应链

2018年6月11日,在央视财经频道播出的"消费主张"中,京东集团董事局主席兼首席执行官刘强东说起京东着力打造的"无界零售"——未来,供应链是其中一个重点。

无界零售时代的智慧供应链,京东是绝对的引领者

在全球范围内,可以覆盖整个完整供应链的企业并不多,而京东就是其中一家。同时京东有规模庞大的自营业务、丰富的应用场景,这使京东的大数据、智慧供应链等创新科技都能与自身业务相结合进行落地,不断升级迭代。得益于这样的技术优势,目前,京东的自营零售综合费用率不到10%,其超低的费用率在世界范围内都屈指可数。

数据显示,欧洲、美国的社会化供应链成本占GDP的7%~8%,而我国却达到了18%左右。目前,京东自身的供应链管理已经极具优势,在无界零售时代,京东致力于通过开放、赋能引入更多合作伙伴,让大家一起共享京东智慧供应链体系,形成规模优势,从而使供应链链路更短、效率更高、成本更低。

将自身打造为平台,让京东智慧供应链为行业所用

京东希望打造一个易用、好用、服务好的底层平台,将京东的技术和数据能力对外开放,帮助大家更好地管理和经营。而京东现在在做的事情是打造更短的供应链,就是为了让利社会,让大家共享京东智慧供应链带来的价值。

具体来说,京东在供应链方面的成熟产品和丰富经验都可以分享给合作伙伴,通过开放与赋能,即使数据本身不在京东平台上,京东也可以基于大数据和智慧供应链的服务,让制造商、品牌商、第三方商家来进行诸如生产规划、库存管理、补货、选址等各方面的工作。同时,京东品牌本身就是一个有力的背书,可以让消费者在诸如7FRESH或者京东便利店购买产品或服务时更加放心。

携手更多合作伙伴,开启一场线上线下无界狂欢

京东智慧供应链到底是如何赋能于合作伙伴,让他们感受到供应链的价值呢?以"京造"模式为例分析,京东可以通过数据帮助"京造"品牌分析市场、洞察趋势、探索爆品,依据对消费者的精准分析帮助品牌建立更具竞争力的商品,并把消费者需求反馈给品牌。

在这个过程中,需求预测、运筹优化等能力,其实都已经被整合进入京东智慧供应链中,被赋能给品牌,而这样的赋能不局限于线上或者线下,而是一场线上线下的充分融合。

案例解析

京东丰富的大数据将为智慧供应链提供数据依据,而大数据又能够为下一步的商业决策提供指导,不断迭代循环,大数据和决策能力融入京东智慧供应链的各个节点,成为赋能合作伙伴的强大力量,赋能京东的合作伙伴们,帮助进行供应链管理,以提高供应链的整体效率。

案例思考

智慧供应链是如何助力新零售发展的?

案例涉及的主要知识点

供应链　智慧供应链　合作伙伴　共享

学习导航

- 掌握供应链的基本概念和特点。
- 掌握供应链管理的基本概念和特点。
- 了解供应链管理的内容和方法。

教学建议

- 备课要点:供应链定义的理解、供应链的类别、供应链管理的背景、供应链管理的核心思想、供应链管理的内容。
- 教授方法:案例、讲授、实证、启发式。
- 扩展知识领域:供应链管理的发展趋势。

第一节　供应链概述

英国供应链管理专家马丁·克里斯托弗(Martin Christopher)在 1992 年指出,21 世纪的竞争不再是企业和企业之间的竞争,而是供应链和供应链之间的竞争。

现代社会人们的生产和生活所需的物品,都需要经过最初的原材料生产、零部件加工、产品装配和分销,最终才能进入消费的过程。这个过程既有物质形态产品的生产和消费,也有非物质形态(如服务)产品的生产(提供服务)和消费(享受服务)。它涉及原材料供应商、产品制造商、产品销售商、运输服务商和最终用户等多个独立的厂商及其相互之间的交易,并因此形成物流(服务流)、资金流和信息流,最后到达消费者手中。上一个业务流程为下一个业务流程提供物料或服务,由此形成环环相扣的链条。链条上的每一个企业都构成一个节点,节点企业之间构成供需关系,并形成交易,即上游企业向下游企业提供产品或服务,而下游企业向上游企业提供产品或服务的需求。这种由多个节点构成的企业业务流程网络既存在于制造行业,也存在于服务性行业。

一、供应链的定义

关于供应链的概念目前并没有一个十分标准和统一的界定,国内外研究者从不同的角度对供应链给出了自己的定义。

一般来说,供应链是指商品到达消费者手中之前各相关者的连接或业务的衔接,是围绕核心企业,通过对信息流、物流、资金流的控制,从采购原材料开始,到制成中间产品以及最终产品,最后由销售网络把产品送到消费者手中的将供应商、制造商、分销商、零售商直到最终用户连成一个整体的功能网链结构。

(一)美国供应链管理专业协会对供应链的定义

美国供应链管理专业协会(CSCMP,https://cscmp.org/)对供应链的定义:供应链始于未加工的原材料,终于使用成产品的最终用户,供应链将许多企业联结在一起;从原材料的采购到成品送到用户手中的物流过程中实体和信息的交换。所有卖主、服务提供商以及客户都是供应链中的环节。

(二)国内对供应链的定义

国家标准《物流术语》(GB/T 18354—2006)对供应链的定义:生产及流通过程中,涉及将产品或服务提供给最终用户的上游或下游企业所形成的网链结构。

从上述定义中可以看出,供应链实际上是在多个存在关联交易的企业基础上形成的范围更广的虚拟企业结构模式,它不仅是一条联结供应商到客户的物流链、信息链、资金链,而且是一条增值链。物料在供应链上因加工、包装、运输等过程而发生增值,从而给相关企业带来收益。

供应链是社会化大生产的产物,是重要的流通组织形式和市场营销方式。它以市场组织化程度高、规模化经营的优势,有机地联结生产和消费,对生产和流通有着直接的导向作用。供应链是由所有加盟的节点企业所组成的网链结构,每个企业就是一个节点,节点企业与节点企业之间是一种供需关系,其总目的是满足最终用户的需求。

二、供应链的基本特点

供应链活动包括企业接受用户订单后将产品交给用户的过程中所包含的所有活动,如营销、整体规划、采购、设计、制造、配送、售后服务等。当这些活动在不同单位(同一企业之各部门或不同企业之间)执行时,这些单位之间的联系和作用就构成了供应链。供应链具有以下基本特点。

(一)供应链结构的复杂性

组成供应链的节点企业在供应链中相对于核心企业的跨度或者说层次在不同的时间、不同的地点、不同的交易活动中往往是不同的,由此引发供应链活动的不规范和不可预测。从另一个方面来看,供应链往往由多个、多类型甚至多国的企业构成,其纵横交错组成复杂的状态,决定了供应链结构模式和运作模式必然是十分复杂的。

(二)供应链系统的动态性

供应链的核心企业为了保持和不断提升供应链的竞争能力,会不断对供应链的节点企业进行动态更新,节点企业为了自身利益也会不断地根据市场环境及自身条件进行战略调整,甚至重新选择供应链。因此,供应链上任一节点企业变动都会引起供应链上一系列的连锁反应,这就使供应链系统具有明显的动态性。

(三)供应链系统的一致性

供应链是由供需关系结成的网链结构,供应链中的"供"与"需"总是相对而言、相伴而生、相互促进和互为条件的。供应链中的物品、设备、设施之间的配合性,技术之间的兼容性,组织之间的系统性,能力之间的匹配性等都体现了供应链系统一致性的要求,最终体现为供应链整体目标的一致性和利益一致性。

(四)供应链价值的增值性

将产品开发、供应、生产、营销、市场直到服务都联系在一起的供应链是一个整体,它要求链中的每一个企业都从系统的观点出发思考增值过程:一方面要根据客户的需求,不断增加产品的技术含量和附加值;另一方面要不断地消除客户所不愿意支付的一切无效劳动与浪费,使投入市场的产品同竞争对手的相比,能为客户带来真正的效益和满意的价值,同时使客户认可的价值大大超过总成本,从而为企业带来应有的利润。所以,供应链是一条名副其实的增值链,这是每一个节点企业都获得利润的基本前提。

(五)供应链节点的交叉性

一个节点企业既可以是这个供应链的成员,同时又可以是另一个供应链的成员,这种相互交错的供应链体系,增加了协调节点企业管理的难度。

三、供应链的类型

由于供应链的主导企业、主导产品、流通渠道等不同,各个实际运作的供应链各有特色,有多种类型。为了更好地认识供应链,下面从不同角度对供应链进行划分。

(一)产品供应链和服务供应链

根据供应链管理的研究对象及其范围,可以将供应链分为产品供应链和服务供应链。

(1)产品供应链是以某一特定产品或项目为中心、由特定产品或项目需求所拉动的、包括与此相关的所有经济活动的供应链。产品供应链上的企业管理紧密,相互依存。供应链的效率取决于相关企业的密切合作,因此,基于信息技术的系统化管理是提高供应链运作效率的关键。

(2)服务供应链目前并没有一个准确的定义。通常认为最先是由美国学者 Lisa M. Ellram 在"Understanding and managing the services supply chain"一文中提出的,他认为服务供应链是指提供专业的服务过程中,从服务供应商到需求客户发生的各种管理活动,包括信息的管理、能力的管理、流程的管理和资金的管理。

服务供应链提供综合、全面的服务,给客户一种全程无缝式的服务体验。产品供应链主要是对企业生产的产品从生产地向消费地流动的管理。同时,服务供应链具有与产品供应链相同的特征,如产生背景都是由于专业化趋势和核心竞争力的发展,使业务外包成为必然;其主要管理内容都是围绕供应、计划、物流、需求等开展;其管理目标都是满足既定的服务水平,系统总成本最小;集成内容等都包括业务集成、关系集成、信息集成和激励机制集成。

(二)内部供应链和外部供应链

从制造企业供应链的发展过程来看,可以将供应链分为内部供应链和外部供应链两类。

(1)内部供应链是指将采购的原材料、零部件,通过生产转换和销售等环节传递到制造企业的用户的过程,是作为制造企业中的一个内部过程看待的。企业基于计算机及其局域网的物料需求计划(MRP)、制造资源计划(MRPⅡ)等管理信息系统的建立与发展最初就是起源于企业内部供应链的需要而产生的。

（2）外部供应链注重与外部资源、与其他企业的合作和联系，注重供应链外部环境的变化对核心企业的影响，它偏向于供应链中不同企业的制造、组装、分销、零售等过程，即将原材料转换成产品到最终用户的整个转换过程。基于 Internet、Intranet、Extranet 的企业资源计划(ERP)管理系统，其形成就是满足供应链外部扩展需要的，进而使供应链管理涉及扩展企业、合作伙伴、共享信息、协同运作问题等解决。

（三）稳定的供应链和动态的供应链

从供应链存在的稳定性来看，可以将供应链分为稳定的供应链和动态的供应链两种。

（1）稳定的供应链是指构成供应链的、具有供需关系的节点企业之间的关系相对稳定，这主要取决于市场需求的稳定性。由需求单一的市场组成的供应链，其动态性较弱、市场稳定性较强、市场脉搏容易把握。

（2）动态的供应链是对于需求变化相对频繁、复杂的市场环境下组成的供应链，其动态性必然较高，因为需求的变化必然导致供需关系的变化，进而导致供应链的变化。在实际运作中，需要根据不断变化的需求，相应地改变供应链的组成，对供应商和用户进行重新选择。

供应链的稳定性是相对的，而动态性是绝对的。

（四）平衡的供应链和倾斜的供应链

根据供应链容量与用户需求的关系，可以将供应链分为平衡的供应链和倾斜的供应链。当资源总量一定时，每一个供应链都具有一定的、相对稳定的设备容量和生产能力（所有节点企业能力的综合，包括供应商、制造商、运输商、分销商、零售商等），但用户需求处于不断变化的过程中。

当供应链的容量能满足用户需求时，供应链处于平衡状态，称为平衡的供应链。

而当市场变化加剧，造成供应链成本增加、库存增加、浪费增加等现象时，企业不是在最优状态下运作，供应链则处于倾斜状态。同样，当供应链的能力远远超过市场用户的需求时，节点企业利润受阻，运营状态受到影响，供应链的平衡状态被打破，趋于倾斜状态，这时供应链需要调节，寻求新的平衡。

平衡的供应链可以实现各主要职能之间的均衡。

（五）推动式供应链和拉动式供应链

按照供应链驱动力的来源，可以将供应链分为推动式供应链和拉动式供应链。

（1）推动式供应链的运作以产品为中心，以生产制造商为驱动原点，力图尽量提高生产率、降低单件产品成本来获得利润。通常，生产企业根据自己的 MRPⅡ 或 ERP 计划来安排从供应商处购买原材料，生产出产品，并将产品经过各种渠道，如分销商、批发商、零售商一直推至用户端。在这种供应链上生产商对整个供应链起主导作用，是供应链上的核心或关键成员，而其他环节如流通领域的企业则处于被动的地位，这种供应链方式的运作和实施相对较为容易。然而，由于生产商在供应链上远离用户，对用户的需求远不如流通领域的零售商和分销商了解得清楚，因此这种供应链上企业之间的集成度较低，反应速度慢，在缺乏对用户需求了解的情况下生产出的产品和驱动供应链运作的方向往往是无法与满足用户需求相匹配的。

同时，由于无法掌握供应链下游，特别是最末端的用户需求，一旦下游有微小的需求变化,反映到上游时这种变化将被逐级放大,这种效应被称为"牛鞭效应"。为了应对这种"牛鞭效应",响应下游特别是最终端用户的变化,在供应链的每个节点上都必须提高安全库存量、储备较多的库存来应付这种需求变动,因此,整个供应链上的库存较高,响应用户需求变化较慢。传统的供应链管理几乎都属于推动式的供应链管理,如图 5-1 所示。

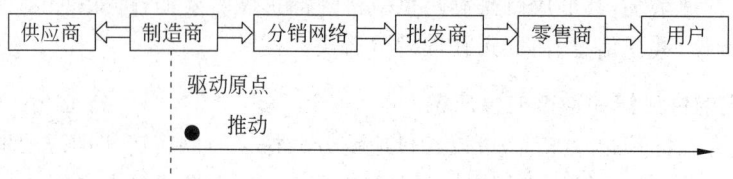

图 5-1 推动式供应链

(2)拉动式供应链管理的理念是以顾客为中心,通过对市场和用户的实际需求以及对其需求的预测来拉动产品的生产和服务。这种运作和管理需要整个供应链能够更快地跟踪、甚至超前于用户和市场的需求,来提高整个供应链上的产品和资金流通的效率,减少流通过程中不必要的浪费,降低成本,提高市场的适应力。但要求供应链上的成员间有较强的信息共享、协同、响应和适应能力。例如,目前发达国家采用协同计划、预测和补货(CPFR)策略等来实现对供应链下游成员需求拉动的快速响应,从而使信息获取更及时,信息集成和共享度更高,数据交换更迅速,整个供应链上的库存总量更低,获利能力更强等。综上所述,拉动式供应链虽然整体绩效表现出色,但对供应链上企业的管理和信息化程度要求较高,对整个供应链的集成和协同运作的技术及基础设施要求也较高。

以计算机公司为例,其对计算机市场的预测和计算机的订单是企业一切业务活动的拉动点,生产、装配、采购等的计划安排和运作都是以它们为依据和基础进行的,这种典型的面向订单的生产运作可以明显地减少库存积压和个性化特殊配置需求,并加快资金周转。然而,这种供应链的运作和实施相对较难。其结构原理如图 5-2 所示。

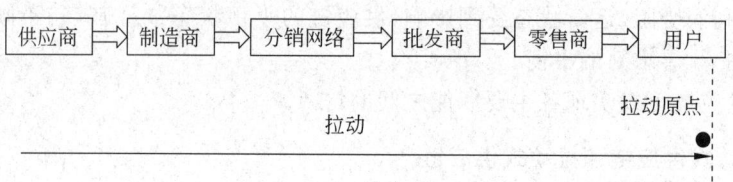

图 5-2 拉动式供应链

在一个企业内部,对于有些业务流程来说,有时推动式和拉动式方式共存。如戴尔计算机公司的 PC 生产线,既有推动式运作又有拉动式运作,其 PC 装配的起点就是推和拉的分界线,在装配之前的所有流程都是推动式流程,而装配和其后的所有流程是拉动式流程,完全取决于用户订单。这种推拉共存的运作对制定有关供应链设计的战略决策非常有用。例如,供应链管理中的延迟生产策略就很好地体现了这一点,通过对产品设计流程的改进,使推和拉的边界尽可能后延,便可有效地解决大规模生产与大规模个性定制之间的矛盾,在充分利用规模经济的同时实现大批量用户化生产。

（六）有效性供应链和反应性供应链

根据供应链的功能模式（物理功能和市场中介功能），可以将供应链分为有效性供应链（efficient supply chain）和反应性供应链（responsive supply chain）。有效性供应链主要体现供应链的物理功能，即以最低的成本将原材料转化成零部件、半成品、产品，以及在供应链中的运输等；反应性供应链主要体现供应链的市场中介的功能，即把产品分配到满足用户需求的市场，对未预知的需求做出快速反应等。

四、供应链的网络结构模型

（一）供应链的基本模型（简单的链状模型）

图 5-3 是一种比较简单的直线式拓扑结构的供应链模型，表明供应链的基本组成和概貌，是一种静态模型，通常用来表示某一单个产品的供应链过程。可以从以下几点来理解这一模型。

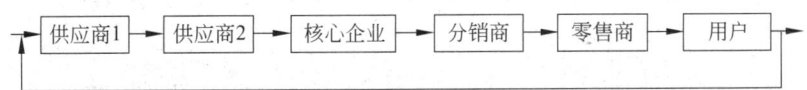

图 5-3 供应链的基本模型

（1）产品的最初来源是自然界，最终去向是用户。基本原材料经供应商 1 进行初加工后流向供应商 2，供应商 2 进行深度加工后成为零部件，核心企业采购零部件后制造（组装）出产成品，由分销商批发给零售商，再由零售商销售给最终用户使用。

（2）产品因用户需求而生产，最终被用户所消费。

（3）被用户消费掉的产品仍回到自然界，完成物质循环。

（二）供应链的多级模型（网链状模型）

图 5-4 为供应链的多级模型（网链状模型），通常用来表示某一企业的供应链环境。

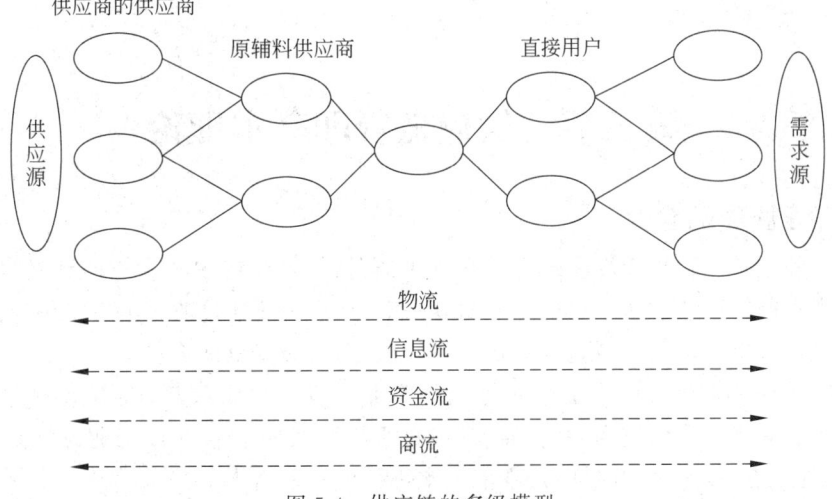

图 5-4 供应链的多级模型

在全球市场竞争环境下，某一企业必须依赖上游企业（如供应商、外协厂）和下游企业

（如分销商、代理商、客户）等合作伙伴的支持，以核心企业为中心，各自发挥自己的核心竞争能力，结合成相互协作、互补、互惠、双赢、共享资源的集成体，即供应链多级系统。

链上的各节点企业，为了同一个目标协调各自的行为方式进行各种活动，以用户需求以及满足用户需求为出发点，对供应链上的各节点企业的物流、资金流和信息流进行重新整合与优化管理，实现供应链上的所有企业的信息集成。

（三）供应链的网状模型

现实经济环境中的供应链通常呈现网状结构，如图5-5所示。

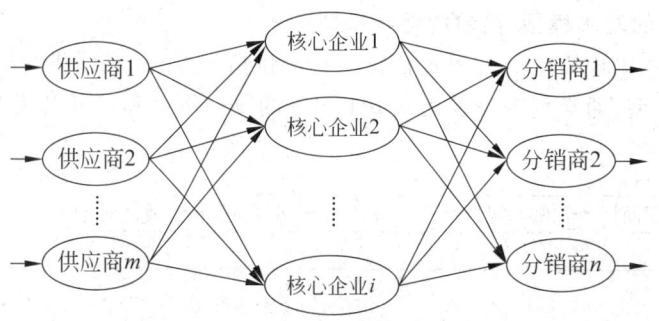

图5-5 供应链的网状模型

从整个市场环境来看，现代企业往往处于复杂的经济环境中，诸多核心企业、供应商、分销商组合起来，关系交叉，构成了网状拓扑，情况复杂。某一企业可能在某个网链状的供应链中是核心企业，但在另一个供应链中又成为其中的供应商。

> **前沿理论与技术**
>
> 除上述涉及的供应链理论外，还有一些常见的理论研究与实践热点，包括快速反应（quick response，QR）、有效消费者响应（efficient consumer response，ECR）、敏捷供应链（agile supply chain）等。

第二节 供应链管理基本理论

一、供应链管理的含义

供应链管理是一种集成的管理思想和方法，它执行供应链中从供应商到最终用户的物流的计划和控制等职能。从单一的企业角度来看，是指企业通过改善上下游供应链关系，整合和优化供应链中的信息流、物流、资金流，以获得企业的竞争优势。

供应链管理是企业的有效性管理，表现了企业在战略和战术上对企业整个作业流程的优化。它整合并优化了供应商、制造商、零售商的业务效率，使商品以正确的数量、正确的品质、在正确的地点、以正确的时间、最佳的成本进行生产和销售。

国内外对于供应链管理的定义如下。

美国供应链管理专业学会（CSCMP）：供应链管理包括对涉及采购、外包、转化等过程的全部计划和管理活动和全部物流管理活动，也包括了与渠道伙伴之间的协调和协作，涉及供应商、中间商、第三方服务供应商和客户。从本质上说，供应链管理是企业内部和企业之间的供给和需求管理的集成。它包括上述过程中的所有物流活动，也包括生产运作，它驱动企业内部和企业之间的营销、销售、产品设计、财务和信息技术等过程与活动的协调一致。

国家标准《物流术语》(GB/T 18354—2006)：供应链管理是对供应链涉及的全部活动进行计划、组织、协调与控制。

二、供应链管理的目标

供应链管理的目标是在满足客户需要的前提下，对整个供应链（从供货商、制造商、分销商到消费者）的各个环节进行综合管理，如从采购、物料管理、生产、配送、营销到消费者的整个供应链的货物流、信息流和资金流，把物流与库存成本降到最小。

供应链管理的具体目标包括以下几个。

（一）快速反应

快速反应关系企业能否及时满足客户服务需求的能力。快速反应的能力把企业的重点从为生产而生产，转移到根据市场的需求变化及时准确地预测未来的需求变化趋势，从而可以更快速地对市场变化做出反应，并能对整条供应链做出快速有效的调整，提高企业乃至整条供应链的应变能力，信息技术的大规模应用能有效地帮助供应链实现快速反应的目标。

（二）降低成本

降低成本是供应链管理最重要的目标之一。采购成本、运输成本、库存成本、制造成本以及供应链物流的其他成本都是相互联系的。为了实现有效的供应链管理，必须将供应链各成员企业作为一个有机整体来考虑，并使实体供应物流、制造物流和分销物流之间达到高度的均衡。因此，总体成本最小化目标并不是指运输费用或库存成本或其他单个供应链环节的运作与管理成本最小化，而是整个供应链运作与管理的所有成本总和的最小化。

降低供应链成本的环节和主要手段包括降低采购成本、供应链管理功能外包、管理供应链库存等。减少采购成本将增加利润，对边际利润较低的企业来说更是如此。但是，简单地降低采购成本会带来其他负面影响，比如影响长期的供应链伙伴关系。将不具有竞争优势的供应链管理环节外包给有竞争力的合作伙伴，同样是获取成本竞争优势的手段之一。最后，减少供应链库存是降低成本和改善供应链绩效的最好途径。

（三）最低库存

最低库存的目的是减少资产负债和提高周转速度。存货可用性的高周转率意味着分布在存货上的资金得到有效的利用，保持最低库存就是要把存货减少到与客户服务目标相一致的最低水平。

三、供应链管理的特征

（一）供应链管理是一种整体的全过程战略管理

传统的管理模式往往以企业的职能部门为基础，但由于各企业之间以及企业内部职能部门之间的性质、目标不同，造成相互的矛盾和利益冲突，各企业之间以及企业内部职能部门之间无法完全发挥其职能效率，因而很难实现整体目标化。

供应链是由供应商、制造商、分销商、零售商、用户和服务商组成的网状结构。供应链中各环节不是彼此分割的，而是环环相扣的一个有机整体。供应链管理把物流、信息流、资金流、业务流和价值流的管理贯穿于供应链的全过程。它覆盖了整个物流过程,涉及原材料和零部件的采购与供应、产品制造、运输与仓储到销售各种职能领域。它要求各节点企业之间实现信息共享、风险共担、利益共存,并从战略的高度来认识供应链管理的重要性和必要性,从而真正实现整体的有效管理。

(二) 供应链管理是一种集成化的管理模式

供应链管理的关键是采用集成的思想和方法。它是一种从供应商开始,经由制造商、分销商、零售商,直到最终用户的全要素、全过程的集成化管理模式,是一种新的管理策略。它把不同的企业集成起来以增加整个供应链的效率,注重的是企业之间的合作,以达到全局最优。

(三) 供应链管理改变了传统的库存思想

传统的库存思想认为:库存是维系生产与销售的必要措施,是一种必要的成本。供应链管理思想认为:库存增加了企业的成本。供应链管理使企业与其上下游企业之间在不同的市场环境下实现了库存的转移,降低了企业的库存成本。这也要求供应链上的各个企业成员建立战略合作关系,通过快速反应降低库存总成本。

(四) 供应链管理以最终用户为中心

无论构成供应链节点的企业数量有多少,也无论供应链节点企业的类型、层次有多少,供应链的形成都是以客户和最终消费者的需求为导向的。正是由于有了客户和最终消费者的需求,才有了供应链的存在。而且,也只有让客户和最终消费者的需求得到满足,才能有供应链的更大发展。

通过对供应链管理概念与特点的分析可知:相对于传统的依赖自然资源、资金和新产品技术的管理模式,以最终用户为中心,将用户服务、用户满意、用户成功作为管理出发点的供应链管理的确具有多方面的优势。但是由于供应链是一种网状结构,一旦某一局部出现问题,就会马上扩散到全局,所以在供应链管理的运作过程中就要求各个企业成员对市场信息的收集与反馈要及时、准确,以做到快速反应,降低企业损失。而要做到这些,供应链管理还要有先进的信息系统和强大的信息技术作为支撑。

第三节 供应链管理的产生背景

任何一种新的管理模式的诞生、发展直到广泛应用都有它的现实背景,供应链管理也不例外。供应链管理是在全球制造出现以后,在企业经营集团化和国际化的趋势下提出并形成的,它是物流理论的延伸。供应链管理的产生需要有一定的基础条件和一定的环境因素,可以从以下几方面来分析供应链管理的产生背景。

一、纵向一体化管理模式的弊端

从传统的管理模式上看,企业出于管理和控制的目的,对为其提供原材料、半成品或零部件的其他企业一直采取投资自建、投资控股或兼并的纵向一体化(vertical integration)管理模式,即某核心企业与其他企业是一种所有权关系。推行纵向一体化的目的是加强核心企业对原材料供应、产品制造、分销和运输全过程的控制,使企业能在市场竞争中掌握主动,从而增加各业务活动阶段的利润。在市场环境相对稳定的条件下,采用纵向一体化是有效的,但是,在高科技迅速发展、市场竞争日益激烈、顾客需求不断变化的形势下,纵向一体化则暴露出种种弊端:①增加企业投资负担,无论是自建、控股还是兼并,企业都必须付出巨大的投资,而日益频繁的经济波动使企业难以承受过重的投资和过长的建设周期带来的风险;②迫使企业从事不擅长的业务,使企业有限的资源消耗在众多的经营领域。有鉴于纵向一体化管理模式的种种弊端,从 20 世纪 80 年代后期,国际上越来越多的企业放弃了这种经营模式,随之而来的是横向一体化思想的兴起,即把原来由企业自己生产的零部件外包出去,充分利用外部资源,于是就跟这些企业成了一种水平关系。

横向一体化形成了一条从供应商到制造商再到分销商的贯穿所有企业的"链"。由于这一庞大网络上的相邻节点(企业)都是一种供应与需求的关系,因此称为供应链。为了使加盟供应链的企业都能受益,并且要使每个企业都有比竞争对手更强的竞争实力,就必须加强对供应链的构成及运作研究,由此形成了供应链管理这一新的经营与运作模式。

二、市场环境的巨大转变产生的问题

长期以来,市场供不应求,企业所面临的市场相对稳定,所以企业中各组织之间、各部门之间的协调问题相对比较容易。进入 20 世纪 80 年代以来,技术进步和需求多样化使产品生命周期不断缩短,对产品和服务的期望越来越高,企业所面临的市场环境发生了巨大的转变,从过去以供应商为主导的、静态的、简单的卖方市场环境变成了现在以顾客为主导的、动态的、复杂的买方市场环境。在传统的企业管理思想指导下,采购、生产、销售职能部门没有形成"链",各自为政,相互脱节,片面追求本部门利益。

企业和各供应商没有协调一致的计划,缺少有效的信息沟通与集成,其后果会出现美国著名的供应链管理专家 Hau L. Lee 教授所描述的"需求变异加速放大"现象,即当供应链上的各节点企业只根据来自其相邻的下级企业的需求信息进行生产和供应决策时,需求信息的不真实性会沿着供应链产生逐级放大。到达最源头的供应商时,其获得的需求信息和实际消费市场中顾客的需求信息已发生了很大的偏差。由于这种需求放大效应的影响,上游供应商往往维持比下游供应商更高的库存水平。显然,这种现象将会给企业造成产品库存积压严重、服务水平不高、产品成本过高及质量低劣等问题,这必然会使企业在市场竞争环境中处于不利的地位。因此,必须考虑对传统供应链的改进来缩小需求信息的失真程度,增强企业的敏捷性和响应性。

三、采用 MRP Ⅱ 出现的难题

自 20 世纪 70 年代起,以合理利用资源、改善计划和压缩库存为目标的 MRP、MRP Ⅱ 逐渐应用在企业的生产管理上。初期考虑 MRP、MRP Ⅱ 的企业大多处于市场对产品种类的变化要求不大、产品结构基本稳定的情况,企业间不强调密切的协作关系,只是遵循一套规范的市场运作程序。随着全球化供应链应用的展开,MRP Ⅱ 在复杂的情况下不断显露出不足:①生产流程不合拍,不和谐,缺乏对生产流程之间依赖性的预见,零件或半成品不能同时到位;②出于安全生产设置的固定提前期,使制造商增加安全库存,弥盖了生产过程中的某些缺陷,阻碍了生产周期的缩短,不利于柔性制造;③生产批量固定不变,造成经常性的过度生产;④只考虑企业内部资源的利用问题,一切优化工作均着眼于本企业的资源的最优应用。为了克服 MRP Ⅱ 的不足,企业急需一种新型的管理思路来取代 MRP Ⅱ,这种新型的管理思路应以管理的基本职能——合作协调为主导思想,保证供应链的紧密衔接,强调多方协调性生产,追求各节点的零库存。在这种背景下,满足这种管理思路要求的供应链管理应运而生。

四、信息技术的飞速发展

20世纪90年代以来,随着计算机技术、通信技术的日益发展与融合,特别是Internet在一系列技术突破支持下的广泛应用和日益完善,信息技术革命的影响已由纯科技领域向市场竞争和企业管理各领域全面转变。这一转变直接对企业管理中的传统观念和行为产生巨大的冲击。信息技术革命带来的信息传递和资源共享突破了原有的时间概念与空间界限,将原来的二维市场变为没有地理约束和空间限制的三维市场。信息技术实现了数据的快速、准确传递,提高了仓库管理、装卸运输、采购、配送、订单处理的自动化水平,使订货、包装、保管、运输、流通加工实现一体化,企业间的协调与合作在短时间迅速完成。一个全球性的电子工商业正在出现,跨企业信息系统、电子数据交换、Intranet、Internet等新技术对传统的经营模式产生了深刻的影响。企业内部和企业间实行计算机之间的商业数据交换后,数据交换的速度和可靠性大幅提高,成本降低,效益增加,这一切无疑有益于加强企业之间的合作,进而为供应链的提出创造良好的环境。

第四节 供应链管理的重点

一、供应链管理的内容

(一)供应链管理的核心思想

供应链管理的实现,就是把供应商、生产厂家、分销商、零售商等在一条供应链上的所有节点企业都联系起来进行优化,使生产资料以最快的速度,通过生产、分销环节变成增值的产品,到达有消费需求的消费者手中。这不仅可以降低成本,减少社会库存,而且使社会资源得到优化配置。更重要的是,通过信息网络、组织网络,实现了生产及销售的有效链接和物流、信息流、资金流的合理流动,最终把产品以合理的价格,及时送到消费者手上。供应链管理的核心思想主要有以下四点。

1. 以顾客为中心

从某种意义上讲,供应链管理本身就是以顾客为中心的"拉式"营销推动的结果,其出发点和落脚点都是为顾客创造更多的价值,都以市场需求的拉动为原动力。顾客价值是供应链管理的核心,企业根据顾客的需求来组织生产;以往供应链的起始动力来自制造环节,先生产物品,再推向市场,在消费者购买之前,企业是不会知道销售效果的。在这种"推式系统"里,存货不足和销售不佳的风险同时存在。现在,产品从设计开始,企业已经让顾客参与,使产品能真正符合顾客的需求。这种"拉式系统"供应链是以顾客需求为原动力的。

供应链管理始于最终用户,主要体现在客户服务战略、需求传递战略及采购战略三个方面。客户服务战略决定企业如何从利润最大化的角度对客户的反馈和期望做出反应;需求传递战略则是以何种方式将客户需求与产品服务的提供相联系;采购战略决定企业在何地、怎样生产产品和提供服务。

2. 强调企业的核心竞争力

在供应链管理中,一个重要的理念就是强调企业的核心业务和竞争力,并为其在供应链上定位,将非核心业务外包。由于企业的资源有限,企业要在各式各样的行业和领域都获得竞争优势是十分困难的,因此它集中资源在某个自己所专长的领域,即核心业务上。从而在供应链上定位,使自己成为供应链上一个不可替代的角色。

比如,沃尔玛作为一家连锁商业零售企业,高水准的服务以及以此为基础构造的顾客网络是它的核心竞争力。于是,沃尔玛超越自身的"商业零售企业"身份,建立起了高效供应链。首先,沃尔玛不仅仅是一家等待上游厂商供货、组织配送的纯粹的商业企业,而且直接参与到上游厂商的生产计划中去,与上游厂商共同商讨和制订产品计划、供货周期,甚至帮助上游厂商进行新产品研发和质量控制等方面的工作。其次,沃尔玛高水准的客户服务能够做到及时地将消费者的意见反馈给厂商,并帮助厂商对产品进行改进和完善。沃尔玛的思路并不复杂,但多数商业企业更多的是"充当厂商和消费者的桥梁",缺乏参与和控制生产的能力。也就是说,沃尔玛的模式已经跨越了企业内部管理和与外界"沟通"的范畴,形成了以自身为链主,链接生产厂商与顾客的全球供应链。而这一供应链正是通过先进的信息技术来保障的,这就是它一整套先进的供应链管理系统。离开了统一、集中、实时监控的供应链管理系统,沃尔玛的直接"控制生产"和高水准的"客户服务"将无从谈起。

3. 相互协作的多赢理念

传统的企业运营中,供销之间互不相干,是一种敌对争利的关系,系统协调性差。企业和各供应商没有协调一致的计划,影响整体最优。而在供应链管理的模式下,所有环节都看作一个整体,链上的企业除了自身的利益外,还应该一同去追求整体的竞争力和盈利能力。可以说,合作是供应链与供应链之间竞争的一个关键。在供应链管理中,不但要有多赢理念,更重要的是要通过技术手段把理念形态落实到操作实务上。供应链管理的关键在于将企业内部供应链与外部的供应商和用户集成起来,形成一个集成化的供应链。而与主要供应商和用户建立良好的合作伙伴关系,即所谓的供应链合作关系,是集成化供应链管理的关键。

4. 优化信息流程

信息流程是企业内部员工、客户和供应商的沟通过程,以前只能以电话、传真,甚至面谈达成信息交流的目的,现在可以利用信息系统和互联网进行信息交流。信息系统的优势在于其自动化操作和处理大量数据的能力使信息流通速度加快,同时减少失误。然而,信息系统统只是支持业务过程的工具,企业本身的商业模式决定着信息系统的架构模式。

为了适应供应链管理的优化,必须从与生产产品有关的第一层供应商开始,直到货物到达最终用户手中,真正按链的特性改造企业业务流程,使各个节点企业都具有处理物流和信息流的自组织与自适应能力。要形成贯穿供应链的分布数据库的信息集成,集中协调不同企业的关键数据(包括订货预测、库存状态、缺货情况、生产计划、运输安排、在途物资等),就应该充分利用电子数据交换(EDI)、Internet 等技术手段。

(二)供应链管理的主要内容

供应链管理主要涉及四个领域:供应、生产计划、物流和需求。供应链管理是以同步化、集成化生产计划为指导,以各种技术为支持,尤其以 Internet/Intranet 为依托,围绕供应、生产作业、物流、满足需求来实施的,还涉及控制从供应商到用户的物料(零部件和成品等)和信息。供应链管理的目标在于提高用户服务水平和降低总的交易成本,并且寻求两个目标之间的平衡,供应链管理的主要内容可以归纳为以下三个方面。

1. 供应链网络结构设计

供应链网络结构设计即供应链物理布局的设计,具体包括供应链伙伴关系选择、供应链物流系统的设计。

在新的竞争环境下,供应链合作伙伴关系强调成员间直接的、长期的合作,强调共有的计划和共同解决问题的能力,强调相互之间的信任与合作。而要打造这种伙伴关系,就要求每一个成员在获益的同时必须对业务联盟有所贡献,提供为他人和供应链提高生产力的能力。

供应链物流的能力往往取决于供应链物流系统的设计是否符合供应链管理的要求。供应链设计是企业模型的设计,它从更广泛的思维空间——企业整体角度去勾画企业蓝图,是扩展的企业模型。它既包括物流系统,还包括信息和组织以及价值流和相应的服务体系建设。在供应链的设计(建设)中创新性的管理思维和观念极为重要,要把供应链的整体思维观融入供应链的构思和建设中,企业之间要有并行的设计才能实现并行的运作模式,这是供应链设计中最为重要的思想。

2. 集成化供应链管理流程设计与重组

(1)各节点企业内部集成化供应链管理流程设计与重组:主要包括三大核心作业流程的设计与重组,即客户需求管理流程(如市场需求预测、营销计划管理等)、客户订单完成管理流程(如生产计划与生产作业管理、物料采购计划管理等)和客户服务管理流程(如客户退货管理等)。

(2)外部集成化供应链管理流程设计与重组:供应链核心主导企业的客户订单完成管理流程与其原材料供应商、产成品销售商、物流服务提供商等合作伙伴管理流程之间的无缝对接。

(3)供应链交互信息管理:市场需求预测信息、库存信息、销售信息、新品研发信息、销售计划与生产计划信息等的交互共享,以及供应链各节点企业间的协同预测、计划与补货的库存管理技术。

3. 供应链管理机制的建设

供应链管理机制的建设包括合作机制、决策机制、激励机制和标杆机制等。

(1)合作机制:供应链合作机制体现了战略伙伴关系和企业内外部资源的集成与优化利用。

(2)决策机制:由于供应链企业决策信息的来源不再仅限于一个企业内部,而是在开放的信息网络环境下,因此处于供应链中的任何企业决策模式都应该是基于Internet/Intranet的开放性信息环境下的群体决策模式。

(3)激励机制:缺乏均衡一致的供应链管理业绩评价指标和评价方法是目前供应链管理研究的弱点和导致供应链管理实践效率不高的一个主要问题。为了掌握供应链管理的技术,必须建立、健全业绩评价和激励机制,使我们知道供应链管理思想在哪些方面、多大程度上能够给予企业改进,以推动企业管理工作不断完善和提高,也使得供应链管理能够沿着正确的轨道与方向发展,真正成为能让企业管理者乐于接受和实践的新的管理模式。

(4)标杆机制:标杆机制要求供应链企业向行业的领头企业或最具竞争力的竞争对手看齐,不断对产品、服务和供应链业绩进行评价,并不断地改进,以使企业能保持自己的竞争力和持续发展。标杆机制主要包括企业内部的标杆、对比竞争对手的标杆、对比同行企业的标杆和领头企业的标杆。

供应链成长过程体现在企业在市场竞争中的成熟与发展之中,通过供应链管理的合作机制、决策机制、激励机制和标杆机制等来实现满足顾客需求、使顾客满意以及留住顾客等功能目标,从而实现供应链管理的最终目标——社会目标(满足社会就业需求)、经济目标(创造最佳利益)和环境目标(保持生态与环境平衡)的合一,这可以说是对供应链管理思想的哲学概括。

(三) 供应链的设计原则

在供应链结构的设计过程中,应遵循一些基本的原则,以保证供应链的设计和重建能满足供应链管理思想的实施和贯彻。

1. 宏观方面

1）自顶向下和自底向上相结合的设计原则

在系统建模设计方法中,存在两种设计方法,即自顶向下和自底向上的方法。自顶向下的方法是从全局走向局部的方法,自底向上的方法是从局部走向全局的方法;自上而下是系统分解的过程,而自下而上则是一种集成的过程。在设计一个供应链系统时,往往是先由主管高层做出战略规划与决策,规划与决策的依据来自市场需求和企业发展规划,然后由下层部门实施决策,因此供应链的设计是自顶向下和自底向上的综合。

2）简洁性原则

简洁性是供应链的一个重要原则,为了能使供应链具有灵活快速响应市场的能力,供应链的每个节点都应是精简的、具有活力的、能实现业务流程的快速组合。比如,供应商的选择就应以少而精的原则,通过和少数的供应商建立战略伙伴关系,减少采购成本,推动实施JIT采购法和准时生产。生产系统的设计更是应以精细思想(lean thinking)为指导,努力实现从精细的制造模式到精细的供应链这一目标。

3）互补性原则

供应链中各个节点的选择应遵循强强联合的原则,达到实现资源外用的目的,每个企业只集中精力致力于各自核心的业务过程,就像一个独立的制造单元(独立制造岛),这些所谓单元化企业具有自我组织、自我优化、面向目标、动态运行和充满活力的特点,能够实现供应链业务的快速重组。

4）合作性原则

供应链业绩好坏取决于供应链合作伙伴关系是否和谐,因此建立战略伙伴关系的合作企业关系模型是实现供应链最佳效能的保证。和谐是描述系统是否形成了充分发挥系统成员和子系统的能动性、创造性及系统与环境的总体协调性的。只有和谐而协调的系统才能发挥最佳的效能。

5）不确定性原则

不确定性在供应链中随处可见,许多学者在研究供应链运作效率时都提到不确定性问题。由于不确定性的存在,导致需求信息的扭曲。因此,要预见各种不确定因素对供应链运作的影响,减少信息传递过程中的信息延迟和失真。增加透明性,减少不必要的中间环节,提高预测的精度和时效性对降低不确定性的影响都是极为重要的。

6）创新性原则

创新设计是系统设计的重要原则,没有创新性思维,就不可能有创新的管理模式,因此在供应链的设计过程中,创新性是很重要的一个原则。要产生一个创新的系统,就要敢于打破各种陈旧的思维框框,用新的角度、新的视野审视原有的管理模式和体系,进行大胆地创新设计。进行创新设计,要注意几点:①创新必须在企业总体目标和战略的指导下进行,并与战略目标保持一致;②要从市场需求的角度出发,综合运用企业的能力和优势;③发挥企业各类人员的创造性,集思广益,并与其他企业共同协作,发挥供应链整体优势;④建立科学的供应链和项目评价体系及组织管理系统,进行技术经济分析和可行性论证。

7) 战略性原则

供应链的建模应有战略性观点,通过战略的观点考虑减少不确定性影响。从供应链的战略管理的角度考虑,供应链建模的战略性原则还体现在供应链发展的长远规划和预见性,供应链的系统结构发展应与企业的战略规划保持一致,并在企业战略指导下进行。

2. 微观方面

从微观管理的角度,在实际应用中,供应链设计应注意以下一些具体原则。

1) 总成本最小原则

成本管理是供应链管理的重要内容。供应链管理中常出现成本背反问题,即各种活动的成本的变化模式常常表现出相互冲突的特征。解决冲突的办法是平衡各项成本使其达到整体最优,供应链管理就是要进行总成本分析,判断哪些因素具有相关性,从而使总成本最小。

2) 多样化原则

多样化原则是要对不同的产品、不同的客户提供不同的服务水平。要求企业将适当的商品在恰当的时间、恰当的地点传递给恰当的客户。一般分拨企业要同时分拨多种产品,因此要面对各种产品的不同的客户要求、不同的产品特征、不同的销售水平,也就意味着企业要在同一产品系列内采用多种分拨战略。比如在库存管理中,就要区分出销售速度不一的产品,销售最快的产品应放在位于最前列的基层仓库,依次摆放产品。

3) 推迟原则

推迟原则就是在分拨过程中运输的时间和最终产品的加工时间应推迟到收到客户订单之后。这一思想避免了企业根据预测在需求没有实际产生的时候运输产品(时间推迟)以及根据对最终产品形式的预测生产不同形式的产品(形式推迟)。

4) 合并原则

战略规划中,将运输小批量合并成大批量具有明显的经济效益。但是同时要平衡由于运输时间延长而可能造成的客户服务水平下降与订单合并的成本节约之间的利害关系。通常当运量较小时,合并的概念对制定战略最有用。

5) 标准化原则

标准化的提出解决了满足市场多样化产品需求与降低供应链成本的问题。如生产中的标准化可以通过可替换的零配件、模块化的产品和给同样的产品贴加不同的品牌标签而实现。这样可以有效地控制供应链渠道中必须处理的零部件、供给品和原材料的种类。例如,服装制造商不必去存储众多客户需要的确切号码的服装,而是通过改动标准尺寸的产品来满足个性化消费者的要求。

二、供应链管理的过程

供应链管理过程主要包括竞争环境分析、企业现有供应链诊断、新的供应链开发与设计以及供应链改进方案的实施四个阶段。

竞争环境分析主要是为了识别企业供应链所面对的市场特征。在竞争环境分析过程中需要第一手准确的数据、资料，通常可采用调查以及观察原材料供应商、顾客与竞争对手的方式进行资料收集。这样，就可以明确诸如"顾客需要什么"以及"各需要的权重分别是多少"等问题，据此可以对企业的各产品市场列出一系列特征，这些特征将按其重要性进行描述。

一旦识别了企业所面对的产品市场特征，下一步就是要对企业现有供应链进行诊断以找出可能改进的领域。在这一阶段，最重要的问题是采用合适的方法与技术手段来进行供应链分析。惠普为此曾专门成立了一个战略规划与建模（strategic planning and modeling，SPaM）小组。由于传统的成本会计系统不能有效地对各产品或市场细分分配作业成本。所以，他们于1989年首先开发了一个Bubble成本模型，它比较好地反映了供应链中各节点的固定成本与变动成本。然后他们又开发了一个有名的WINO模型，帮助惠普分析它的喷墨打印机供应链中物流与相应的不确定性之间的关系，据此惠普公司将分析结果与所设定的基准比较，从而找出现有供应链中所存在的问题及其严重程度，等等。目前WINO模型已经成为一种应用非常广泛的供应链分析技术，以致后来SPaM小组聘请专业的系统程序设计员将它编成专门软件，取名为供应链分析工具（supply chain analysis tool，SCAT）。现在SCAT已经是惠普公司供应链管理过程中进行供应链诊断时最常用的工具之一。

通过供应链诊断，找出了对顾客满意水平有影响的是哪些供应链作业活动，即回答了哪些活动可以做得更好，还需要进一步回答：可以做得更好的改进措施是什么？采用什么具体措施？这就是新的供应链开发与设计阶段所要做的工作，可能的措施包括：改进库存管理策略、采用不同的运输工具、运用先进制造技术、运用信息技术集成供应链、新的供应链内部（部门与部门、组织与组织之间）的协调机制，等等。

在决定选择什么措施时，应充分运用前面两个阶段所做的工作，使供应链与顾客需求、市场特征及企业能力充分一致起来。如何使所设计的供应链与产品或市场细分特征匹配，Wharton商学院的Fisher教授根据多年来供应链管理的理论研究与企业咨询经历，开发了一个矩阵框架来辅助供应链战略决策。他认为可将企业供应链所处的市场特征综合起来分成两类：可预测性市场和不可预测性市场。对于可预测性市场环境，企业供应链的改进措施应该侧重于提高供应链的效率，降低物质成本；对于不可预测性的市场环境，其产品的生命周期非常短，因此企业供应链的改进方案应侧重于增强供应链对市场变化的应变能力和创新能力。

在设计和开发了供应链改进方案之后，就进入了供应链管理的最后一步——实施供应链改进方案，以形成协调的、集成的供应链，实现供应链管理所争取的绩效目标。在实施供应链管理时，应该从战略层次、战术层次与运营层次分别展开。在供应链管理战略层次上的问题主要包括：为供应链确定目标与政策，即为了保证业务的需要，供应链是应该以对变化能做出迅速反应为重点，或是以最低成本运营为重点，或是以保证产品可供货为重点，等等；用关键的设施及其选址描述供应链；构建一个能够打破职能界限、组织界限、有效运作的、集成的供应链组织结构轮廓，等等。在供应链管理战术层次上，战略目标被转变成供应链协同一致的组织、部门目标。在这一层次上，还涉及供应链管理所需的设备、方法及资源，尤其是为供应链管理提供信息基础设施的 MRPⅡ、DRP、JIT 等系统组合。在供应链管理的运营层次上,所涉及的问题是供应链运营的效率,关心的是具体系统、程序以及保证有效的控制与绩效测量能够得到实施。

综上所述,供应链管理大致可分成四个阶段(见图5-6):竞争环境分析、现有供应链诊断、新的供应链开发与设计以及供应链改进方案的实施,其中前三个阶段进行的是供应链规划。由于供应链管理是一种最新的管理方法,所以大量的理论研究与实际工作主要集中于如何有效地进行供应链规划。

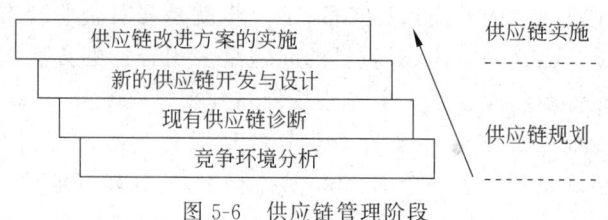

图 5-6　供应链管理阶段

三、供应链管理系统

(一)供应链管理系统的概念

供应链管理系统是一种基于协同供应链管理的思想,配合供应链中各实体的业务需求,使操作流程和信息系统紧密配合,做到各环节无缝链接,形成物流、信息流、单证流、商流和资金流五流合一的领先模式。其目的是实现整体供应链可视化,管理信息化,整体利益最大化,管理成本最小化,从而提高总体水平。

(二)供应链管理系统模块

一个完整的供应链管理系统应当能够实现供应链的全部管理过程,并对供应链的所有成员进行有效合理的管理,其管理过程并不一定局限于供应链的主要成员,还应当包括与供应链有关的所有可获取的资源。

图5-7为一个典型的供应链管理系统模块。

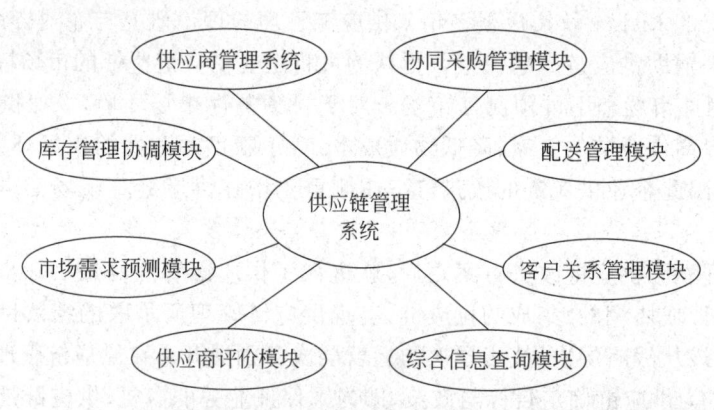

图 5-7　供应链管理系统模块

1. 供应商管理模块

在整个供应链管理系统中,供应商管理是重要的一部分,因此,供应链管理系统具备及时定义和细化企业采购范围,实现对企业供应商群体动态管理的能力。供应商供货信息管理以购货价格为中心,可以对供应商供货业务资料的记录和控制信息进行比较完善的管理,例如,对不同供应商、不同物料、不同数量段、不同币别的价格和折扣信息都进行了详细记录,并可进行业务传递、自动更新、数据分析,同时还可进行采购最高限价的控制和预警管理。对于特殊的供应商也具备个性管理机制,以期有效降低供应链的库存。

2. 协同采购管理模块

协同采购管理模块从生产计划查询和订单管理等角度协调供应商和制造商之间的信息通信,提供多种信息的查询服务,为供应商提供生产咨询,使供应商可以提早安排自身生产计划来配合供应需求,从而提高双方的作业效率和协作效率。

3. 市场需求预测模块

企业生产运营中常常要未雨绸缪。而供应链管理系统的市场需求预测模块可以根据历史信息,结合销售点反馈的订单状况以及销售部门的销售策略,对销售需求进行精准的预测,同时可以结合当前的库存信息、生产能力、供应商状况等制订出高级生产计划方案。该方案可以用于生产中的详细生产安排和生产计划执行等。

4. 库存管理协调模块

库存管理协调模块是大多数管理软件具备的功能模块,该模块可以对库存进行优化管理,采用实时查询库存状况、记录和分析的方式研究出其潜在的需求规律,从而方便企业在库存成本和清仓成本之间做出权衡,提高企业可持续的库存管理水平。

5. 配送管理模块

事实上,供应链管理系统解决方案通过配送管理模块可以对当前的零部件或成品配送状况进行分析,在不同承运人、不同运输方式、不同运输路线之间进行分析,为企业运输环节提供时间、地点和货物量的最佳决策依据,据此即可制订货运计划,从而达到运输费用的最优化。

6. 供应商评价模块

企业对众多的供应商会有自身的评价标准,因此采购部门会根据需要定期对供应商进行考核。首先要选择接受考评的供应商,然后评估系统会自动根据事先定义的评估策略,将根据相应的评估规则将供应商的实际业绩资料进行运算,得到实际的评价。

7. 客户关系管理模块

客户关系管理是企业为提高核心竞争力,利用相应的信息技术以及互联网技术来协调企业与顾客间在销售、营销和服务上的交互,从而提升其管理方式,向客户提供创新的、个性化的客户交互和服务的过程。其最终目标是吸引新客户、保留老客户以及将已有客户转为忠实客户,增加市场份额。

8. 综合信息查询模块

综合信息查询模块主要是从财务、质量报表以及其他涉及的方面进行信息的综合查询。

第五节　智慧供应链

供应链本质上是一种系统论视角下的运营体系,希望通过打破组织内部及组织间业已存在的业务孤岛、信息孤岛,对企业运营过程中发生的供应采购、生产运营、分销和所有的物流活动进行有效的规划与管理,注重所有相关方之间的协调和合作,实现商流、物流、信息流和资金流的高效整合。这一目标往往很难实现,因为没有一个企业能掌握所有信息,企业与企业之间也不可能完全透明,缺乏有效的互动和协调手段。"互联网+"提供了良好的契机和途径,互联网(包括移动互联网)、物联网、云计算、大数据这些新的技术创新和手段,有效融合进供应链管理中,不仅可使上述问题迎刃而解,而且进一步创造出高度智能化、服务化的供应链体系,也就是智慧供应链(intelligent supply chain)。

一、智慧供应链的定义

BUTNER(2010)认为,智慧供应链是在数字基础设施和物理基础设施更紧密融合的基础上,实现从支持决策到授权决策,最终再到预测需要做出哪些决策,是一种具有仪器化、互联化、智能化三个核心特征的更智能的供应链。

中国人民大学宋华教授(2015)认为,智慧供应链是在将一系列现代科学技术应用到产业供应链管理过程中,实现供应链体系的高度智能化。

本书认为,智慧供应链是以现代信息技术和科学管理方法为基础,在供应链的各成员企业之间以及企业与客户之间实现完全自动化、智能化的信息共享和互动协同。

二、智慧供应链的特点

智慧供应链具有以下特点。

1. 渗透性更强

在智慧供应链的大环境下,供应链管理者和运营者付出采取主动方式,系统地吸收物联网、互联网和人工智能在内的各种现代技术,实现管理在技术变革中的革新。

2. 可视化、移动化特征更加明显

智慧供应链更倾向于利用多种形式表现数据,如图片、视频等,允许采用智能化方式访问数据。

3. 信息整合性更强

智慧供应链借助于信息化网络,能有效打破供应链内部成员的信息系统的异构性问题,从而更好地实现无缝对接,使供应链内部的信息得到更好的整合和共享。

4. 协作性更强

在高度整合的信息机制下,供应链内部企业能够更好地了解其他成员的信息,并及时掌握来自供应链内部和外部的信息,并针对变化,随时与上、下游企业联系,做出适当调整,更好地协作,从而提高供应链的绩效。

5. 可延展性更强

在基于智慧信息网络的智慧供应链下,借助先进信息集成,信息共享变得可以实现,企业可以随时沟通,供应链的绩效也不会因供应链层级的递增而明显下降,延展性会大幅增强。

三、智慧供应链的能力体系

中国人民大学宋华教授认为智慧供应链的形成有赖于管理能力体系的构建,这种能力体系包括以下六方面的要素。

1. 准确理解供应链客户的真实价值诉求

了解供应链客户真实的价值诉求是拉动式供应链的前提,而要做到这一点就需要能真正洞察客户内心深处的经济和情感诉求,而不是外在的产品和业务需求。

2. 互联网环境下的供应链全程可视化

供应链全程可视化管理是指供应链参与各方能够对供应链全过程、国内、国外市场的状态和运营及时地反映，以及追踪物流、交易的状态和活动，做到对供应链运营过程的及时监测和操控。

3. 建立模块化的供应链运营构架

智慧供应链追求的是充分应对真实的价值诉求，及时、有效地设计、建构和运营供应链体系，也就是说运用模块化方式进行供应链集成，能迅速地运用自身、外部第三方等主体或机构的能力建立起独特的供应链竞争力，在不破坏原有体系的基础上实现供应链服务功能的快速定制，具有良好的智能反应和流程处理能力。

4. 实时的供应链计划与执行联接体系

供应链计划与执行体系的连接能在数据和流程两个层面同时实现。供应链计划和供应链运营执行要行之有效，必须能够实现数据和信息的同步化，并且有相应的组织和管理流程。无论是计划层面还是执行层面，所需要的数据和信息既包括历史的，也包括正在发生的和将要发生的。因此，同步化的概念在于进行供应链计划时运营层面的过往、即期以及可能的信息和数据能及时获取，并指导供应链规划；与此同时，在执行供应链活动时，又能根据实际正在发生的状况和下一步需要执行的活动，及时配置资源和能力，使供应链的执行过程稳定、有效。

5. 完善的报告与绩效管理，以及良好的供应链预警

智慧供应链能运用供应链分析工具比较预期与实效，实现统计性流程控制，防范因供应链运行超出预计范畴，导致供应链中断或产生其他风险。智慧供应链管理的核心是在实现高度智能化供应链运用的同时，实现有效、清晰的绩效测度和管理，建立贯穿供应链各环节、各主体、各层次的预警体系，能轻松实现供应链活动的持续进行、质量稳定、成本可控。

6. 建立、运营精敏化供应链

供应链精敏化是指供应链智能敏捷化（即快速响应和服务）与高效精益化（即总成本最优）相结合。智慧供应链的建立就是要运用互联网、物联网和云计算等现代技术，使所有供应链环节，特别是终端客户的行为变化能够及时得到反映、掌握和分析，在保证服务质量和下游低库存成本的同时，也能实现上游生产运营的有序、稳定和高效。

实训项目

- 实训内容：供应链认知实训。
- 实训手段：视频片段、企业案例展示。
- 实训目的：了解供应链管理发展历史、现状以及未来趋势。

练习题

一、单项选择题

1. 关于供应链形成的背景说法不正确的是（　　）。

  A. 经济全球化   B. 社会大分工的形成
  C. 社会信息化   D. 知识创新

  2. 供应链管理与企业内部管理的最大不同之处在于，在供应链中没有组织机构和行政隶属关系作为支撑，只能以强调（　　）作为管理职能实施的基础。

  A. 合作和签订契约   B. 谈判
  C. 意愿   D. 激励

  3. 企业在与上游企业打交道时，为了解上游客户的需求，主要借助于供应链管理中的（　　）。

  A. 内部供应链管理系统   B. 供应商管理系统
  C. 客户管理系统   D. 快速响应系统

  4. 供应链管理中提到的客户（　　）。

  A. 只是指最终的消费者
  B. 与企业内部的部门无关
  C. 可以指代供应链上的每个相关企业和部门
  D. 只指代渠道分销员

二、填空题

  1. 从制造企业供应链的发展过程来看，可以将供应链分为_____和_____两类。

  2. 供应链管理的目标包括_____、_____和_____。

  3. 供应链管理机制的建设包括_____、_____、_____和_____。

三、判断题

  1. 供应链的合作伙伴关系，也就是供应链中各节点企业之间的关系，对制造业来说，主要是制造商与制造商之间的关系。（　　）

  2. 供应链环境下，以团队工作为特征的组织模式使供应链具有网络化结构特征，因此供应链管理模式不是层级管理，也不是矩阵管理，而是网络化管理。（　　）

  3. 从节点企业与节点企业之间关系的角度来考察，供应链网络结构主要包括链状结构、网状结构、核心企业网状结构三种。（　　）

  4. 供应链的范围比物流要窄。（　　）

四、简答题

  1. 供应链的主要特点是什么？
  2. 供应链管理的核心思想有哪些？
  3. 实施供应链管理的原则包括哪些？

本章参考文献

[1] 克里斯托弗. 物流与供应链管理[M]. 何明珂, 等译. 4版. 北京：电子工业出版社, 2012.

[2] 马士华, 林勇. 供应链管理[M]. 4版. 北京：机械工业出版社, 2014.

[3] 迈克尔·胡格斯. 供应链管理精要[M]. 刘浩华, 译. 北京：中国物资出版社, 2010.

[4] 乔普拉, 迈因德尔. 供应链管理：战略、计划和运作[M]. 5版. 北京：清华大学出版社, 2014.

[5] 沈厚才,陶青,陈煜波.供应链管理理论与方法[J].中国管理科学,2000,8(1):1-9.

[6] 王凤山,叶素文.供应链管理[M].北京:机械工业出版社,2010.

[7] 丁俊发.中国供应链管理蓝皮书(2014)[M].北京:中国财富出版社,2014.

[8] 冯耕中.物流与供应链管理[M].2版.北京:中国人民大学出版社,2014.

[9] 兰伯特.供应链管理:流程、伙伴和业绩[M].王平,译.3版.北京:电子工业出版社,2012.

[10] 梅林.服务供应链国内研究综述[J].潍坊工程职业学院学报,2013,26(3):56-60.

[11] 卢安文,刘佳奇.物流服务供应链信息共享激励策略研究[J].科技管理研究,2019,39(7):221-225.

[12] 白世贞,于丽.物流服务供应链协同研究综述[J].物流工程与管理,2015,37(3):114-116,19.

[13] BUTNER K. The smarter supply chain of the future[J]. Strategy & leadership,2010,38(1):22-31.

[14] 赵然,安刚,周永圣.浅谈智慧供应链的发展与构建[J].中国市场,2015(10):93-94,112.

[15] 宋华.新兴技术与"产业供应链+"——"互联网+"下的智慧供应链创新[J].人民论坛·学术前沿,2015(22):21-34.

[16] 彭永涛,罗建强,李丫丫.考虑服务流的产品服务供应链网络均衡模型[J].中国管理科学,2019(11):116-126.

[17] 秦星红,苏强,洪志生.考虑顾客期望与质量成本的网购物流服务供应链的竞争合作策略研究[J].管理工程学报,2019(3):136-146.

[18] 代宏砚,檀雅静,周伟华.库存不准确环境下考虑实时信息的供应链协同机制设计研究[J].管理工程学报,2018,32(2):228-239.

[19] 王佳元.现代供应链:演变特征与发展战略[J].宏观经济研究,2019(7):98-106.

[20] 李子文.中国供应链政策的发展历程及存在问题[J].宏观经济研究,2019(7):111-114.

[21] 宋华.融合式ABCD赋能的智慧供应链:未来趋势[J].宏观经济研究,2019(7):122-126.

[22] 王绪金,马骋.多层供应链外包模式的选择及其协调[J].中国管理科学,2019,27(8):151-161.

第六章

物流成本管理

中国物流成本高在哪里？为何要降

2020年6月2日，国务院办公厅转发国家发展改革委、交通运输部《关于进一步降低物流成本的实施意见》(以下简称《意见》)，再次要求深化关键环节改革，降低物流制度成本、要素成本、税费成本、信息成本、联运成本和综合成本，推动物流业提质增效，提升物流效率，加快恢复生产生活秩序。

"物流成本"是高是低？这个问题已经争论了多年。至今，在相关部委的官方网站上仍有"中国物流成本远低于美国"之类的研究报告。物流成本由运输费用、保管费用、管理费用三大部分组成，无论中国还是美国，都是如此计算的。有报告显示，根据美国交通运输部(DOT)和中国国家统计局的公开数据计算，美国的物流成本、运输成本和公路运输成本分别是中国的1.62倍、1.95倍和1.79倍。专家认为，中国物流成本低于美国的原因，除了人工成本优势外，更多的是因为飞速发展的交通基础设施网络。

但同时，官方的态度一直是物流成本要"降"。2019年年初，交通运输部新闻发言人、政策研究室主任吴春耕表示，2019年交通运输物流成本预计降低1209亿元。截至2020年的公开数据显示，2019年，我国公路水路领域可量化措施降低物流成本大约804亿元，降低物流成本的空间仍然很大。

上述《意见》称，近年来，社会物流成本水平保持稳步下降，但部分领域物流成本高、效率低等问题仍然突出，特别是受新冠肺炎疫情影响，社会物流成本出现阶段性上升。6月2日，上海航运交易所发布的《2020年5月份中国沿海(散货)运输市场分析报告》也证实，5月，煤炭生产需求叠加贸易需求释放，运输需求持续向好，运输市场成交火热，运力供不应求，运价持续上涨。秦皇岛至上海航线市场运价为24.9元/t，较上月同期上涨6.5元/t，月平均值为28.6元/t，较上月上涨11.2元/t；钢厂保持高产能态势，铁矿石运输稳中向好，运价震荡上行；粮食运输需求较好，粮食运价大幅上涨；沿海成品油运力紧张，运价大幅上涨。

降低物流成本仍有潜力可挖。比如，随着货运"公转铁"力度加大，铁路货运、水运等低成本、低能耗的优势就能更好地加以发挥。再有，铁路物流成本也同样存在结构性问题。2020年全国两会期间，有代表就反映，兰渝铁路定价过高，如每吨千米定价0.184元，而国铁平均运价仅为 0.145 元；兰渝铁路集装箱定价 6.26 元/箱千米，而国铁平均运价为 3.35 元/箱千米，导致兰渝铁路物流成本优势锐减，造成物流通道资源浪费。

物流业贯穿第一、二、三产业，衔接生产与消费，涉及领域广、发展潜力大、带动作用强。推动物流降本增效对促进产业结构调整和区域协调发展、培育经济发展新动能、提升国民经济整体运行效率具有重要意义。

案例解析

从本案例中可以看出，影响物流成本的因素既有结构、制度方面的，也有技术和管理方面的。另有数据显示，近十年来，中国物流成本中运输费用平均占比要比美国少 9.4 个百分点，保管费用平均占比与美国持平，管理费用平均占比要比美国多 12.3 个百分点。很显然，中国的物流成本组成中管理费用占的比重太大，并且占比这么大的管理费用"管理"出的物流效率并不高。我国交通运输部研究制定了《降低交通运输物流成本工作方案》，将推进"结构性、制度性、技术性、管理性"降成本，巩固并扩大交通运输降低物流成本成果。

案例思考

通过该案例，进一步对中美两国社会物流总费用占 GDP 的比例进行比较。

案例涉及的主要知识点

物流成本　运输费用　保管费用　管理费用　社会物流成本

学习导航

- 理解物流成本的含义和分类。
- 掌握物流成本的计算方法。
- 了解物流成本管理的内容。
- 掌握运输、仓储、包装、配送等物流成本控制的方法。

教学建议

- 备课要点：物流成本概念的演变、物流成本的分类及特点、物流成本的计算方法及其存在的问题、物流成本控制方法。
- 教授方法：案例、讲授、实证、启发式。
- 扩展知识领域：我国与发达国家社会物流成本的计算。

物流成本是物流管理的重要内容，也是物流经济效益的量化指标。它能直观地体现出物流的经济效益，从分析物流成本入手，管理企业物流活动，控制企业物流成本，对提高企业的经济效益具有重要的意义。本章对物流成本的含义、特点，物流成本的分类及计算方法，物流成本的管理和控制等内容进行了介绍。

第一节　物流成本概述

一、物流成本的含义及特性

（一）物流成本的内涵

随着物流管理意识的增强，人们对物流成本的关心日渐浓厚，降低物流成本已经成为物流管理的首要任务。在许多企业中，物流成本占企业总成本的比例很大，其高低直接关系到企业利润水平和竞争力的高低,所以,物流成本管理成为企业物流管理的一个核心内容。有专家提出,"物流既是主要成本的产生点,又是降低成本的关注点",物流是"经济的黑暗大陆"。加强对物流成本的研究与管理对提高物流活动的经济效益有着非常重要的意义。

根据国家标准《物流术语》(GB/T 18354—2006),物流成本可定义为"物流活动中所消耗的物化劳动和活劳动的货币表现",即产品在实物运动过程中,如包装、运输、储存、流通加工、物流信息等各个环节所支出的人力、物力和财力的总和。物流成本是完成各种物流活动所需的全部费用。按照2006年颁布实施的国家标准《企业物流成本构成与计算》(GB/T 20523—2006),物流成本是指企业物流活动中所消耗的物化劳动和活劳动的货币表现,包括货物在运输、储存、包装、装卸搬运、流通加工、物流信息、物流管理等过程中所耗费的人力、物力和财力的总和以及与存货有关的流动资金占用成本、存货风险成本和存货保险成本。其中与存货有关的流动资金占用成本包括负债融资所发生的利息支出即显性成本、占用自有资金所产生的机会成本即隐性成本两部分内容。

综上,物流成本包含两个方面的内容:①直接在物流环节产生的支付给劳动力的成本、耗费在机器设备上的成本及支付给外部第三方的成本;②包括在物流环节中因持有存货等所潜在的成本,如占有资金成本、保险费等。

(二) 物流成本的基本特性

从人们对物流成本的认识来看,物流成本具有以下特性。

1. 系统性

物流成本产生于物流活动所消耗的资源。现代企业的物流活动贯穿企业的整个业务过程,具有整体系统性,物流成本虽然分布于每个职能部门,但从整体上来看,物流成本系统实际是由采购、生产、销售等子系统的物流成本共同构成的。

2. 复杂性

物流活动贯穿企业整个经营过程。物流费用的归类科目众多,构成复杂。很多物流成本与生产成本交融在一起,其项目难以被准确归类,而将物流成本单独列出来的工作也相当烦琐,这就导致了物流成本的定位和核算的复杂性。如在仓储过程中,过量生产产生的积压货物费用、紧急输送产生的费用经常被纳入生产成本,而不被归入物流成本。同时,由于我国多数企业在理解和核算物流成本时采用的标准不同,不能准确地显示各企业物流成本的高低和有效性,导致我国对物流成本数据的统计工作异常复杂。

3. 隐含性

在日本早稻田大学西泽修教授的文章中很早就提出了物流成本的"冰山说",阐述了物流成本的隐含性。西泽修教授指出,会计成本项目计算企业盈亏的销售费用和一般管理费用中记录的外包运费和外包保管费用,只是冰山一角。因为在企业计算费用时,只包括基础设施设备建设费用、自用车辆的保养和运营费用、自建仓库的保管费用,而自用的物流人工费用等都没有列入物流费用的科目中,使得企业的物流成本只包含了相关的显性成本,而与物流活动相关的制造成本、销售费用、管理费用等隐性成本都未列入物流科目统计中,而仅作为生产成本核算归类。

二、物流成本的层次分类与构成

研究物流成本的目的是要将混入其他费用科目的物流成本全部抽取出来,使人们能够清晰地看到潜藏的物流成本,从而降低成本。为了能更好地研究物流成本,必须了解物流成本的层次分类与构成。

(一)物流成本的层次分类

1. 宏观物流成本

宏观物流成本又称为社会物流成本。一般情况下,人们将社会物流总成本等同于社会物流总费用。根据国家标准《社会物流统计指标体系》(GB/T 24361—2009),我国社会物流总成本是指我国全部常住单位因社会物流经济活动而发生的总费用,具体包括运输费用、保管费用和管理费用。

社会物流成本是从国民经济总量的角度出发,分析国内物流活动的总开支水平,常见的指标是社会物流总费用与一国 GDP 的比例,该比例越小,说明其物流业越发达。统计数据显示,我国 2019 年的社会物流总费用占 GDP 的比例为 14.7%,美国等发达国家的这一比例常年保持在 10% 以内。

2. 中观物流成本

中观物流成本又称为行业物流成本,是采用标准管理的理念,研究某个行业的"平均物流成本"数据,从而建立分行业的物流成本参考标准。广义的中观物流成本,甚至包括某个产品、某项服务的"平均物流成本"。

3. 微观物流成本

微观物流成本又称为企业物流成本。企业物流成本按其所处的领域,又分为生产制造企业物流成本、商品流通企业物流成本和物流企业物流成本,其中生产制造企业物流成本和商品流通企业物流成本又称为货主企业物流成本。

(二)物流成本的构成

从宏观角度研究的物流成本称为社会物流费用,而从微观角度研究的物流成本称为企业物流成本。

1. 社会物流费用的构成

社会物流费用是指国民经济各方面用于社会物流活动的各项费用支出,包括支付给运输、储存、装卸搬运、包装、流通加工、配送、信息处理等各个物流环节的费用;应承担的物品在物流期间发生的损耗费用;社会物流活动中因资金占用而应承担的利息支出;社会物流活动中发生的管理费用等。社会物流费用可划分为运输费用、保管费用、管理费用。

(1)运输费用。运输费用是指在社会物流活动中,国民经济各方面由于物品运输而支付的全部费用。运输费用由以下项目构成:①支付给物品承运方的运费(即承运方的货运收入);②支付给装卸、搬运、保管、代理等辅助服务提供方的费用(即辅助服务提供方的货运业务收入);③支付给运输管理与投资部门的,由货主方承担的各种交通建设基金、过路费、过桥费、过闸费等运输附加费用。运输费用的基本计算公式如下:

$$运输费用 = 运费 + 装卸、搬运等辅助费用 + 运输附加费用$$

(2)保管费用。保管费用是指社会物流活动中,物品从最初资源供应方向最终消费用户的流动过程中所发生的除运输费用和管理费用之外的全部费用。保管费用包括:①货物储存过程中因流动资金占用而需承担的利息、保险费用、仓储货物损耗;②仓储保管费用、相关服务费用;③流通过程中的配送、包装、加工、信息及相关服务方面的费用。保管费用的基本计算公式如下：

保管费用＝利息费用＋仓储费用＋保险费用＋货物损耗费用＋信息及相关服务费用
＋配送费用＋流通加工费用＋包装费用＋其他保管费用

（3）管理费用。管理费用是指社会物流活动中，物品供需双方的管理部门，因组织和管理各项物流活动所发生的费用。管理费用主要包括物流管理人员的报酬和福利、办公费用、教育培训、劳动保险、车船使用等各种属于管理科目的费用。管理费用的基本计算公式如下。

管理费用＝社会物流总额×社会物流平均管理费用率

社会物流平均管理费用率是指报告期内，各物品最初供给部门完成全部物品从供给地流向最终需求地的社会物流活动时，管理费用额占各部门物流总额比例的综合平均数。

2. 企业物流成本的构成

1）货主企业物流成本

这里所说的货主企业主要是指生产制造企业和商品流通企业。总的来说，生产制造企业物流是物流业发展的原动力，而商品流通企业是连接制造业和最终客户的纽带，生产制造企业和商品流通企业是物流服务的需求主体。

商品流通企业的经营活动就是对组织现有的商品进行销售来获取利润，其业务活动相对于生产制造企业较为简单，以进、存、销活动为主，不涉及复杂的生产物料组织，物品实体也较为单一，多为产成品。商品流通企业物流成本的基本构成有：企业员工工资及福利费；支付给有关部门的服务费，如水电费等；经营过程中的合理消耗费，如储运费、物品合理损耗及固定资产折旧等；支付的贷款利息；经营过程中的各种管理成本，如差旅费、办公管理费等。

生产制造企业的生产目的是将生产出来的物品通过销售环节转换成货币。为了销售生产经营的需要，生产制造企业所组织的物品实体应包括产成品、半成品、原材料和零配件等，其物流过程具体包括了从生产企业内部原材料和协作件的采购、供应开始，经过生产制造过程中的半成品存放、搬运、装卸、成品包装及运输到流通领域，进入仓库验收、分类、储存、保管、配送、运输，最后到消费者手中的全过程。这些过程发生的所有成本就是生产制造企业物流成本。从现代物流活动的构成及其对企业经营的作用来看，应对物流进行全过程管理，对物流全过程的所有成本进行核定、分析、计划、控制与优化，达到以合理的物流成本保证经营有效运行的目的。

2）物流企业物流成本

生产制造企业和商品流通企业是物流服务的需求主体，同时也是物流运营管理的主体，许多货主企业的物流业务是由企业内部的相关部门或二级公司来完成的。当然，有部分货主企业的物流业务并不一定全都由自己完成，或多或少总有外包部分，这就出现了对专业性物流服务企业的需求。由专业的物流企业来参与物流的运营管理，是社会专业化大生产的必然结果，也是提高物流效率、降低物流成本的有效途径。

根据物流服务企业提供的服务类型，可以把物流企业分为两类。第一类是提供功能性物流服务业务的物流企业，这类企业在整个物流服务过程中发挥着很大的作用，这类企业一般只提供某一项或者某几项主要的物流服务功能，如仓储服务企业、运输服务企业等。第二类是提供一体化物流服务的第三方物流企业，第三方物流企业一般是指综合性的物流服务公司，能为客户提供多种物流业务服务。尽管目前第三方物流和一体化物流的趋势十分明显，但是功能性物流服务企业的存在还是必要的，它可以发挥专业化的优势，与第三方物流企业一起，共同完成客户的物流服务需求，以达到降低成本、提高物流效率的目的。

物流企业在运营过程中发生的各项费用，都可以看成物流成本。因此，可以说物流企业的物流成本包括了物流企业的所有各项成本和费用。实际上，从另一个角度来看，当货主企业把物流业务外包给物流企业运营时，物流企业发生的各项支出构成了它的物流成本，而物流企业向货主企业的收费（包括物流企业的成本费用、税金及一定的利润）就构成了货主企业的物流成本。

三、物流成本管理的主要内容

物流成本管理是以把握物流成本、分析物流成本为手段进行的物流管理，是按照物流成本最优化的原则有组织地进行预测、决策、计划、控制、核算和分析的一系列科学管理活动。

物流成本管理的具体内容包括物流成本预测、物流成本决策、物流成本计划、物流成本控制、物流成本核算、物流成本分析等。

1. 物流成本预测

在物流成本管理中许多环节都存在成本预测问题，如仓储环节的库存预测、流通环节的加工预测、运输环节的货物周转量预测等。现代成本管理着眼于未来，它要求做好事前的成本预测工作，制定出目标成本，然后据此对成本加以控制，以促进目标成本的实现。

2. 物流成本决策

物流成本决策是指为了实现目标物流成本，在现有已知资料的基础上，借助一定的手段、方法，进行计算和判断，比较各种可行方案在不同状态下的物流成本，或将预测的物流成本与收益进行比较，从中选定一个技术上先进、经济上合理的最佳方案的过程。

3. 物流成本计划

物流成本计划是以货币指标反映企业在计划期内物流活动情况的一项综合性计划。物流成本计划是根据成本决策所定的方案、计划期的生产任务、降低成本的要求及有关资料，通过一定的程序，运用一定的方法，以货币形式规定计划期物流各环节的耗费水平和成本水平，并提出保证成本计划顺利实现所采取的措施。

4. 物流成本控制

物流成本控制是指在物流企业整个经营过程中，按照既定的目标，对构成物流成本的一切耗费进行严格的计算、调节和监督，及时揭示偏差，并采取有效措施纠正不利的差异，发展有利的差异，使物流成本控制在预定的目标范围之内。

5. 物流成本核算

物流成本核算是指根据企业的成本核算对象，采用相应的成本核算方法，按规定的成本项目，将一系列的物流费用进行归集与分配，从而计算出各物流活动成本核算对象的实际成本和单位成本。

6. 物流成本分析

物流成本分析是指在成本核算及其他有关资料的基础上，运用一定的方法，揭示物流成本水平的变动，进一步查明影响物流成本变动的各种因素。通过物流成本分析，可以提出积极的建议，采取合理的措施，合理地控制物流成本。

第二节 物流成本计算

物流成本管理的前提是物流成本计算,只有搞清物流成本的大小,才能够实施物流成本分析,控制物流成本支出。物流成本计算是根据企业确定的成本计算对象,采用相应的成本计算方法,按照规定的成本项目,通过一系列物流费用的汇集与分配,从而计算出各物流环节成本计算对象的实际总成本和单位成本。

一、物流成本计算的意义

对物流成本进行计算是为物流管理服务的,通过对会计数据进行整理和分析,从中分离出物流成本的信息,为物流成本管理提供依据。同时,微观企业层面的物流成本信息为行业物流成本的确定提供了数据支撑,使行业内不同企业之间以及企业与行业平均物流成本的比较成为可能,对提高我国行业及企业物流管理和服务水平、不断降低物流成本具有重要意义。物流成本计算的意义主要体现在以下几个方面。

(一)为改善物流管理水平、降低运营成本、提高效益提供依据

企业物流成本是全面反映企业物流活动的综合性价值指标。企业物流组织管理水平的高低,物流设备利用率的高低,燃料、动力耗用量的大小、企业的选址及厂区的规划布置是否合理等,都会在物流成本中反映出来。企业物流成本的高低是企业物流工作实际状况好坏的综合反映。通过企业物流成本计算,可以揭示出企业物流成本的全貌,并为编制物流成本预算、制定标准物流成本提供资料;将实际物流成本与标准物流成本以及物流成本预算进行比较,找出差异,并对差异产生的原因进行深入的分析,就可以发现造成物流成本超支和节约的各项技术、组织与管理方面的原因,明确责任所在,并据此协调各方面的工作,从而达到改善物流管理、降低运营成本、提高效益的目的。

(二)为企业物流管理合理决策提供信息

随着现代经营理念的引入,很多企业更加专注于提高核心竞争力,而把不具备竞争优势的物流业务全部或部分外包出去,这其中往往要计算投入产出比,在此基础上做出有效决策。建立物流成本计算制度,准确、及时计算物流成本,可以使企业较详尽地了解其自身物流成本的支出情况,同时通过自身物流成本和委托物流成本二者的比较,在充分考虑其他相关因素的基础上,对自营或外包物流做出科学合理决策。显然,要使诸如上述的物流管理决策建立在切实科学的基础上,首先要掌握准确的各类物流成本信息,开展物流成本及效益的专门核算。

(三)为制定物流服务价格和确定行业平均物流成本提供资料

物流成本是制定物流价格的主要依据。近几年来,随着市场竞争的加剧,越来越多的生产流通企业希望将物流外包,以集中精力提高核心竞争力。然而,由于我国物流业发展时间短,市场不规范,物流服务价格及质量标准不一,恶性的价格竞争使物流企业要么以超载、违规运作等方式生存,要么以降低价格和降低服务质量求生存,无论哪一种都会使物流业及生产流通企业的利益同时受到损害。建立企业物流成本计算制度,通过物流成本统计为确定国家指导性的物流服务价格与质量标准提供依据,可以减少恶性竞争,促进我国物流业健康发展。

在激烈的市场竞争下,企业在物流管理过程中,既想了解自身及其他企业物流成本情况,也急于获取行业平均物流成本信息,基于竞争机制的物流成本作为企业物流成本管理的参照系,为企业的物流管理增添了外部动力,有效地避免了管理盲点的发生。通过建立企业物流成本计算制度,准确、及时计算物流成本,不仅可使企业了解其他企业物流成本水平,而且使行业平均物流成本的确立成为可能,从而为企业与其他企业及行业物流成本的比较提供参考依据。

(四) 为完善我国会计核算制度和社会物流统计制度奠定基础

在我国当前的企业财务会计制度中没有单独的物流成本项目,一般是将企业的物流成本列在费用一栏,因而,企业难以对发生的各种物流费用做出明确、全面的计算与分析。通过建立企业物流成本计算制度,准确、及时地计算物流成本,可以为企业提供详细、真实、及时、全面的物流成本数据,帮助企业了解其在物流管理方面的优势与不足,为企业建立物流成本预算制度,建立标准成本制度,明确物流成本责任单位,以及制定物流发展策略等提供参考。

另外,也为我国企业会计制度与国际会计准则的接轨奠定基础;同时,建立企业物流成本计算制度,计算企业物流成本,可以更准确地获取物流统计数据,有助于推进社会物流统计制度的顺利实施。

二、企业物流成本计算的要求

计算企业物流成本,首先要了解企业物流成本计算的具体要求。

(一) 明确物流成本计算的内容

物流成本的计算是为企业内部加强物流成本管理服务的,属于管理会计的范畴。核算物流成本首先应明确计算内容,即站在管理的角度,从大的框架体系上考虑物流成本与财务会计的关系。物流成本计算的基础数据来源于会计核算资料,但成本计算的范围还包括会计核算没有反映但物流成本管理决策应考虑的隐性成本。因此,物流成本计算应包括两大部分内容:显性成本计算和隐性成本计算。

(二) 企业物流成本计算的前提条件

物流成本计算必须具备以下两个基本前提条件。

1. 了解企业物流成本的内涵及形成过程

企业物流成本的形成过程对物流管理人员而言并不陌生,但物流成本计算通常是由会计人员来完成的。由于企业部门职责和人员分工的细化,会计人员往往只负责产品成本的核算以及其他财务管理工作,通常不能以系统和全局的观点来了解和掌握物流的运作过程,且囿于传统产品成本计算思路的影响,对物流成本计算往往会产生畏难情绪。因此,准确计算物流成本,首先要求会计人员或其他成本的计算人员深入了解物流、物流成本的内涵以及物流成本的形成过程。对企业会计人员而言,物流成本计算的准确程度取决于其对物流及物流成本内涵的理解程度。

2. 会计基础工作规范,各有关部门密切协作

物流成本计算可采用两种方式进行:一是与产品成本计算同步;二是于期末单独进行。无论哪种方式,均要求建立健全规范的会计工作流程,以及完整可靠的原始资料记录。物流成本计算是对会计数据提取和分离的过程,尤其是间接成本,当前主要根据有关实物量的消耗进行分配,为间接成本分配提供依据。另外,作为分配基础的很多实物量数据来源于其他

部分,包括采购、生产、销售、人事、物流管理和物流信息部门等,因此,财务部门必须加强与其他部门的沟通联络,才能及时取得所需要的业务数据,从而使物流成本计算的依据,尤其是间接成本的分配依据更为可靠,使物流成本计算工作顺利实施。

(三) 分清有关费用的界限

首先,正确划分应计入物流成本和不应计入物流成本的费用界限。企业的活动是多方面的,企业耗费和支出的用途也是多方面的,其中只有一部分费用可以计入物流成本。

一般来说,企业的全部经济活动可分为生产经营活动、投资活动和筹资活动。首先,投资活动的耗费不能计入物流成本,只有生产经营活动和与流动资金有关的筹资活动的成本才能计入物流成本。筹资活动和投资活动不属于生产经营活动,在会计上,它们的耗费不能计入产品成本,属于筹资成本和投资成本。物流活动贯穿于企业经营活动,因此投资以及与流动资金筹资无关的筹资活动所发生的耗费不能计入物流成本,这部分耗费包括:对外投资的支出、耗费和损失,对内长期资产投资的支出、耗费和损失,包括有价证券的销售损失、固定资产出售损失和报废损失等;捐赠支出;各种筹资费用,包括流动资金之外的应计利息、贴现费用、证券发行费用等。

其次,物流成本包括正常生产经营活动成本和部分非正常生产经营活动成本。生产经营活动成本包括正常的成本和非正常的成本,在会计上,只有正常生产经营活动成本才能计入产品成本,非正常经营活动成本不计入产品成本而应计入营业外支出。非正常经营活动成本包括灾害损失、盗窃损失等非常损失、坏账损失、存货跌价损失、长期投资跌价损失、固定资产减值损失等不能预期的原因引起的资产减值损失,以及债务重组损失等。物流成本就其范围而言,贯穿企业生产经营活动的始终,包括供应物流、企业内物流、销售物流、回收物流和废弃物物流;从其成本项目构成来看,既包括与物流运作和管理有关的物流功能成本,也包括与存货有关的物流成本支出。因此,物流成本既包括计入产品成本的正常生产经营活动耗费,也包括部分不计入产品成本的非正常经营活动耗费,如存货的非常损失、跌价损失等都应计入存货风险成本。

企业正常的生产经营活动成本又分为产品成本和期间费用。这两部分成本费用支出正是物流成本的主要构成内容。所以,计算物流成本首先应从与产品成本和期间费用有关的会计科目出发,按物流成本的内涵,逐一归集和计算物流成本。

最后,正确划分不同会计期物流成本的费用界限。物流成本的计算期可为月度、季度和年度。一般要求每月计算一次。因此,应计入物流成本的费用,要在各月之间进行划分,以便分月计算物流成本。为了正确划分各会计期的物流成本费用界限,在会计核算上,要求企业不能提前结账,将本月费用作为下月费用处理,也不能延后结账,将下月费用作为本月费用处理;同时,还要求企业严格贯彻权责发生制原则,正确核算待摊费用处理,本月尚未支付但应由本月负担的费用应作为预提费用处理。

正确划分不同物流成本对象的费用界限。对于应计入本会计期物流成本的费用还要在各成本对象之间进行划分:凡是能分清应由某个成本对象负担的直接成本,应直接计入该成本对象;各个成本对象共同发生,不易分清应由哪个成本对象负担的间接费用,应采用合理的方法分配计入有关的成本对象,并保持其一贯性。

三、企业物流成本的计算对象

企业物流成本的计算取决于成本计算对象的选取。成本计算对象的选取方法不同,得出的物流成本的结果也就不同。因此，正确确定成本计算对象，是进行成本计算的基础与前提。

成本计算对象是指企业或成本管理部门为归集和分配各项成本费用而确定的，以一定期间和空间范围为条件而存在的成本计算实体。

成本计算实体是指其发生并应合理承担各项费用的特定经营成果的体现形式，包括有形的各种产品和无形的各种劳务作业。就物流企业而言，其成本计算实体主要是各种不同类型的物流活动或物流作业。

成本计算期间是指汇集生产经营费用、计算生产经营成本的时间范围。物流企业的成本计算期视其物流作业性质可有不同的确定方法，如对于远洋货物运输，可以航次周期作为成本计算期。

一般来说，物流成本计算对象的选取主要取决于物流成本项目、物流活动范围、物流成本支付形态；除此之外，企业还可根据自身成本控制的重点选取其他成本计算对象。

（一）以物流成本项目作为成本计算对象

物流成本项目是最基本的物流成本计算对象。以物流成本项目作为物流成本计算对象，是将物流成本首先按是否属于功能性成本分为物流功能成本和存货相关成本。其中，物流功能成本包括运输成本、仓储成本、包装成本、装卸搬运成本、流通加工成本、物流信息成本和物流管理成本；存货相关成本指企业在物流活动过程中所发生的与存货有关的流动资金占用成本、风险成本和保险成本。

以物流成本项目为成本计算对象的意义在于：①有利于加强各物流功能环节的管理，促进各功能成本的降低；②直观地了解与存货有关的物流成本支出数额，有利于加速存货资金周转速度；③通过掌握物流功能成本以及功能成本之外的成本支出在总成本中所占的份额及其具体构成，有利于提高物流成本控制和管理的针对性。

（二）以物流活动范围作为成本计算对象

以物流活动范围作为成本计算对象是对物流的起点与终点以及起点与终点间的物流活动过程的选取，具体包括供应物流、企业内物流、销售物流、回收物流和废弃物物流等阶段所发生的成本支出。通过各阶段数据的分离和计算，可以得出不同范围物流成本以及物流成本总额，有利于全面了解各范围物流成本的全貌，并据此进行比较分析。

（三）以物流成本支付形态作为成本计算对象

以物流成本支付形态作为成本计算对象是将一定时期的物流成本从财务会计数据中予以分离，按照成本支付形态进行分类。可将企业的物流成本分为自营物流成本和委托物流成本。其中，自营物流成本归为材料费、人工费、维护费、一般经费和特别经费五类。委托物流成本指企业委托外单位组织物流活动所支付的运输费、保管费、装卸搬运费等支出。

以支付形态作为物流成本计算对象，可以得出不同形态的物流成本信息，掌握企业本身发生的物流成本和对外支付的物流成本；同时，可以获取较为详尽的内部支付形态信息。

（四）其他物流成本计算对象

除了上述三种成本计算对象确认方法外，企业还可根据自身物流成本管理和控制重点选取其他物流成本计算对象。如以客户为成本计算对象，对加强客户服务管理、确定有竞争力的服务价格以及为不同客户提供差别化的物流服务具有重要意义;以产品作为成本计算对象,可以进一步了解各产品的物流费用开支情况,以便进行重点管理;以某一物流部门为计算对象,对加强责任中心管理、开展责任成本管理以及对部门的绩效考核十分有利。

四、企业物流成本的计算方法及程序

(一)企业物流成本的计算方法

1. 会计方式计算物流成本

通过会计方式计算物流成本,就是通过凭证、账户、报表对物流耗费予以连续、系统、全面的记录、计算和报告的方法。这具体包括两种形式:一种是把物流成本计算与正常的会计核算截然分开,建立独立的物流成本核算的凭证、账户、报表体系,物流成本的内容在物流成本计算体系和会计核算体系中得到双重反映;另一种是物流成本计算与企业内现行的会计核算体系相结合,增设"物流成本"科目,将与物流成本有关的先记入"物流成本"科目,会计期末再将各物流成本账户归集的物流成本余额按一定的标准分摊到相关的成本费用账户,以保证成本费用账户的完整性和真实性。上述两种形式,有学者分别将其命名为物流成本计算的双轨制和单轨制。

2. 统计方式计算物流成本

通过统计方式计算物流成本,不需要设置完整的凭证、账户、报表体系,主要是对企业现行成本核算资料进行解析和分析,从中抽取物流耗费部分,再按不同的成本计算对象进行重新归集、分配和汇总,加工成物流管理所需要的成本信息。

3. 会计和统计结合的方式计算物流成本

通过会计和统计相结合的方式计算物流成本,其要点是将物流耗费的一部分通过会计方式予以计算;另一部分通过统计方式计算。会计核算数据主要计算显性成本,统计方式主要核算隐性成本。

(二)企业物流成本的计算程序

1. 会计方式计算显性物流成本

1) 选取会计科目

计算显性物流成本需要依赖现行会计核算体系,完整、准确的会计核算资料是物流成本计算的基础。要从纷繁复杂的会计信息中获取物流成本信息,可以从原始凭证、会计科目、会计报表等入手。其基本思想是:在计算物流成本时,只要从会计核算中所有的成本费用类会计科目入手,逐一分析其发生的明细项目,必要时追溯至原始凭证,逐一确认其是否属于物流成本的内容,就找到了计算物流成本的切入点。

2) 设置物流成本辅助账户

计算物流成本时往往需要设置物流成本辅助账户,设计哪些账户主要取决于物流成本计算对象的选取和物流成本管理的要求。以某企业的物流成本计算为例,按物流成本项目和物流成本支付形态设置:以"物流成本"作为一级账户;在"物流成本"账户下,按物流成本项目设置运输成本、仓储成本、包装成本、装卸搬运成本、流通加工成本、物流信息成本、物流管理成本、流动资金占用成本、存货风险成本、存货保险成本等二级账户;按物流范围设置供应物流、企业内物流、销售物流、回收物流和废弃物物流等三级账户;按物流成本支付形态设置自营和委托物流成本四级账户;对于自营物流成本,还应按费用支付形态设置材料费、人工费、维护费、一般经费、特别经费费用专栏。

3)计算物流成本

在设置物流成本辅助账户、明确应选取会计科目的基础上,可逐一分析各相关会计科目,明确哪些费用支出应计入物流成本,对于应计入物流成本的内容,可根据本企业实际情况,选择期中同步或者期末集中归集计算物流成本。

2. 统计方式计算隐性物流成本

隐性物流成本是指现行成本核算体系中没有反映但应计入物流成本的费用。以存货占用自有资金所发生的机会成本为例计算存货资金占用成本如下。

首先,期末(月末、季末、年末)对存货按采购在途、在库和销售在途三种形态分别统计出账面余额。

其次,按照下列公式计算存货占用自有资金所产生的机会成本。

存货资金占用成本 = 存货账面余额(存货占用自有资金) × 行业基准收益率

对于生产制造和流通企业而言,若企业计提了存货跌价准备,则存货账面余额为扣除存货跌价准备后的余额;对于物流企业而言,如果在受托物流业务时需要垫付一定的备用金和押金,这部分可视同存货占用自有资金,也应计算其产生的机会成本。另外,企业若无法取得有关行业基准收益率的数值,也可按1年期银行贷款利率计算。

第三节 物流成本控制

一、物流成本控制概述

(一)物流成本控制的含义

物流成本控制是物流成本管理中的重要环节,是根据计划目标,对成本发生和形成过程以及影响成本的各种因素与条件施加主动的影响,以保证实现物流成本计划的管理行为。在物流过程中,对物流成本形成的各种因素按照事先拟定的标准严格加以监督,发现偏差就及时采取措施加以纠正,从而使物流过程中的各项资源的消耗和费用开支限制在标准规定的范围之内。

(二)物流成本控制的内容

按控制的时间不同可将物流成本控制划分为物流成本事前控制、物流成本事中控制和物流成本事后控制。

1. 物流成本事前控制

物流成本事前控制是指在物流活动或提供物流作业前对影响物流成本的经济活动进行事前规划、审核,确定目标物流成本。它是物流成本的前馈控制。物流成本事前控制是整个成本控制活动中最重要的环节,它直接影响以后各作业流程成本的高低。

2. 物流成本事中控制

物流成本事中控制是指在物流成本形成过程中,随时对实际发生的物流成本与目标物流成本进行对比,及时发现差异并采取措施予以纠正,以保证物流成本目标的实现。它是物流成本的过程控制。

3. 物流成本事后控制

物流成本事后控制是指在物流成本形成之后,对实际物流成本进行核算、分析和考核,并提出改进措施。它是物流成本的反馈控制。

（三）物流成本控制的目标

（1）实现预定的物流成本目标，也可理解为绝对成本控制目标。即通过单纯的精打细算，节约开支等方式，降低物流成本支出的绝对额；以实现预定的物流成本目标来降低物流成本。

（2）相对成本控制目标。即以现有的既定条件为前提，在此基础上还应通过各种创新措施，改变物流成本发生的条件，使物流成本不断降低，即开源与节流并举，在降低物流成本耗费的同时，想方设法增加收入，同时统筹考虑物流成本耗费与实现收入之间的关系。以求收入的增长超过成本的增长，实现物流成本的相对节约。从这个角度来看，现代物流成本控制又是相对成本控制。

（四）物流成本控制的原则

为了有效地进行物流成本控制，必须遵循以下原则。

1. 经济原则

经济原则可以理解为"节约原则"，是提高经济效益的核心，故被称为物流成本控制的最基本原则。经济原则也被称为成本效益原则，是指因推行物流成本控制而发生的成本，不应超过因缺少控制而丧失的收益。

2. 全面原则

物流成本控制中的全面原则主要包括以下三个层面的含义。

（1）全过程控制。物流成本控制不限于生产过程，而是从生产向前延伸到投资、设计，向后延伸到用户的全过程。

（2）全方位控制。物流成本控制不仅对各项费用发生的数额进行控制，还对费用发生的时间和用途加以控制，讲究物流成本开支的经济性、合理性和合法性。

（3）全员控制。物流成本控制不仅要有专职物流成本管理机构和人员参与，而且要发挥全体员工在物流成本控制中的重要作用，使物流成本控制更加深入和有效。

3. 重点控制原则

重点控制原则是对超出常规的关键性差异进行控制，旨在保证管理人员将精力集中于偏离标准的一些重要事项上。

4. 领导推动原则

由于物流成本控制涉及企业生产经营全程，同时要求全员参与，所以必须由企业最高领导层予以推动。这里，企业领导层首先要重视并全力支持物流成本控制，为物流成本控制提供制度和文化方面的支撑；其次，在要求各部门完成物流成本控制的同时，必须赋予其在规定范围内有决定某项费用是否可以开支的权利，以确保物流成本控制部门和人员的责、权、利相一致。

二、以物流功能为对象的物流成本控制

（一）运输成本的控制

运输是物流系统中的核心功能。运输成本是承运人为完成特定货物位移而消耗的物化劳动和活劳动的总和，即运输企业进行运输生产活动所发生的各项耗费的货币表现。运输成本具体包括运输营运成本、企业管理费和财务费用。影响运输成本的因素是多方面的。

不同的运输方式各有自身特定的成本影响因素。但从运输自身所具有的特征角度来看,运输成本主要受产品特征、运输特征和市场因素的影响。因此,运输成本控制要根据不同的情况采取不同的措施。

1. 减少运输环节,降低装卸搬运成本

运输装卸搬运成本是运输成本的一个重要组成部分,降低运输装卸搬运成本可有效地降低运输总成本。降低运输装卸搬运成本的主要途径有以下几个方面。

1) 尽量减少装卸搬运次数

减少运输装卸搬运次数不仅可以降低运输装卸搬运成本,有效降低运输总成本,而且还可以提高运输工具、运输设施周转效率,加快物流运转速度,减少场地的占用和装卸搬运事故发生的次数。

2) 缩短运输装卸搬运距离

装卸搬运距离是影响装卸搬运效率的一个主要因素,缩短运输装卸搬运距离不仅可以减少劳动消耗、缩短装卸搬运时间,而且可以提高运输装卸搬运效率,减少作业损耗和货物的损差。

3) 选择适当的作业机械和作业方式

恰当的装卸搬运机械和作业方式的选择,可以充分有效地利用装卸搬运机械,提高装卸搬运效率,减少不必要的成本支出。可根据物流速度、劳动强度、经济合理性选择相应的装卸搬运机械;根据货物种类、性质形状等货物特性确定散件、成组或集装箱等作业方式。

2. 选择合理的运输方式和运输工具

在交通运输日益发展、各种运输工具并存的今天,根据货物自身的特征和货主所要求的服务水平,对各种运输方式做出自由选择已成为可能。在货物运输过程中,运输生产管理人员必须熟悉各种运输工具的技术经济特征,注意对运输工具和运输路线的选择。根据不同货物的产品特征和自身服务水平的要求,可分别利用铁路、公路或水路进行高效率、低成本运输;运输企业应积极改进现有的运输工具的装载技术和装载容量,充分利用既有的运输资源,提高运输生产效率,降低运输成本。

1) 选择合适的运输工具

基于不同货物的形状、价格、运输批量、交货日期、到达地点等特点,都有适当运输工具与之相对应。运输工具的经济性与迅速性、安全性、便利性之间存在着相互制约的关系。因此,在目前多种运输工具并存的情况下,在控制运输成本时,必须注意根据不同货物的特点及对物流时效的要求,对运输工具所具有的特征进行综合评估,以便做出合理选择。

2) 实施联合运输和甩挂运输

联合运输是把公路运输的机动灵活性与铁路、水路的装载能力可观、成本低廉(即便利和经济),以及航空运输的快速特点组合起来,完成"点到点""门到门"运输。积极开展甩挂运输,提高运输效率。全面实行甩挂运输,企业可减少50%以上的牵引车购置成本或租赁费用,车辆平均运输生产力将提高30%~50%,运输成本降低30%~40%,油耗下降20%~30%。与传统的定挂运输相比,甩挂运输具备单位成本低、运行效率高、周转快等多种优势,经济和环境效益明显,有利于降低运输成本。

3) 开展多式联运

多式联运是一种高效率的运输组织方式,它集中了各种运输方式的技术经济特征,将各种运输方式组成连贯运输,达到简化运输环节,加速货运周转,减少货损货差,降低运输成本,实现合理化运输的目的。这种运输组织形式具有传统单一运输方式无可比拟的效率和成本优势,是运输组织方式的一种发展趋势。

3. 优化运输路线和运输网络

运输距离是形成运输总成本的主要部分,应尽量避免重复运输、过远运输、迂回运输等不合理运输现象造成的运力浪费,增加不必要的运输成本。优化运输路线可以减少不合理运输,提高运输效率,方法主要有线性规划法、图表分析作业法、表上作业法、节约里程法,具体措施主要有以下四种。

1) 分区产销合理运输

分区产销合理运输是指在组织运输时,将某种物资的生产区域固定于一定的消费区。根据产销情况和交通运输条件,按接近产销的原则组织货物运输,使货物行驶最短的路线。这种方法适用于品种单一、规格简单、生产集中而消费分散,或生产分散而消费集中、调运量大的货物。

2) 直达运输

直达运输是指在组织货物运输过程中,越过批发商、储存等中间环节,或铁路、交通中间环节,把货物从产地或起运地直接运到销地或用户手中,以减少中间作业环节,降低运输成本。对生产资料来说,由于某些物体大、笨重,一般采用由生产单位直接供应消费单位(生产消费),实行直达运输,如煤炭、钢材、建材等。在商业部门,则根据不同商品的特性,采取不同的运输方法。有些商品规格简单,可由生产单位直接运到三级批发商、大型商店或用户,越过二级批发商环节,如纸张、肥皂等。有些商品规格、花色复杂,可由生产单位供应到批发商,再由批发商送达零售商店或用户。对于外贸部门,多采用直达运输,对出口商品实行由产地直达口岸的方法以减少货物周转环节而降低物流成本。

3) "四就"直拨运输

"四就"直拨运输是指商业和物资批发企业在组织货物调运过程中,对当地生产或由外地调运的货物,不运进批发仓库,而是采取货物直拨的方式,把货物直接分拨给室内基层批发商、零售商店或用户,减少中间作业环节。其具体做法有:就厂直拨、就车站(港口)直拨、就库直拨、就车(船)过载等。这种运输方式可以得到双重的经济效益,进而降低成本。

4) 计划安排运输

对运输时间和运输线路等事先做出计划安排,在运输时选择最佳运输路线和运输时间,避开交通高峰期及交通拥挤地段,可降低运输成本。

4. 通过合理装载,降低运输成本

在单位运输费用一定时,通过改善装载方式、提高装载水平,充分利用运输车辆的容积和额定载重量,可以使单位运输成本降低,最终减少总运输成本。

1) 拼装整车运输

拼装整车运输是指物流企业在组织铁路货运中,由同一发货人将不同品种发往同一到站,统一收货人的零担托运货物。由物流企业自己组配在一个车皮内,以整车运输的方式托运到目的地;或把同一方向不同到站的零担货物集中组配在一个车皮内运到一个适当车站,然后再中转分运;拼装整车运输之所以可以降低运输成本,其原因在于:在铁路运输中有两种托运方式,一种托运方式是整车,另一种托运方式是零担,二者之间的运价相差很大。采取整车运输方式可以充分利用铁路运输大吨位装载能力,产生规模经济效应,节省运输费用而达到运输总成本的下降。

2) 实施托盘化运输

托盘化运输就是利用托盘作为货载运输单元进行运输。实施托盘化运输的关键在于全程托盘化,即一贯托盘化运输。一贯托盘化运输就是把"保管—发货—运输—进货—保管"形成一条龙工序。以托盘为基本装载用具可以不改变货物的状态,始终一贯地利用机械装卸搬运处理货物,有效地提高了物流劳动生产率,从而使运输成本相对减少。

3) 实施集装箱运输

集装箱作为现代运输的重要载体,既是一种包装容器,又是一种有效的运输工具。通过集装箱运输可以提高装载效率、减轻劳动强度,起到强化外包装的作用,节约大量商品包装费用和检验费用,并防止货损货差。

(二) 仓储成本的控制

在物流活动中,仓储的任务是对供应和需求之间在时间上的差异进行调整。对于使用自备仓库的仓储活动,其相关的仓储成本主要是仓库维护费、出入库和库存的操作费、仓库折旧、存货占用资金的利息等;如果租用营业仓库,则仓储成本主要是仓库使用费和存货占用资金的利息。仓储成本控制的目标就是要实行货物的合理库存,不断提高保管质量,加快货物周转,发挥物流系统的整体功能。仓储成本管理的一个重要方面,是要研究保管的货物种类和数量是否适当。高价商品长期留在仓库中,就会积压资金。若是银行贷款,还要负担利息支出。而过分地减少储存量,虽对减少利息负债有利,但对客户的订货来说又有脱销的危险,这也会失去赢利的机会。由此可见,保管成本控制也是物流成本控制的一项重要内容。一般说来,仓储成本控制应抓好如下工作。

1. 优化仓库布局,减少库存点

目前,许多企业通过建立大规模的物流中心,把过去零星的库存集中起来进行管理,对一定范围内的用户进行直接配送,这是优化仓储布局的一个重要表现。需要注意的是,仓库的减少和库存的集中,有可能会增加运输成本,因此,要从运输成本、仓储成本和配送成本的总和角度来考虑仓库的布局问题,使总物流成本达到最低。

2. 自有仓库与租用仓库的战略选择

企业需要仓库储存货物,可以自建也可以租用仓库。在这两者中怎样选择,才能使制定的仓库战略既经济又合理呢?可以从以下几个方面考虑仓库的战略选择。

1) 仓库的满仓率

一般来说,仓库全年满仓的可能性很小,基本上75%~85%的时间不满仓。而仓库往往按照满仓的要求来设计,于是未满仓的部分就浪费了。因此,自营仓库只要能够满足最大需求量75%左右即可,在仓库使用高峰期,租用仓库更为经济。

2) 作业灵活性

作业灵活性是指仓库调整仓储策略和作业程序以满足产品和客户需求的能力。自营仓库往往对所有客户都采用同一仓储政策和作业程序,灵活性差。所以当仓库作业灵活性要求高时,应选择租用仓库。

3) 地点灵活性

地点灵活性包括:在需要更多仓库时,能使用到所需仓库;在淡季时,可以不必负担额外的仓储费用;改变仓库位置时,基本不发生转换成本。租赁、合同仓库具有更大的地点灵活性,不需要企业投入大量的资金,在需要时支付租金即可。

4）规模经济效应

大流量的仓库更能够利用先进技术来降低材料搬运和储存成本,发挥规模经济效应。租赁、合同仓库一般拥有更大规模,具有这方面的优势。

5）特殊仓储技术

有些产品(如药品、化学品)仓储时,需要专业存储人员或专门设备。这时,自营仓库可能是唯一可行的选择方案。当然,现在也有一些专业物流公司为客户提供专门的行业性物流服务。

6）其他因素

选择仓库战略时还要考虑其他一些因素,如拥有自营仓库可能产生的增值收益;仓库空间在未来某个时间可能转为他用,如改为生产设施等;仓库还可以作为销售部门、自营车队、运输部门和采购部门的服务基地等。

一般而言,企业既自建仓库又适当租赁仓库是一种不错的选择,这样既满足了各方面需求,又能节约成本。

3. 采用现代化库存计划技术来控制合理库存量

采用物料需求计划(MRP)、制造资源计划(MRPⅡ)、准时制(JIT)生产和供应系统等,可以合理地确定原材料、在制品、半成品和产成品等每个物流环节的最佳库存量,在现代物流理念下指导物流系统的运行,使存货水平最低、浪费最少、空间占用最小。

4. 运用存储论确定经济合理库存量,实现货物存储优化

货物从生产到到达客户之间需要经过几个阶段,几乎在每一个阶段都需要存储,究竟在每个阶段库存量保持多少合理? 为了保证供给,隔多长时间补充库存? 一次进货多少才能达到费用最省? 这些都是确定库存量的问题,也都可以在存储论中找到解决的方法。其中应用较广泛的方法是经济订购批量模型,即 EOQ 模型及模型的扩展。

5. 库存管理中采用 ABC 分类法管理

利用 ABC 分类法管理,可以做好库存物品种类的重点管理和库存安排,提高保管效率。ABC 分类法符合抓住关键少数、突出重点的原则,是库存成本控制中一种比较经济合理的常用方法。

6. 加强仓库内部管理,降低日常开支

加强仓库内部管理主要是:在保证货物质量安全的情况下,更好地堆放和储藏物品,以节约保管费用;提高仓库与仓储设备的利用率,掌握好储存额的增减变化情况,充分发挥仓库使用效能;提高保管人员通风、倒垛、晾晒的工作效率,减少临时工工资的支出;在物品保管中所需的保养、擦油、防虫药剂、托യ、代保及仓库小修等费用支出,均须纳入计划,节约使用;做好仓库盘点工作,尽可能减少货物损失等。

（三）配送成本的控制

在物流总成本中,配送成本的比例最高,约占 35%～60%,因此,控制配送成本对降低整体物流成本、提高物流效益有极大贡献。

1. 开展合理的资源筹措

配送利用较大批量筹措资源的优势来降低资源筹措成本,使配送资源筹措成本低于用

户自己筹措成本,从而取得专业优势。如果不是集中多个用户需要进行批量筹措资源,而仅仅是为某一两户代购代筹,对用户来讲,就不仅不能降低资源筹措费,相反却要多支付一笔配送企业的代筹代办费。另外,配送量计划不准,资源筹措过多或过少,在资源筹措时不考虑建立与资源供应者之间长期稳定的供需关系等,都会给企业带来损失。

2. 优化配送作业,降低配送成本

优化配送作业的主要手段有混合配送、差异化配送、共同配送等。混合配送是指部分配送作业由企业自身完成,另一部分外包给第三方,这种混合配送可以合理安排配送任务,使配送成本达到最小。差异化配送是指按产品的特点、销售水平来设置不同的配送作业,即不同的库存、不同的配送方式和不同的储存地点。例如,对A、B、C三类物资采用不同的配送作业。共同配送是一种战略运作层次上的共享,它是几个企业联合,集小量为大量,共同利用统一配送设施的配送方式。

3. 优选配送线路,合理配载

优选配送线路就是在知道了每辆车负责配送的具体客户后,如何以最快的速度完成对这些货物的配送,即如何选择配送距离短、配送时间短、配送成本低的线路。这需根据客户的具体位置、沿途的交通情况等做出优化选择和判断。除此之外,还必须考虑有些客户或其所在地点环境对送货时间、车型等方面的特殊要求,如有些客户不在中午或晚上收货,有些道路在某高峰期实行特别的交通管制等。

明确了客户的配送顺序及路线后,接下来就是如何将货物装车,以什么次序装车的问题,车辆的配载应遵循下列原则。

(1) 尽量把外观相近、容易混淆的货物分开装载。

(2) 重不压轻,大不压小,轻货应放在重货的上面,包装强度差的应放在包装强度好的上面。

(3) 不要将散发异味的货物与吸异味的货物混装。

(4) 尽量不将散发粉尘的货物与清洁货物混装。

(5) 切勿将渗水的货物与易受潮的货物一同存放。

(6) 包装不同的货物应分开装载,如板条箱货物不要与纸箱、袋装货物堆放在一起。

(7) 具有尖角或其他突出物的货物应和其他货物分开或用木板隔离,以免损伤其他货物。

(8) 装载易滚动的卷装、桶装货物时,要垂直摆放。

(9) 货与货之间,或与车辆之间应留有空隙并适当衬垫,防止货损。

(10) 装货完毕时,应在门端处采取适当的稳固措施,以防开门卸货时,货物倾倒造成货损或人身伤亡。

(11) 在装车时,尽量做到后送先装。

如果在配载过程中方法不当,则会造成空载、迂回运输、商品串味、挤压等损失。

4. 通过自动化技术,提高配送作业效率

配送作业包括入库、保管装卸、备货、分拣、配载、发货等作业环节。入货和发货效率的提高可以通过条形码技术和便携式终端性能的提高来实现;而在保管和装卸作业中,也可以通过自动化技术来降低人工成本,并实行作业的标准化;备货作业的自动化是比较难的,最常用的是数码备货,这是一种不使用人力而是借助于信息系统有效地进行作业活动的方法,具体地说,就是在由信息系统接受客户订货的基础上,向分拣员发出数码指令,从而按照指定的数量和种类准确迅速备货的作业系统。

5. 建立通畅的配送信息系统

在配送作业中,需要处理很多的数据。降低配送中心内部成本的策略方法是要借助于通畅的信息系统,导入自动化仪器,力图做到配送中心作业的机械化和自动化,节约人力资源成本,简化订发货作业,制订最佳的配载计划和配送路线,最终降低配送成本。

(四) 包装成本的控制

一般来说,包装可以认为是生产环节的终点,又是销售物流的起点。企业生产的产品只有在销售给用户时才具有使用价值,为了确保使用价值不受影响并吸引用户购买,需要对产品进行包装和对外观进行必要的装潢,但是这必须遵循合理适用的原则,不能一味追求华而不实的包装,从而造成不必要的浪费。

一般说来,包装成本控制应采取如下几项措施。

(1) 所有包装物品购入时,主管部门必须记账掌握,根据领用凭证发料,并严格控制使用数量,以免损失、浪费。

(2) 各使用部门应按需要时间提出使用数量计划,交主管部门据以加工、购置,如逾期没规划或数字庞大造成浪费或供应不及时,均应追究责任。

(3) 要加强包装用品规格质量的验收和管理,注意搞好包装用品的回收利用。

(4) 在保证商品在运输、装卸、保管、销售过程中质量、数量不受损失的前提下,适当采用一些包装代用品,选择质好价廉的包装材料,节约费用开支。

(5) 要加速包装物的周转,延长使用年限和使用次数,避免损失浪费现象。

(6) 根据产品的特点、运输的远近,研究包装物的要求,改善包装方法。

(7) 了解用户情况,改进不必要的装潢,力求包装简单化、朴素化。

三、以物流成本形成过程为对象的物流成本控制

(一) 投资阶段的物流成本控制

投资阶段的物流成本控制主要是指企业在厂址选择、设备购置、物流系统布局规划等过程中对物流成本所进行的控制,其内容如下。

1. 合理选择厂址

厂址选择合理与否在很大程度上决定了以后物流成本的高低。例如,把廉价的土地使用费和人工费作为选择厂址的第一要素时,可能会在远离原料地和消费地的地点选点建厂,这对物流成本的高低会造成很大的影响。除了运输距离长以外,还需要在消费地点设置大型仓库,而且对运输工具的选择也受到了限制。如果在消费地附近有同行业的企业存在,在物流成本上就很难与之竞争,即使将人工费和土地使用费的因素考虑在内,也很难断定是否有利。所以工厂选址时应该重视物流这一因素,事先要搞好可行性研究,谋求物流成本的降低。

2. 合理设计物流系统布局

物流系统布局的设计对物流成本的影响是非常大的,特别是对全国性甚至全球性的物流网络设计而言,如何选择物流中心和配送中心的位置、运输和配送系统的规划、物流运营流程的设计等,对于整个系统投入运营后的成本耗费有着决定性的影响。在物流系统布局规划时,应通过各种可行性论证,比较选择多种方案,确定最佳的物流系统结构和业务流程。

3. 优化物流设备投资

优化物流设备投资是为了提高物流工作效率和降低物流成本,企业往往需要购置一些机械化、自动化的物流设备,但在进行设备投资时,一定要注意投资的经济性,要研究机械化、自动化的经济临界点。对一定的物流设备投资来说,其业务量所要求的条件必须适当。一般来说,业务量增加时,采用机械化和自动化有利,而依靠人工作业则成本提高。相反,如果超过限度搞自动化,那么将不可避免地增大资金成本,这同样是不可取的。

(二) 产品设计阶段的物流成本控制

物流过程中发生的成本大小与物流系统中所服务产品的形状、大小和重量等密切相关,而且不仅局限于某一种产品的形态,同时还与这些产品的组合、包装形式、重量及大小有关。因此,实施物流成本控制有必要从设计阶段抓起。特别是对制造企业来说,产品设计对物流成本的重要性尤为明显。具体地说,设计阶段的物流成本控制主要包括如下几方面的内容。

1. 产品形态的多样化

耐用消费品,特别是家用电器制品,在产品的形态设计上可以考虑多样化。例如,将电炉和电风扇设计成折叠形式,就易于保管和搬运;将机床设计为带有把柄,就能为搬运和保管过程中的装卸作业提供方便。

2. 产品体积的小型化

体积的大小从很大程度上决定了物流成本的高低。例如,要把一个体积大的产品装到卡车车厢里,如果这个产品的底面积占整个车厢底面积的51%,一辆卡车只能装一件,其余49%的底面积若不装其他东西,就只能空着。如果要以同样方法运两件这种产品,就需要两辆卡车,花双倍的费用。如果设计时考虑这一点,按照占卡车车厢底的50%的大小制造该产品,则一辆卡车可运两件,就可以有效节约运输费用。再例如,洗涤剂浓缩化可大幅降低物流成本;餐饮行业所用的调料和作料,如果由液体改制成粉末状态,也可以使配送效率成倍增长等。

3. 产品批量的合理化

当把数个产品集合成一个批量保管或发货时,就要考虑物流过程中比较优化的容器容量。例如,一个箱子装多少件产品,箱子设计成多大,每个托盘上堆码多少个箱子。

4. 产品包装的标准化

各种产品的形状是多种多样、大小不一的,大多数都在工厂进行包装。包装时通常需要结合产品的尺寸等选择包装材料。也就是说,根据产品的大小、形状,分割包装材料并进行捆包,这样做才不会浪费。但是,多种多样的包装形态在卡车装载和仓库保管时,容易浪费空间。从降低物流成本的角度看,这种做法不一定是最合理的。根据物流管理的系统化观点,应该是包装尺寸规格化,形状统一化,有时即使需要增加包装材料用量,或者另外需要填充物,但总的物流成本可能会降低。

从上述情况可知,产品设计阶段决定着物流效率和物流成本的高低。这就要求在设计阶段就必须扎实地掌握和分析本企业由上(零部件、原材料的供应商)到下(产品销售对象、最终需要者)的整个流程,弄清产品设计对整个物流过程各个环节所需成本的影响,从整体最优的原则出发,搞好产品设计,实施物流成本的事前控制。

(三) 供应阶段的成本控制

供应与销售阶段是物流成本发生的直接阶段,这也是物流成本控制的重要环节。供应阶段的物流成本控制主要包括以下内容。

1. 优选供应商

企业进货和采购的对象很多,每个供应商的供货价格、服务水平、供货地点、运输距离等都会有所区别,其物流成本也就会受到影响。企业应该在多个供应商中考虑供货质量、服务水平和供货价格的基础上,充分考虑其供货方式、运输距离等对企业物流成本的综合影响,从多个供货对象中选取综合成本较低的供货厂家,以有效地降低企业的物流成本。

2. 运用现代化的采购管理方式

JIT采购和供应是一种有效降低物流成本的物流管理方式,它可以减少供应库存量,降低库存成本,而库存成本是供应物流成本的一个重要组成部分。另外,MRP采购、供应链采购、招标采购、全球采购等采购管理方式的运用,也可以有效地加强采购供应管理工作。对集团企业或连锁经营企业来说,集中采购也是一种有效的采购管理模式。这些现代化采购管理方式的运用,对于降低供应物流成本是十分重要的。

3. 控制采购批量和再订货点

每次采购批量的大小对订货成本与库存成本有着重要的影响,采购批量大,则采购次数减少,总的订货成本就可以降低,但会引起库存成本的增加,反之亦然。因此,企业在采购管理中对订货批量的控制是很重要的。企业可以通过相关数据分析,估算其主要采购物资的最佳经济订货批量和再订货点,从而使订货成本与库存成本之和最小。

4. 供应物流作业的效率化

企业进货采购的对象及品种很多,接货设施和业务处理要讲求效率。例如,同一企业不同分厂需采购多种不同物料时,可以分别购买、各自进货,也可由总厂根据各分厂进货要求,由总厂统一负责进货和仓储,在各分厂有用料需要时,总厂仓储部门按照固定的路线,把货物集中配送到各分厂。这种有组织的采购、库存管理和配送管理,可使企业物流批量化,减少工厂事务性工作,提高了配送车辆和各分厂进货工作的效率。

5. 采购途耗的最省化

供应采购过程中往往会发生一些途中损耗,运输途耗也是构成企业供应物流成本的一个组成部分。运输中应采取严格的预防保护措施尽量减少采购途耗,避免损失、浪费,降低物流成本。

6. 供应物流交叉化

销售和供应物流经常发生交叉,因此可以采取共同装货、集中发送的方式,把外销商品的运输与从外地采购的物流结合起来,利用回程车辆运输的方法,提高货物运输车辆的使用效率。同时,这样还有利于解决交通混乱现象,促使发货进货业务集中化、简单化,促进搬运工具、物流设施和物流业务的效率化。

(四) 生产物流过程的成本控制

生产物流成本也是物流成本的一个重要组成部分。生产物流的组织与企业生产的产品类型、生产业务流程及生产组织方式等密切相关,因此,生产物流成本的控制是与企业的生产管理方式不可分割的。在生产过程中有效控制物流成本的方法主要包括以下几种。

1. 生产车间和生产工艺流程的合理布局

生产车间和生产工艺流程的合理布局,对生产物流会产生重要影响。通过合理布局,可以减少物料和半成品迂回搬运,提高生产效率和生产过程中的物流运转效率,降低生产物流成本。

2. 合理安排生产进度,减少半成品和在制品库存

生产进度的安排合理与否,会直接或间接地影响生产物流成本。例如,生产安排不均衡,产品成套性不好,生产进度不一,必然会导致库存半成品、成品的增加,从而引起物流成本的升高。生产过程中物流成本控制的主要措施是采用"看板管理方式"。这种管理方式的基本思想是力求压缩生产过程中的库存,减少浪费。

3. 实施物料领用控制,节约物料使用

物料成本是企业产品成本的主要组成部分,控制物料消耗、节约物料使用,直接关系到企业的生产经营成果和经济效益。通过物料领用的控制,可以有效地降低企业的物料消耗成本。物料的领用控制可以通过"限额领料单"(或称定额领料单、限额发料单)来进行,它是一种对指定的材料在规定的限额内多次使用的领发料凭证。使用限额领料单,必须为每种产品、每项工程确定一个物料消耗数量的合理界限,即物料消耗量标准,作为控制的依据。

(五)销售阶段的物流成本控制

销售物流活动作为企业市场销售战略的重要组成部分,不仅要考虑提高物流效率、降低物流成本,还要考虑企业销售政策和服务水平。在保证客户服务质量的前提下,通过有效的措施,推行销售物流的合理化,以降低销售阶段的物流成本,主要措施包括以下几种。

1. 商流与物流相分离

在许多商品分销企业和特约经销商的产品销售流通过程中,大部分采取商流和物流管理合一的方式,即销售公司各分公司、经营部、办事处既负责产品的促销、客户订货、产品价格管理、市场推广、客户关系管理等与商品交易有关的商流业务,又负责仓储、存货管理、物品装卸、搬运、货物配送等与实物库存、移动有关的物流业务,这在企业产品和商品品种单一、经营渠道单一和信息化水平不高的条件下是有一定道理的。然而,随着公司商品品种多样化、销售渠道多元化趋势的发展和信息系统设施的逐步完善,这种管理模式将越来越不适应社会专业化大分工和市场竞争发展的需要。由于商物合一,仓库随销售业务层层设立,也导致公司物流成本居高不下、库存管理混乱、存货积压严重,同时销售费用和物流成本不易区分,也不利于各部门专业化水平的提高。

现在,商流与物流分离的做法已经被越来越多的企业所采纳。其具体做法是订货活动与配送活动相分离,由销售系统负责订单的签订,而由物流系统负责货物的运输和配送。运输和配送的具体作业,可以由自备车完成,也可以通过委托运输的方式来实现。此外,还可以把销售设施与物流设施分离开来,如把同一企业所属的各销售网点的库存实行集中统一管理,在最理想的物流地点设立仓库,集中发货,以压缩流通库存,解决交叉运输,减少中转环节。这种商物分流的做法,把企业的商品交易从最大的物流活动中分离出来,有利于销售部门集中精力搞销售。而物流部门也可以实现专业化的物流管理,甚至面向社会提供物流服务,以提高物流的整体效率。

事实上,许多专业物流公司就是从制造企业的物流部门分离出来后,不断扩大其经营规模而形成的。

2. 订单管理与物流相协调

订单的重要特征表现在订单的大小、订单交货时间等要素上。订单的大小和交货时间要求往往会有很大的区别,在有的企业中,很多小订单往往会在数量上占了订单总数的大部分,它们对物流和整个物流系统的影响有时也会很大。因此,企业为了提高物流效率,降低

物流成本,在订单量上必须充分考虑商品的需求特征和其他经营管理要素的需要。

3. 销售物流的大量化

销售物流的大量化是指通过延长备货时间,以增加运输量,提高运输效率,减少运输总成本。例如,许多企业把产品销售送货从"当日配送"改为"次日配送"或"周日指定配送",就属于这一类。这样可以更好地掌握配送货物量,大幅度提高配货装载效率。为了鼓励运输大量化,日本采取一种增大一次物流批量折扣收费的办法,实行"大量(集装)发货减少收费制",因实行物流合理化而节约的成本由双方分享。现在,这种以延长备货时间来加大运输或配送量的做法,已经被许多企业所采用。需要指出的是,这种做法必须在能够满足客户对送货时间要求的前提下进行。

4. 增强销售物流的计划性

以销售计划为基础,通过一定的渠道把一定量的货物送达指定地点。如某些季节性消费的产品,可能会出现运输车辆过剩或不足,装载效率下降等现象。为了调整这种波动性,可事先同买主商定时间和数量,制订出运输和配送计划,使生产厂按计划供货。在日本啤酒行业,这种方法被称为"定期、定量直接配送系统"的计划化物流。

5. 实行差别化管理

实行差别化管理是指根据商品流转快慢和销售对象规模的大小,把保管场所和配送方法区别开来。对周转快的商品分散保管,反之集中保管,以压缩流通库存,有效利用仓库空间;对供货量大的实行直接送货,供货量小而分散的实行营业所供货或集中配送。差别化方针必须既要节约物流成本,又要提高服务水平。

6. 物流的共同化

物流的共同化是实施物流成本控制的最有效措施。超出单一企业物流合理化界限的物流,是最有前途的物流发展方向。一方面,通过本企业组合而形成的垂直方向的共同化,实现本系列集团企业内的物流一体化、效率化,如实行同类商品共同保管、共同配送;另一方面,通过与其他企业之间的联系而形成的水平方向的共同化,解决了两个以上产地和销售地点距离很近而又交叉运输的企业在加强合作以提高装载效率、压缩物流设备投资、解决长途车辆空载和设施共同利用等方面的问题。

前沿理论与技术

在分析应用传统作业成本法核算物流成本面临诸多问题的基础上,也有学者讨论了时间驱动作业成本法核算物流成本的实施以及相关优势,并就核算得到的物流成本信息,结合具体算例,提出了作业基础上的基于 DEA 的物流成本评价方法。

实训项目

- 实训内容:物流成本认知实训。
- 实训手段:视频片段、企业物流成本案例计算与讨论。
- 实训目的:了解物流成本及成本管理的含义、物流成本计算的方法以及成本控制的措施。

练习题

一、单项选择题

1. ( )不属于物流成本的基本特性。
   A. 系统性　　　　B. 复杂性　　　　C. 完全性　　　　D. 隐含性
2. 物流成本中的存货风险成本不包括企业因物流活动产生的( )。
   A. 物品跌价损失　　　　　　　　B. 损耗、毁损
   C. 盘亏　　　　　　　　　　　　D. 负债融资所发生的利息支出
3. 企业物流成本中的企业包括( )。
   A. 生产制造企业　　　　　　　　B. 物流企业
   C. 商品流通企业　　　　　　　　D. A、B、C 三项
4. 以下不属于企业自营物流成本的是( )。
   A. 材料费　　　　B. 人工费　　　　C. 委托物流成本　　　　D. 维护费
5. 一般企业在设置物流成本辅助账户时，主要取决于( )和物流成本管理的要求。
   A. 物流成本计算对象的选取　　　B. 物流部门
   C. 客户对象　　　　　　　　　　D. 产品对象

二、多项选择题

1. 物流成本中与存货有关的成本包括( )。
   A. 与存货有关的流动资金占用成本　　B. 订货成本
   C. 存货风险成本　　　　　　　　　　D. 存货保险成本
2. 社会物流费用包括( )。
   A. 运输费用　　　B. 制造费用　　　C. 保管费用　　　D. 管理费用
3. 物流成本计算可采用( )方式进行。
   A. 与产品成本计算同步　　　　　　B. 产品计算之前预测
   C. 于期末合并进行　　　　　　　　D. 于期末单独进行
4. 事中控制又称为( )。
   A. 前馈控制　　　B. 过程控制　　　C. 日常成本控制　　　D. 后馈控制
5. 从一定意义上讲，物流成本的计算就是( )。
   A. 显性物流成本　B. 物流功能成本　C. 成本归集　　　D. 成本分配

三、名词解释

成本计算对象　物流成本的分配　物流成本归集　单轨制　双轨制

四、判断题

1. 物流成本"冰山说"的观点体现的是企业所掌握的物流成本，只占企业物流成本的一小部分，大部分物流成本并未被管理者所认识。　　　　　　　　　　　　　　　(　　)
2. 降低物流成本可以以牺牲物流服务质量为条件。　　　　　　　　　　　　(　　)
3. 物流运输过程增加产品的使用价值。　　　　　　　　　　　　　　　　　(　　)
4. 对成本计划完成情况的分析要通过成本降低率来进行。　　　　　　　　　(　　)

5. 仓储环节可以有效地实现物流的增值服务。（   ）

五、简答题

1. 物流成本的特点有哪些？
2. 物流成本管理方法有哪些？
3. 物流成本控制的内容包括哪些方面？
4. 降低运输成本的措施有哪些？
5. 降低物流成本的手段有哪些？

本章参考文献

[1] 曲建科,杨明. 物流成本管理[M]. 3版. 北京：高等教育出版社,2019.
[2] 陈洁,刘红宇. 物流成本管理[M]. 2版. 北京：中国水利水电出版社,2019.
[3] 易兵,熊文杰. 现代物流学[M]. 北京：中国财富出版社,2019.
[4] 包红霞. 物流成本管理[M]. 北京：科学出版社,2018.
[5] 谢合明,尹良. 物流成本管理实务[M]. 北京：科学出版社,2018.
[6] 张远. 物流成本管理[M]. 北京：北京大学出版社,2017.
[7] 何岩松. 物流成本管理理论与实务探索[M]. 北京：人民日报出版社,2017.
[8] 鲍新中. 物流成本管理[M]. 北京：人民邮电出版社,2017.
[9] 易华,李伊松. 物流成本管理[M]. 3版. 北京：机械工业出版社,2016.
[10] 王欣兰. 物流成本管理[M]. 2版. 北京：北京交通大学出版社,2015.
[11] 关高峰. 物流成本管理[M]. 北京：北京大学出版社,2014.
[12] 赵钢,周凌云. 物流成本分析与控制[M]. 北京：清华大学出版社,2011.
[13] 孙定兰. 物流成本管理[M]. 武汉：华中科技大学出版社,2009.
[14] 倪凤琴. 物流成本管理[M]. 2版. 北京：电子工业出版社,2011.
[15] 郭士正,刘军. 物流成本管理[M]. 北京：清华大学出版社,2011.
[16] 张晓焱,杨红,朱庆宝. 物流成本管理[M]. 北京：航空工业出版社,2011.
[17] 王亚军,李志刚. 物流成本管理[M]. 北京：机械工业出版社,2011.
[18] 李英,冷雪艳. 物流成本管理. [M]. 北京：清华大学出版社,2010.
[19] 赵弘志. 物流成本管理[M]. 北京：清华大学出版社,2010.
[20] 张国健,李艳萍. 物流成本管理[M]. 北京：经济管理出版社,2011.
[21] 朱伟生. 物流成本管理[M]. 北京：机械工业出版社,2011.
[22] 曹霁霞,黄志宁. 物流成本管理与控制[M]. 大连：大连理工大学出版社,2011.
[23] 鲍新中,李晓非. 物流成本管理：理论与实务[M]. 北京：机械工业出版社,2011.
[24] 李严峰,董永茂. 物流成本管理[M]. 杭州：浙江大学出版社,2011.
[25] 傅桂林,袁水林. 物流成本管理[M]. 北京：中国物资出版社,2010.
[26] 冯耕中. 物流成本管理与控制[M]. 北京：中国人民大学出版社,2010.

CHAPTER 第七章

物流税收

引导案例

MX物流有限公司属于民营企业,公司经营范围包括公路运输、仓储服务、装卸搬运、代理采购、物流咨询、物流方案设计、汽车租赁、集装箱租赁等方面。2012年"营改增"之后,MX物流公司需要进行会计核算和经营管理的调整。其中2018年5月1日以前,运输业务增值税税率为11%,仓储服务业增值税税率为6%,有形动产租赁增值税税率为17%。MX物流公司自"营改增"之后初期面临着税负加重的情况,相关数据如表7-1所示。

表7-1 MX物流公司2011—2015年财务数据

项 目	2011年	2012年	2013年	2014年	2015年
增值税/元	22 571.12	53 080.59	1 547 000.45	2 492 251.96	2 805 212.04
营业税/元	816 572.15	920 108.72	76 342.11	3164.55	0
营业收入/元	28 481 224.92	31 489 250.34	40 503 493.35	67 970 693.70	77 706 704.59
流转税税负率	2.95%	3.09%	4.01%	3.67%	3.61%
流转税税负变动率		4.90%	29.68%	−8.4%	−1.67%

MX物流公司在2012—2015年连续四年现金流出大于现金流入,面临着巨大的现金流压力。而"营改增"的初期,MX物流公司的税负不降反增。对此,MX公司制定了相应的税务筹划措施:调整服务价格;重新规划采购对象;设置增值税纳税业务专岗。

但是在实际操作过程中存在以下问题。

(1)虽装卸搬运、采购货物、仓储服务等流程适用不同税率,但是与客户签订合同时直接将其归集为公路运输服务收入,故税务部门统一按运输服务税率征收增值税。

(2)合同性质归属灵活性差。

(3)进项抵扣金额不充分,2015年仅抵扣5万元,还有12万元未能进行抵扣。

(4)收入结算方式较随意,增值税发票管理不当。

公路运输收入为MX物流公司的最大收入来源,但是"营改增"之后,运输业务中允许抵扣的项目并不多。从2012年到2015年,MX公司支付的流转税税负占企业经营现金收净流入的比重分别为79.98%、17.71%、71.84%、53.1%。对人员、流程、合同、增值税发票等一系列的优化管理工作迫在眉睫。

案例来源:陈俊君.MX物流公司增值税税务筹划研究[D].广州:华南理工大学,2017.

案例解析

物流业的"营改增"税改制度自实施以来,已取得一定的成效,但同时也存在不少问题,不断有物流企业反应"营改增"增加了企业的税负压力。想要在行业中具备竞争力,物流企业必须随着"营改增"税收政策的实施,合理安排自身的纳税筹划,尽可能地帮助企业实现价值最大化。

MX物流公司于2012年11月1日起改征增值税,运输业务增值税税率为11%,仓储服务业务增值税税率为6%,有形动产租赁增值税税率为17%。自"营改增"后,MX物流公司面临着税负加重的情况,并且MX公司涉及增值税三档税率,合理进行增值税税务筹划能够帮助企业有效降低运营成本、减少现金流出、提高盈利水平。

案例思考

1. "营改增"对于完善税制、促进产业结构优化是有利的,但为何会带来物流企业税负的增加?
2. 实施"营改增"后,物流业将面临哪些挑战?物流企业如何应对税负变化?

案例涉及的主要知识点

物流企业　增值税　税务筹划

学习导航

- 了解税收的基本概念、职能和分类。
- 掌握物流业主要税种和税类。
- 了解国内外物流业税收政策。
- 理解"营改增"对物流企业的影响。
- 理解并掌握物流企业纳税筹划的基本方法。

教学建议

- 备课要点:"营改增"环境下物流税收面临的机遇与挑战;物流企业纳税筹划的基本方法。
- 教授方法:案例引导、政策导向、理论与实际相结合。
- 扩展专业领域:21世纪中国物流业税收面临的困境与解决思路。

第一节　物流税收概述

一、税收理论

(一)税收的起源与发展

从汉字的解析角度来看,税从禾、从兑,本义是田赋,政府征收的农产品。西方关于税收的概念是政府对其管辖下的经济活动主体(包括个人、团体、企业等)所拥有的货币、实物或劳动力本身按一定比例的征收,是经济活动主体为维持政府满足公共需求所做的纳贡。

自人类进入文明社会之后,无论在地球的哪个角落,无论在经济与社会发展的哪个阶段,税收都是客观存在的。文明之初,宗教领袖与政府首脑合二为一,教会与朝廷融为一体,出于对神灵的崇拜与敬畏,在世界各国,人们曾自发地向统治者贡献一部分劳动或物品,这种自由贡献可视为税收的胚胎。后来,随着政府职能的扩大和政治权利的扩张,自由贡献的劳动转化为"役",如兵役、衙役、力役等,自由贡献的物品转化为按照人身或财产课征的税收。在漫长的农业社会中,几乎所有的国家,每个有劳动能力的人都要按照性别和年龄缴纳一定数额的人头税,每块用于耕作的土地都要按照等级和面积缴纳一定数额的土地税,原始的手工业和服务业也要缴纳一定的工商业税。进入工业社会后,随着物质财富规模、种类的增加和经济活动主体的多元化,税收的种类和数量发生了重大变化。企业生产销售的货物或提供的服务要按照货物或服务的种类与数量缴纳一定数额或比例的商品税,实现的利润要按照利润的大小缴纳一定比例的所得税,占有的财产要按照财产的种类与数量缴纳一定数额或比例的财产税。同时,个人从事劳动、投资和经营要按照收入的多少缴纳一定比例的所得税,到市场购买货物或服务要承担货物或服务的价格中包含的商品消费税,占有的财产也要缴纳一定数额或比例的财产税。

我国的税收经历了一个漫长的演变过程。相传,自夏朝开始,中国就有了"贡"。在夏、商、西周三代,"贡"是政府收入的主要来源。春秋战国时期,随着生产力水平的提升和生产关系的变革,各国相继进行了财政制度改革,如齐国实行了"相地衰征"、鲁国实行了"初税亩",初步确立了按照土地征收"税"和"赋"的税收制度。秦汉时期,在征收土地税的同时,开始按照人口征收人头税,形成了以土地税和人头税为主的税收制度。在土地税和人头税之外,还对农林、渔猎、矿产等资源产品及手工业、服务业等征收一定数量的工商业税。这种以人头税和土地税为主、工商业税为辅的税收制度,一直延续到了清代前期。清代不再单独征收人头税,转变为以土地税(农业税)和工商业税为主、房屋及车船等财产税为辅的税收制度。民国时期,借鉴西方各国税收制度建设的成功经验,对税收制度进行重大改革,在工商税收领域,增设了商品税、所得税等现代税种,为建立现代税收制度奠定了重要基础。2006年,农业税(土地税)被取消。至此,农业税、工商税、财产税并列的税收制度进一步转变为商品税、所得税、财产税并列的现代税收制度。

(二)税收的特征与职能

1. 税收的特征

税收的特征是税收目的与依据的外在表现,是税收区别于政府其他收入形式的标志。与其他财政收入形式相比,可将税收的特征概括为以下三个方面。

1) 强制性

税收的强制性是指经济活动主体必须按照税收法律、法规的要求准确、及时地履行纳税义务,否则就要受到法律的制裁。

税收之所以具有强制性,是由税收的依据决定的,税收的依据是政府为经济活动主体提供的一般利益,这种一般利益同时又是社会的整体利益。在现实经济与社会生活中,一般利益与特殊利益,整体利益与局部利益,总是既有统一的一面,又有冲突的一面。并且,从经济活动主体的角度来看,一般利益与特殊利益或整体利益与局部利益总是冲突的。在这种观念支配下,经济活动主体就会经常地为维护自己的特殊利益或局部利益而逃避税收或抗拒税收。在这种情况下,政府为维护社会的一般利益或整体利益,就要采取各种强制措施,对逃避和抗拒税收的经济活动主体实施必要的制裁。

2) 无偿性

税收的无偿性是指税收所体现的政府和经济活动主体之间的利益关系是一种不完全对

等的互利关系。具体来说,税收的无偿性包含两层含义:第一层含义是,税收所体现的政府与经济活动主体之间的利益关系是一种互利关系。从政府的角度看,政府一方面向经济活动主体提供和平、秩序和便利;另一方面向经济活动主体征税,二者的关系是一种互利关系。从经济活动主体的角度看,经济活动主体一方面向政府纳税;另一方面享受政府提供的和平、秩序与便利,二者的关系也是一种互利关系。第二层含义是,政府与各个经济活动主体之间的互利关系,是一种不完全对等的互利关系。纳税多者所获不一定较多,纳税少甚至不纳税的人却可能获得较多的公共产品利益。

3)固定性

税收的固定性是指税收是按照事先确定的范围和标准征收的,包括事先确定了征税对象和纳税人、确定了税基和税率、确定了纳税时间与地点等。在税收征收中,任何单位与个人都不能随意改变税收的征收范围和标准,过多或过少地向纳税人征税。

税收的固定性同样是由税收的依据决定的。税收的依据是政府为经济活动主体提供的一般利益。这意味着,在税收的征收过程中,政府不仅不应当破坏经济活动主体的利益,而且应当保护并增进经济活动主体的利益。这就要求税收具有固定性。只有具有固定性,生产者才能从长安排自己的生产经营活动,消费者才能从长安排自己的消费活动,经济才能持续发展,社会才能不断进步。纵观历史,税收之所以能够产生与存在,也是与这种固定性分不开的。

2. 税收的职能

税收的职能是税收本身所固有的职责与功能,具体说就是税收所具有的满足国家需要的能力,它所回答的是税收能够干什么的问题。

1)财政职能

税收的财政职能是指税收具有组织财政收入的功能,即税收作为参与社会产品分配的手段,能将一部分社会产品由社会成员手中转移到国家手中,形成国家财政收入的能力。

税收之所以具有财政职能,是因为税收是以国家的政治权力为依据的、强制的、无偿的分配形式,可以将一部分社会产品由分散的社会成员手中转移到国家手中,形成可供国家支配的财政收入,以满足国家行使职能的需要。

税收的财政职能是随着税收的产生而产生的,在税收漫长的发展过程中,它经历了由实物到货币的演变形式,但始终作为国家取得财政收入的重要手段而存在,并将随着国家的存在而存在下去。

2)调节经济职能

税收的调节经济职能是指税收在组织财政收入的过程中,改变国民收入原有的分配格局,从而对经济产生影响的能力。

税收调节经济的职能主要表现在以下三个方面。

(1)税收对总需求与总供给平衡的调节。

(2)税收对资源配置的调节。

(3)税收对社会财富分配的调节。

(三)税收的分类及税制的构成要素

1. 税收的分类

从不同的角度出发可将税收进行不同分类。

1) 按征税对象分类

征税对象是进行税收分类的主要依据。按照征税对象的不同,税收可分为三大类:一是流转税(turnover taxes),是以商品生产流转额和非生产流转额为课税对象征收的一类税,如销售税、周转税、增值税、消费税等;二是所得税类(income taxes),所得税也称收益税,是指以各种所得额为课税对象的一类税,如企业所得税、个人所得税等;三是财产税类(property taxes),财产税是指以纳税人所拥有或支配的财产为课税对象的一类税,如房地产税、遗产税等。

2) 按税收计征标准分类

根据税收计征标准,税收可分为从量税(specific tax)和从价税(ad valorem tax)。从量税是指以课税对象的数量(重量、面积、件数)为依据,按固定税额计征的一类税,如我国现行的资源税、车船使用税和土地使用税等。从价税是指以课税对象的价格为依据,按一定比例计征的一类税,如我国现行的增值税、关税和各种所得税等税种。

3) 按税收负担是否转嫁分类

以税收负担是否转嫁为标准,可把税收分为直接税(direct tax)与间接税(indirect tax)。直接以个人收入、企业财产、自有财产为征税对象,税负不能转嫁给他人的税为直接税;以商品劳务流转额为征税对象,税负可以转嫁给他人的税为间接税。

4) 按税收与价格的关系分类

按税收与价格的关系角度,税收可分为价内税(taxes included in price)和价外税(taxes excluded from price)。价内税是指税款在应税商品价格内,作为商品价格一个组成部分的一类税。如我国现行的消费税和关税等税种。

价外税是指税款不在商品价格之内,不作为商品价格的一个组成部分的一类税。如我国现行的增值税(目前商品的价税合一并不能否认增值税的价外税性质)。

5) 按税收管理的权限分类

以税收管辖权的层次来划分,可将税收划分为中央税(central taxes)和地方税(local taxes)。中央税是指由中央政府征收和管理使用或由地方政府征收后全部划解中央政府所有并支配使用的一类税,如我国现行的关税和消费税等。地方税是指由地方政府征收和管理使用的一类税,如我国现行的个人所得税、城市维护建设税、资源税、印花税和筵席税等,这类税一般收入稳定,并与地方经济利益关系密切。

6) 按税收收入形态分类

以税收收入形态来区分,税收可分为实物税(tax in kind)和货币税(tax in money)。实物税是指纳税人以各种实物充当税款缴纳的一类税;货币税是指纳税人以货币形式缴纳的一类税。在现代社会里,几乎所有的税种都是货币税。

2. 税制的构成要素

税制的构成要素是指税制应当具备的必要因素和内容。税制的构成要素一般包括征税人、纳税义务人、征税对象、税目、税率、计税依据、纳税环节、纳税地点、纳税期限、减免税、违章处理等。其中,纳税义务人、征税对象和税率是税制三个最基本的构成要素。

1) 纳税人

纳税人是纳税义务人的简称,是指税法上规定的直接负有纳税义务的单位和个人,也称纳税主体。纳税人可以是自然人,也可以是法人。纳税人因税种的不同而不同,每个税种都应明确规定各自的纳税义务人。

2) 征税对象

征税对象又称课税对象,是征税所指向的客体,表明对什么东西征税,即征税的目的物。征税对象可以是商品、货物、所得、财产,也可以是资源、行为等。每一种税都有特定的征税对象。征税对象实质上规定了不同税种的征税领域,凡属于征税对象范围的,就应征税;不属于征税对象范围的,就不征税。所以,征税对象是一种税区别于其他税的主要标志。与征税对象有关的概念如下。

(1) 税目:即征税对象的具体内容,是在税法中对征税对象分类规定的具体的征税品种和项目。设计税目的方法,可以是一种商品就是一个税目,也可以是一大类的商品是一个税目。

(2) 计税依据:计算应纳税额的根据,国外通常在狭义上将其称为"税基"。是征税对象的计量单位和征收标准。征税对象解决对什么征税,计税依据解决税款如何计量;有些税的征税对象和计税依据是相同的或一致的,有些又不一致。

计税依据分为两类:一类是计税金额,是从价税的计税依据;另一类为计税数量,是从量税的计税依据。流转税的课税基础是流转额,所得税的课税基础是所得额,房产税的课税基础是房产。选择税基是税制建设上的一个重要问题。选择的课税基础宽,税源比较丰富,这种税的课征意义就大;反之,税源不多,课征意义就小。

(3) 税源:税收收入的来源,即各种税收收入的最终出处。

3) 税率

税率是指应纳税额与征税对象的比例或征收额度。它是计算税额的尺度。税率是税制的核心要素和中心环节。税率的高低直接关系到国家收入的多少和纳税义务人的负担轻重,因此,每一种税的适用税率都必须在税法中事先明确规定。

税率一般可以分为比例税率、定额税率和累进税率三类。

(1) 比例税率是指对同一征税对象,不论其数量多少、数额大小,都按同一个比例征税。其特点是对同类征税对象实行等比负担,有利于鼓励规模经营和平等竞争。

(2) 定额税率也称固定税额或单位税额,是按征税对象计量单位直接规定应征税额,而不采用百分比形式的税率,它适用于从量计征的税种。

(3) 累进税率是指按征税对象的多少划分若干等级,分别规定不同的税率,即按征税对象数额大小,规定不同等级的税率,征税对象数额越大,征收比例也越大,累进税率税额与征税对象量的比,表现为税额增长大于征税对象数量的增长幅度。其特点是按纳税能力确定税收负担,收入多的多征,收入少的少征,是政府调节收入、分配财富、体现税收负担均衡的手段。一般适用按所得课税的税种。

二、我国物流业主要税类和税种

物流服务是现代服务的一种,物流企业的具体业务涉及运输、储运、搬运、包装、流通加工、配送、信息处理等方面,从税收的角度来说,物流业涉及的税种税目也比较复杂。2013年8月1日起,物流业由营业税改征增值税(铁路运输和邮政业是从2014年1月1日起实施),因此,在我国现行税收体系中,物流业所涉及的主要税种为增值税和企业所得税。我国物流业主要税类、税种如表7-2所示。

表 7-2 我国物流业主要税类、税种

税 类	税 种
流转税	增值税、消费税、关税
所得税	企业所得税、个人所得税
财产税	房产税、城镇土地使用税、车船税、车辆购置税、契税、船舶吨税等
行为税类	城市维护建设税、印花税、教育费附加等

(一) 增值税

增值税的基本原理：商品的最终销售收入额等于商品在各个生产经营环节的增值额；对商品最终销售收入额征的税等于对商品在各个生产经营环节的增值额征的税。为了促进经济结构调整，支持现代服务业发展，从 2012 年 1 月 1 日起，我国率先在上海市交通运输业和部分现代服务业开展营业税改征增值税(以下称"营改增")试点。自 2012 年 8 月 1 日起，由上海市分批扩大至北京市、天津市、江苏省、浙江省(含宁波市)、安徽省、福建省(含厦门市)、湖北省、广东省(含深圳市)8 个省(直辖市)。自 2013 年 8 月 1 日起，在全国范围内开展交通运输业和部分现代服务业"营改增"试点。自 2014 年 1 月 1 日起，在全国范围内将铁路运输和邮政业纳入"营改增"试点。

2017 年 11 月 19 日，公布《国务院关于废止〈中华人民共和国营业税暂行条例〉和修改〈中华人民共和国增值税暂行条例〉的规定》后，标志着"营改增"正式完成。2018 年，增值税改革进一步深化。2018 年 5 月 5 日起，将制造业等行业增值税税率从原适用于 17% 降至 16%，将交通运输、建筑、基础电信服务等行业及农产品等货物的增值税税率从原适用于 11% 降至 10%，预计全年可减税 2400 亿元。2019 年继续深化税制改革，根据政府工作报告，2019 年 4 月 1 日起将制造业等行业现行 16% 的税率降低至 13%，将交通运输业、建筑业等行业现行 10% 税率降至 9%。保持 6%一档的税率不变，但通过采取对生产生活性服务业增加税收抵扣等配套措施，确保所有行业税负只减不增。[①]

交通运输业包括陆路运输、水路运输、航空运输、管道运输、铁路运输；部分现代服务业中的物流辅助服务包括航空服务、港口码头服务、货运客运场站服务、打捞救助服务、货物运输代理服务、代理报关服务、仓储服务和装卸搬运服务。对于一般纳税人，交通运输业服务、邮政业服务税率为 9%；物流辅助服务税率为 6%；实行进项税抵扣制度。小规模纳税人采用简易计税办法，增值税征收率为 3%，不得抵扣进项税。另外，物流业中的流通加工业务，仍按《中华人民共和国增值税暂行条例》的规定征税：一般纳税人税率为 13%，实行进项税抵扣制度；小规模纳税人征收率为 3%，不得抵扣进项税。营业税改征增值税行业税目、税率如表 7-3 所示。

(二) 企业所得税

企业是独立的经济实体，是将土地、资本和劳动力结合起来从事生产、经营活动的经济组织。企业所得税是对企业取得的所得征收的一种税，是政府直接参与各类企业收入分配的主要形式。根据《中华人民共和国企业所得税法》的规定，我国企业所得税基本税率为 25%，符合条件的小型微利企业税率为 20%，国家重点扶持的高新技术企业按 15% 的税率征税。

---

① 孙作林.增值税税率降低政策受益主体探析[J].财会通讯,2020(8)：149-151,168.

表 7-3 营业税改征增值税行业税目、税率

行业类别	改征行业范围	增值税税率/%	原营业税税率/%	税目注释
交通运输业	陆路运输服务	9	3	通过陆路(地上或者地下)运送货物或者旅客的运输业务活动,包括公路运输、铁路运输、缆车运输、索道运输及其他陆路运输
	水路运输服务	9	3	通过江、河、湖、川等天然、人工水道或者海洋航道运送货物或者旅客的运输业务活动
	航空运输服务	9	3	通过空中航线运送货物或者旅客的运输业务活动
	管道运输服务	9	3	通过管道设施输送气体、液体、固体物质的运输业务活动
部分现代服务业	研发和技术服务	6	5	包括研发技术、技术转让服务、技术咨询服务、合同能源管理服务、工程勘察勘探服务
	信息技术服务	6	5	包括软件服务、电路涉及测试服务、信息系统服务、业务流程管理服务
	文化创意服务	6	5	包括涉及服务、商标著作权转让服务、知识产权服务、广告服务、会议展览服务
	物流辅助服务	6	5	航空服务、港口码头服务、货运客运场站服务、打捞救助服务、货物运输代理服务、代理报关服务、仓储服务
			3	装卸搬运服务
	有形动产租赁服务	13	5	包括有形动产融资租赁、有形动产经营性租赁
	鉴证咨询服务	6	5	包括认证服务、鉴证服务、咨询服务

注:《营业税改征增值税试点方案》(财税〔2011〕110号)规定,小规模纳税人增值税征收率为3%。

(三) 房产税

房产税是以房屋为征税对象,按照房屋的计税余值或租金收入向房屋产权人征收的一种财产税。按照房产计税余值的1.2%或租金收入的12%征收。物流企业(特别是仓储企业)需要建设仓库或者货场,从而不可避免要涉及房产税和城镇土地使用税。

(四) 城镇土地使用税

城镇土地使用税是以城镇土地为征税对象,对拥有土地使用权的单位和个人所征收的一种税。城镇土地使用税的计税依据是实际占用的土地面积;采用地区差别定额税率,每平方米年税额标准为大城市1.5~30元,中等城市1.2~24元,小城市0.9~18元,县城、建制镇、工矿区0.6~12元。

(五) 车辆购置税

车辆购置税是对在中华人民共和国境内购买、进口、自产、受赠、获奖或者以其他方式取得并自用应税车辆的单位和个人所征收的一种税。应税车辆包括汽车、摩托车、电车、挂车、农用运输车。2018年12月29日,全国人民代表大会常务委员会第七次会议正式通过《中华人民共和国车辆购置税法》并决定自2019年7月1日起施行。车辆购置税实行从价定率

征收,税率为10%,计税依据为应税车辆的计税价格,计税价格视情况分别确定:纳税人购买自用的应税车辆的计税价格,为纳税人购买应税车辆而支付给销售者的全部价款和价外费用,不包括增值税税款;纳税人进口自用的应税车辆的计税价格为关税完税价格、关税、消费税之和;纳税人自产、受赠、获奖或者以其他方式取得并自用的应税车辆的计税价格,按照购置税应税车辆时相关凭证载明的价格确定,不包括增值税税款。

(六)车船税

车船税是对车辆和船舶的所有人或者管理人所征收的一种税,实行定额税率,属于地方税,税额标准存在地区差异。同时,车船税税目是依据车辆用途、车船种类以及发动机气缸容量进行分类,以此规定不同的税额(见表7-4)。物流企业(特别是交通运输企业)需要大量车船等运输工具从而需要缴纳车船税。继2017年7月颁布的车船税做出新的规定和调整后,2018年7月1日至2021年6月30日,国家将实行挂车减半征收车辆购置税。

表7-4 车船税税目税额表

车 型	税 目	计税单位	车辆车船税额标准/元	全国收费标准/元
乘用车[按发动机汽缸容量(排气量)分档]	1.0升(含)以下	每辆	120	60~360
	1.0升以上至1.6升(含)		300	300~540
	1.6升以上至2.0升(含)		360	360~660
	2.0升以上至2.5升(含)		660	660~1 200
	2.5升至3.0升		1 200	1 200~2 400
	3.0升以上至4.0升(含4.0升)		2 400	2 400~3 600
	4.0升		3 600	3 600~5 400
商用车	大型客车[核定载客人数20(含)人以上]	每辆	480	480~1 440
	中型客车[核定载客人数20(含)人以上]		540	
	货车	整备质量每吨	60	16~120
挂车		整备质量每吨	30	按照货车税额50%计算
其他车辆	专用作业车	整备质量每吨	60	16~120
	轮式专用机械车		60	16~120
摩托车		每辆	60	36~180

(七)船舶吨税

船舶吨税是对自中华人民共和国境外港口进入境内港口的船舶征收的一种税。船舶吨税采用优惠税率和普通税率两种税率,优惠税率适用于具有我国国籍的应税船舶以及船籍国(地区)与我国签订含有相互给予船舶税费最惠国待遇条款的条约或者协定的应税船舶;

普通税率适用于除上述以外的其他应税船舶。

第二节　物流业税收政策

一、我国物流业税收政策的变迁

改革开放以来,随着我国财税领域改革的不断推进,我国物流业税收政策也发生了很大变化,大体上可以分为以下四个阶段。

(一) 第一阶段:"放权让利"阶段(20世纪80—90年代初)

改革开放初期,为了增强企业活力,我国实行了"利改税"改革,将国有企业上缴利润改为纳税。在"利改税"过程中,对铁道、邮电、民航等物流业采取了扶持性的税收政策。例如,"七五"期间,铁路运输的所得税和税后利润全部留在铁道部用于铁路基建和技术改造;从1986年起,对铁道部直属铁路局的营业税税率由15%降为5%;1991年,财政部决定对有技术开发任务和消化能力的铁道、交通、民航、邮电部门所属的工业企业,经同级财政部门批准,可以享受加速折旧政策,并可按最高不超过销售收入的1%提取技术开发费。综上所述,改革开放初期,为了加快改善我国基础设施条件,国家对铁道、交通、民航、邮电等国有企业实行"放权让利""休养生息"的税收政策,对加快基础设施建设,搞活交通邮电企业起到了重要作用。

(二) 第二阶段:有限支持阶段(20世纪90年代—21世纪初)

1994年,我国财税体制进行重大改革,其目的是建立适应社会主义市场经济要求的财税体制;1998年以后,我国明确了财政体制改革的终极目标是构建公共财政体系,相继进行了一系列改革,如预算制度改革、支出管理制度改革等。这一阶段,税收政策对物流业的支持主要体现在以下两个方面。

(1) 在税制设计上体现对物流业的支持。1994年,税制改革体现了三个原则:①确保财政收入增长;②税负公平;③贯彻既定的产业政策和经济发展规划。对物流业的支持主要体现在营业税适用低税率上,即交通运输业、邮电通信业适用的营业税税率为3%,这一税率低于其他产业,如金融保险业为5%、娱乐业为5%~20%,由于物流业主要涉及的流转税就是营业税。因此,这一制度设计虽从根本上体现了对物流相关产业的扶持,但是营业税制因为重复征税的弊端也制约着物流业的发展。

(2) 改革政府收费制度,优化物流发展的制度环境。乱收费、收费膨胀是长期困扰我国物流业发展的一个重大问题,这一方面增加了社会物流成本;另一方面极大地制约了物流业的发展。从1997年开始,我国把改革收费制度列入财政工作的重点内容,分批取消不合理收费。仅1998年就取消了不合法、不合理的收费和基金727项,减轻企业和社会负担370多亿元。取消乱收费对包括物流业在内的各行各业的发展起到了保护作用。

(三) 第三阶段:加大支持阶段(21世纪初—2012年)

为了解决物流业税收政策方面存在的重复征税和合并纳税问题,促进物流业发展,根据一系列支持物流业发展的宏观政策精神,2005年,国家税务总局发布了《关于试点物流企业有关税收政策问题的通知》,对国家发改委和国家税务总局确认的试点物流企业进行营业税差额征税试点。2006年,国家税务总局发布《关于物流企业缴纳企业所得税问题的通知》,规定了物流企业汇总缴纳企业所得税的具体办法。

营业税差额征税是指试点物流企业将承揽的运输业务分给其他单位并由其统一收取价款

的,以该企业取得的全部收入减去支付给其他运输企业的运费后的余额为营业额计算征收营业税;试点物流企业将承揽的仓储业务分给其他单位并由其统一收取价款的,以该企业取得的全部收入减去付给其他仓储合作方的仓储费后的余额为营业额计算征收营业税。截至2010年,共认定六批583家物流企业适用试点税收政策。营业税差额征税消除了物流企业在运输、仓储业务分包业务时的重复征税问题,不仅减轻了试点物流企业的税负,有利于促进物流外包和物流专业化发展,而且由于促进了物流企业良性发展,扩大了税源,试点物流企业的纳税总额不仅没有减少反而有所增加。据中国物流与采购联合会2007年对17家试点物流企业的调查,营业税差额征税试点当年直接减少了被调查企业重复纳税额1 487.7万元,同时被调查企业的营业税总额2005年和2006年的增幅分别达到14.9%和32%。

物流企业汇总缴纳企业所得税是指物流企业在同一省、自治区、直辖市范围内设立的跨区域机构(包括场所、网点),凡在总部统一领导下统一经营、统一核算,不设银行结算账户、不编制财务报表和账簿,并与总部微机联网、实行统一规范管理的企业,其企业所得税由总部统一缴纳,跨区域机构不就地缴纳企业所得税。现代物流企业需要发达的运送网络为客户提供满意的服务,因而常采用连锁经营方式,但在缴纳企业所得税时,根据属地征管的原则,会出现各营业网点不能盈亏相抵,无法合并纳税的情况。为了避免多交税,物流企业在外地设点时都采用挂靠的方式,导致货运市场混乱。实行总部汇总缴纳企业所得税以后,物流企业可以根据企业经营战略的需要在全国范围设点,有利于培育大型第三方物流企业,促进物流业健康发展。

另外,2012年,财政部发布了《关于物流企业大宗商品仓储设施用地城镇土地使用税政策的通知》(财税〔2012〕13号),规定自2012年1月1日起至2014年12月31日止,对物流企业自有的(包括自用和出租)大宗商品仓储设施用地,按所属土地等级适用税额标准的50%计征城镇土地使用税。这在一定时期内一定程度上减轻了物流企业尤其是仓储企业的税收负担。

(四)第四阶段:增值税扩围阶段(2011—2017年)

2011年,财政部和税务总局发布了《关于在上海市开展交通运输业和部分现代服务业营业税改征增值税试点的通知》(财税〔2011〕111号),"营改增"拉开了我国新一轮税制改革的序幕。2012年,"营改增"试点范围扩大,财政部和税务总局发布了《关于在北京等8省市开展交通运输业和部分现代服务业营业税改征增值税试点的通知》(财税〔2012〕71号)。在上述试点的基础上,2013年,"营改增"试点扩大至全国,财政部和税务总局发布了《关于在全国开展交通运输业和部分现代服务业营业税改征增值税试点税收政策的通知》(财税〔2013〕37号)。2016年5月1日起,我国全面推开"营改增"试点。物流业是这次增值税扩围的重点领域。以一般纳税人的税率为例,交通运输业服务、邮政业服务为11%;物流辅助服务为6%;实行进项税抵扣制度。物流业中的流通加工业务税率为17%,实行进项税抵扣制度。2017年,《国务院关于废止〈中华人民共和国营业税暂行条例〉和修改〈中华人民共和国增值税暂行条例〉的规定》颁布,增值税试点工作顺利完成,营改增正式结束。

(五)第五阶段:增值税深化改革阶段(2017年至今)

创造良好的营商环境、降低企业成本是我国经济转型期刺激市场活力的重要战略。在税收方面,从 2017 年 7 月开始,正式实施《关于简并增值税税率有关政策的通知》,按照该文件中的明确规定,原来增值税税率取消了 13% 一档,调整为 17%、11% 和 6% 三档。① 2018 年,关于税制改革与降低企业成本的讨论如火如荼,财政部、国家税务总局颁布了若干税收相关政策。在 2019 年的 1—10 月,由财政部、国家税务总局颁布的涉及增值税的相关文件就多达 20 项,2019 年新个税正式实施,税率方面也进行了调整,这些举措在一定程度上进一步降低了物流企业人力成本和税收成本。

二、物流业现行税收政策

(一) 货物和劳务税收政策

1. 增值税政策

2011 年 11 月 16 日,财政部和国家税务总局发布《关于在上海市开展交通运输业和部分现代服务业营业税改征增值税试点的通知》(财税〔2011〕111 号),把上海作为首批进行营业税改征增值税的试点地区。2012 年 7 月 31 日,财政部和国家税务总局根据国务院第 212 次常务会议决定精神印发了《财政部国家税务总局关于在北京等 8 省市开展交通运输业和部分现代服务业营业税改征增值税试点的通知》(财税〔2012〕71 号),将交通运输业和部分现代服务业营业税改征增值税的试点范围,从上海市分批扩展到北京市、天津市、江苏省、浙江省(含宁波市)、安徽省、福建省(含厦门市)、湖北省、广东省(含深圳市)8 个省(直辖市)。根据规定,试点地区从事交通运输业和部分现代服务业的纳税人将由缴纳营业税改为缴纳增值税。原来享受技术转让等其他营业税减免政策的试点纳税人,试点后改成增值税免税或者即征即退;所有现行的增值税一般纳税人从试点纳税人处购买的增值税应税服务,可以用来抵扣进项税额;提供符合条件的诸如国际运输服务、向境外提供的设计和研发服务的纳税人,适用增值税零税率、在境外或者向境外提供那些符合条件的工程勘察勘探等服务的纳税人,免征增值税。至 2016 年 5 月,增值税在我国全行业征收。

2018 年,增值税进一步改革后,交通运输业实行的税率为 10%,部分现代服务业里面的租赁有形动产(仓储业)的税率为 16%,而小规模纳税人的征收率也降为 3%,其他剩余部分现代服务业的税率为 6%。作为我国十大产业规划之中的唯一服务业,物流产业的发展受到了国家的关注。为了减轻物流企业的税负,提高物流产业效率和物流服务质量,国家提出了多项物流技术方面的税收优惠政策。2019 年 3 月 5 日,李克强在两会报告中指出要进一步降低企业运营成本。在物流企业和物流服务增值税增收方面,铁路运输、陆路运输、航空运输、管道运输等交通运输一般纳税人增值税税率为 10%,小规模纳税人增值税税率为 13%;在针对仓储、运输代理等服务内容,税收法规定一般纳税人增值税税率为 6%,小规模纳税人为 9%。② 除了适用税率调整,深化增值税改革的新政还扩大进项税抵扣范围并对出口退税有所调整,将旅客运输服务纳入抵扣,对主营业务为邮政、电信、现代服务和生活服务业的纳税人加计抵扣。在税务管理方面,货物运输业小规模纳税人可通过规定的互联网物流平台企业代开增值税专用发票并代办相关涉税事宜,这是互联网物流平台的重大利好,也是优化纳税服务,推动物流信息技术发展和降本增效的重要举措。

---

① 蒯京燕. 我国增值税发展改革及未来展望[J]. 全国流通经济,2020(7): 167-168.
② 李佳校. 物流企业纳税筹划策略分析[J]. 中国物流与采购,2020(22): 76-77.

2. 对物流业的影响

1) 营业税改增值税

营业税的试点改革有效减少了试点企业的重复纳税额,同时对试点企业的经营发展也产生了良好效果(见图7-1)。

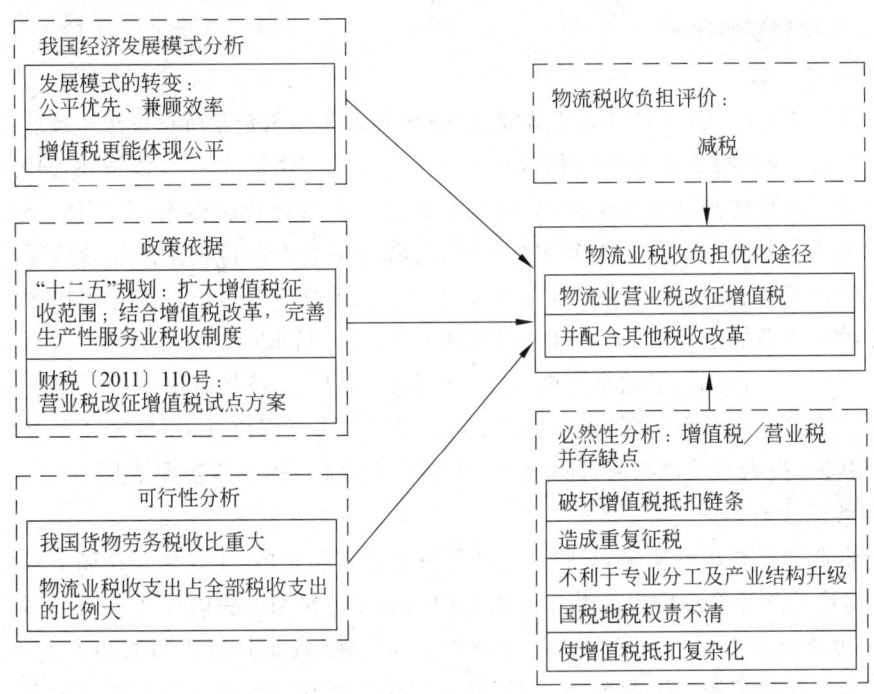

图 7-1　物流业营改增分析

将营业税改征增值税对我国物流业产生的影响主要有以下两点:①使物流业脱离低端的物流业态,逐步转变成高端物流业态。如不承担具体运作活动的第四方物流,其作为物流供应链的集成商,专门为第一、第二、第三方提供物流规划、咨询等服务性物流,也可以接受企业整体的物流业务,再将其中的物流运作等低端运输部分分包给低端的物流企业,自己专注于解决方案设计。②刺激低端的运输业务劳动生产率的提高,使其加大投入,提高技术含量。因为在营业税改征增值税后,多投入的成本是可以抵扣的。

虽然营业税改增值税从长远来看将降低物流企业税负,推动物流税收专业化。但是也有研究表明,短期内物流企业税负可能不降反升。这主要是实施过程中存在问题:①物流产业纵向与内部横向存在税档差异[①];②税率增加,增加企业生产经营负担;③纳税主体造成了增值税缴纳过程中的不公现象。

2) 增值税深化改革

进行增值税深化改革,符合我国优化营商环境、降低企业经营成本、推动供给侧结构性改革的政策。增值税深化改革后,对于小微型物流企业和物流高新技术企业需要缴纳的所得税增收标准分别是20%、15%。小规模纳税人和一般纳税人增值税税率有所降低。物流

---

① 周灵.营改增后物流业的税收断层问题研究[J].云南社会科学,2019(6):65-70.

运输货物的主要来源有两类：一类为制造业环节之间生产资料的流转；另一类为消费环节的商品运输周转。此次增值税深化改革显然将降低企业的销项税额增厚利润，降低企业的物流成本。出口退税的调整政策和国际货运代理、运输业相关的增值税优惠政策，将推动我国国际物流和口岸物流的发展，帮助行业降本增效，健康稳定发展。

（二）所得税税收政策

1. 现行相关政策

我国从 2008 年 1 月 1 日开始正式实施《中华人民共和国企业所得税法》，按照新企业所得税法的规定，我国物流业企业所得税税率为 25%，小型微利企业可以适用 20% 的税率。国家需要重点扶持的高新技术企业，减按 15% 的税率征收企业所得税；个人独资企业、合伙企业合伙人为自然人的企业不需缴纳所得税，仅需缴纳个人所得税生产经营所得。各类基本社会保障性缴款、公益性捐赠支出、工资薪金、劳动保护支出等均可按比例扣除或据实扣除。对于物流企业除了飞机、火车以外的运输工具，最低折旧年限缩短为 4 年，同时，允许物流企业在同一省、自治区、直辖市范围内设立的跨区域机构，满足以下条件可以统一缴纳企业所得税：总部是同一个公司，经营模式、会计核算方法全部统一，不单独开立银行结算账户，不编制财务报表和设置账簿，同总部联网并且按照统一的规范管理企业。

2. 对物流业的影响

现行企业所得税法的实施，对物流业的影响是非常明显的，主要体现在以下几个方面。

(1) 对中小物流企业的发展壮大起到了积极的促进作用。我国那些规模小、业务单一、实力弱的物流企业占据了大部分的物流企业市场份额，真正具有实力的物流企业并不多。中小企业所得税税率统一下调为 20% 后，扶持了中小微利物流企业的发展。对于小型微利物流企业，政策放出的强烈支持信号，根据财税〔2019〕13 号，小型微利企业条件放宽，同时颁布了相关的税务抵扣和所得税减免政策。

(2) 有利于增强我国物流企业的综合竞争力。自 1978 年改革开放以来，我国物流市场多被外国物流巨头迅速抢占，我国企业在管理、技术上原本就落后于外资企业，而旧税法中对外资企业给予的低于我国国内企业所得税税率的税收优惠，不利于我国物流企业的成长。新税法中对内外资企业所得税税率的统一规定，有利于我国企业的公平竞争。

(3) 有利于物流企业引进更多的专业人才。旧企业所得税法对企业的工资支出设定了限额，超出限额部分不予扣除，新企业所得税扩大了税前扣除范围。在人力资源方面，工资薪金、劳动保护支出、职工工会经费、职工教育经费、各类基本社会保障性缴款、补充养老保险、补充医疗保险等支出均可按比例或据实扣除。由此有利于企业对专业人才的招纳、进一步培养以及提升企业福利。

(4) 有利于物流企业改变经营方式，减少低层次竞争。长时间以来，我国物流企业吸收和维护客户主要是通过压低上游价格等最简单的价格竞争方式，对企业的长远发展不利。新所得税扣除标准具有较强的导向性。公益性捐赠、扶贫捐赠、防疫捐赠等支出均可按标准限额比例扣除、据实扣除甚至全额扣除。业务招待费、广告费和宣传费按相关标准限额扣除，手续费和佣金支出在不同行业也有不同的抵扣标准。多层次多层级宽领域的所得税优惠政策不仅对企业经营业务有导向性，同时能推动企业进行内部税务筹划，进一步提高企业内部经营管理水平。

(5) 有利于物流企业增加资本投入到物流基础设备的建设。物流企业对固定资产的投入比例高,属于长期投资,新所得税法将可以扣除的折旧费用限额予以提高,并允许按照实际修理固定资产的费用全额扣除,从而减少企业不必要的支出,使企业的盈利能力得到提高,并促进了企业加大对新的物流设施的投资建设规模。

(6) 有利于吸收社会资本推动我国物流基础设施的建设及物流成本的降低。《财政部 税务局总局关于铁路债券利息收入所得税政策的公告》(财政部 税务总局公告2019年第57号)中明确指出:①对企业投资者持有2019—2023年发行的铁路债券取得的利息收入,减半征收企业所得税;②对个人投资者持有2019—2023年发行的铁路债券取得的利息收入,减按50%计入应纳税所得额计算征收个人所得税。税款由兑付机构在向个人投资者兑付利息时代扣代缴;③铁路债券是指以中国铁路总公司为发行和偿还主体的债券,包括中国铁路建设债券、中期票据、短期融资券等债务融资工具。

最后,有利于物流企业的机构重组。现行所得税法中明确规定企业的股息、红利收入不需要征税,从而有利于规模较大的物流企业重组并购,强强联合,壮大我国物流业,避免恶性竞争。

(三) 其他税收政策

1. 现行相关政策

物流业需要缴纳的税种不仅有货物和劳务税中的增值税,还涉及所得税及各种其他税,包括房产税、车船税和城市维护建设税、教育费附加等附加税,以及印花税、城镇土地使用税、耕地占用税、车辆购置税等税种。

1) 房产税政策

房产税是以房屋为征税对象,征收范围仅限于城镇的经营性房屋以房屋的计税余值或租金收入为依据按比例征收。对于物流地产企业将其建筑的仓库、港口等物流设施转让给物流企业时,房产税从价计征,按房产原值扣除10%~30%后按余额乘以1.2%计算。应纳房产税额=房产原值×(1-扣税比例)×适用税率。当物流企业将相关的物流设施转租给客户时,房产税从租计征,按房产出租的租金收入乘以12%计算。其课税公式为"应纳房产税额=出税房屋租金收入×适用税率"。财政部在《国家税务总局关于明确免征房产税、城镇土地使用税的铁路运输企业范围的补充通知》(财税〔2006〕17号)中对部分铁道部所属铁路运输企业给予免征房产税、城镇土地使用税的税收优惠。国家在政策许可的范围内通过制定相关的房产税的税收优惠,最大限度地降低了纳税人的税收负担,并给予了地方政府一定的自主权,使得地方政府根据当地自身的发展情况制定出相应的税收政策。

2) 城镇土地使用税政策

城镇土地使用税主要是对在城市、县城、建制镇、工矿区范围内的国有土地进行征税。城镇土地使用税以有幅度的差别税额为主,实行定额税率。据中华人民共和国国务院令第483号,土地使用税每平方米年税额如下:大城市1.5~30元;中等城市1.2~24元;小城市0.9~18元。为了支持物流业的发展,体现国家产业政策倾向,对铁路、民用港口等交通用地,邮电等一些特殊用地采取了政策性减免税和免税界限照顾。出于对中国物资储运总公司旗下的物资储运企业的经营状况的考虑,对中国物资储运总公司所属的物资储运企业的铁路专用线、库区道路、露天货场等非建筑用地免征城镇土地使用税问题,根据"对于经营情况好、有负税能力的企业,恢复征收城镇土地使用税;对经营情况差、负税能力差的企业,在授权范围内给予适当的减免税照顾"原则,由省、自治区和直辖市地方税务局酌情处理。

2. 对物流业的影响

1) 房产税统一设置加重物流业税收负担

按照房产的性质,主要把房产分为以下三大类:作为"固定资产"的房产、作为"投资性房地产"的房产和存量房产。物流企业建造库房、港口等物流基础设施时,需要物流企业把大量可用于再生产的资金投入这种"固定资产"房产的建设中,而且这种房产要按照房产余值征收房产税。所以物流地产建造物流基础设施更具有优势。根据客户的要求,物流企业组建相关物流设施,然后再将这些物流设施转租给客户,并在后期组成专业人员对物业进行管理和服务。物流地产在"投资性房地产"科目下核算,物流地产房产税的缴纳分为已出租和尚未出租两部分。

房产税最初设置的目的是使我国房产价格在合理的可控范围内,而物流系统与供水、供电系统一样具有社会公益性。一个城市物流业的健康发展,将影响到制造、零售等各个行业。构成物流地产企业的主营业务收入,主要有仓储、配送中心、物流园区、货柜码头等的出租收入,同商用房地产和居民区房地产不同的是,物流地产业的成本费用占收入的比重高,回收利润也较缓慢而稳定。然而,物流地产企业要负担的房产税以房屋的计税余额或租金收入为计费依据,依照房产余值计算缴纳的,税率为1.2%;依照房产租金收入计算缴纳的,税率为12%。因此,物流业的房产税税负很重。

2) 城镇土地使用税提高土地评级阻碍物流业发展

2006年年底,我国政府颁布了"国务院关于修改《中华人民共和国城镇土地使用税暂行条例》的决定",改变了物流业城镇土地使用税的单位税额,理论上将税额提高到1~3倍;提高了土地评级,根据区位条件重新评级了仓储企业原来使用的土地。

土地使用税的相关改革措施增加了物流企业的土地使用税税额,约普遍提高了2倍,有的地方甚至涨到9倍、15倍。土地使用税与日俱增的成本压力成为限制物流企业增强竞争力的主要障碍。这一问题已经被很多地区意识到。如福州市政府规定,物流企业2009年度和2010年度需要缴纳的土地使用税,将按照福州经济技术开发区、保税区等属于四级(含四级)以上土地的征收办法征收,也就是单位税额为8元,另外,企业所属区的财政局要每年对其进行每平方米2元的财政补贴。但是,这种政策并没有成为主流政策,多数地区还是没有实行这种政策,大部分的物流企业并没有成为财政补贴的对象,而是同其他房地产企业一样,适用同样的土地使用税政策,负担相同的税收。

此外,为促进物流业高质量发展,财政部和税务总局多次发布相关优惠政策,如2018年发布《财政部 税务总局关于物流企业承租用于大宗商品仓储设施的土地城镇土地使用税优惠政策的通知》(财税〔2018〕62号),指出自2018年5月1日起至2019年12月31日止,对物流企业承租用于大宗商品仓储设施的土地,减按所属土地等级适用税额标准的50%计征城镇土地使用税。2020年3月,发布《关于继续实施物流企业大宗商品仓储设施用地城镇土地使用税优惠政策的公告》(财政部 税务总局公告2020年第16号)继续落实该优惠政策。

第三节 物流企业纳税筹划

一、纳税筹划

（一）纳税筹划的内涵

纳税筹划是纳税人依据所涉及的现行税法及相关法规（不限一地一国），遵循税收国际惯例，在遵守税法、尊重税法的前提下，对企业组建、经营、投资、筹资等活动进行的旨在减轻税负、有利于实现企业财务目标的谋划、对策与安排。纳税筹划是一项理论性和实践性均比较强的经济活动，不同的筹划理论和筹划方法背后隐含着的是对纳税筹划概念的不同理解。

由于体制和经济环境的原因，我国物流企业由原来的国有物资企业发展到现在的初步整合运输、装卸、仓储、配送、加工整理、信息等环节并进行一体化经营的新兴产业，经历了一个较为缓慢的发展过程。造成目前物流企业发展缓慢的原因，除了物流企业自身经营管理的因素以外，政府在税收政策上扶持物流业发展的优惠政策也很少，物流企业的税收负担较重，税金成本占企业总成本的比重较高。在这种情况下，作为物流企业自身有必要对物流企业所适用的税收政策进行分析，制订有效合理的纳税筹划方案，以降低税金成本，促进企业更好地发展。

（二）纳税筹划的特征

纳税筹划一般应具备以下三个特征。

1. 合法性

合法性表示纳税筹划只能在法律许可的范围内。违反法律规定，逃避税收负担，属于偷逃税行为，显然要坚决加以反对和制止。征纳关系是税收基本关系，法律是处理征纳关系的共同准绳。纳税义务人要依法缴税，负责征税的税务机关也要依法征税，纳税人偷逃税是触犯法律的行为。不过在有多种合法的筹划纳税方案可供选择时，纳税人做出选择最符合自身利益的决策，是无可非议的，也是税法赋予纳税人的基本权利，征税人不应当加以反对。用道德的名义劝说或以其他手段迫使纳税人选择高税负，不是税收法律的要求，不符合市场经济的根本要求，因而不值得提倡。市场经济要求纳税人在法定的游戏规则框架内，发挥主观能动性和聪明才智，创造更多的财富。抑制纳税人的纳税筹划行为，不符合市场经济原则。

2. 筹划性

筹划性表示事先规划、设计、安排的意思。在经济活动中，纳税义务通常具有滞后性。企业交易行为发生后才缴纳流转税；收益实现或分配之后，才缴纳所得税；财产取得之后，才缴纳财产税。这在客观上提供了对纳税事先做出筹划的可能性。另外，经营、投资和理财活动是多方面的，税收规定也是有针对性的。纳税人和征税对象的性质不同，税收待遇也往往不同，这在另一个方面为纳税人提供了可选择较低税负决策的机会。如果经营活动已经发生，应纳税收已经确定而再去偷逃税或欠税，都不能认为是纳税筹划。

3. 目的性

纳税筹划的目的是实现税后利润最大化，取得"节税"的税收收益。这表现在两个方面：①选择低税负，低税负就意味着低税收成本，低税收成本意味着高资本回报率；②滞延纳税

(不是指不按税法规定期限缴纳税款行为)。纳税期的推后,也许可以减轻税收负担(如避免高边际税率),也许可以降低资本成本(如减少利息支出)。不管是哪一种,其结果都是税收支付的节约。

(三)纳税筹划与偷税、避税、节税的关系

纳税筹划虽然与偷税、避税、节税的目的一致,都是为了减轻税收支出,但是,纳税筹划与其他三种有着一定的区别,如表 7-5 所示。

表 7-5 纳税筹划与偷税、避税、节税的关系

纳税人行为		与立法意图关系	与法律的关系	政府态度
偷税		违背立法意图	违反法律规定	制裁处罚
纳税筹划	避税	违背立法意图	法律空白	完善税法、强制调整
	节税	顺应立法意图	符合法律规定	鼓励宣传

(1)从行为过程的内容看,偷税主要是纳税人通过有意识地谎报和隐匿有关纳税情况和事实,达到少缴或不缴税款的目的,其行为具有明显的欺诈性质。避税是指纳税人利用税法漏洞或者缺陷钻空取巧,对已经发生的"模糊行为",即介于应税和非应税之间的行为,通过对经营及财务活动的精心安排,以期达到纳税负担最小的经济行为。节税是通过避免应税行为的发生或事前以轻税行为来替代重税行为,达到减少纳税。纳税筹划主要是节税,但是在筹划过程中也会利用税法缺陷,所以也包含避税的成分。

(2)从法律方面的处理看,偷税这种违法行为,法律除了追缴税款和加处罚金外,严重的还要追究刑事责任,包括判处有期徒刑并处罚金;而对于避税,由于其不违法,则一般只是进行强制调整,要求纳税人补缴税款,政府要做的是完善税法、堵塞漏洞;但对于节税,由于其是一种合理的财务行为,所以不会受到法律方面的处理;而纳税筹划行为的内容涵盖了避税和节税,故其行为的法律后果也就包括避税和节税行为的法律后果。

(四)物流企业纳税筹划的必然性

1. 企业纳税筹划的微观经济效应

1)有利于企业遵守法律制度

改革开放多年,税收改革发展发生了前所未有的深刻变化,进行税收筹划工作有利于增强企业的纳税意识。近年,我国物流企业税收利好政策不断出台,减少物流企业的税负。在因偷税漏税最终走向法律制裁甚至破产的案例中,物流企业将借助纳税筹划合理合法实现节税目的。

2)有利于提高企业经营效率

企业通过纳税筹划可促使企业精打细算,减少不必要的浪费,增加预测、决策能力,提高经济效益和经营管理水平。物流业是运用信息技术和供应链管理技术对分散的运输、储存、装卸、搬运、包装、流通加工、配送、信息处理等多种社会功能进行有机整合和一体化运作而形成的蓬勃发展的产业。国家"十二五"期间提出要求"大力发展现代物流业",明确要求"切实减轻物流企业税收负担"。在这样的大背景下,物流业务的多元化和国家税收政策的倾斜就对税收筹划提供了广阔空间。企业通过掌握财务管理,税收相关法规,运营管理等多种知识和技能,综合运用各种合法手段筹划来最大限度地降低税务成本。

3）有利于监督税务部门的征税行为

企业进行纳税筹划获得正当的税收利益是建立在企业纳税意识增强、税收知识全面掌握的基础之上。企业进行纳税筹划将有利于制约税务人员随意征税的行为。现实生活中，我们不难看到企业由于不懂税法，任由税务部门征管，这种严重的"信息不对称"状况使纳税人对税务部门的监督成为一纸空文。所以提倡企业进行纳税筹划势必会带来对税务部门的有效监督。

2．企业纳税筹划的宏观经济效应

1）改变了国民收入的分配格局

企业纳税筹划一般会使企业节约税款支出，因此，在一定时期内待分配的国民收入为一既定量的前提下，纳税筹划的结果将使企业分得的国民收入份额相应增加，而政府所分得的份额相应减少。

2）有利于发挥国家税收调节经济的杠杆作用

在市场经济条件下，追求经济利益是企业经营的根本准则。企业自身这种强烈的节税欲望，使国家可以利用税收杠杆来调整纳税人的行为，从而实现税收的宏观经济管理职能。如果政府的税收政策导向正确，纳税筹划行为将会对社会经济产生良性的、积极的作用。所以，企业纳税筹划行为从某一角度看，是企业对国家税法和政府税收政策的反馈行为。在建立和完善我国社会主义市场经济体制的过程中，国家不会对纳税人的纳税筹划加以反对，因为这将会抑制税收调节作用的发挥。

3）促使政府税制改革市场化、法制化、同步国际

我国进入改革攻坚期和深水区，当前我国税制需进一步简化并建立与现代税收制相匹配的征收监管体系。纳税筹划是纳税人对国家税法及有关税收经济政策的反馈行为，鼓励企业进行税收筹划有助于国家税务机关和财务部门根据企业税收筹划所反馈的信息改进有关的税收政策，进一步完善现行税法。从长远来看，进行税收筹划对整个社会企业的稳定发展是十分有利的。①

4）有利于国家财政收入的增加

纳税筹划既有利于国家财政收入的增加，又可减轻纳税人的税负，这二者看似矛盾，实质上是统一的。因为国家在制定税法时，为了体现产业政策，吸引资金，发挥税收在宏观经济管理方面的调控引导作用，有意使税负在不同产业、不同纳税人、不同课税对象、不同地域之间有所区别，这就为纳税人提供了优化选择其纳税方案的种种机会，只要纳税人的选择行为符合税法的立法精神，其结果一方面可以减轻纳税人的税负；另一方面又会促进落后地区的发展，开辟出更多的税源，增加财政收入。

二、物流企业的税基筹划

（一）我国物流企业涉税税基

我国物流企业的涉税种类主要包括流转税、所得税和财产税。

（1）流转税类是指对商品流转额和非商品流转额如营业额、交易收入额、劳务收入额等的课税。流转税的基本特点是以商品流转额和非商品流转额作为课税依据，在生产、经营和服务收入环节征收，因而不受生产、经营和劳务服务成本的影响。我国的流转税种主要有增

---

① 王敏."营改增"政策对物流业税负影响的调查与检验[D]．济南：山东大学，2018．

值税、消费税和关税。"营改增"后,物流企业涉及的流转税种主要是增值税,增值税是只针对纳税人销售货物、进口货物以及提供加工、修理修配劳务过程中产生的增值额作为计税依据而征收的流转税。

(2) 所得税类指以各种纯收益或总收益额包括投资收益、工薪所得、交易所得、劳务费收入以及其他收益或所得所课征的税收。对纳税人应税所得的课税,有利于调节国家、企业、个人之间的收入分配关系。所得税的基本特点是以纳税人的纯收入或净收入为课税对象,因而有利于兼顾纳税人的负担能力,贯彻"量力负担"的原则。

(3) 财产税类是指以纳税人具有的财产数量或财产价值额为课征对象的税种。财产税的基本特点是课税直接与纳税人拥有的财产数量和财产价值相关联,便于公平分配、缓解收入悬殊的状况。比如我国的房地产税、车船使用税、车船使用牌照税、船舶吨税、城镇土地使用税。物流企业有大量的仓储配送业务,需要仓库、配送中心等基础设施,物流企业不管是自建仓库还是租用仓库,都会涉及房产税的缴纳。根据房产税条例规定,房产税课税模式主要是从价计征,即以房产的账面原值为课税依据。

(二) 税基筹划实现途径

1. 税基递延实现

税基递延实现,即税基总量不变,税基合法递延实现。在一般情况下,可以递延纳税,等于取得了资金的时间价值,取得了无息贷款,节约融资成本;在通货膨胀的情况下,税基递延等于降低了实际应纳税额;在适用累进税率的情况下,有时可以防止税率的爬升。

物流企业有大量的固定资产,如运输车辆、配送中心、越来越先进的仓储设施。在物流企业成本中,固定资产折旧占有很大的份额。这些固定资产的折旧提取办法,影响物流企业的成本,是企业计算缴纳企业所得税税前扣除的重要项目之一。固定资产折旧扣除的大小会影响企业所得税的税基,从而影响企业税负,最终影响企业本年利润。

具体而言,在会计核算方面有多种固定资产折旧核算的方法供选择,如平均年限法、双倍余额递减法、年数总和法等。这些不同的折旧方法及其因素对企业各期折旧额计算结果产生不同的影响,现分别对其进行分析。

1) 平均年限法

平均年限法,又称使用年限法或直线法,是按照固定资产使用年限平均计算折旧的一种方法。平均年限法的计算公式如下:

$$年折旧额 = 固定资产原值 \times (1-净残值率)/预计使用年限$$

这种方法的主要特征:计算出来的固定资产折旧额,在每个使用年份或月份都是相等的。采用平均年限法计算,折旧额随着使用的月数、年数增加成正比例增加,累计折旧额呈直线上升趋势,所以也称为直线法。

2) 双倍余额递减法

双倍余额递减法是根据每期期初固定资产账面净值和双倍直线法折旧率计算固定资产折旧的一种方法。双倍余额递减法的折旧额计算公式如下:

$$年折旧率 = 2/折旧年限 \times 100\%$$

$$年折旧额 = 固定资产初期账面净值 \times 年折旧率$$

这种方法的主要特征:前期提取折旧较多,固定资产成本在使用年限内能尽早得到价值补偿。双倍余额法是加速折旧法的一种方法,使用双倍余额递减法时最后两年计提折旧使用的是直线法,即将固定资产账面净值扣除预计净值后的净值平均摊销。

3) 年数总和法

年数总和法是将固定资产原值减去预计净残值后的净额,乘以一个递减的分数计算每年的折旧额,这个分数的分子代表固定资产尚可使用的年限,分母代表使用年数的逐年数字总和。年数总和法的计算公式如下。

年折旧率＝(折旧年限－已使用年限)/[折旧年限×(折旧年限＋1)/2]×100%

年折旧额＝(固定资产原值－预计净残值)×年折旧率

这个计算方法的主要特征也是固定资产使用前期折旧额大,后期折旧额小,使投资者回收资金快,是另一种加速折旧计算方法。在同一类具体固定资产中,分别采用上述不同的三种固定资产折旧的计算方法计提折旧,其总折旧数额相等,但各种不同方式计算的每一期折旧数额有差异。对于处于所得税减免期的物流企业和不处于所得税减免期的物流企业,如何选择固定资产折旧方法,会极大地影响到该企业所得税税负。

对无法享受企业所得税减免期优惠的物流企业而言,要使各期的所得税课税对象,即课税所得额尽量往后递延实现,就要将每期的收入额尽量往后递延实现,或者将成本、费用尽量地往前递增。企业在这段时间,在各期收入安排上往后递延,各期成本费用需往前递增实现,在固定资产折旧方面采取双倍余额递减法和年数总和法等加速折旧法为佳。

对享受所得税减免期优惠的物流企业而言,企业所得税纳税筹划重点考虑的是运用税收减免期限取得实际减免税利益的问题。因此,与没有所得税减免期优惠的物流企业纳税筹划思维相反,应考虑企业在一定经营时期内,连贯性地合理安排各项经济活动及其相关的会计核算方式,使各企业所得税课税对象尽量提前实现纳税义务发生的时间,使课税对象在减免税期内递增实现,从而在企业所得税减免期内获得最大的减免税利益。在固定资产折旧方面则采取直线折旧法为佳。

2. 税基均衡实现

税基均衡实现,即税基总量不变,税基在各纳税期之间均衡实现。在有免征额或税前扣除定额的情况下,可实现免征额或者税前扣除的最大化；在适用累进税率的情况下,可实现边际税率的最小化。

如物流企业充分利用税法关于起征点和免征额的规定。针对月销售额在10万元以下的小规模纳税人免征增值税。增值税起征点仍然按照《中华人民共和国增值税暂行条例实施细则》《营业税改增值税试点实施办法》执行。按期纳税的,为月销售额5 000～20 000元(含本数),按次纳税的,为每次(日)销售额300～500元(含本数)。近几年,我国虽没有调整增值税起征点,但是不断对起征点政策的优惠加码。

2019年,新个税法正式实施,个人所得税起征点幅度是：国内公民每月工资薪金为5 000元,外籍人员同样适用。免征额是在课税对象总额中免于征税的数额。劳务报酬稿酬以及特许权使用费等三项所得与工资薪金合并为综合所得,适用3%～45%的超额累进税率。劳动收入减除20%的费用后为收入所得。以每一年纳税年度的收入额减除费用6万元以及专项扣除专项附加扣除和依法确定的其他扣除后的余额,为应纳税所得额。

个人独资物流企业根据所适用的五级超额累进税率的特征,税率为3%～45%。注重充分利用每个累进税率所规定的应纳税所得额的界点：30 000,90 000,300 000,500 000。

3. 税基即期实现

税基即期实现，即税基总量不变，税基合法提前实现，在减免税期间，可以实现减免税的最大化。如上述享受所得税减免期优惠的物流企业纳税筹划的情形，在此不再赘述。

4. 税基最小化

税基最小化，即税基总量合法减少，可以减少纳税或者避免多纳税。如物流企业应争取成为试点企业以降低税基。物流企业充分利用现行优惠政策。增值税的税基为增值额，应纳增值税等于增值税销项税额减去增值税进项税额。"营改增"之后，物流行业大部分领域实现了减税降本的目标，但是由于进项税额抵扣困难以及税率增高等原因，部分业务出现税负增大的问题。"营改增"后，国税 30 号公告与财税 32 号就无车承运业务进项抵扣项目和增长税税率做出了优化调整。无车承运企业除了城市维护建设税、教育税及企业所得税等基本税之外，还需就成品油、道路通行费和运输业务获取发票并进行纳税。在税基筹划方面，无车承运企业需测算油卡的比例，并合理整合设计公路货运费用、一般纳税人劳务费、道路桥等通行费等费用，从而顺利开展进项税抵扣业务。

再如物流企业通过费用筹划可以相对降低企业所得税税基。从企业纳税筹划角度考察，企业经营过程中实际发生的费用开支共划分为三部分：第一部分是可以全额在企业所得税前列支的成本费用，即无限制列支部分。第二部分是按税务标准列支的费用，也称限制列支的费用。这类费用的特点是，如果实际发生额小于列支标准，则按实际发生额列支；如果实际发生额大于列支标准，则按标准额列支。超过标准部分的费用又分为可以延期列支和不得再列支费用两部分。可以延期列支的费用指当期实际发生的超过列支标准那部分费用可以延至下期在标准额内继续列支，如果在下期未能列支完毕，再延至下一期，一直到扣除完毕。这类费用通常也称为分期列支的费用。其差异只是时间上的差异，即该实际发生的差异额仅是因超标准不能再当期列支，需延至下期列支而已。这类费用有固定资产提取折旧、无形资产摊提费用、广告费摊销等。不得再列支的超标准部分费用是指当期实际发生的超过列支标准的那部分费用再也不得以任何形式在企业所得税前列支。这类费用有业务招待费超标准部分、经营借贷利息超过金融机构同期同类贷款利率部分等。第三部分是按照税收法规规定完全不能在企业所得税前列支的费用。一般这些费用是与经营收入无关的支出，如资本利息、违法经营的行政罚款和税务滞纳金、罚款以及与经营收入无关的其他各项开支等。

当企业因实际发生的费用大于税务列支标准需要调整时，其超过标准不能列支部分的费用就要相对增大企业所得税课税对象；当企业实际发生的费用符合税务列支要求并小于列支标准时，其企业所得税课税对象相对缩小。企业所得税的课税对象与企业实际发生费用支出结构以及税务列支的要求和标准密切相关。企业实际发生费用总额相同，但费用列支的结构不同，可获得税务扣除的结果不一样，导致其课税对象的大小有差异；同时各种成本费用的税务列支标准不同，也会直接影响课税对象的大小。所以，企业在实际发生费用总额相同、适用税率相同的情况下，也会产生所得税税负的差异。

因此，企业应根据上述费用结构在税务列支方面的特点，在企业纳税筹划中控制资本性的支出，以尽量减少不能作为税务扣除的费用项目开支；在有限制列支的费用项目中，注意在类似性质的费用或者可替代费用开支之间进行调节，尽量将标准内的实际开支控制调整至标准临界点，既防止出现超标准列支，也尽量减少各项费用标准未达空间，造成筹划资源的浪费。

又如影响房产税税收负担的关键因素有：房产的购买价格或承建价格；出租房产的租金收入；以及从价计征与从租计征两种不同课税模式的适用税率。所以房产税的纳税技术筹划的主要内容有房产税两种课税模式的选择以及自建房产税基核算的筹划。

1）房产税两种课税模式的选择

从房产税课税模型（见图7-2）得知：房产税课税模式有从价计征和从租计征两种。这两种课税模式计算的税收负担可能产生差异。当企业具备条件对房产税两种课税模式选择时，需要在两种课税模式之间做出关于各自税收负担对满足目标的优劣程度的测量及权衡。现对企业在可比条件下的两种课税模式的税负平衡点进行计算、分析。

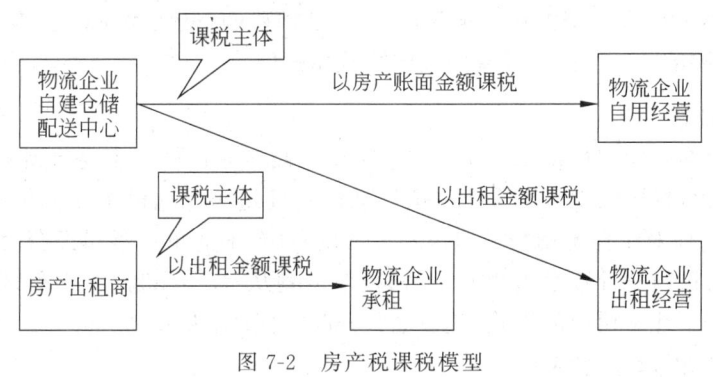

图7-2 房产税课税模型

2）自建房产税基核算的筹划

税法规定，企业自购、自建房屋、建筑物用于经营，需要从购买或竣工之日起，计算缴纳房产税。房产税的课税对象是房屋、建筑物的账面原值。因此，关于房屋、建筑物原值的会计核算是影响房产税负的重要因素。在物流企业组建阶段，企业自建厂房、建筑物竣工验收后，就要通过会计核算归集该固定资产相应的成本费用，确定该固定资产原值，并构成房地产税收的征收依据。自建仓库、配送中心建筑物原值核算范围一般包含厂房、建筑物的主体框架、外墙装修、室内各种消防、通风、供排水、供电、供汽管网以及电梯等不可分割的附属设施价值；有部分投资如室内个性化的装修、相对独立的附属设备和设施等价值是否列入自建厂房、建筑物的原值的核算范围视该工程分包承建方式而定。如果自建仓库、建筑物连同室内个性化装修、相对独立的设备和设施等由承建商总承包，统一竣工验收，则房产原值包括上述工程的价值；如果自建仓库、建筑物的室内个性化装修、相对独立的设备和设施等分别由不同承建商承建而进行不同时间竣工验收，则可不包含在自建仓库、建筑物的原值内。因此，会计核算中关于房产税计税原值的大小与建设企业采取对仓库、建筑物分包的范围、程度及其分项竣工的范围、时间密切相关。在同等建筑规模情况下，采取不同的分包合同方式及分项竣工方式，对该房屋、建筑物的总体折旧额不产生影响，但对企业作为竣工后计算缴纳房产税纳税依据的那部分账面原值产生差异效果。

三、物流企业的税率筹划

目前我国物流企业所涉税种的税率主要有比例税率、定额税率和累进税率三种。

(一) 比例税率

在流转税方面,除极小数产品同时适用定额税率之外,绝大部产品和劳务都适用比例税率。流转税的比例税率的特征是:税率档次较多,税率差异较大。房产税的比例税率是按房产余值计算的 1.2% 与按租金收入的 12%;在所得税方面,企业所得税的比例税率在不同地区、不同性质的企业以及不同的项目分别使用 20%、25%;个人所得税个别项目适用的比例税率为 20%;在行为类税收中,印花税绝大部分是比例税率,分别为千分之一、千分之二、千分之五、万分之三、万分之五。

(二) 定额税率

在流转税方面,主要运用在消费税和资源税方面。消费税的定额税率有 9 档税额,最低为 0.1 元,最高为 225 元。资源税的定额税率有 58 档税额,最低为 0.3 元,最高为 60 元。另外,定额税率常被运用于个体经营者的核定征收模式中。

(三) 累进税率

累进税率包括超额累进税率和超率累进税率。超额累进税率主要运用于个人所得税征收方面。个人所得税中的工资薪金所得项目是按九级超额累进税率计缴税额,九档税率分别从 5%~45%;而对个体工商户生产、经营所得和对企事业单位承包经营、承租经营所得,则按五级超额累进税率计算缴纳税额,五档税率分别从 5%~35%。超率累进税率目前在我国主要运用于土地增值税的征收,其税率共分四档,分别从 30%~60%。

四、物流企业的税额筹划

税额筹划是指纳税人通过直接减少应纳税额的方式来减轻税收负担或者解除纳税义务,常常与税收优惠中的减免税、退税相联系。在税基筹划和税率筹划中,纳税人通过缩小税基或是降低适用税率进行筹划,节减的税额往往要经过较为复杂的计算过程才能知道。而在税额筹划中,节减的税额比较明确,一般不需经过复杂的计算过程。对税额进行筹划,可以有效实现税后收益的最大化。税额对物流企业纳税筹划的影响主要体现在两大方面:具有自开票资格的物流企业增值税抵扣;税收政策对税额的税收优惠。

物流企业应申请自开票纳税人资格。《国家税务总局关于货物运输业若干税收问题的通知》(国税发〔2004〕88 号)规定:利用自备车辆提供运输劳务的同时提供其他劳务(如对运输货物进行挑选、整理、包装、仓储、装卸、搬运等劳务)的单位(以下简称物流劳务单位),凡符合规定的自开票纳税人条件的,可以认定为自开票纳税人。有自开票资格的企业,其开立的运费发票中运输费用可以做增值税进项税抵扣,有利于降低下游企业的增值税负。

税收优惠的主要内容是减免税。减免税是税率的辅助和补充手段。税率是根据社会经济发展的一般情况和社会平均承担能力确定的,它适应普遍性、一般性要求,而不能适应特殊性、个别性要求。由于不同纳税人及课税对象受各种客观因素影响,其税收负担能力有差别。因此税收制度在统一税率的基础上,以税收优惠政策差别机制的灵活性进行补充调节。

减免税规定有各种类型。企业所得税主要有地区减免、行业或企业类型减免;流转税主要有项目减免;财产税主要有特殊减免等。上述减免按减免程度分有定期减免、不定期减免、全免以及部分减免。

(一) 企业所得税税收优惠

2008 年 1 月 1 日,《中华人民共和国所得税法》及《中华人民共和国企业所得税实施条例》正式实施。之后《中华人民共和国所得税法》两次修正,2019年4月23日《中华人民共和国企业所得税实施条例》也重新修订。根据新实施条例,物流企业可享受的企业所得税税收政策优惠如下。

(1) 免税收入。免税收入包括:国债利息收入;符合条件的居民企业之间的股息、红利等权益性投资收益;在中国境内设立机构、场所的非居民企业从居民企业取得与该机构、场所有实际联系的股息红利等权益性投资收益;符合条件的非营利组织的收入。

(2) 项目优惠。一是企业从事《中华人民共和国企业所得税法实施条例》第八十七条所称的国家重点扶持的公共基础设施项目的投资经营的所得,即投资《公共基础设施项目企业所得税优惠目录》规定的港口码头、机场、铁路、公路、城市公共交通、电力、水利等项目的所得,自项目取得第一笔生产经营收入所属纳税年度起,第一年到第三年免征企业所得税,第四年到第六年减半征收企业所得税。二是符合条件的技术转让所得免征、减征企业所得税,居民企业在一个纳税年度内技术转让所得不超过500万元的部分,免征企业所得税;超过500万元的部分,减半征收企业所得税。

(3) 低税率优惠。一是符合条件的小型微利企业,减按20%的税率征收企业所得税,符合条件的小型微利企业是指从事国家非限制和禁止行业,并符合下列条件的企业:工业企业,年度应纳税所得额不超过30万元,从业人数不超过100人,资产总额不超过3 000万元;其他企业,年度应纳税所得额不超过30万元,从业人数不超过80人,资产总额不超过1 000万元。同时政策指出,自2019年1月1日至2021年12月31日,对小型微利企业年应纳税所得额不超过100万元的部分,减按25%计入应纳税所得额,按20%的税率缴纳企业所得税。对年应纳税所得额超过100万元但不超过300万元的部分,减按50%计入应纳税所得额,按20%的税率缴纳企业所得税。二是国家需要重点扶持的高新技术企业、技术先进服务企业、现代服务业合作区的鼓励类产业企业、集成电路生产企业及从事污染防治的第三方企业,均减按15%税率征收。三是非居民企业取得以下所得(非居民企业在中国境内未设立机构场所但来源于中国境内的所得;境内设有机构且有来源于中国境内的所得,或发生在中国境外但与其所设机构、场所有实际联系的所得),按20%征收企业所得税。但是非居民企业取得以下所得(中国境内未设立机构、场所;虽设立机构场所但取得与其所设机构、场所没有实际联系的)减按10%增收。四是重点软件企业和集成电路设计企业,符合相关条件标准的可减按10%征收企业所得税。

(4) 区域优惠。民族自治地方的自治机关对本民族自治地方的企业应缴纳的企业所得税属于地方分享的部分,可以决定减征或者免征。自治州、自治县决定减征或者免征的,须报省、自治区、直辖市人民政府批准。民族自治地方,是指依照《中华人民共和国民族区域自治法》的规定,实行民族区域自治的自治区、自治州、自治县。对民族自治地方内国家限制和禁止行业的企业,不得减征或者免征企业所得税。如财政部公告2020年23号指出,自2021年1月1日至2030年12月31日将设在西部地区的鼓励类产业减按15%税率征收企业所得税,这项政策是对之前政策的延续,也是对西部大开发企业的又一利好。

(5) 加计扣除。企业的下列支出,可以在计算应纳税所得额时加计扣除:①开发新技术、新产品、新工艺发生的研究开发费用。研究开发费用的加计扣除,是指企业为开发新技术、新产品、新工艺发生的研究开发费用,未形成无形资产计入当期损益的,在按照规定据实扣除的基础上,按研究开发费用的50%加计扣除;形成无形资产的,按无形资产成本的

150%摊销。根据《关于企业技术创新有关企业所得税优惠政策的通知》(财税〔2006〕88 号)规定,开发费项目包括新产品设计费、工艺规程制定费、设备调整费、原材料和半成品的试制费、技术图书资料费、未纳入国家计划的中间实验费、研究机构人员的工资、用于研究开发的仪器、设备的折旧、委托其他单位和个人进行科研试制的费用、与新产品的试制和技术研究直接相关的其他费用。②安置残疾人员及国家鼓励安置的其他就业人员所支付的工资。企业安置残疾人员所支付的工资的加计扣除,是指企业安置残疾人员的,在按照支付给残疾职工工资据实扣除的基础上,按支付给残疾职工工资的 100% 加计扣除。残疾人员的范围适用《中华人民共和国残疾人保障法》的有关规定。《中华人民共和国企业所得税法实施条例》第三十条第二项所称企业安置国家鼓励安置的其他就业人员所支付的工资的加计扣除办法,由国务院另行规定。③自 2019 年 1 月 1 日至 2022 年 12 月 31 日,企业通过公益性社会组织或县级以上(含县级)人民政府及其组成部门和直属机构,用于目标脱贫地区的扶贫捐赠支出,准予在计算企业所得税应纳税所得额时据实扣除。

(6) 比例抵扣。创业投资企业从事国家需要重点扶持和鼓励的创业投资,可以按投资额的一定比例抵扣应纳税所得额。抵扣应纳税所得额,是指创业投资企业采取股权投资方式投资于未上市的中小高新技术企业 2 年以上的,可以按其投资额的 70% 在股权持有满 2 年的当年抵扣该创业投资企业的应纳税所得额;当年不足抵扣的,可以在以后纳税年度结转抵扣。

(7) 缩短与加速折旧。企业的固定资产由于技术进步等原因,确需加速折旧的,可以缩短折旧年限或者采取加速折旧的方法。可以采取缩短折旧年限或者采取加速折旧方法的固定资产包括:一是由于技术进步,产品更新换代较快的固定资产;二是常年处于强震动、高腐蚀状态的固定资产。采取缩短折旧年限方法的,最低折旧年限不得低于规定折旧年限的 60%;采取加速折旧方法的,可以采取双倍余额递减法或者年数总和法。自 2019 年 1 月 1 日起,适用《财政部 国家税务总局关于完善固定资产加速折旧企业所得税的通知》(财税〔2014〕75 号)和《财税部 国家税务总局关于进一步完善固定资产加速折旧企业所得税政策的通知》(财税〔2015〕106 号)规定固定资产加速折旧优惠行业范围,扩大至全部制造业领域。

(8) 减计收入。企业综合利用资源,生产符合国家产业政策规定的产品所取得的收入,可以在计算应纳税所得额时减计收入。减计收入,是指企业以《资源综合利用企业所得税优惠目录》规定的资源作为主要原材料,生产国家非限制和禁止并符合国家和行业相关标准的产品取得的收入,减按 90% 计入收入总额。该原材料占生产产品材料的比例不得低于《资源综合利用企业所得税优惠目录》规定的标准。

(9) 税额抵免。企业购置用于环境保护、节能节水、安全生产等专用设备的投资额,可以按一定比例实行税额抵免。税额抵免是指企业购置并实际使用《环境保护专用设备企业所得税优惠目录》《节能节水专用设备企业所得税优惠目录》《安全生产专用设备企业所得税优惠目录》规定的环境保护、节能节水、安全生产等专用设备的,该专用设备的投资额的 10% 可以从企业当年的应纳税中抵免;当年不足抵免的,可以在以后 5 个纳税年度结转抵免。

(10) 税收优惠的监督管理。①企业同时从事适用不同企业所得税待遇的项目的,其优惠项目应当单独计算所得,并合理分摊企业的期间费用;没有单独计算的,不得享受企业所得税优惠。②从事国家重点扶持的公共基础设施项目投资经营的所得,从事符合条件的环境保护、节能节水项目的所得依照规定享受减免税优惠的项目,在减免税期限内转让的,受让方自受让之日起,可以在剩余期限内享受规定的减免税优惠;减免税期限届满后转让的,受让方不得就该项目重复享受减免税优惠。③享受税额抵免优惠的环境保护、节能节水、安全生产等专用设备,应是企业实际购置并自身实际投入使用的专用设备;企业购置上述专用设备在5年内转让、出租的,应当停止享受企业所得税优惠,并补缴已经抵免的企业所得税税款。

(11) 享受过渡性减免税优惠。在新所得税法公布前已经批准设立的企业(老企业):①依照当时的税收法律、行政法规规定,享受低税率优惠的,按照国务院规定,可以在本法施行后五年内,逐步过渡到本法规定的税率。②享受定期减免税优惠的,按照国务院规定,可以在本法施行后继续享受到期满为止;但因未获利而尚未享受优惠的,优惠期限从本法施行年度起计算。③由法律设置的发展对外经济合作和技术交流的特定地区内,以及国务院已规定执行上述地区特殊政策的地区内新设立的国家需要重点扶持的高新技术企业,可以享受过渡性税收优惠,具体办法由国务院规定。④国家已确定的其他鼓励类企业,可以按照国务院规定享受减免税优惠。

(二) 财产税减免税优惠

财产税减免税主要以特殊减免形式运用于房产税方面。外商投资企业在一些地区注册经营,可以向当地政府申请在一定时期内减免房产税,企业在经营过程遇到自然灾害,造成损失并陷入经营困境,可以向经管税务机关申请减免房产税。

五、物流企业的税期筹划

税期,即纳税期限,是指纳税人在发生纳税义务后,按照税法规定缴纳税款的期限。纳税期限有两层含义:一是结算应纳税款的期限,也称结算期限,不同的纳税人和征税对象有不同的结算期限,一般规定为1日、3日、5日、10日、15日或1个月为一期;不能按期计算的,则按次计算。二是缴纳税款的期限,也称缴款期限或入库期限,一般规定按月结算的,在期满后10日内报缴税款。物流企业除了注意在纳税期限内进行纳税申报外,还可以通过跨期结转和其他的一些延期纳税方法,进行税期筹划。

(一) 跨期转接

1. 增值税进项税额跨期抵扣

税法规定,纳税人销售货物或提供应税劳务,应纳税额为当期销项税额抵扣当期进项税额后的余额。当期销项税额小于当期进项税额不足抵扣时可以结转下期继续抵扣其不足部分。

2. 企业亏损跨年度弥补

在计算缴纳所得税时,准许纳税人在某一年度发生的亏损,用以后年度的盈利去弥补,从而减少以后年度的应缴税款。现行《中华人民共和国企业所得税暂行条例》及其实施细则、《外商投资企业和外国企业所得税法》及其实施细则都对盈亏互抵做出了规定,这种税收优惠规定对于扶持新办企业的发展具有十分重要的作用,对于扶持具有较大风险的投资,其作用更大。

(二) 其他延期纳税法

1. 由于纳税人纳税确有困难可延期纳税

纳税人、扣缴义务人因不可抗力,不能按期办理纳税申报或报送代扣代缴、代收代缴税款报告的,可以延期办理。但应当在不可抗力情形消除后立即向税务机关报告。税务机关应当查明核实,予以批准。纳税人因有特殊困难,不能按期缴纳税款的,经县以上税务局(分局)批准,可以延期缴纳税款,但最长不得超过3个月。经税务机关批准延期缴纳税款的,在批准的期限内,不加收滞纳金。

2. 在会计核算中采用有利的处理方法,实现延期纳税

为了延期纳税,纳税人可以采用一些有利于纳税的会计处理方法,如合理地确定固定资产折旧的方法、科学地确定存货计价的方法、在规定的标准范围内计提坏账准备和削价准备、采用允许所得税会计处理的时间性差异等。

六、物流企业的纳税财务管理

物流企业进行纳税筹划工作,财务部门不仅需要进行税基、税额、税率、税期的筹划工作,还需要优化以下财务管理工作,提高财务管理水平。

在增值税发票管理上,需避免无法取得增值税专用发票的情况。物流企业在运输业务、成品油消耗、汽车维修等业务上完善增值税发票的财务报销制度,关注员工的开具发票意识,尽可能多提高增值税进项税额,了解税收优惠政策,及时完成增值税发票抵扣。

在成本管理上,物流企业具有较为复杂的经营流程,分为仓储、装卸、运输等多道不同环节,为有效控制企业成本,物流企业必须选择合适的成本管理方法。通过对每一个关键节点的控制实现对企业成本的管理。如在企业筹资时,为降低企业筹资成本应尽可能选择利益费能够扣除的筹资方案,降低税负;合理利用税前抵扣政策,考虑销售收入和业务招待费之间的关系,设置业务招待费的合理预算。①

在企业利润筹划方案上,选择合理的供应商及充分利用企业资源。供应商的一般纳税人和小规模纳税人身份会影响物流企业的进项税抵扣。如面对不同汽车维修企业的不同报价,小规模纳税人可申请代开税率为3%的增值税专用发票,一般纳税人可申请代开13%的增值税专用发票。物流企业此时应考虑其实际成本为企业报价减去可抵扣进项税额。

在财务人员培训及管理上,物流企业不仅应关注财务人员的业务水平和综合素质,还应注意为财务人员其他部门成员提供及时的沟通和反馈平台。针对企业业务流程建立科学的财务制度,考虑企业内外部因素,设立科学的财务部门绩效考核体系,打通对内的监督与沟通渠道,杜绝企业财务管理的违规违法现象。

实训项目一

- 实训内容:校内实训——参观江西财经大学税票博物馆。
- 实训手段:校内参观。
- 实训目的:通过实物、图片、视频展示了解我国税收、税制的发展历史与变迁。

---

① 张瑞格. 远东物流有限公司的税收筹划研究[D]. 长春:吉林大学,2018.

实训项目二

- 实训内容：校外实训——物流企业调研。
- 实训手段：校外参观。
- 实训目的：了解"营改增"对物流企业的影响，结合本章理论知识思考我国物流税收之困。

练习题

一、不定项选择题

1. 税收所体现的政府和经济活动主体之间的利益关系是一种不完全对等的互利关系，这指的是税收的(　　)。
   A. 强制性　　　　B. 有偿性　　　　C. 无偿性　　　　D. 固定性
2. 按照税收的(　　)来划分，可将税收划分为实物税和专用税。
   A. 收入形态　　　B. 负担是否转嫁　C. 管理权限　　　D. 计征标准
3. 当前，一般纳税人交通运输服务的税率为(　　)。
   A. 11%　　　　　B. 9%　　　　　　C. 6%　　　　　　D. 3%
4. 增值税属于(　　)。
   A. 所得税类　　　B. 流转税类　　　C. 财产税类　　　D. 资源税类
5. 提供有形动产租赁服务的税率为(　　)。
   A. 11%　　　　　B. 6%　　　　　　C. 13%　　　　　 D. 17%
6. 物流业的税目包括(　　)。
   A. 交通运输服务　B. 信息技术服务　C. 物流辅助服务　D. 租赁服务

二、填空题

1. 物流企业的印花税包括_____、_____和合同印花税。
2. 税率一般可分为三类，即_____、_____和_____。
3. 税制构成要素一般指的是_____、_____、_____。
4. 为促进经济结构调整，支持现代服务业发展，从_____年_____月_____日起，率先在上海市交通运输业和部分现代服务业开展营业税改征增值税试点。
5. 所得税类是指以各种纯收益或总收益额包括_____、_____、_____、_____以及其他收益或所得所课征的税收。

三、简答题

1. 简述税收调节经济的主要职能。
2. 简述我国物流业税收政策的变迁。
3. 简述"营改增"对物流业的影响。
4. 简述增值税深化改革对物流业的影响。

四、实务题

1. A厂是生产钢铁的厂家，其产品的市场销售价格为0.3万元/t(不含增值税)，B公司为物流企业,由于该公司每年可为 A 厂销售 10 万吨产品,所以可以享受 0.28 万元/t(不含增值税)的优惠价格。现在 C 企业需要买进 1 000t A 厂的钢铁,请提出三种进货方式,并提出纳税筹划方案。

2. 2019 年 9 月,上海东方物流有限公司的销售额为 40 万元,其中属于交通运输业的销售额为 30 万元,属于部分现代服务业的销售额为 10 万元。由于该公司没有对两种不同性质的收入分别进行核算,被税务机关认定为一律按"交通运输业"征收增值税。请对其进行纳税筹划。

本章参考文献

[1] 杨斌. 税收学[M]. 北京:科学出版社,2011.
[2] 李永芳. 我国物流业涉税分析与纳税筹划研究[D]. 北京:北京交通大学,2009.
[3] 胡基学. 支持物流业发展的财税政策研究[D]. 北京:财政部财政科学研究所,2014.
[4] 马国强. 中国税收[M]. 大连:东北财经大学出版社,2014.
[5] 张钦斐. 基于营改增的物流业涉税分析[D]. 济南:山东财经大学,2014.
[6] 龚辉文. 国外物流业税收政策的比较与借鉴[J]. 涉外税务,2008(9):30-33.
[7] 王民浩. 我国物流业税收政策研究及改革探讨[D]. 成都:西南财经大学,2013.
[8] 张莹莹. 促进我国物流业发展的税收政策研究[D]. 大连:东北财经大学,2011.
[9] 杨静. 中国现代物流业的税收困境与重构[D]. 成都:西南财经大学,2012.
[10] 冯丽. 促进我国物流业发展的财税政策研究[D]. 乌鲁木齐:新疆财经大学,2010.
[11] 王冬梅. 中国物流业税收负担水平评价与优化研究[D]. 北京:北京交通大学,2013.
[12] 杨玉娟,王展,席爽. 物流企业的纳税筹划研究[J]. 经济研究导刊,2013(7):29-30.
[13] 瞿继光,张晓东. 新税法下企业纳税筹划[M]. 北京:电子工业出版社,2008.
[14] 沈晓英. 营改增后的企业纳税筹划研究[J]. 财政税收,2015(5):32-33.

第八章

电子商务物流

 引导案例

电商推大促,半夜收快递?物流速度有必要这么快吗

一年一度的年中大促6·18基本落下帷幕,各大电商又创下了新纪录:京东6·18累计下单金额达到2 692亿元,天猫6·18累计下单金额达6 982亿元,均称创下新的纪录。拼多多方面,自5月25日正式启动"6·18大促"以来,拼多多平台订单量较去年同期增长119%。其中,农产品和品牌商品的增幅最为显著。6·18当天,苏宁易购全渠道销售规模增长129%,家乐福销售额增长185%;国美与拼多多、京东优势互补联合营销,当日成交额同比增长73.8%。

作为重要支撑的物流,也有出色的表现。今年的一大亮点是商品前置:比如京东物流,根据大数据预测,把商品前置到站点,实现了"分钟级"送达;再比如菜鸟供应链,其以"预售极速达"等新型模式,将预售包裹提前下沉到配送站点和菜鸟驿站。其也称从社区发货的速度可以用分钟计算。

商品前置带来的效果也不只是收货速度的提升,也让整个链条的作业高峰变相放缓,以多个小高峰取代一个大高峰。与双11前期增长平缓、提前3日出现陡增的特点不同,因6·18促销节点设置机制,快递货运高峰在5月25日之后呈现波动。快递货运分别于6月3日、6月12日迎来小高峰,6月16日起运输量陡增,16日较15日上涨63.7%,17日较16日再涨34%。

因为商品前置,也因为这些年物流快递企业在各个环节的智能化、自动化和数字化建设,爆仓成为历史,提速成为宣传的关键词。今年尤甚,这边十几分钟完成首单,那边多少个城市不到一个小时就收到包裹。当然,这也不是某几家企业的举措,也不只今年的6·18,往年,尤其是双11时,几乎各家企业都这么做,铆足了劲,争分夺秒。只是冷静想想,这种行为真的有必要吗?半夜收快递,用户真的需要吗?什么样的商品值得半夜送达呢?

也许速度是最直观的体验,是最明显的衡量水平的方法,但是物流快递的价值远不止于此。除了速度外,效率、成本、服务等都是要考量的方向。单纯地追求速度,尤其是没有必要的速度,未必是件好事,至少不是十分必要。那么除了速度之外,还有哪些可以突破的方向?或者还有哪些亮点可以挖掘?

案例来源:https://www.headscm.com/Fingertip/detail/id/12748.html。

案例解析

每年的双 11 和 6·18 电商大促,看到更多的是电子商务卖家们忙得不可开交,其实背后为他们提供物流支持的公司同样压力山大。从第一次双 11(2009 年)到 2020 年的 6·18,用户最大的惊喜就是物流的速度大幅提升。在对电子商务物流的大力投入下,不少企业都称自己实现了分钟级送达。但是一味追求配送速度的漂亮数据,而忽略其他的做法可能会影响用户对电子商务物流服务的整体评价,同时导致物流成本的失控。电子商务物流不仅要提速,更要提效,为此应当做到以下三点。

1. 更高的效率

这里的效率不是简单地指送货速度,而是指管理效率、流通效率、作业效率,比如如何让商品周转更快,如何让商品离消费者更近,如何线上线下统一盘货管理。互联网发展和物流数据线上化,提升了仓储、分拣、和网点的效率,订单被数据化之后,从业人员对大促宏观节奏的控制越来越强了,信息流的通畅是所有环节效率提升的根本。2020 年 6·18 前,菜鸟供应链发布了全新产品矩阵,涵盖了数智大脑系统、数智仓储运配服务、数智全案解决方案、商流联动产品等全链路、全场景的物流供应链服务产品体系,这些产品为解决上述问题提供了方法。比如说菜鸟供应链数智大脑,其力推分仓宝、预测宝、数据宝三个产品,有的可以帮助商家更科学地分仓,让货品离消费者更近,有的可以通过联合销售预测、产销计划、补货的 CPFR 工具,让商家周转更快、资金释放更多,有的可以提供可视化数据看板,驱动数据化运营。而其提供的数智全案产品,或为商家提供了全链路的数智技术加持,或为商家大促提供保障。这些方案既扶持商家应对当下的 6·18,为其平常运营提供了方案,也能让其乘数智化的东风,在一定程度上减少搬运、降低社会物流成本,提升行业发展水平,这比简单地追求送货速度有意义多了。

2. 更好的体验

能不能送到家,以怎样的状态送到家,商品是否完好无损,是以非常快的速度送到,还是在消费者方便的时候或者是恰好需要的时候送到,这都是消费者体验所关注的方向。比如日日顺,其作为居家大件物流领导品牌,配送的都是家电等大件商品,这些商品相比小件包裹配送难度更大,不过日日顺做到了快速,做到了送货上门,也做到了送装一体。这些举措都保障了消费者的良好体验。但日日顺追求的不止于此,其现在发力打造的是场景物流。相比于传统电商物流中追求的速度,场景物流追求的是精度;传统电商物流运送的是单一产品,场景物流则希望给用户提供一整套全生命周期管理的解决方案;传统电商物流商品运送完意味着服务截止,而场景物流则希望将传统的"送达"由服务的终点转变为服务的起点,通过触点网络感知用户个性化需求,提供定制化的场景解决方案。比如,用户买一个跑步机,却面临跑步机收纳不便的痛点,日日顺物流就围绕用户阳台场景健身需求,迭代出阳台健身解决方案,还与生态方共同定制了健身用水方案、健身饮食方案。急用户所急,想用户所想,满足用户的多样化需求,相比于单纯地追求速度,同样更能让消费者满意。

3. 更普惠

物流提速,是在大城市里不断刷新纪录,还是让服务更普惠,让更多的用户享受到好服务?答案不言而喻。一二线城市的物流速度是很快的,但是在广大农村,物流速度是否快、是否畅通、快递能否进村?这些在一些地区仍然是待解决的问题。中国快递协会联合邮政 EMS、顺丰速运、中通快递、菜鸟网络、阿里巴巴、京东集团等 13 家快递物流和电商企业共同发出倡议,积极响应和落实《快递进村三年行动方案(2020—2022年)》,同心协力推进"快递进村"。2020年6·18前,京东物流宣布升级"千县万镇24小时达"时效提升计划,掀起新一轮物流大提速。京东物流方面称,在全国范围内,24小时达覆盖区县占比继续保持在90%左右。即使是新疆巴音郭楞蒙古自治州,八县一市24小时达也已成常态。让工业品进村,让农产品上行,一方面挖掘消费,另一方面帮助农民致富,让更多的人享受到高效物流带来的便利,这同样具有很高的价值,甚至可以说比在一些城市一些地区追求极限速度更有意义。但是快递进村也面临的一系列的问题,比如成本问题、运营压力,都有待进一步解决。

案例思考

电子商务与物流是什么关系?电子商务物流还有哪些需要提升的方面?应该怎样提升?

案例涉及的主要知识点

电子商务物流　前置仓　场景物流　普惠物流

学习导航

- 掌握电子商务、电子商务物流的相关概念。
- 掌握电子商务物流与传统物流的差异。
- 掌握电子商务物流的运行模式。
- 了解电子商务物流的发展趋势。

教学建议

- 备课要点:电子商务的定义和相关概念、跨境电子商务物流的相关概念、实体商务与电子商务物流的区别。
- 教授方法:案例、讲授、实证、启发式。
- 扩展知识领域:中国电子商务物流发展热点。

第一节　电子商务概述

一、电子商务的定义和相关概念

(一)电子商务的定义

电子商务源于英文 Electronic Commerce,指产品或服务通过使用计算机网络进行交易。电子商务利用移动商务、电子资金转移、供应链管理、网络营销、在线交易处理、电子数据交换(EDI)、库存管理系统、自动数据收集系统等技术。现代电子商务通常使用万维网作为交易的生命周期的至少一部分。与电子商务相似,有一个概念叫电子业务(electronic business),电子业务是对狭义的"电子商务"的扩充。它不仅仅是产品或服务的交易,还包括客户服务,与商业伙伴的协调、合作,利用网络开展学习和培训,以及组织内部的电子信息交换。也有人认为,电子业务是指利用互联网开展的交易以外的各种活动,即狭义电子商务活动的售前、售后活动。联合国国际贸易程序简化工作组对电子商务的定义是:采用电子形式开展商务活动,它包括在供应商、客户、政府及其他参与方之间通过任何电子工具,如

EDI、Web 技术、电子邮件等共享非结构化商务信息，并管理和完成在商务活动、管理活动和消费活动中的各种交易。

(二) 电子商务的相关概念

1. 完全电子商务与部分电子商务

数字化程度的高低决定了电子商务的不同形态。传统的、没有数字化模块的商务活动为实体商务。而商务活动中只要有一个要素是数字的，即可认为是电子商务，但是为"部分电子商务"。完全电子商务则所有模块都必须是数字化的。例如，在大学书店购买图书，属于实体商务。若是在亚马逊公司的网站上购买实体书籍或者是在苏宁易购上购买冰箱，则属于部分电子商务。而如果从亚马逊网站上购买一本电子书，或者在某网站上购买正版软件，就属于完全电子商务。

2. 电子商务组织

纯粹的实体公司或是组织可以成为砖瓦灰浆式组织(brick-and-mortar organization)，也可称为旧经济组织(old economy organization)。若一家企业或是组织只开展电子商务活动，不管是纯粹的还是部分的，就可以称为虚拟组织(virtual organization)，或是纯电子商务组织(pure-play organization)。还有一种组织称为砖瓦鼠标式组织(click-and-mortar organization 或 click-and-brick organization)，它们从事一些电子商务活动，作为营销渠道的补充。许多传统企业都在一步步地开展电子商务活动，成为砖瓦鼠标式企业。

二、电子商务的类型

电子商务按照交易形式或参与者的关系可以分为以下几种类型。

(一) B2B

B2B 是英文 Business to Business(商家对商家)的缩写，是商家(泛指企业)对商家的电子商务模式，即企业与企业之间通过互联网进行产品、服务及信息的交换。这些过程包括发布供求信息，订货及确认订货，支付过程及票据的签发、传送和接收，确定配送方案并监控配送过程等。B2B 是电子商务的主流，从市场整体交易规模来看，我国电商市场交易规模和我国 B2B 电商市场交易规模都在稳步增长，从交易规模占比的角度观察，B2B 业务仍然占整体电商市场的主要份额，且稳步上升。国内目前比较知名的 B2B 电商平台有阿里巴巴、慧聪集团、科通芯城、上海钢联、国联股份、焦点科技、网盛生意宝等。B2B 主要有两种模式：综合 B2B 模式和垂直 B2B 模式。

综合 B2B 模式是面向中间交易市场的 B2B，这种交易模式又称水平 B2B，它是将各个行业中相近的交易过程集中到一个场所，为企业的采购方和供应方提供一个交易的机会。这一类网站自己既不是拥有产品的企业，也不是经营商品的商家，它只提供一个平台，在网上将销售商和采购商汇集在一起，采购商可以在其网上查到销售商的有关信息和销售商品的有关信息。其特点就是：任何行业都可以在该平台上搭建属于自己公司类似于店铺的平台，采购方只需要在该平台上进行搜索，就可以进行洽谈促成合作，并且可以有效地将销售商与供应商汇集在一起。

垂直 B2B 模式可以分为两个方向，即上游和下游。生产商或商业零售商可以与上游的供应商之间形成供货关系，生产商与下游的经销商可以形成销货关系。垂直 B2B 模式的优点有四个方面：首先，由于只是涉及某一行业，因此垂直 B2B 交易平台对信息的监管较综合型门户网站更加方便；其次，垂直 B2B 交易平台进行专业网站设计，前后台完全按照行业产品分类设计，提供更加精准、更符合行业特征的商品描述，以及符合行业化商品特征的专业搜索引擎，这样能够为买家提供更有针对性的服务；再次，垂直 B2B 交易平台在行业内统一推广，通过行业媒体、行业展会统一宣传，借助行业协会传播，增加供应商产品的曝光率，与采购商对接更容易，订单转化率更高；最后，垂直 B2B 交易平台运营批发业务只做细分行业，生产商店铺管理、产品管理轻松，提供 ERP、SCM、CRM 等系统支持，采购商交易支付最简便，第三方物流安全和速度有保障。垂直 B2B 模式的主要缺点是它们的客户相对比较集中而且有限，这些网站的初始成本很高，但目标客户市场却很小，很难通过大量增加客户来降低边际成本，这就造成了生存上的艰难，在遇到激烈的市场竞争时很容易退出。与此同时，一些细分程度过高的垂直行业 B2B 平台往往面临这样的问题，即所吸引的用户全部是本行业的竞争者，而缺乏产业链上下游以及其他方向的合作者，这大大降低了带给用户的价值。

（二）B2C

B2C 是英文 Business to Consumer（商家对客户）的缩写，就是通常说的商业零售，直接面向消费者销售产品和服务。这种形式的电子商务一般以网络零售业为主，主要借助于互联网开展在线销售活动。B2C 模式是我国最早产生的电子商务模式，B2C 电子商务的付款方式是货到付款与网上支付相结合，而大多数企业的配送选择物流外包方式以节约运营成本。随着用户消费习惯的改变以及优秀企业示范效应的促进，网上购物的用户不断增长。此外，一些大型考试如公务员考试也开始实行 B2C 模式。国内目前比较知名的 B2C 网站有天猫、京东商城、唯品会、国美、苏宁易购等。

我国 B2C 电商运营模式呈现多样化的特点，而各平台也从运营模式的不断创新中迎合用户群体对商品服务的质量以及性价比的要求。目前 B2C 主要有四种模式：平台模式、社交模式、特卖模式、优选模式。平台模式是企业提供交易平台，品牌商家进驻平台，用户在平台上通过搜索商品或进入目标品牌店铺选择商品进行消费，是最典型的 B2C 电商运营模式。采用 B2C 电商平台模式运营的企业经过长时间的发展，已形成广泛的用户群体。但典型的平台式交易企业获取顾客的成本逐渐高昂，各平台为解决这个矛盾一方面加强细分市场的开发，渗透进不同类型的人群；另一方面利用资源优势不断吸引大牌入驻，以及提高物流服务质量，满足客户日益提升的商品和服务需求。社交模式借助微信社交红利快速传播，B2C 电商平台的社交模式主要是在微信端上线小程序或推出拼购频道，通过微信端裂变式传播。微信等社交工具的发展形成强大的用户基础，B2C 平台利用这些社交工具发展的红利，形成多种创新的社交运营模式，其中主要有小程序和拼购两种方式。小程序是指 B2C 电商平台通过在微信推出小程序，获取更大的流量资源。此外，平台为品牌商提供电商基础设施支持，推出品牌商小程序。拼购是指 B2C 电商平台上线拼购频道，主要通过用户开团，然后在以微信为主的社交平台进行裂变传播，以低价及社交玩法吸引流量。B2C 电商社交模式产品的发展优势在于，利用用户社交关系能实现裂变传播，降低获客成本；同时在社交工具上，能触达更多未培养电商使用习惯的用户；创新的社交电商模式，也能有效刺激用户的消费需求。用户选择社交模式 B2C 电商平台时，更为关注平台对商品质量的保障以及价格折扣，同时用户对平台商品的种类丰富度以及知名度的关注度也较高，因此社交模式平台运营能有效刺激用户的消费需求，但平台品牌的背书作用同样重要，这关系到商品质量保障以及整体商品供应服务质量。特卖模式以知名品牌商品为主,商品质量以及格调更有保障。特卖场通过商品折扣吸引用户,能满足用户低价购买优质商品的需求。特卖模式平台目标用户对商品质量以及价格的关注度都较高,而这部分人群是目前消费者主流,针对其开展的特卖模式平台发展有望继续加速。优选模式则主打品质生活、线上线下结合,主要有自上线平台和电商平台频道两种情况。自上线平台背靠互联网或硬件巨头企业,借助良好的企业知名度有利于主打商品品质的优选模式平台发展市场。电商平台频道是由 B2C 电商平台推出的优选频道,具有渠道资源优势,且 B2C 平台在品牌口碑方面具有良好的基础。优选模式的主要目标是面向高净值用户人群,将成为 B2C 电商发展的重要方向,各平台陆续推出优选频道,该领域的竞争也愈趋激烈。

总之,传统的平台运营模式不断优化服务质量,提高用户满意度;特卖模式平台在优质品牌、商品进驻方面不断发力;各主流平台也开始结合社交工具流量,扩大用户基础;消费升级风潮下,优选模式电商平台以及频道的出现也为追求品质生活的用户提供渠道。

(三) C2C

C2C 是英文 Consumer to Consumer(个人对个人)的缩写,C2C 同 B2B、B2C 一样,都是电子商务的主要模式之一。C2C 是个人对个人的电子商务模式,最早由个人通过第三方交易平台进行在线交易。个人卖家最早仅出售一些二手商品,以竞价为主要手段。后来逐渐演变成经营性交易,个人卖家逐步成长为商家,以团队和公司进行运营。因此现在将以前的 C2C 商家称为"平台电子商务"可能更为合适。为 C2C 买家和卖家提供交易平台,收取服务费、佣金、广告费等,也是一种电子商务模式。需要注意的是,早期的很多平台 C(个人)店卖家逐步成长为规模较大的大卖家。C(个人)只是一个暂时的状态,随着经营情况的发展,C(个人)店的身份也会转化为企业组织。C2C 购物往往存在信誉、质量和售后服务等诸多问题,这在一定程度上降低了用户的购物欲望。而 B2C 网上商城则省去了更多中间环节,能真正做到既物美价廉,又有售后保障,迎合了消费者的网购需求并打消了顾虑。随着网购的逐步发展与成熟,B2C 逐渐被各大企业所重视,从中国网络零售 B2C 与 C2C 占比可以看出,B2C 的比例逐年上升,并在 2015 年超过 C2C。目前国内主要的 C2C 网站有淘宝网、闲鱼、转转等。

(四) B2T

B2T 是英文 Business to Team 的缩写,可以简单归纳为是一种多方共赢(消费者、商家)的电子商务和线下消费的模式。消费者、商家、网站运营商各取所需,让资源分配得到最大的优化。团购最核心的优势体现为商品价格更为优惠,根据团购的人数和订购产品的数量,消费者一般能得到 5%~40% 的优惠。B2T 模式主要包括自发团购模式、商业团购模式和网络营销团购模式三类。自发团购模式是指消费者自发组织起来向厂商进行批量购买的行为。自发团购模式一般比较不规范,它对团购成员应该遵守的规范没有约束力。它还具有偶然性,也就是说,它一般是由某一消费者即时发起的,完成之后就自动解散,不具有持续性。另外,成员之间、成员与商家之间很难建立信任关系。自发团购中的发起人是团购成功与否的关键因素。商业团购模式是由自发团购模式衍生而来的。此模式由商业网站提供第三方的商业平台,针对某些产品进行团购,通过议价机制来吸引消费者,从而形成一定的数量优势。这种模式比较规范,而且一般都具有持续性。网络营销团购模式是指厂商通过组织自身产品的团购取得网络团购的主动权,将网络团购纳入自身网络营销体系,从而形成网络营销团购模式。在现实中,商业团购模式占了绝大多数,自发团购模式也有一定数量,而网络营销团购模式则比较少见。网络营销团购模式是生产商和零售商获取网络团购优势的关键。国内目前比较知名的 B2T 模式网站有美团、聚美优品、聚划算等。

(五) 电子政务

电子政务是政府机构利用网络向企业(G2B)或是个人(G2C)提供商品、服务和信息,或是从企业(B2G)、个人(C2G)那里购买商品、服务、信息。政府机构与机构之间也可利用网络开展商务活动(G2G)。B2G 比较典型的例子是政府电子采购,即政府机构在网上进行产品、服务的招标和采购。这种运作模式的优点是投标费用的降低,这是因为供货商可以直接在网上下载招标书,并以电子数据的形式发回投标书。同时,供货商可以得到更多的甚至是世界范围内的投标机会。由于是通过网络进行投标,即使是规模较小的公司也能获得更多投标的机会。

在电子政务中,政府机关的各种数据、文件、档案、社会经济数据等都可以以数字形式存储于网络服务器中,可通过计算机检索机制快速查询、即用即调。经济和社会数据都是花费了大量人力、物力、财力收集的宝贵财富,如果以纸质存储,其利用率极低,而若以数据库文件存储于计算机中,则可以从中挖掘出许多有用的知识和信息,服务于政府决策。

(六) C2B

C2B 全称 Consumer to Business,即消费者对企业,是指消费者聚集起来进行集体议价,把价格主导权从厂商转移到自身,以便同厂商进行讨价还价。以消费者为中心、消费者参与设计与生产、消费者主导等属于 C2B 的特征,但这些特征不是 C2B 区别于其他模式的关键因素。真正的 C2B 应该先有消费者需求产生,而后有企业生产,即先有消费者提出需求,后有生产企业按需求组织生产。通常情况为消费者根据自身需求定制产品和价格,或主动参与产品设计、生产和定价,产品、价格等彰显消费者的个性化需求,生产企业进行定制化生产。C2B 模式的核心,是通过聚合为数庞大的用户形成一个强大的采购集团,以此来改变 B2C 模式中用户一对一出价的弱势地位,使之享受到以大批发商的价格买单件商品的利益。

从实现难度及层级来看,C2B 分为聚定制、模块定制、深度定制三种模式。

1. 聚定制模式

聚定制模式是通过聚合客户的需求组织商家批量生产。比如天猫双 11 的节前预售、聚划算、团购等都属于聚定制。以天猫双 11 为例,它的流程是在提前交定金抢占双 11 优惠价名额,然后在双 11 当天交尾款,而这种预热方式,为各商家预售产品的销量带来了极大的增长。对于企业来说,此类 C2B 形式意义深远。企业可以提前锁定用户群,还可以有效缓解商家盲目生产带来的资源浪费,降低企业的生产及库存成本,提升产品周转率。值得一提的是,聚定制模式也会对商业社会的资源节约起到极大的推动作用。

2. 模块定制模式

模块定制属于 C2B 商业模式的浅层定制,它可以为消费者提供了一种模块化、菜单式的有限定制。可以说,模块定制模式更倾向于让消费者去适应企业既有的供应链。其中海尔是引领C2B模块式定制的典型代表。消费者通过海尔商城可以选择现有产品的容积大小、调温方式、门体材质、外观图案等,但是只能实现部分个性定制。

3. 深度定制模式

深度定制模式是模块定制模式的升级,它允许消费者参与到商品全流程的定制环节,厂家也可以完全按照客户的个性化需求来定制。目前,服装类、鞋类、家具类是深度定制模式发展比较成熟的行业。这里以常见的定制家具为例,消费者可以根据户型、尺寸、风格、功能完全个性化定制家具,这种深度定制模式满足了消费者对空间的利用以及个性化的核心需求,可以给予消费者最大限度的选择自由。

(七) O2O

O2O全称Online to Offline,又被称为线上线下电子商务,区别于传统的B2C、B2B、C2C等电子商务模式。O2O就是把线上的消费者带到现实的商店中:在线支付线下(或预订)商品、服务,再到线下去享受服务。通过打折、提供信息、服务等方式,把线下商店的消息推送给互联网用户,从而将他们转换为自己的线下客户。这样,线下服务就可以在线上揽客,消费者可以线上筛选服务,成交可以在线结算,很快达到规模。

1. O2O与的B2C的区别

(1) O2O更侧重服务性消费(包括餐饮、电影、美容、SPA、旅游、健身、租车、租房等);B2C更侧重购物(实物商品,如电器、服饰等)。

(2) O2O的消费者到现场获得服务,涉及客流;B2C的消费者待在办公室或家里,等货上门,涉及物流。

(3) O2O中库存是服务;B2C中库存是商品。

2. O2O与B2C的相同点

(1) 消费者与服务者的第一交互面在网上。

(2) 主流程是闭合的,且都是在网上,如网上支付、客服等。

(3) 需求预测管理在后台,供需链管理是O2O和B2C成功的核心。

> **前沿理论与技术**
>
> 　　除上述分类涉及的电子商务术语外,还有一些常见的理论研究与实践热点,包括跨境电子商务物流、电子商务物流APP、"互联网+"电子商务物流、海外仓储、快递自提点等。

第二节　电子商务物流概述

一、电子商务物流的定义与特点

(一) 电子商务物流的定义

电子商务物流的定义:在电子商务的条件下,依靠计算机技术、互联网技术、电子商务技术以及信息技术等所进行的物流(活动)。它是基于传统物流的概念,结合电子商务中的信息流、商流、资金流的特点而提出的,是电子商务环境下的新的物流表现方式。

(二) 电子商务物流的特点

1. 信息化

信息化表现为物流信息的商品化、物流信息收集的数据库化和代码化、物流信息处理的电子化和计算机化、物流信息传递的标准化和实时化、物流信息存储的数字化等。因此，条码技术、数据库技术、电子订货系统(EOS)、电子数据交换(EDI)、快速反应(QR)及有效客户反应(ECR)、企业资源计划(ERP)等技术与观念在物流中将会普遍得到应用。信息化是一切的基础，没有物流的信息化，任何先进的技术设备都不可能应用于物流领域，信息技术及计算机技术在物流中的应用将会彻底改变世界物流的面貌。

2. 网络化

网络化是电子商务模式下物流活动的主要特征之一。这里指的网络化有两层含义：一是物流配送系统的计算机通信网络，包括物流配送中心与供应商或制造商的联系要通过计算机网络，另外与下游顾客之间的联系也要通过计算机网络通信，比如物流配送中心向供应商提出订单这个过程，就可以使用计算机通信方式，借助于增殖网(VAN)上的电子订货系统(EOS)和电子数据交换技术(EDI)来自动实现，物流配送中心通过计算机网络收集下游客户的订货的过程也可以自动完成；二是组织的网络化，即所谓的企业内部网(intranet)。比如，我国的台湾地区于20世纪90年代在计算机制造领域提出了"全球运筹式产销模式"，这种模式的基本点是按照客户订单组织生产，生产采取分散形式，即采取外包的形式将一台计算机的所有零部件、元器件、芯片外包给世界各地的制造商去生产，然后通过全球的物流网络将这些零部件、元器件和芯片发往同一个物流配送中心进行组装，由该物流配送中心将组装的计算机迅速发给订户。这一过程需要有高效的物流网络来支持，当然物流网络的基础是信息、计算机网络。

物流的网络化是物流信息化的必然，是电子商务下物流活动的主要特征之一。当今世界Internet等全球网络资源的可用性及网络技术的普及为物流的网络化提供了良好的外部环境，物流网络化不可阻挡。

3. 智能化

智能化是物流自动化、信息化的一种高层次应用，物流作业过程中大量的运筹和决策，如库存水平的确定、运输(搬运)路径的选择、自动导向车的运行轨迹和作业控制、自动分拣机的运行、物流配送中心经营管理的决策支持等问题都需要借助于大量的知识才能解决。在物流自动化的进程中，物流智能化是不可回避的技术难题。好在专家系统、机器人等相关技术在国际上已经有比较成熟的研究成果。为了提高物流现代化的水平，物流的智能化已成为电子商务下物流发展的一个新趋势。

4. 柔性化

柔性化本来是为实现"以顾客为中心"理念而在生产领域提出的，以便使企业能根据消费者的需求变化来灵活调节生产和工艺。但要真正做到柔性化，即真正地能根据消费者需求的变化来灵活调节生产工艺，没有配套的柔性化的物流系统是不可能达到目的的。20世纪90年代，国际生产领域纷纷推出弹性制造系统(FMS)、计算机集成制造系统(CIMS)、制造资源系统(MRP)、企业资源计划(ERP)以及供应链管理等概念和技术，这些概念和技术的实质是要将生产、流通进行集成，根据需求端的需求组织生产，安排物流活动。因此，柔性化的物流正是适应生产、流通与消费的需求而发展起来的一种新型物流模式。这就要求物流配送中心要根据消费需求"多品种、小批量、多批次、短周期"的特色,灵活组织和实施物流作业。

另外,物流设施、商品包装的标准化,物流的社会化、共同化也都是电子商务下物流模式的新特点。

(三) 传统物流和电子商务物流的比较

1. 供应链的结构和流程差异

传统的供应链呈线性结构,电子商务下的供应链转变为中心结构(见图 8-1)。在中心型供应链中,供应链合作伙伴和各要素之间的链接更短,中心结构的中央也进行协调和控制,使得管理更加有效,并增加了透明度。同时,中心结构的管理通常是完全电子化的,这会使订单的履行更快捷、更省钱并且问题更少。

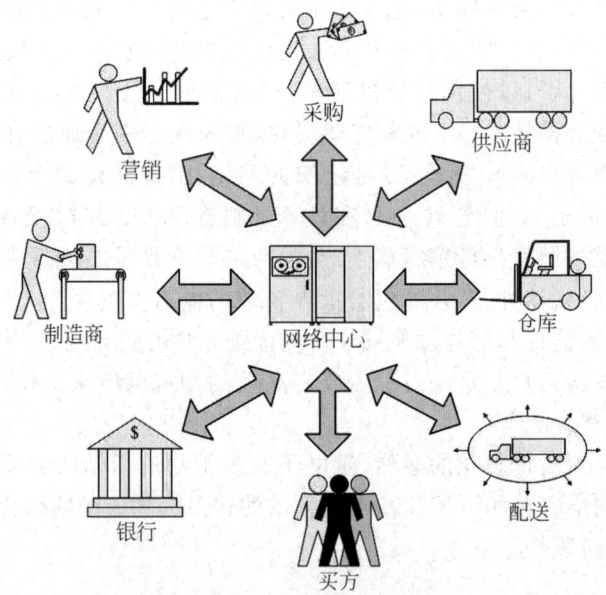

图 8-1 电子商务下的供应链

2. 仓储环节差异

1) 存储方式

传统物流一般情况下会共用存储区和拣配区域,这是由少品种、大批量的出入模式所决定的。库内设施一般为平面库(堆垛)和立体高位货架。由于大批量的特点,进出以箱数为单位,甚至以托盘为辅助单位;存储和转移多以托盘为载体。而电子商务的物流则需要适应多品种、小批量的特点,同时在目前以人工作业为主的前提下,必须设专门的存储区来提高存储利用率,设专门的拣货区提高拣选效率(配以轻型货架为主,平面托盘库位补充),因此仓库布局、辅助器械与传统物流都有很大差异。传统仓库品类的 ABC 分类基本稳定,所以其存储方位大致确定;电子商务物流则由于多种组合和空间压缩让 ABC 分类极具动态性,所以这种常用方式(分类存储)变得很难上手,亚马逊的随机存储也一定程度上反映了这种困境。

2) 拣货方式

概括来讲,传统物流出库批量大,可以用叉车直接拣货,在衡量拣货效率时多以箱数(原包装箱)为主要单位;很少使用RF辅助,因为数量大,但品种少,可重复清点;拣货过程中直接摘果,或者摘果后播种;一个订单批量已经足够大,不需要考虑订单如何组建波次。相反,电子商务需要以规模制胜,品种繁多,但数量多为个位数,甚至多为一件两件,拣货时一个订单显然不足以摘果,需要统筹考虑以波次为单位,边摘果边播种,这种精细是无法驾驶叉车类似的粗糙工具完成的,所以常见的电子商务拣货多是RF、拣货小车、周转箱。RF代替人眼做到完成一个动作的校验,周转箱则代替移动包装单位(托盘)。

3) 复核

传统出库的复核程序很重要,但基本上以数量清点和品种校验为主,且多为人工单独可以完成,而电子商务的复核几乎是重新清点,通过电子设备终端一一完成校验。

4) 信息元素

传统物流对货物上的信息元素要求不高,因为货物本身外表或物理属性可以区分,如可以不贴标签,也不需要有票据一一对应,即发票可以和货物异步流通;然而电子商务物流却严格要求标签信息的规范性和完整性,订单如果没有标签、条码,订单内容信息就无法知晓,发票也必须和货物同步流动,如果分开不仅是费用的问题,更是对核心"顾客体验"的破坏。

5) 包装

传统物流的包装从运出工厂后一般不需要再行调整,所以没有明显的包装线,其包装的起因是加固或安全;而电子商务物流则因为商品经过重组,"新产品"处于无包装状态,电子商务仓库包装线则需要有设计包装能力,并进行相应操作,需要根据不同的商品特征,在成本及时间的约束下,研制包装方案,保证在途货物的安全。因此,电子商务物流的包装是仓储物流中最具专业性和行业技术含量的一环。

6) 盘点

传统物流的盘点定期进行,由于没有强系统约束,使盘点成为库存管理问题暴露的重要手段。传统物流可以停止运作进行盘点,而多级库存分布也保证了停止作业的可行性。电子商务物流则无法达成这样的静态盘点,7×24小时的服务一直让仓库处于运转中。那如何保证账实一致呢?在电子商务的仓库,首先要重点控制过程,杜绝差异产生(传统过程可以偏离系统要求,事后补救)。其次,差异的处理要不断通过系统引导控制进行处理,做到数量、状态、位置的每次变化都保证系统、实物同步进行。通过这些方面的严格管控,可弥补无法进行静态盘点工作的不足,较为可行的是局部盘点、分类盘点。

3. 运输与配送环节差异

传统运输批量大,类型较为单一,且目标地点较为固定,容易产生规模效益;很多专线公司,甚至于1台车1个人就可以开一个物流公司,就算到配送环节,也往往是RDC(区域配送中心)到门店。而对电子商务而言,由于货物类别不同、特点不一,较难整合,我们可以理解为相对传统物流而言,多了"一公里",即站点至客户,而这"一公里"往往是电子商务配送核心所在。具体包括以下几点。

1) 货源组织

传统运输货源简单,附属某单个企业便可以组织货源,并且节奏相对稳定,货量相对可靠。电子商务则不是如此,如果一个运输企业打算经营某个区域的配送,必须要有较多的货源对象才能保证总体稳定,同样,做自营配送决策也需要订单量有足够规模,否则决策很不科学,容易造成资源闲置。

2) 运输计划

传统物流点固定、量标准,有很大计划空间,尤其可以较准确地预计到一些季节性或者交通因子的影响,做到提前安排运输计划。显然电子商务不到订单最后一刻是无法进行运输作业的,因为我们无法预测运输什么,无法提前安排运输计划。

3) 配送"最后一公里"

对电子商务物流而言,"最后一公里"扮演着非常重要的角色,是电子商务唯一和用户直接面对面的通道。服务中积累的数据,蕴含着客户端的触角,基于对数据的采购管理、前端市场预测以及供应链管理极具价值。随着大物流、大数据时代的到来,"最后一公里"蕴含的商业价值将会愈加明显。以京东商城为例,除了自建物流体系,京东先后推出校园营业厅、地铁自提点和社区自提柜服务,其中的"自提"成了关键词。对企业来说,集约化送件能降低配送成本,在配送时间上也更灵活,同时还能提高用户体验,保护消费者隐私。为此,电子商务企业与社会资源合作,推便利店、第三方服务机构、收货宝、24小时自助收费站等产品。到底是资源整合最终占据上风还是自提成为最优,目前尚无定论。

4) 运输信息流

运输过程中的监控和信息反馈十分重要,但传统物流和电子商务物流相比侧重点各有不同。

(1) 运输单位的基本信息:传统物流对运输单位基本信息的准确性要求很高,需要其严格的重量、体积等信息,因为这些信息对车辆的安排影响很大。电子商务物流则因为包裹化使运输单位的信息变得不是非常重要,因为一般情况下不会因为包裹内货物不同造成重量等信息的巨大差异,也不会造成结算费用的巨大差异。

(2) 在途跟踪:相对传统物流,电子商务物流的在途跟踪已经成为"终极产品"的一部分,要随时能够反馈给客户可以看到的地方;而传统物流则允许其不完整,甚至缺失。

(3) 收货反馈:在传统物流行业,通常将收货人的签单作为交易完成的最终凭证,这也是解决任何纠纷的最佳凭证,因为这些凭证都要通过"扫描+原件"进行档案管理。而电子商务行业由于其庞大的订单量和及时配送要求,使实名制签收流于形式,甚至出现了很多"冒名顶替签收"的现象。

二、电子商务与物流的关系

(一) 电子商务对物流活动的影响

随着电子商务环境的改善以及电子商务所具备的巨大优势,电子商务受到了政府、企业界的高度重视,使电子商务飞速发展。在电子商务改变传统产业结构的同时,也对物流的发展产生了深远影响。

1. 电子商务给物流带来了发展机遇

在电子商务环境下,物流公司既是生产企业的仓库,又是用户实物供应者,物流业成为社会生产链条的领导者和协调者。电子商务把物流业提升到了前所未有的高度,为其提供了空前的发展机遇。

2. 电子商务促进物流服务的社会化和多功能化

在电子商务条件下,在网上订购、网上支付实现后,最关键的问题就是物流配送,通常,企业无法完全独立完成,特别是小企业,当面对跨地区、跨国界的用户时,将显得束手无策。因此,物流的社会化,如第三方物流、第四方物流将是电子商务环境下物流发展的一个十分

3. 电子商务促进增值性物流服务的发展

电子商务需要的不是普通的运输和仓储服务,它需要的是物流服务,尤其是增值性物流服务,包括给客户带来便利性的服务;能够加快反应速度的服务;能够降低成本的服务;以及可以延伸的服务,并将供应链集成在一起。

4. 电子商务促进物流管理的信息化

传统的物流和配送过程是由多个业务流程组成的,受人为因素和时间影响很大。传统的物流活动在其运作过程中,不管是以生产为中心,还是以成本利润为中心,实质都是以商流为中心,从属于商流活动,因而物流的运动方式是伴随商流运动进行的。

而在电子商务下,物流的运作是以信息流为中心的,信息不仅决定物流的运作方向,而且也决定物流的运作方式。在实践中,通过网络上的信息传递,可以有效地实现对物流的控制,实现物流的合理化。

5. 电子商务促进物流技术水平的提高

在计算机网络技术的应用普及后,尤其是电子商务的飞速发展,物流技术中又综合了许多现代技术,如 GIS、GPS、EDI、BARCODE 等。

电子商务与物流的互相影响和作用,促成了不同的物流管理模式。在电子商务环境下,物流管理的主要模式包括自营物流、第三方物流、第四方物流等,发展的主要趋势是物流联盟和物流一体化。

6. 对供应商选择的影响

在电子商务模式下,企业在网上寻找合适的供应商,从理论上讲有无限的选择性,而这种无限选择的可能性会导致市场竞争的加剧,并带来供货价格降低的好处。但是,这仅仅是理论上的分析,对于供应商的选择问题,实际上无限选择性并不存在,所有企业都知道频繁地更换供应商将增加物质认证的成本支出,并面临较大的采购风险。

7. 对物流运输的影响

在电子商务环境下,提高配送速度已经上升为物流业最主要的竞争手段之一。物流系统要提高满足客户对产品可得性要求的能力,在仓库、配送中心等物流节点设施布局已经确定的情况下,运输将起到决定性作用。由于运输活动的复杂性,对运输信息共享的基本要求是运输单据的格式标准化和传输电子化。

8. 电子商务对物流人才提出了更高的要求

电子商务不仅要求物流管理人员具有较高的物流管理水平,还要求物流管理人员掌握较丰富的电子商务知识,并在实际的运作过程中有效地将两者有机地结合在一起。

要建立一个高效、畅通、合理的适应电子商务发展需要的物流系统,就一定要有一支既懂管理又懂技术的高级物流人才队伍。

(二)物流对电子商务的影响

1. 物流是电子商务系统的组成部分

电子商务领域是一个林林总总的大框架,包含各种各样的经营管理工作,还包括各种组织结构和技术。要运用好电子商务,企业需要信息、基础设施以及各种支持服务。电子商务应用需要五大支持系统,如图 8-2 所示。

(1) 人员。人员包括买家、卖家、中间商、服务商、网络服务人员、网络管理人员等。

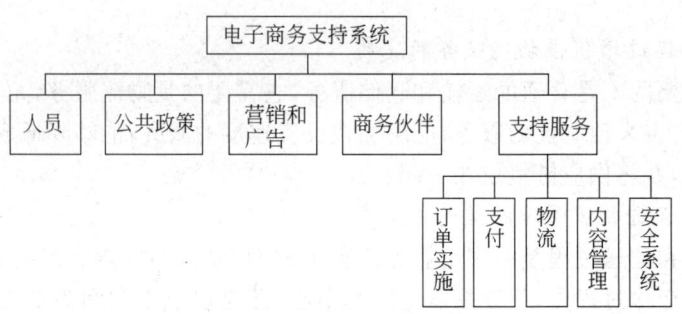

图 8-2 电子商务支持系统

(2) 公共政策。法律、法规、政策等都是由政府来制定并实施的,如税收政策、电子商务法规、隐私保护政策等。还有一些与公共政策有关的技术标准,一般由权威的行业协会来制定,业内人士都要遵守。

(3) 营销和广告。与其他的商务活动一样,电子商务也需要营销和广告的支持。在 B2C 网络交易中,营销和广告尤其重要,因为买卖双方并不熟悉。

(4) 商务伙伴。电子商务中的网站联盟、合资公司、产业联盟、信息互通等都是常见的合作形式。尤其多见于供应链中,即企业与其供应商、客户以及各种商务伙伴之间的交流与合作。

(5) 支持服务。电子商务需要各种支持系统,其中包括安全系统、内容管理、支付、订单实施、物流等。

2. 现代物流是电子商务的执行保证

电子商务极大地改变了我们的交易方式,可是,在实现网上订货、网上支付的同时,电子商务也因实体物流障碍而遭遇尴尬。例如,戴尔电脑公司目前面临的最大问题就是物流方面的难题,在收到订单后,如何及时采购到各种零配件,如何将产品及时配送到顾客手上,都需要一个完整的物流系统来支持。可见电子商务是信息传送保证,物流是执行保证。没有物流,"电子商务只能是一张空头支票"。

3. 物流是实现电子商务中跨区域物流的重点

随着电子商务的业务范围的扩大,电子商务的应用将更加重视跨区域物流。要解决电子商务跨国物流、跨区域物流中可能出现的问题,需依赖完善的物流系统。国际电子商务的推广,离不开物流系统的支持。

三、我国电子商务物流的发展趋势

随着我国电子商务的发展,尤其是网络购物的爆发式增长,大大促进了电子商务物流服务业,尤其是快递服务业的发展,使其成为社会商品流通的重要渠道。据统计,与淘宝网合作密切的圆通、申通等快递企业,其六成以上的业务量都来自网络购物。

1. 电商物流服务的内容和内涵将更加丰富

一方面,我国网络零售交易产生的电商物流业务近七成由快递企业承担,使快递业成为服务电子商务的主要渠道。另一方面,在"互联网+"的背景下,电商物流也衍生出多种业态,新模式不断涌现。终端消费者对多元化服务的需求进一步细化,电商物流企业适时推出终端智能柜、物流保险、特殊物品物流、逆向物流等主动服务和个性服务。随着供给侧结构性改革的深入推进，电子商务、制造业、跨境贸易等关键产业不断升级，电商物流上下游产业环境也随之优化和升级，这必将对电商物流服务的内容提出更高要求，仓配一体化、供应链管理等业务种类将加快拓展；跨境贸易的发展也将为电商物流企业注入新的发展活力。

2. 市场主体将更加多元

一方面，随着外部产业的融合、资本市场的加速进入以及同业、同区域的整合，优质资源要素和人力要素进一步向龙头企业聚集，市场集中度将进一步提高。另一方面，在快递公共服务站、连锁商业合作、第三方服务平台等创新模式不断涌现的同时，传统快运、物流企业也开始纷纷跨界进入快递及电商物流领域，向专业化、区域化、平台化方向发展。此外，随着"互联网+"的驱动及平台经济的发展，碎片化的物流资源通过互联网和平台整合进入市场，"平台+个人"的商业模式正在出现，并逐步探索、演化，成为新的电商物流服务提供者和市场参与者。

3. 电商物流将更加智慧、智能

随着生产消费需求的不断升级和技术应用环境的不断成熟，电商物流数据化、自动化、智能化的发展趋势将势不可挡。DT（数据科技）时代的到来，使大数据应用已经深入企业的经营管理、销售预测、运营决策、营销推广、渠道管理、客户体验、物流管理、IT构架等各个方面。尤其是大数据对供应链的应用将改变电商物流的路径和运作，从而颠覆传统的运营模式，对物流服务提出更高的要求，大数据服务、云服务、智仓储、电子签名、电子身份认证等技术将得到推广应用。在物流装备方面，自动化分拣、机器人、智能快件箱等的开发应用力度将持续加大，迫使企业告别过往依靠廉价劳动力的发展怪圈，对电商物流的提质增效形成"倒逼"。从现状来看，仓储分拣等智能机器人已经进入实际应用阶段，而当人工成本超过机器成本时，自动化大规模迭代的时代将指日可待。

第三节　电子商务物流的运作

一、B2B 电子商务物流

随着世界经济的快速发展和现代科学技术的进步，B2B 电子商务物流产业作为国民经济中一个新兴的服务部门，正在全球范围内迅速发展。在国际上，B2B 电子商务物流产业被认为是国民经济发展的动脉和基础产业，其发展程度成为衡量一国现代化程度和综合国力的重要标志之一，被喻为促进经济发展的"第三利润源泉"。我国 B2B 电子商务物流产业作为新兴发展起来的产业，产业规模越来越大，科技含量越来越高，越来越显示出新的经济增长点的巨大效能。我国 B2B 电子商务物流市场需求和现代物流产业均已进入快速增长时期。一批超大型国有物流企业投身第三方物流市场。但是总体来看，由于受我国经济发展的水平和许多影响物流产业健康发展因素的制约，目前我国物流产业的总体规模还比较小，发展水平也比较低。

（一）B2B 电子商务物流的特点

相比常见的电子商务中的 B2C 或者 C2C 的小批量、多批次的物流需求，B2B 电子商务是企业间的电子商务交易方式，具有大批量、少批次、单次物流量大的特点。其对物流的需求也有更加严格和苛刻的标准。B2C 电子商务交易中所针对的目标客户是个人，交易的往往是价值低、替代性强、时效要求不高、无特殊安全需要,以及不需要随时掌握物流动向的商品,即使是在运输中遇到了延误、破损,以至于丢失,都不会对买卖双方造成很大甚至致命的影响。然而,B2B 电子商务下的交易双方都是企业,甚至是知名的大企业,所交易的商品价值少则上万,多则过亿,大部分都是生产、销售、供应急需的货品,一旦延误、破损、丢失,或者货款无法回收,都会对买卖双方造成难以挽回的巨大损失,乃至打垮一个企业,使其破产。

(二) B2B 电子商务物流配送模式

B2B 模式是企业之间的业务,与其他模式物流配送呈现少批量、多批次的特点不同,B2B 的单次配货量大、年配货总量稳定,有这种配货特点的传统企业经过多年的发展早已成为成熟的物流配送体系。中国的 B2B 电子商务企业规模一般较小,且多是中小型企业,不应该也没有过多的资金建设自己的物流队伍,而电子商务的全球性的特点使电子商务业务遍布全球,更增添了物流配送的难度。因此,第三方物流成为我国解决 B2B 电子商务配送问题的主要物流模式。除了大型 B2B 平台可以依靠自建的物流配送体系完成配送外,中小 B2B 企业适用的 B2B 电子商务物流配送模式有快递配送、零担包裹和环城 BUS 等。

1. 快递配送

B2B 企业的产品线一般是价值高的、重量比较小的原材料和辅料供应商,这类企业的物流量不是非常大,不过物流费用不低。许多 B2B 企业前期在业务量不是很大、订单无法进行实际预估时,为了吸引更多的顾客、提高客户体验,很可能选择快递配送模式。

2. 零担包裹

一般比较多的是这类企业包裹,业务量也很大,物流费比发快递要便宜不少,但需要对物流时效和送货质量进行监控。如果 B2B 企业的业务量比较大,或者在一些主导城市和城市带,往往会选择零担包裹式运输。

3. 环城 BUS

自营配送需要考虑外包差异和物流成本,能不能接受成本和服务质量之间的利益损失也需要考虑。如果 B2B 电商企业的业务量相对比较稳定,供应区域相对集中,可以尝试自营配送,实行 BUS 式管理交付订单。比如在东莞厚街有很多鞋厂,如果 1 家 B2B 公司提供鞋材和相应的刀模具等,就可以实行 BUS 式供货。

二、B2C 电子商务物流

(一) B2C 电子商务物流配送模式

B2C 电子商务物流配送模式最大的难点在于配送,但我国的物流配送环境相对较差。企业必须选择合适的措施来解决这个问题,目前的各种 B2C 电子商务物流模式各有其优缺点。

1. 采用邮政特快专递(EMS)服务的物流模式

电子商务企业或商家从网站或虚拟网站上获得消费者的购物清单和家庭地址等信息,然后到附近的邮局办理特快专递手续将商品寄出,消费者收到邮局的取货通知后,到所在地邮局将商品取回,或由邮递员直接将商品送到消费者家中。

采用 EMS 方式具有方便、快捷的特点。但是这种方式存在以下问题:首先,EMS 服务收费偏高,如果这部分费用由企业或商家负担,则其经营利润会大大降低;如果由消费者承担,则对于小件低价商品,消费者肯定难以接受。其次,EMS 很难保证消费者在期望的时间内收到商品。

2. 网站自建配送点的物流模式

企业或网站在各地的网民密集地区自建配送点,在获得消费者的购物信息后,由配送点的人员将商品送货上门。这种物流模式可以满足消费者"即购即得"的购物心理需求。

但它也存在如下问题:首先,配送点的布局、人员的配备数量、商品的库存量等很难合理确定;其次,由于要满足用户的即时需求,对配送时效有严格的要求;最后,采用此模式难免产生高额配送费用,因此需要有更大的商品配送规模来加以缓解。

3. 借助第三方物流企业的模式

第三方物流就是电子商务主体将一部分或全部物流活动委托给外部的专业物流公司来完成的一种物流运作模式。物流公司本身不拥有商品,而是与企业或商家签订合作协议或结成合作联盟。

采用这种物流管理方式,将货物送达消费者的时间比前述两种方式都要快,而且服务是专业化的、多功能的和全方位的。但是如果送货量太小,送货费用一般比 EMS 服务还要高。这种管理模式要求专业物流公司在基础设施、人员素质、信息系统等方面加强建设。

4. 网站与传统商业结合的模式

传统商业特别是连锁经营商业具有得天独厚的资源优势、丰富合理的商品种类、高附加值的服务、高效的配送体系等,这些正是电子商务主体所欠缺的。电子商务与传统连锁经营的结合能够充分发挥两者的优势,实现资源共享、优势互补。

(二) B2C 电子商务下的仓储

随着双 11、6·18 等节日促销盛行,电子商务网络零售销售量在短时间内激增,订单爆棚。仓储物流成为高速发展的电子商务行业的短板;爆仓、错发、漏发、暴力分拣、快件丢失等现象屡见不鲜。然而避免爆仓的关键并不仅在于快递的配送能力,也有赖于仓库的发货能力。电子商务仓储作业复杂而繁重,高效仓储管理和快速准确发货都离不开规范化、信息化和标准化作业。

1. 仓储管理规范化

行业标准《网络零售仓储作业规范》(SB/T 11068—2013),已经国家质量监督检验检疫总局、国家标准化管理委员会批准并正式发布(商务部公告 2014 年第 23 号),于 2014 年 12 月 1 日起开始实施。

该标准对网络零售仓储作业的基本要求、管理方针、基本流程、基本规范、信息化管理、配送管理、安全管理进行了规范,并对网络零售仓储企业的评价和改进提出了要求。该标准的实施将对规范网络零售仓储作业、提高作业效率、加强信息化建设、提升配送能力、提升客户满意度有积极作用,对推动电子商务物流的发展有重要意义。

2. 仓储作业信息化

依托电子商务仓库管理系统对仓储作业进行全程信息化管理,即对仓库内每个作业环节和人员操作情况进行信息化管理与可视化管控,所有作业流程和人员操作均在信息系统的规划指导下进行,对每一步骤和动作都进行分解、计算,并合理规划,提高人员操作的效率和可执行性。

(1) 设计多重防错措施。通过唯一标准条码、数量比对、重量比对、视频监控等方式,依靠管理系统对人员操作进行防错、纠错,人员在系统的管理和提示下进行操作,即使面对大批量订单,仍能有效避免误操作,降低错发、漏发率。

(2) 预分配策略。采用管理系统根据整仓任务量和不同岗位的需求量提前进行规划安排,使资源与人力配置最优化,人员开始工作前便可获悉一天的工作安排和工作量,可自主进行工作安排,增强灵活性。这种策略的优势在双11等订单高峰期间尤其明显。

(3) 有效工时考核法。根据各岗位工作强度和特性,依照合理算法将人员工作转化为有效工时,进行公平合理的绩效考评,并通过电子看板实时展现工作状态,有效提高人员工作的积极性、主动性,彻底解决仓库员工(临时工)考核困难等问题。

3. 仓储作业标准化

(1) 一人多岗,一岗多能。库内的各个岗位均采用标准化模式,降低人员操作的复杂度,使一人可兼任多岗,一岗可实现多能,仓储管理系统根据仓库内作业情况可随时进行人员岗位调配。如包装任务量大时,可随时增设包装作业台,并调拨其他较空闲岗位的人员进行包装,从而避免因某一作业岗位工作量巨大而导致的整体效率降低。

(2) 建立标准化信息技术服务管理体系。针对电子商务企业自有仓库,能够提供仓储管理系统软件输出和改进、仓库内部硬件升级、仓库内部流程优化、团队管理经验共享、管理人员培训等一系列标准服务,运用成熟高效的仓储管理软件和系统支持服务以及先进的仓内管理流程方案进行高效准确的智能仓库管理。

4. 作业监控可视化

(1) 加强智能仓库管理系统对所有货物情况和作业环节的监管,使货物的存储、发货、运输等情况可以随时通过系统进行查看,仓库内员工的作业情况通过系统和智能终端等进行记录和管理,使客户实时掌握自己商品的动态,保证每一环节的可追溯性,确保货物安全性。

(2) 建立信息安全管理体系。仓库内通过信息系统进行管理,与电子商务平台的管理系统和快递公司管理系统进行无缝对接,全程采用无纸化作业,对所有与客户相关的信息进行严格保密,确保客户信息安全。

三、C2C 电子商务的物流模式

(一) 物流联盟模式

物流联盟是指电子商务网站与邮政、快递等物流企业组成物流产业链,电子商务平台在其中扮演产业链的中枢角色,对各方面的物流资源进行合理而高效的整合与利用。

建立物流联盟模式的基本条件是第三方物流足够成熟。虽然我国的第三方物流发展迅猛,国外的物流大鳄、中国邮政的 EMS 以及大量出现的民营快递公司齐头并进,但也有越来越多的问题暴露出来,如加入市门槛低、服务网络覆盖率不高、物流过程跟踪难度大、服务质量差、纠纷解决难等,这些问题都阻碍着物流联盟模式在我国的发展。

(二) 便利店模式

便利店模式源自于日本的 7-11 公司的服务模式,即充分利用分布于各居住区的便利店来完成物流快递的最初和"最后一公里",让便利店成为物流快递公司的接货起点与终点。这种模式既可以极大地降低或减少物流快递公司的配送成本,又可以使原有的便利店资源得到充分发挥。

在我国,全国范围内统一的便利店系统始终未能形成,如果利用散落的便利店,势必不能充分利用信息平台进行资源整合,便利店模式的优势也就不存在了。

(三) 物流代理模式

物流代理是指物流渠道中的专业化物流中间人,以签订合同的方式在一定期间内为其他公司提供所有或某些方面的物流业务服务。

一般情况下,卖家难以监督物流快递公司的运作过程,从而导致风险性增大,为解决这一问题,卖家可以选择多家专业物流代理公司,开展综合性分析和评价,在经过充分比较后选择适用的物流快递公司作为自己的合作伙伴。

(四) 指定或推荐物流模式

为了减少物流成本的差异性,提高网上商店的物流服务质量,电子商务平台或网站应该充分利用自身的优势,与规范的专业化物流快递公司建立战略合作伙伴关系,向全体网商推荐这些物流快递公司,鼓励网商选择具有合作伙伴关系的物流快递公司提供物流服务。

四、O2O 电子商务的物流模式

O2O 模式在我国的应用发展势头良好,特别是移动互联网的应用,使 O2O 模式发展得更加迅速。在我国,O2O 的发展主要集中在环渤海经济圈、长江三角洲经济圈、珠江三角洲经济圈,这三大经济圈中又由于城市发展水平不同而不同。而 O2O 模式应用较为成熟的领域主要是餐饮、旅游等,也就是服务业较为成熟,但是在传统行业、生鲜行业、3C 等来说并没有餐饮或者旅游行业那么成熟。

随着更多线上线下企业的加入,O2O 物流模式逐渐变得更加普及,城镇地区已经较为普遍,但是在农村地区还是有待拓展。O2O 物流模式发展水平较好的主要还是集中在一二三线城市,不管是综合实力、环境因素,还是应用水平、发展潜力都较高,但是 O2O 物流模式在全国范围内并没有普及,主要就是农村地区还有待发展。虽然 O2O 物流模式只是集中或者说是主要在城市,但是也不能忽略广大农村地区的发展,唯有进一步下沉才能更好地发展。

(一) 供应链配送模式

供应链配送模式就是我国 O2O 模式下物流服务的典型模式之一。国内的物流服务大多数都是以外包为主,绝大多数企业并没有完善的物流配送系统。所以国内会派生出很多的物流配送平台,通过整合资源,使物流配送变得更加灵活,比如说菜鸟网络、云配送等平台,它们通过整合整条供应链的资源,使物流服务更加顺利。

(二) 极速达模式

京东、苏宁易购等电商平台,因为拥有自己的物流配送系统,它们知道消费者的需求,所以特别注重提供企业的配送时效。特别是在 O2O 模式下,不管是拥有自建物流的企业,还是外包物流的企业,它们都在追求速度,不断推出当日达、半日达、三小时达,发展到现在已经一小时送达。而在"最后一公里"的问题中,比如社区 O2O,已经可以实现 15 分钟送达。这样追求时间的极致,其实就是追求极速化,对于消费者来说,这样的物流服务是非常好的。对于企业来说,这也是占有市场的一个有力途径。很多的企业因为不能实现极速达,很难获得消费者的认可。

供应链配送模式和极速达模式都是我国的O2O模式下的物流服务典型模式。这两种模式对于企业来说是一个非常大的考验,对于消费者来说是一个非常棒的服务模式。但是这两个模式并没有得到普及,一二线城市可以实现,但是在三四线城市或者是县域地区却较为困难。

五、电子商务物流"最后一公里"解决方案

(一)电子商务送货上门方式

电子商务送货上门方式是指电子商务企业自建物流,按照客户订单,直接通过自有物流将商品配送至客户家里。这"最后一公里"的主要工作内容,就是将货物从分拣中心或者配送中心送达客户手中,该模式有利于保证商品质量,提高客户服务水平,适合大型商品如家电等的配送。

(二)第三方快捷点联盟方式

快捷点是指离用户很近又可以作为接收电子商务货物的站点,比如小区物业以及离家很近的百货商店、便利店、干洗店等。该方式基于中国电子商务物流的发展现状,保留了第三方物流模式的优势,避免了快递加盟方式的诸多不足,将快捷点纳入自营或共建的配送网点,成为"最后一公里"配送的实现者。

(三)外包物流站点取货方式

外包物流站点取货方式是指电子商务企业将物流配送活动外包给第三方物流公司或快递公司,由第三方完成客户订购商品的配送活动,这种模式在电子商务物流配送中最为常见。第三方物流公司在"最后一公里"配送时,经常由快递员指定一个地点,比如快递员指定在学校的广场收货,那么这所学校里的所有消费者都在这里取货,也有由快递提供直接送货上门服务的情况。

以卓越亚马逊为例,目前的运作流程大概是这样的:客户在网上下订单后,经过订单处理中心处理后集中汇总到库房,然后进行拣货、配货,交由配送公司将包装好的货品集中运输到分布在全国各地的配送站点,再根据不同的送货线路分配给相关配送员,最终由配送员将货品送到客户手中。亚马逊的物流配送方式包括邮政体系配送、自有配送和外包配送。借助第三方物流公司是目前最为常用的配送方式。它们一般会寻找符合自己公司要求、同时和本公司文化相近的公司进行合作,建立长期合作关系。卓越亚马逊的配送合作伙伴主要有宅急送和UPS。

(四)邮局站点方式

邮政在我国的覆盖面积极其广阔,几乎每一个县市甚至每一个小区附近都有邮局,具有其他物流企业或者其他配送方式所不可比拟的优势,其较高的邮局网点覆盖率已引起电子商务企业的关注。因此,邮局也通常会被快递公司选择为自提点为其发放快件。

(五)设立快递自提点

快递自提点是一种建立在电子商务发展基础上的新型提货模式。它是电子商务结合线下物流、快递、仓储应运而生的一种新型的快递包裹收发模式。目前,国内这种模式已经经过多家电子商务公司和快递公司探索并将逐步完善和发展,主要有以下4种运作模式。

（1）电子商务公司自营的快递自提点,运作比较成功的有京东商城、苏宁易购、天猫商城和淘宝自提联盟。这种快递自提点是商家自行建立、运营和搭建的位于社区、行政区和交通便利位置的快递包裹的代收发与自取服务。

（2）快递公司为了收发件方便而自己运营和建立的快递自提点网络,当中要数顺丰速运的自营店和顺丰便利店最为出名。顺丰速递公司以自身业务发展和业务探索为前提,在国内很多地方自己建立了很多快递自提和自发网络,大大提高了顺丰快递包裹收送的便利和快捷。

（3）电子商务公司或者快递公司与便利店合作模式的快递自提点,像顺丰与7-11便利店的合作,淘宝网与便利店、干洗店的合作等。

（4）基于都市连锁式私人仓储公司的快递自提点模式,这种快递自提点是私人仓储公司利用自身仓储设施和仓库优势,代理国内绝大多数快递公司的快递收发业务和代理国内主要电子商务公司的快递包裹收送业务。该模式立足自身仓储点,辐射仓库周边三公里范围,协助快递公司与商家为周边客户提供快递送达、快递收件、客户快递自取等的全方位解决方案。目前这种模式已经有深圳好管家迷你仓进行的很多实践和推广。

六、电子商务的逆向物流特点

逆向物流是一种物流活动,它包含了产品退回、物料替代、物品再利用、废弃处置、再处理、维修与再制造等流程。它是为了正确处置废弃产品或重新获得产品的使用价值,将原材料、半产品、制成品等物资从产品消费点一端返回产品来源点一端的过程。电子商务的逆向物流主要是指退货逆向物流,与正向物流的流程步骤完全相反,即将不符合客户订单要求的产品退还给供应厂商的一种做法。电子商务环境下的逆向物流的特点如下。

1. 分布范围全球化

电子商务的加入,使物流和逆向物流活动延伸至世界每一个角落。传统的逆向物流受到时间和空间的制约,物流业务被迫限死在一个有限的地域;电子商务打破了时空界限,正、逆向物流同时在较大范围和区域发生,满足各地人们的需求。电子商务的产生延续了逆向物流产业的生命周期,不仅在美国,而且在整个欧洲,进而延伸至整个世界范围内。逆向物流由于电子商务全球范围的运作,在很短的时间内由原来的薄弱零星状态向全球迅猛发展。

2. 运作方式网络化

电子商务全球范围内运作下的逆向物流供应链不再是单纯的点区和线性的作业,而是纵横交错的网状作业关系。随着物流信息技术的进步,互联网购物、跟踪服务在世界范围内取得了令人瞩目的发展。例如,电子商务先驱者之一的戴尔公司,以其开创性的新商业模式,利用网络直接销售计算机和售后服务,节省了可观的运营成本,产品价格较同行更具竞争力,进而夺得全球直销计算机第一品牌的宝座,并以此进入世界五百强。

3. 自身表现个性化

逆向物流是伴随正向物流一起发生的商务流通中的产物。严格来讲,由于顾客的潜在需求,正向物流流到哪里,哪里就会显性或者隐性地存在逆向物流。在电子商务正向物流下,消费者的需求和偏好具有个性化,使正向物流的实现方式具有个性化,也导致其对应的逆向物流具有明显个性化;加上电子商务的全球分布,电子商务逆向物流面对的是世界各国消费习惯、文化背景各异的消费者,这进一步加深了电子商务的逆向物流自身表现的个性化。

第四节　跨境电子商务物流

一、跨境电子商务相关概念

（一）跨境电子商务的概念和类型

跨境电子商务是指分属不同关境的交易主体，通过电子商务平台达成交易、进行支付结算，并通过跨境物流送达商品、完成交易的一种国际商业活动。目前根据跨境电子商务模式的不同，平台提供支付结算、跨境物流送达、金融贷款的服务内容均有不同。

按照进出境货物流向，跨境电子商务可分为跨境电子商务出口和跨境电子商务进口。其中，跨境电子商务出口模式主要有外贸企业间的电子商务交易（B2B）、外贸企业对个人零售电子商务（B2C）与外贸个人对个人网络零售业务（C2C），并以外贸 B2B 和外贸 B2C 为主；进口模式以外贸 B2C 以及海外代购模式为主。

1. 跨境 B2B 电子商务

跨境 B2B 是指分属不同关境的商户通过电子商务手段将传统进出口贸易中的展示、洽谈和成交环节电子化，通常会以规模化的现代物流方式送达货物给境外商户，从而完成交易的一种国际商业活动。

2. 跨境 B2C 电子商务

跨境 B2C 是指商户通过电子商务将商品直接出售给不同关境的消费个人，并采用快件、小包等行邮的方式通过跨境物流送达商品、完成交易的一种国际商业活动。

3. 跨境 C2C 电子商务

跨境 C2C 是指分属不同关境的个人卖方对个人买方开展在线销售产品和服务，由个人卖家通过第三方电子商务平台发布产品和服务售卖产品信息、价格等内容，个人买方进行筛选，最终通过电子商务平台达成交易、进行支付结算，并通过跨境物流送达商品、完成交易的一种国际商业活动。

（二）我国跨境电子商务的发展历程

自 1999 年阿里巴巴实现用互联网连接中国供应商与海外买家后，我国对外出口贸易就实现了互联网化。在此之后，共经历了三个阶段，实现从信息服务到在线交易、全产业链服务的跨境电子商务产业转型。

1. 跨境电子商务 1.0 阶段（1999—2003 年）

跨境电子商务 1.0 时代的主要商业模式是网上展示、线下交易的外贸信息服务模式。在跨境电子商务 1.0 阶段，第三方平台主要的功能是为企业信息以及产品提供网络展示平台，并不在网络上涉及任何交易环节。此时的盈利模式主要是通过向进行信息展示的企业收取会员费（如年服务费）。跨境电子商务 1.0 阶段发展过程中，逐渐衍生出竞价推广、咨询服务等为供应商提供一条龙的信息流增值服务。

在跨境电子商务 1.0 阶段中，阿里巴巴国际站平台以及环球资源网为典型代表平台。其中，阿里巴巴成立于 1999 年，以网络信息服务为主，线下会议交易为辅，是我国最大的外贸信息黄页平台之一。环球资源网 1971 年成立，前身为 Asian Source，是亚洲较早提供贸易市场资讯者，并于 2000 年 4 月 28 日在纳斯达克证券交易所上市。

在此期间还出现了中国制造网、韩国 EC21 网、Kellysearch 等大量以供需信息交易为主的跨境电子商务平台。跨境电子商务 1.0 阶段虽然通过互联网解决了我国贸易信息面向世界买家的难题,但是依然无法完成在线交易,对于外贸电子商务产业链的整合还停留在完成信息流整合环节。

2. 跨境电子商务 2.0 阶段(2004—2012 年)

2004 年,随着敦煌网的上线,跨境电子商务 2.0 阶段来临。这个阶段,跨境电子商务平台开始摆脱纯信息黄页的展示行为,将线下交易、支付、物流等流程实现电子化,逐步实现在线交易平台。

相比较第一阶段,跨境电子商务 2.0 更能体现电子商务的本质,借助于电子商务平台,通过服务、资源整合有效打通上下游供应链,包括 B2B(平台对企业小额交易)平台模式和 B2C(平台对用户)平台模式两种模式。跨境电子商务 2.0 阶段,B2B 平台模式为跨境电子商务主流模式,通过直接对接中小企业商户实现产业链的进一步缩短,提升商品销售利润空间。2011 年敦煌网宣布实现盈利,2012 年持续盈利。

在跨境电子商务 2.0 阶段,第三方平台实现了营收的多元化,同时实现后向收费模式,将"会员收费"改以收取交易佣金为主,即按成交效果来收取百分点佣金。同时还通过平台上的营销推广、支付服务、物流服务等获得增值收益。

3. 跨境电子商务 3.0 阶段(2013 年至今)

2013 年成为跨境电子商务的重要转型年,跨境电子商务全产业链都出现了商业模式的变化。随着跨境电子商务的转型,跨境电子商务 3.0"大时代"随之到来。

跨境电子商务 3.0 具有大型工厂上线、B 类买家成规模、中大额订单比例提升、大型服务商加入和移动用户量爆发五方面特征。与此同时,跨境电子商务 3.0 服务全面升级,平台承载能力更强,全产业链服务在线化也是 3.0 时代的重要特征。

在跨境电子商务 3.0 阶段,用户群体由草根创业向工厂、外贸公司转变,且具有极强的生产设计管理能力。平台销售产品由网商、二手货源向一手货源、好产品转变。

跨境电子商务 3.0 阶段的主要卖家群体正处于从传统外贸业务向跨境电子商务业务的艰难转型期,生产模式由大生产线向柔性制造转变,对产业链配套服务需求较高。另外,3.0 阶段的主要平台模式也由 C2C、B2C 向 B2B、M2B 模式转变,批发商买家的中、大额交易成为平台主要订单。

(三) 出口跨境电商发展趋势

1. 跨境出口 B2B 品牌化之路将开启

当前绝大部分的跨境 B2B 企业都存在企业品牌建设不足的问题,仍然扮演的是国际品牌代工厂的角色。但跨境 B2B 品牌建设之路即将开启,越来越多的 B2B 平台及平台上的企业都开始注重品牌化建设,通过品牌溢价来提升公司产品及整体的价值。

2. 跨境电商企业自建独立站趋势明显

从 2018 年开始,出口跨境电商领域就出现了跨境电商企业纷纷开始自建独立站,通过独立站的方式把产品及服务卖给消费者。其主要原因在于平台因涌入大量卖家导致竞争激烈,卖家需寻找新的增长渠道,次要原因在于营销自动化升级带来的趋势。

3. 品牌化步伐加快中国产品向全球品牌迈进

随着我国企业国际竞争力的不断提升,品牌商出海正成为出口电商的一道风景线,各大传统外贸企业加快品牌化建设的步伐。加上各大跨境电商平台也倾力打造及孵化更多的出海品牌企业，企业通过互联网打造品牌化的道路迎来发展黄金期。

（四）进口跨境电商发展趋势

1. 重获资本关注

在经历了一段时期资本市场的冷遇以后，跨境电商领域逐渐得到了较多的融资，有多个跨境电商平台成功获投。KK馆获得经纬中国等机构7 000万元的投资，宝妈环球购获得九宜城的千万级投资，别样获得高瓴资本等机构2 000万美元的投资等。

2. 向线下拓展

随着市场竞争的加剧，进口跨境电商纷纷在线下开实体店，网易考拉首家线下实体店"海淘爆品店"杭州开业，并接连在宁波、郑州等地扩张市场，抢占新零售、新消费风口下市场份额。天猫国际线下店也在杭州营业，小红书则把线上社区搬到了线下，而丰趣海淘"Wow哇噢"全球精选店在重庆开张，布局覆盖无人便利店、全球精选店、智能无人柜。各大跨境电商旨在如何突破时间和空间的束缚，为消费者实现即买即用的购物体验。

3. 下沉三五线城市

进口跨境电商的用户目前大部分在一二线城市，在农村消费升级和新零售的大背景下，电商平台未来将逐步下沉到三四线城市。未来随着消费者购买力的增强，物流仓储等配套设施的完善，行业将在以提升客户消费体验等软实力为核心的基础上，进一步提高产品实时性和价格优势，助力跨境电商平台行业整体效益进一步提升。

二、跨境电子商务物流

（一）我国跨境电子商务物流发展现状

1. 我国跨境电子商务物流政策支持不足

跨境电子商务在我国起步较晚，但是发展速度惊人，如最具有代表性的阿里巴巴。尽管我国还没有出台扶持相关企业的政策，但由于跨境电子商务是我国外贸一个新的增长点，越来越受到各方关注。2013年，商务部出台了《关于实施支持跨境电子商务零售出口有关政策意见的通知》，对零售出口企业在海关、检验检疫、税收等方面遇到的问题提出了具有针对性的措施。这一政策无疑打破了出口的"寒冰"，对所有零售出口企业来说都是可遇而不可求的机会。另外，国家积极建立基础信息标准和接口的规范准则，目前有一小部分地区实现了海关、出入境检验检疫、税务、外汇管理等部门与电子商务企业、物流配套企业之间的标准化信息交流。与发达国家相比，我国的政策支持尤为不足，这在某种程度上阻碍了跨境电子商务企业以及物流企业的快速发展。

2. 当前国际物流发展速度与跨境电子商务需求不匹配

我国的跨境电子商务的发展速度是十分惊人的，2019年中国跨境电商市场规模达10.5万亿元，较2018年的9万亿元同比增长16.66%。在进口跨境电商用户规模上，2019年中国进口跨境电商用户规模1.25亿人，同比2018年的8 850万人增长41.24%。随着居民收入水平的提高、消费结构的改善，越来越多人开始追求更高品质的生活；在消费方面，对于商品的质量、购物的体验需求也进一步提高，与之相对应的物流企业中从事跨境电子商务的则比较少，大多数是由国际快递公司完成物流配送服务。如此大的物流量，仅仅靠国际快递企业是远远不够的，尤其是在购物旺季，经常会出现快件积压、爆仓等现象，这给跨境电子商务的发展带来了巨大障碍。

3. 我国物流基础设施不完善

物流在我国出现的时间比较晚,整体物流环境相对比较差,连接不同运输方式的交通枢纽比较少,各种配套设施也有待完善。而跨境电子商务涉及跨境的仓储、配送、运输、报关、核税等一系列问题,为了使运输过程的损耗尽可能减少,且速度更快、成本更低,需要建立合理高效的物流体系,并且需要更先进和完备的物流基础设施。然而,目前国际快递的运输时间长、手续多、成本高违背了跨境电子商务物流快捷和便利的特点,严重制约了跨境电子商务的进一步发展。

4. 缺乏第三方物流提供专业化服务

我国第三方物流企业数量较多,但是大型的、专业化程度较高的第三方物流企业(如宝供物流、德邦物流)是比较少的。大多数物流企业提供的都是国内物流服务,即使是为电子商务服务也都是为国内电子商务服务的。对于国际快递服务,主要是以普通快递的形式,且没有专门为跨境电子商务企业提供全方位的专业物流服务。目前在我国,为跨境电子商务提供国际快递服务的也只有联合包裹服务公司(UPS)、联邦快递公司(FedEx)、敦豪速递公司(DHL)、中国邮政速递物流公司(EMS)、顺丰速运公司等。大力发展专业化的国际第三方物流服务是十分必要的,这有利于推动我国跨境电子商务更好地发展,并在国际市场竞争中处于有利地位。

(二)跨境电子商务物流模式

1. B2B 跨境电子商务物流

我国进出口企业与国外批发商和零售商通过互联网线上进行产品展示和交易,线下按一般贸易完成的货物进出口,即 B2B 跨境电子商务的进出口,本质上仍属传统贸易,该部分以货物贸易方式进出境的商品,已经全部纳入海关贸易统计。此外有一些通过创建电子平台为外贸企业提供进出口服务的公司,如深圳的一达通,这些企业所实现的商品进出口,在实际过境过程中都向海关进行申报,海关已全部纳入贸易统计。以货物方式通关的商品,由于是按传统的一般贸易方式完成的货物进出口,在通关商检、结汇及退税等方面运作相对成熟和规范。B2B 跨境电子商务物流与传统贸易下的物流方式基本一样(见图 8-3)。

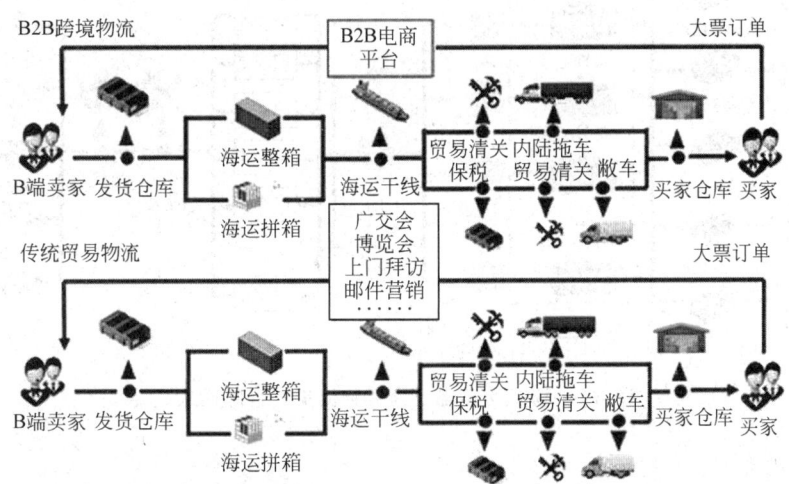

图 8-3　B2B 跨境物流与传统贸易物流

2. B2C 跨境电子商务物流

1) 直邮模式

B2C 跨境电子商务物流直邮模式的特点是：先订单，后物流。物流指定人可以是卖家，也可以是平台，但其缺点是时间长、价格贵，其优点是简单、方便，适用于小卖家、卖家临时补货或小型电子商务平台等情景（见图 8-4）。随着 B2C 成交量的不断增大，这种准入门槛较低的物流模式竞争日益激烈，发展空间相对有限。

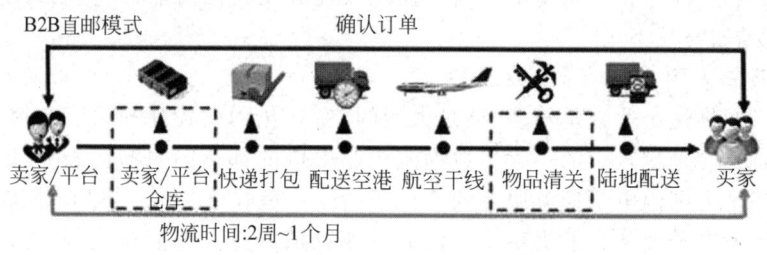

图 8-4　B2C 跨境电子商务物流直邮模式

2) 集货直邮

B2C 跨境电子商务物流集货直邮模式的特点是：①对海外仓、清关能力、多元化的干线运输方案要求较高，而串联物流、卖家、平台、政府监管的信息传输解决方案，成熟的操作体系和员工更是核心竞争力。②卖家商品前推至物流商海外大仓，物流商具备库存管理能力，根据平台反馈解决商品退、补、换货功能，运量规模化后能带动干线运输、清关成本摊薄，吸引更多客户形成"雪球"效应。③"集货"模式总体仍属"先订单，后物流"，适应不同销量的各类卖家需求，物流商能通过系统（订单）响应需求、高效管理库存和进行清关，最大限度地缩短全程物流时间，性价比较直邮模式有很大程度的改善（见图 8-5）。

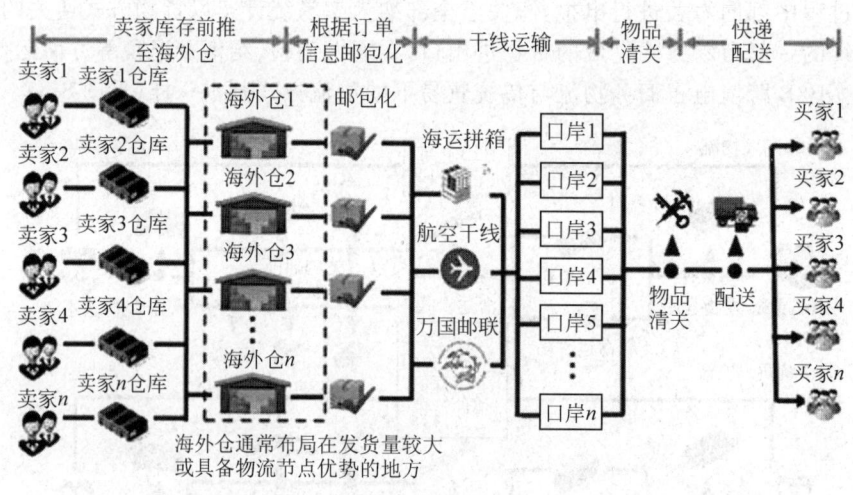

图 8-5　B2C 跨境电子商务物流集货直邮模式

3) 保税模式

B2C 跨境电子商务物流保税模式的特点是：①实际为"先物流，后订单"，卖家可大规模地将货物(主要是海运)提前发至国内保税仓做库存,前程物流如同普通一般贸易,运输成本极低,订单生成后商品实际是从国内保税仓出发,原则上4～5天就能送达消费者,而大量国内库存也能保障退换货等售后体验。②该模式的核心资源是B2C保税库,而申请到仓库即意味着得到海关、商检等相关机构的认可,意味着后续快速清关迎刃而解,目前能获得仓库资源的机构主要是大型电子商务平台或央企、龙头物流公司。③该模式适用于母婴、食品、化妆品等日常销量大的品类,或者是SKU量大,具备销量大数据分析能力的龙头电商。此外,国际电商企业在双11等销售旺季,为解决大量商品集中清关的拥堵,也会采用该模式提前备货(见图8-6)。

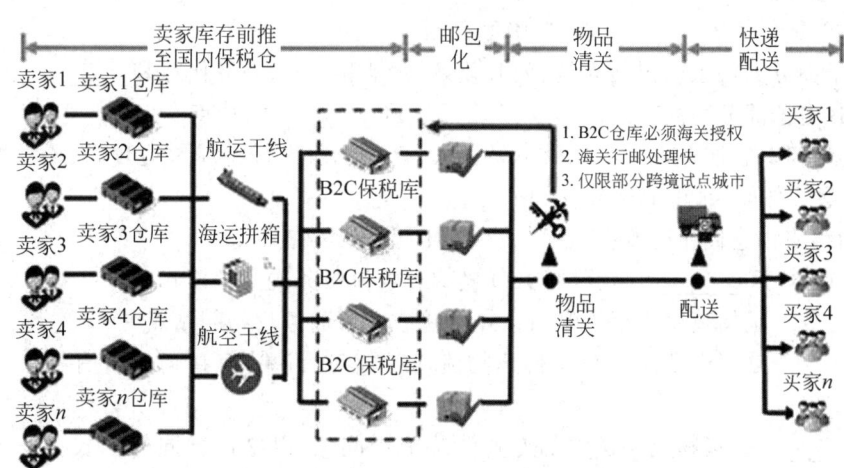

图8-6 B2C跨境电子商务物流保税模式

实训项目

- 实训内容:电子商务物流认知实训。
- 实训手段:视频片段、实物图片展示。
- 实训目的:了解电子商务物流相关概念和发展现状、主要模式。

练习题

一、单项选择题

1. 如果从亚马逊网站上购买一本电子书,属于( )。
   A. 实体商务　　　　B. 部分电子商务　　C. 完全电子商务　　D. 都不是
2. 砖瓦鼠标式组织是指( )。
   A. 纯粹的实体公司　　　　　　　　B. 旧经济组织
   C. 纯电子商务组织　　　　　　　　D. 开展部分电子商务的企业
3. 下列电子商务模式中占整体电子商务市场主要份额的是( )。
   A. B2G　　　　　B. B2C　　　　　C. C2C　　　　　D. B2B
4. ( )是电子商务结合线下物流、快递、仓储而应运而生的一种新型的快递包裹收发模式。
    A. 邮局站点   B. 快递自提点
    C. 第三方快捷点联盟方式   D. 电子商务送货上门
  5. B2C 跨境电子商务物流直邮模式的特点是( )。
    A."先订单,后物流"   B."先物流,后订单"
    C."物流与订单分离"   D."物流与订单同步"

二、填空题

  1. B2C 里的 B 是指_____, C 是指_____。
  2. O2O 中库存是_____, B2C 中库存是_____。
  3. 电子商务支持系统包括人员、公共政策、营销和广告、商务伙伴和_____。
  4. B2B 电子商务物流有_____、_____和_____的特点。
  5. 许多 B2B 企业前期在业务量不是很大,订单无法进行实际预估时,为了吸引更多的顾客、提高客户体验,很可能选择_____。
  6.《网络零售仓储作业规范》于_____年起开始实施。
  7. _____和_____是我国 O2O 模式下物流服务的典型模式。
  8. _____是指离用户很近又可以作为接收电子商务货物的站点。
  9. _____是指电子商务企业自建物流,按照客户订单,直接通过自有物流将商品配送至客户家里。
  10. _____是指物流渠道中的专业化物流中间人,以签订合同的方式在一定期间内为其他公司提供所有或某些方面的物流业务服务。

三、判断题

  1. O2O 是英文 Online to Offline 的缩写,又被称为线上线下电子商务。 ( )
  2. 传统物流出库批量大、频率低,而电子商务物流涉及出库的品种繁多,频次较高。
                           ( )
  3. 在中国,快递发展可以满足日益高速增长的电子商务"网购"市场的需求。( )
  4. 中国的跨境电商主要经历了三个阶段,实现了从信息服务到在线交易再到全产业链服务的产业转型。   ( )
  5. 电子商务网站就那么几个,所以它的逆向物流的来源比较集中。 ( )

四、简答题

  1. B2C 电子商务物流配送模式有哪些?
  2. C2C 电子商务的物流模式有哪些?
  3. 电子商务物流最后一公里的解决方案有哪些?
  4. 电子商务逆向物流的特点是什么?

五、案例分析题

  京东 CEO 刘强东说:"我们自建物流的时候,看到中国有一个巨大的机会,这个机会基于以下三个原因。第一,中国没有 UPS,没有 FedEx,亚马逊美慕我们,其实在 2007 年的时候,记者问亚马逊的相关负责人,'你在亚马逊这么多年创新,你有什么遗憾?'他说'我们没有自己的物流,只能用 FedEx'。但是中国没有这样大型的物流公司,所以给了我们机会。

第二，中国的物流成本奇高无比，到2013年的时候，我们国家公布了我国的物流成本占GDP的17%~18%，在我们整个国家企业利润这么微薄的情况下，欧洲6%~7%，日本5%~6%，人家的物流成本比我们低10%。第三就是服务，因为过去多少年，我国的快递发展虽然非常迅速，但是服务品质比较低，加盟商和集团公司的利益期待其实是相悖的，二者并不一致，加盟者希望收单多，因为快递公司给快递员结算，送件是义务的，收件才是赚钱的。所以中国快递发展成加盟模式，给快递带来巨大的服务隐患。基于这三点，服务不好，成本很高，没有大型的快递公司，所以我们有机会。我们京东物流模式又进了一步，我们绝对不承认我们是快递公司，非常简单，因为我设计的理念是不一样的。三通一达也好，顺丰也好，它追求的是如何让货物快速流动，就是怎么把一件货从北京发到上海去，又快还要便宜，三通一达物流设计的时候就是这样，它的模式是每个点都在收货，每个点都在送货，所以导致网络非常复杂，而京东的物流模式非常简单，我们就是把货物从仓储地送到消费者家里，我们的点和点之间，如上海的配送站和北京的配送站之间，没有一毛钱的关系，上海这个配送站永远不会收一件货送到北京的配送站。而且我们是仓配一体化，我们建的仓库越来越多，货物离我们消费者越来越近，导致我们的货物移动的距离越来越短，所以速度越来越快，成本也越来越低，因此是一个正向循环，规模越大，物流越明显。所以京东这种仓配一体化模式，最后还是拿几个数字跟大家分享，从我们公布的第一个季度的公司财报可以发现，京东商城的物流成本占我们销售收入是5.8%，和去年和前年都差不多，5%~6%。"

马云则说："京东将来会成为悲剧，这个悲剧是我第一天就提醒大家的，不是我比他强，而是方向性的问题，这是没办法的。你知道京东现在多少人吗？5万人！阿里巴巴是慢慢长起来的，现在才23 000人。收购后加起来是25 000人。你们知道我为什么不做快递？现在京东5万人，仓储将近三四万人，一天配上200万个包裹。我现在平均每天要配上2 700万个包裹，什么概念？中国十年之后，每天将有3亿个包裹，你得聘请100万人，那这100万人就太恐怖了。而且它的60%收入是在中关村和淘宝，它自己网上不可能有这么大量。所以，我在公司一再告诉大家，千万不要去碰京东。别到时候自己死了赖上我们。"

思考：京东电子商务物流采用的是哪种模式？马云为什么说京东会成为悲剧？你怎么看待这个问题？

本章参考文献

[1] 特班,等.电子商务：管理与社交视角[M].7版.北京：机械工业出版社,2014.
[2] 刘常宝.电子商务物流[M].北京：机械工业出版社,2018.
[3] 卢栋,周珠.电子商务物流[M].北京：中国水利水电出版社,2019.
[4] 龚英.电子商务物流[M].北京：科学出版社,2019.
[5] 付雅琴.当代物流与供应链管理研究：以电子商务为视角[M].武汉：武汉大学出版社,2019.
[6] 欧伟强,钟晓燕.电子商务物流管理[M].北京：电子工业出版社,2018.

供应链金融

供应链金融成功案例

案例1:预付账款模式

重庆永业钢铁(集团)有限公司(简称永业钢铁)是一家主营钢铁加工和贸易的民营企业。由于地域关系,永业钢铁与四川攀枝花钢铁集团(简称攀钢)一直有着良好的合作关系。永业钢铁现有员工150多人,年收入超过5亿元,但与上游企业攀钢相比在供应链中还是处于弱势地位。永业钢铁与攀钢的结算主要是采用现款现货的方式。2005年,永业钢铁由于自身扩张的原因,流动资金紧张,无法向攀钢打入预付款,给企业日常运营带来很大影响。2005年年底,永业钢铁开始与深圳发展银行(简称深发展)接触。深发展重庆银行在了解永业钢铁的具体经营情况后,与当地物流企业展开合作,短期内设计出一套融资方案:由物流企业提供担保,并对所运货物进行监管,深发展重庆银行给予永业钢铁4 500万元的授信额度,并对其陆续开展了现货质押和预付款融资等业务模式,为永业钢铁的扩大经营注入了一剂强心针。在取得深发展的授信以后,当永业钢铁需要向攀钢预付货款的时候,深发展会将资金替永业付给攀钢,或替永业开出银行承兑汇票。与深发展合作以来,永业钢铁的资金状况得到了极大改善,增加了合作钢厂和经营品种,销售收入也稳步增长。

案例2:动产质押模式

深圳市财信德实业发展有限公司(简称财信德)是一家从事国内商业批发、零售业务的贸易公司,是伊利股份在深圳地区的总代理。财信德是一家资产规模和资本金规模都不大的民营企业,其自有资金不能满足与伊利的合作需要;同时又没有其他可用作贷款抵押的资产,进行外部融资困难,因此资金问题成为公司发展的瓶颈。财信德向当地民生银行提出以牛奶作为质押物申请融资的业务需求。民生银行广州银行在了解财信德的实际需求和经营情况,并结合其上游供货商伊利股份进行研究分析后,与提供牛奶运输服务的物流企业合作,推出了以牛奶作为质押物的仓单质押业务。物流企业对质押物提供监管服务,并根据银行的指令,对质押物进行提取、变卖等操作。银行给予财信德综合授信额度3 000万元,以购买的牛奶作质押,并由生产商伊利股份承担回购责任。该业务自开展以来,财信德的销售额增加了近2倍。这充分说明了供应链金融服务能够很好地扶持中小企业,解决企业流动资金不足的问题,同时也有效控制了银行的风险。

案例3：应收账款模式

2004年，中国银行江苏省分行为江苏工业园区内的冠鑫光电公司（以下简称冠鑫公司）提供了应收账款质押贷款业务。冠鑫公司主要从事生产和销售液晶显示器成品及相关部件，其上下游企业均是强大的垄断企业。其在采购原材料时必须现货付款，而销售产品后，货款回收期较长（应收账款确认后的4个月才支付）。随着公司的成长和生产规模的扩大，应收账款已占公司总资产的45%，公司面临极大的资金短缺风险，严重制约了公司的进一步发展。中国银行江苏省分行详细了解到冠鑫公司的处境后，果断地为其提供了应收账款质押贷款业务，由第三方物流企业为该项贷款提供信用担保，帮助冠鑫公司走出了流动资金短缺瓶颈。

案例解析

案例1分析：该案例成功的关键首先在于融资的预付账款用途是向攀钢进口原料，银行的融资是直接付给攀钢，即在供应链的链条上借助核心企业的资信为下游企业进行了融资；其次在于当地物流企业同意为其授信额度提供担保，并对所运货物进行监管，使银行可以降低信贷风险，在融资时通过第三方获得了物权控制。

预付账款模式主要针对商品采购阶段的资金短缺问题。该模式的具体操作方式是由第三方物流企业或者核心企业提供担保，银行等金融机构向企业垫付货款，以缓解企业的货款支付压力。之后由企业直接将货款支付给银行。其中第三方物流企业扮演的角色主要是信用担保和货物监管。一般来说，物流企业对供应商和购货方的运营状况都相当了解，能有效地防范这种信用担保的风险，同时也解决了银行的金融机构的风险控制问题。

案例2分析：该案例成功的关键首先在于民生银行的业务创新，同意将牛奶作为质押物对企业进行授信。由于牛奶属于容易变质的食品，因此操作过程中物流企业的积极配合也是密不可分的。在银行、物流企业、贷款客户的共同努力下，才有可能实现供应链融资的顺利开展。

动产质押模式主要针对中小企业运营阶段。该模式的主要特征是以动产质押贷款的方式，将存货、仓单等动产质押给银行而取得贷款。第三方物流企业提供质物监管、拍卖等一系列服务，如有必要，核心企业还会与银行签订质物回购协议。这种模式将"死"物资或权利凭证向"活"的资产转换，加速动产的流动，缓解了企业的现金流短缺压力。动产质物具有很大的流动性，风险很大。第三方物流企业和核心企业与银行等金融机构合作，可有效降低信贷风险，提高金融机构参与供应链金融服务的积极性。

案例3分析：该案例成功的关键在于应收账款的性质，下游企业是强大的垄断企业，也就是应收账款能否收回关键是下游核心企业的资信，相对于上面的两个案例，银行的风险最小，当然第三方物流企业的担保也是案例中冠鑫公司获得资金的重要条件。随着供应链融资的发展，该类应收账款融资也可以占用核心企业的授信，无须提供第三方担保，当然这需要征得核心企业的授权。

应收账款模式主要针对企业商品销售阶段。由于应收账款是绝大多数正常经营的中小企业都具备的，这一模式解决中小企业融资问题的适应面相应也非常广。这种模式的具体操作方式是中小企业将应收账款质押给银行进行融资，将中小企业的应收账款变成银行的应收账款。之后核心企业将货款直接支付给银行。核心企业在供应链中拥有较强实力和较好的信用，所以银行在其中的贷款风险可以得到有效控制。

案例思考

从以上成功案例分析在供应链金融业务开展中，各个主体发挥的主要作用有哪些？各个主体所获得的主要收益是什么?业务开展中存在哪些风险?

案例涉及的主要知识点

预付账款模式　动产质押模式　应收账款模式　监管　授信　担保

学习导航

- 了解供应链金融的发展进程。
- 掌握供应链金融概念的核心内涵及其意义。
- 理解供应链金融的基本业务模式。
- 掌握供应链金融风险的概念,并了解其主要防范措施。

教学建议

- 备课要点:供应链金融的演化、供应链金融基本业务模式的分类及比较、供应链金融风险的产生原因及其主要防范措施。
- 教授方法:案例、讲授、实证、对比分析。
- 扩展知识领域:供应链金融的发展趋势。

第一节　供应链金融概述

一、供应链金融的发展

(一)国际供应链金融的发展

供应链金融的发展起源于物资融资业务。早在公元前2400年,底格里斯与幼发拉底两河的中下游地区(美索布达米亚平原)已出现了谷物仓单,而英国最早出现的流通纸币是可兑付的银矿仓单。供应链金融业务形态随着物流的渐进发展而呈现演进式创新发展,可划分为以下三个发展阶段。

第一阶段产生于19世纪中叶前的欧洲。这一时期的典型特点是以存货质押融资为主要业务形式。物流仓储企业成为传统质押业务中银行与借款企业之间的第三方,提高了存货质押融资的效率,但多采用静态质押,借款企业须偿还欠款后才将质押存货解冻,存货质押融资业务对企业运营的总体支持力度较低。

第二阶段为19世纪中叶至20世纪70年代。随着物流仓储企业具备更为丰富的经验和更为规范的操作,可提供更为灵活的业务监管方式,使融资企业的质押存货品种涵盖面得到拓宽,并从初期的静态质押形式发展到了动态质押形式。借款企业可以在保持质押存货总量平衡的情况下通过缴纳保证金、补充新的存货或根据银行授权等方式取回质押存货用于企业的生产和运营,从而有效地支持了企业的运作。同时在这一时期,应收账款与存货的有机结合在企业经营中的重要性日益得到重视。

第三阶段为20世纪80年代至今。在此时期,由全球化业务外包所衍生出来的供应链管理概念得到兴起。为解决全球性外包活动导致的供应链整体融资成本问题,以及部分节点资金瓶颈带来的"木桶短板"效应,应收账款融资、存货质押融资、预付款融资、保理等供应链金融业务得到快速发展。

(二) 国内供应链金融的发展

我国供应链金融起步较晚,1998年深圳发展银行(现平安银行)在广东地区首创货物质押业务,并于2002年提出系统发展供应链金融理念。2007年,《中华人民共和国物权法》的颁布实施极大地改善了供应链金融业务的制度环境,此后,我国供应链金融历经四个阶段的发展,实现了跨越式发展,形成多个主体参与的具有多种形式、多种属性、多种组合的供应链金融。

第一阶段,供应链金融1.0(线下"1+N"),即传统的线下"中心化"模式。商业银行依托核心企业"1"的信用支撑,为上下游中小微企业"N"的融资授信提供支持。在技术层面以不动产抵押为主,以信用评级为基础。供应链金融1.0存在的风险包括:银行对存货数量的真实性不好把控,很难核实重复抵押的行为;难以控制经营过程中的操作风险。

第二阶段,供应链金融2.0(线上"1+N"),即线上"中心化"模式。传统的线下供应链金融转移到线上,通过核心企业"1"与商业银行的数据对接,使银行获取核心企业和产业链上下游企业的仓储、付款等各种真实的经营信息。线上供应链金融能够保证多方在线协同,提高作业效率;但其仍然是以银行融资为核心,资金往来被默认摆在首位。

第三阶段,供应链金融3.0(线上"M+1+N"),即平台化时代的供应链生态圈模式。"M"代表核心企业群体,实现去"中心化";"1"代表服务于供应链的综合性大服务平台,"N"代表供应链上下游的中小企业。通过互联网技术的深度介入打造综合性大服务平台,代替核心企业"1",为中小企业"N"提供信用支撑,颠覆"1+N"生态圈;核心企业起到了增信的作用,使各种交易数据更加可信。

第四阶段,供应链金融4.0(智慧供应链金融),即智慧化时代的产融结合模式。通过科技赋能,借助于物联网、人工智能、大数据、区块链等技术,业务模式趋向去中心、实时、定制、小额,其产品则以数据质押为主。

二、供应链金融的概念及目标与优势

(一) 供应链金融的概念

供应链金融是以核心企业为切入点,通过对信息流、物流、资金流的有效控制或对有实力关联方的责任捆绑,针对核心企业上、下游长期合作的供应商、经销商提供的融资服务,其目标客户群主要为处于供应链上、下游的中小企业。供应链金融本质上是一种集商业运作、金融管理和物流运作为一体的管理行为与过程,它将贸易中的买方与卖方、第三方物流以及金融机构紧密地联系在一起,基于企业商品交易中的应收应付、预收预付和存货融资而衍生出来的组合融资。

从产业供应链角度出发,供应链金融的实质就是金融服务提供者通过对供应链参与企业的整体评价(行业、供应链和基本信息),针对供应链各渠道运作过程中企业拥有的流动性较差的资产,以资产所产生的确定的未来现金流作为直接还款来源,运用丰富的金融产品,采用闭合性资金运作的模式,并借助中介企业的渠道优势,来提供个性化的金融服务方案,为企业、渠道以及供应链提供全面的金融服务,提升供应链的协同性,降低其运作成本。

供应链金融主要涉及四个运作主体:金融机构,核心企业和上、下游企业,第三方物流企业,其中核心企业和上、下游企业是融资服务的需求者,金融机构为融资服务的提供者;物流企业仅作为金融机构的代理人或服务提供商,为贷款企业提供仓储、配送、监管等业务。从风险控制体系的差别以及解决方案的问题导向维度,供应链金融的主要运作模式分为存货融资模式、预付款融资模式、应收账款融资模式。

（二）供应链金融的目标与优势

供应链金融的目标体现为依靠核心企业的信用，缓解中小企业融资难问题，使中小企业获得有利的融资途径，降低中小企业的融资成本，增进供需双方的合作关系，以降低供应链中的供应风险，增强供应链的稳定性。

供应链金融的全部价值是改善营运资本和改善供应链健康。对于供应链买卖双方，供应链金融的优势体现为：买方可延长给供应商的平均付款周期，提高其流动性，改善营运资本状况，改善供应商关系，降低与战略性供应商有关的供应链风险，提高供应链的稳定性；卖方则可实现以优惠价格获得早期结算，减少应收账款，缩短现金转换周期。

前沿理论与技术

供应链金融的发展趋势

供应链金融行业或将呈现参与主体多样化、应用场景垂直化、交易标准化、风控全局化、金融生态化的发展趋势，具体表现在以下五个方面。

（1）供应链金融方兴未艾，参与主体多样化发展。目前，我国供应链金融市场迅速发展，形成了以银行、第三方支付、电商及物流企业为主导的四大供应链金融模式。面对供应链金融的巨大市场潜力，金融科技公司、金融信息服务平台、供应链公司或外贸综合服务等各类资本乘借"东风"纷纷开展供应链金融业务，引发供应链金融狂潮，供应链参与主体呈现多元化态势。

（2）挖掘潜在需求，应用场景趋于垂直化。随着供应链金融业务的深入开展，应用场景垂直化趋势愈发明显。目前，我国的供应链金融服务对象主要集中在化工、汽车、煤炭、钢铁、医药、电力设备、有色金属业、计算机通信等应收账款累积较高的行业，物流、农业、餐饮业等领域的供应链融资潜在需求尚未激发，存在很大的市场空间。未来供应链金融将作为激发企业潜力的重要因素，在更为广泛的垂直领域深耕细作，实现供应链产品或服务的个性化定制，在更多的商业场景得到应用。

（3）供应链各主体交易边界逐渐清晰，交易趋于标准化。我国的供应链金融还处于初始阶段，参与主体的权责界限比较模糊，大大降低了交易效率，促进交易专业化、标准化成为加快资金流动的重要手段。交易标准化包括：交易场所标准化，专业化交易平台将会越来越多；交易合约标准化，减少权责不明引起的纠纷；交易对手标准化，贸易双方资质合格；交易流程标准化，严格把控交易流程，实时监督交易状况；交易数据标准化，及时、准确地对客户信息进行分类整理并分析，保证数据全面有效。

（4）供应链信息逐渐数据化，全方位布局风控体系。与传统金融方式相比，供应链金融中的上下游企业咬合度高，风险会随着产业的延展向上下游扩散，对供应链的整个风控体系提出了更高的要求，而大数据、物联网等技术的快速发展使信息流、资金流、物流的无缝闭环连接成为可能。借助大数据、物联网等技术，供应链企业可以迅速掌握客户动态数据信息，为贷款客户量身定制全方位分析报告，进而合理判断企业资信状况，大大提升授信评估、风险控制能力。一套成熟的供应链风控体系包括数据层、实践层和技术层三个层次，风控体系越完善，供应链金融业务越能蓬勃发展。

(5) 成长为产融结合的生态系统平台是供应链金融的未来趋势。供应链金融不仅仅是融资,更是优化整个产业链的有力工具,在缩短现金流周期的同时,供应链金融体系实现了金融的增值与稳定发展。供应链金融的长远发展与不同规模金融机构之间合作协同机制的建立紧密相关。供应链金融不仅涉及上下游和金融机构,还包括管理部门、各类金融机构、信息服务商和产业供应链参与者等所有利益相关者,是资金者、商流、物流和信息流的有效统一。"从产业中来,到金融中去",供应链金融不仅仅是产业要素与金融要素的结合,更是生态的结合,未来,供应链金融将成为一个促使多方共赢的商业生态系统。

第二节 供应链金融的基本业务模式

供应链金融基本业务模式涵盖面广,目前国内外理论与实践界在一定程度上将物流金融、贸易金融、供应链金融统称为供应链金融。典型供应链是由供应商、生产商、分销商和最终客户组成的。在大部分制造领域,供应链核心企业一般是生产关键部件或者完成最终产品的企业,处于供应商与经销商之间,属于生产商;而在另外一些行业集中度不是很高的制造领域,供应链的核心企业也可能是分销商,如大型的超市等。虽然核心企业的类型不同,但是从融资需求的角度去考虑都可以分为核心企业上游和下游的融资。整个供应链的融资需求如图9-1所示。

从图9-1中可知供应链上的融资需求包括订单融资、原材料质押融资、在制品质押融资、产成品质押融资和应收账款融资等,这些融资需求分布在生产经营周期的不同阶段(采购、生产、销售)。上述融资需求可进一步按照生产经营周期的不同阶段分为应收类、存货类、预付类,即应收账款融资模式、存货融资模式和预付账款融资模式,如图9-2所示。基于上述理解,本章将选取三大类融资模式中的典型形式进行具体介绍(以银行为资金提供方)。

一、应收类融资模式

应收类融资的产生背景是赊销成为企业的主要销售方式,供应链上游企业普遍承受现金流紧张所带来的压力,大规模赊销直接导致中小企业的大量应收账款融资需求。为缓解中小企业融资难的困境,打破中小企业融资的瓶颈,2007年10月实施的《中华人民共和国物权法》第二百二十三条、第二百二十八条扩大了可用于担保的财产范围,明确规定在应收账款上可以设立质权用于担保融资,从而将应收账款纳入质押范围。为配合《中华人民共和国物权法》的实施,央行修订公布了《应收账款质押登记办法》,为应收账款质押融资的顺利实施和快速发展提供了保障。

随着《中华人民共和国民法典》自2021年1月1日起施行,《中华人民共和国物权法》同时废止。《中华人民共和国民法典》第二编"物权"在现行物权法的基础上,按照党中央提出的完善产权保护制度,健全归属清晰、权责明确、保护严格、流转顺畅的现代产权制度的要求,结合现实需要,进一步完善了物权法律制度。

应收类融资模式主要发生在企业的回款周期,一般是为供应链上游的中小企业融资,银

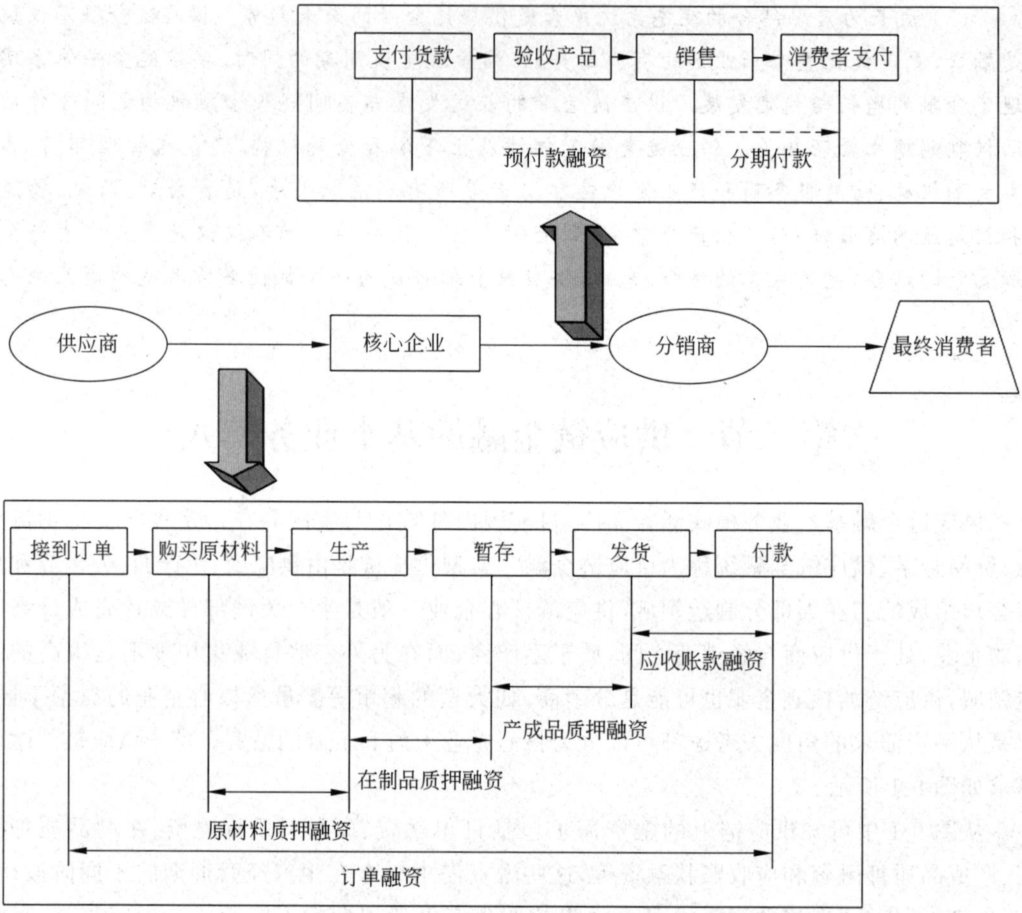

图 9-1 供应链融资需求

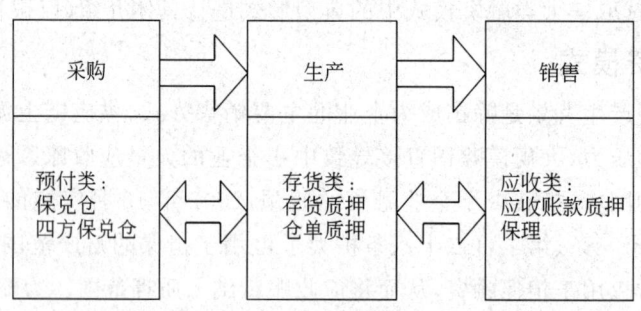

图 9-2 供应链金融模式分类

行、债权企业和债务企业都参与此融资过程。应收类融资的主要方式包括应收账款质押融资、保理融资,第三方物流企业在应收类中的主要业务包括代收货款、垫付货款等。

(一)应收账款质押融资

应收账款是指企业销售商品、提供劳务等应向购买单位收取的款项。供应链金融的应收账款质押融资是指供应链上的卖方企业为取得运营资金,将其与买方签订的真实贸易合同产生的应收账款作为质押品提供给银行,银行为卖方提供的、以合同项下的应收账款为还款来源的融资业务。同时供应链下游厂商也对金融机构作出付款承诺,当下游厂商销货得到资金之后,再将应付账款支付给金融机构。融资企业在模式中起着反担保的作用,若购货方拒绝付款或无力付款,银行有权向融资企业要求偿还资金,这样银行可进一步有效地转移和降低其所承担的风险。在拥有良好贸易记录的前提下,中小企业可以将连续、多笔、单笔金额较小的应收账款汇聚成"池",即将分散的应收账款资源集中起来发挥作用,进行整体的质押,获得银行授信。

应收账款质押融资最大的特点便是债权的不转移。另外,在金融机构同意向融资企业提供信用贷款前,金融机构仍要对该企业的风险进行评估,只是更多关注的是下游企业的还款能力、交易风险以及整个供应链的运作状况,而并非只针对中小企业本身进行评估。应收账款质押融资模式的操作流程如图9-3所示。

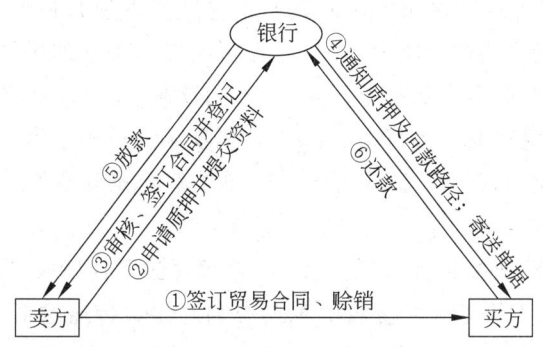

图 9-3　应收账款质押融资模式的操作流程

应收账款质押融资模式的具体操作流程如下。

① 买卖双方签订贸易合同,卖方向买家提供赊销。

② 卖方基于其与买方的贸易关系所积累的应收账款,向银行申请办理应收账款质押,并向银行提供相关资料。这里的买方可以是多个企业,在拥有良好贸易记录的前提下,中小企业可以将连续、多笔、单笔金额较小的应收账款汇聚成"池",即将多笔分散的合格应收账款集中起来进行整体质押融资。

③ 银行审核通过后接受应收账款质押,与卖方签订应收账款质押合同等书面合同,并在中国人民银行征信中心的"应收账款质押登记公示系统"办理应收账款质押登记。

④ 银行向买方通知应收账款质押事宜和回款路径;将单据寄送至买方。

⑤ 银行在一定的额度内向融资企业提供授信出账(根据企业评级,质押率一般为应收账款现值60%~80%)。

⑥ 到期时买方将款项按通知路径汇至银行回款账户。银行扣除贷出的款项及利息、费用后,将剩下的资金划入卖方的结算账户。

(二)保理

保理又称应收账款承购,保理业务主要是为以赊销方式进行销售的企业设计的一种综合性金融服务,是指卖方将其现在或将来的基于其与买方订立的货物销售/服务合同所产生的应收账款转让给保理商,由保理商向其提供资金融通、买方资信评估、销代账户管理、信用风险担保、应收账款催收等一系列服务的综合金融服务方式。保理区别于应收账款质押的是提供融资并不是保理业务的必要构成条件,而应收账款质押是必须提供融资的。

保理融资的最大特色在于运用对融资企业的资产负债管理来实现债权保全,再结合债权让与和债权担保等制度,确保收回融资。对融资企业而言,不仅获得了急需的资金,而且取得了保理商专业性的债权管理。保理商可能是银行,也可能是非银行机构。因此,保理可以分为银行保理与商业保理。保理业务也有多种分类。根据供应商是否会将应收账款转让行为通知买方,保理可分为明保理和暗保理。按有无第三方担保,保理可分为有担保的保理和无担保的保理。按有无追索权,保理可分为有追索权保理和无追索权保理。其中无追索权的保理又称买断保理,是指企业将其贸易型应收账款,通过无追索权形式出售给专业保理商或银行等金融机构,从而获得一种短期融资。有追索权的保理又称回购保理,是指到期应收账款收不回时,保理商都有权向供应商索回已付融资款项并拒付尚未收回的差额款项。为充分挖掘零散应收账款的融资能力,同时免去多次保理服务的手续,提高融资效率,采用可保理池融资,即将一个或多个具有不同买方、不同期限、不同金额的应收账款全部一次性转让给保理商或银行,保理商和银行根据累计的应收账款给予融资。但保理池融资对保理商或银行的风险控制能力提出了很高的要求。如果不能充分掌控每笔应收账款的交易细节,很容易出现坏账风险。

以银行为例,其保理业务具备以下特点:①银行通过受让债权,取得对债务人的直接请求权;②第一还款来源为债务人对应收账款的支付;③银行通过对债务人的还款行为、还款记录持续性地跟踪、评估和检查等,及时发现风险,采取措施,达到风险缓释的作用;④银行对债务人的坏账担保属于有条件的付款责任。债权人与保理商签订保理协议后,由保理商为债务人核定信用额度,并在核准额度内,对债权人无商业纠纷的应收账款,提供约定的付款担保。保理融资模式的具体操作流程如图9-4所示。

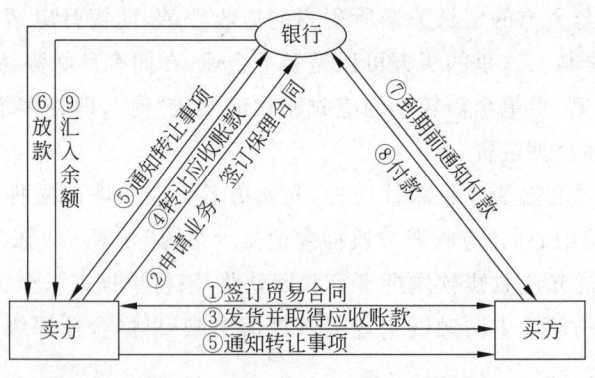

图9-4 保理融资模式操作流程

保理融资模式的具体操作流程如下。

① 卖方与买方签订贸易合同。

② 卖方业务申请,与银行签订保理合同。

③ 卖方向买方赊销供货,并取得应收账款。

④ 卖方将应收账款转让给银行。
⑤ 银行与卖方将应收账款转让事项通知买方。
⑥ 银行向卖方发放融资款。
⑦ 应收账款到期日前银行通知买方付款。
⑧ 买方直接将款项汇入银行指定账户。
⑨ 银行扣除融资款项，余款划入卖方账户。

如果将传统的保理或常规的保理看作正向保理，那么，另外一种保理形式就是反向保理（也称逆向保理），是指针对核心企业与其上游供应商之间因贸易关系产生的应收账款，保理商与核心企业之间达成的为核心企业的上游供应商提供的一揽子融资、结算解决方案。即核心企业具有较强的资信实力及付款能力，任何供应商保有该核心企业的应收账款，只要取得该核心企业的确权，就可以转让给保理商以取得融资。其实质就是保理商对高质量买家的应付账款进行买断。

反向保理作为一种新兴保理业务模式，主要适用于与核心企业有大量稳定贸易往来的中小企业以及客户信用评级比较高的中小企业。适应中小供应商授信额度不高、融资规模较小的特点，利用信用替代机制，以供应链核心企业信用替代中小供应商信用，不仅实现了供应链上下游资金融通的目的，而且降低了保理商的信用风险。

与常规的保理相比，反向保理有以下重要特点。

（1）申请主体为买方。反向保理是由买方（也就是债务人）向保理商申请叙做保理业务，由保理商和债务人签订保理合同，保理合同约束的是保理商和债务人，对保理合同之外的第三方债权人则无约束力。而在一般的国内保理业务中，申请叙做保理业务的是卖方（也就是债权人），保理合同约束的也是保理商和债权人，对保理合同之外的第三方债务人则没有约束力。

（2）属于公开型保理且必须经卖方同意。保理合同中拟转让的应收账款属于卖方所有，只有经过卖方的同意，应收账款才能转移，保理合同才能成立。

（3）信用风险评估的对象是买方。保理商是对作为供应链核心企业的买方进行风险的评估，而不是对卖方进行信用评估。在常规保理业务中，保理商不仅关注买方的还款能力，也会关注卖方的资信情况，一般要求卖方有足够的经济实力，才会对其进行保理融资服务。因此，中小企业作为供应商通常无法获得保理商特别是银行的青睐。

二、存货类融资模式

存货类融资又被称为库存融资，是以资产控制为基础的商业贷款。存货类融资业务模式主要发生在存货持有周期或制造周期以及销售周期，是目前国内物流金融实践成果最多的模式，主要包括两种形式：存货质押融资和仓单质押融资。其中存货质押的标的物是以实物为主；而仓单质押则属于一种权利质押，其标的物为仓单，既是一种有价证券也是一种物权凭证。两者风险考查的主要目标不同，存货质押主要考查动产本身的价值和对进出仓库进行严格的管理，而仓单质押的主要风险控制的则是针对仓单本身的真实性及信用风险。目前根据国内的物流金融业务发展水平，仓单的证券化流通还远远没有实现，因此国内更多的是以存货质押融资业务为主。存货类融资模式可以使银行充分利用好物流企业的专业技能，低成本且准确地获得借款企业和质押存货的相关信息，有效地监控质押存货的流动，如果融资企业破产,物流企业可以通过行业内的信息优势和特殊地位,及时地对融资企业易变现的质押存货进行清偿,这就极大地规避了借贷的变现风险。

(一) 存货质押融资

根据国家标准《物流术语》(GB/T 18354—2006),存货质押融资是指需要融资的企业(即借方)将其拥有的存货作为质物,向资金提供企业(即贷方)出质,同时将质物转交给具有合法保管存货资格的物流企业(中介方)进行保管,以获得贷方贷款的业务活动,是物流企业参与下的动产质押业务。这种有第三方物流企业参与的存货质押模式也叫融通仓。存货的形态一般包括原材料、在制品、产成品。存货质押分为静态质押融资模式和动态质押融资模式两种。

1. 静态质押融资模式

静态质押融资是指客户以自有或第三人合法拥有的动产为质押的授信业务。银行委托第三方物流公司对客户提供的抵押商品实行监管,质押物不允许以货易货,客户必须还款赎货。

静态质押融资模式适用于除了存货以外没有其他合适质押物的融资企业,而且融资企业的购销模式为批量进货、分次销售。静态质押授信对融资企业的要求较苛刻,更多地适用从事大宗商品、基础产品或品牌商品的生产或销售,因现货库存占压大量流动资金的生产企业或贸易企业。

静态质押融资模式的流程较简单,整个流程包括以下步骤:融资企业申请授信;银行批复额度;签署三方协议;融资企业办妥质押然后交付货物给物流企业;物流企业落实监管;融资企业申请出账;银行放款审核;通过后放款;融资企业申请赎货,银行审核通过后通知物流企业放货。

静态质押融资模式的优势体现在:对于融资企业,可以将原本积压在存货上的资金盘活,扩大经营规模。同时,该模式中的保证金派生效应最为明显,因为只允许追加保证金赎货,而不允许以货易货,而赎货后所释放的授信敞口可被重新使用。对银行而言,操作简便,采用"保证金+存货质押"担保方式更易控制风险。

2. 动态质押融资模式

动态质押融资模式是静态质押融资的延伸产品,是指银行对融资企业质押的存货价值设定最低限额,允许融资企业在限额以上通过"以货易货"或"以款易货"自由提取质物的融资模式。

动态质押融资模式适用于库存稳定、货物品类较为一致、抵押物的价值核定较为容易的融资企业。同时,对于一些融资企业的存货进出频繁,难以采用静态质押融资的情况,也可运用该模式。

动态质押融资模式的优势体现在:对融资企业而言,由于可以以货易货,因此质押设定对于生产经营活动的影响相对较小。特别对库存稳定的客户而言,在合理设定质押价值底线的前提下,授信期间几乎无须启动追加保证金赎货的流程,因此对盘活存货的作用非常明显。对银行而言,该模式中的保证金效应相对小于静态质押授信,但是操作成本明显小于后者,因为以货易货的操作可以授权第三方物流企业进行。在动态质押授信模式中,还存在另外一种授信融资形态,即金融机构根据第三方物流企业的经营规模、运营现状、负债比例以及信用程度,授予物流企业信贷额度,物流企业可直接利用这些信贷额度向相关企业提供灵活质押业务,该模式有利于企业更加便捷地获得融资,减少原先质押贷款中一些烦琐的环节；也有利于银行提高对质押贷款的全过程监控能力，更加灵活地开展质押贷款服务，优化其质押贷款的业务流程和工作环节，降低贷款风险。在融资企业、银行、第三方物流企业签订融资协议和仓库监管协议后，动态质押融资模式的具体操作流程如图9-5所示。

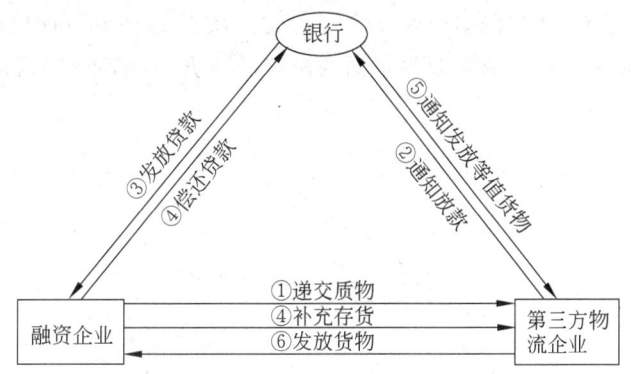

图 9-5 动态质押融资模式的操作流程

动态质押融资模式的具体操作流程如下。

① 融资企业将质押物存放到物流企业的仓库。

② 物流企业对存货价值进行核定后，向银行出具动产质押证明文件，通知银行发放贷款。

③ 银行根据物流企业提供的单据，根据核定的额度和存货的种类，按照一定的质押率给融资企业发放贷款。

④ 融资企业按经营过程的需要自由使用货物，并分阶段向银行偿还贷款取得存货或者向监管仓库补充新的物资以维持仓库水平。

⑤ 银行通知物流企业向融资企业发放与归还金额或补充物相等价值的货物。

⑥ 物流企业发出货物，融资企业将所得货物用于生产或销售。

（二）仓单质押融资

仓单质押可分为标准仓单质押和普通仓单质押，其区别在于质押物是否为期货交割仓单。仓单质押融资的优势体现在：对融资企业而言，可以解决资金短缺问题；对商业银行而言，可以规避贷款风险并拓展新的经济增长点；对物流企业而言，一方面吸引更多的货主进驻，保有稳定的货物存储数量，提高企业的黏性及综合竞争力，另一方面又可以通过收取手续费、提供场所以及信息等形式获得仓储保管费等收入，增加经济收益。

标准仓单质押授信是指客户以自有或第三人合法拥有的标准仓单为质押的授信业务。标准仓单是指符合交易所统一要求的、由指定交割仓库在完成入库商品验收、确认合格后，签发给货主用于提取商品的、并经交易所注册生效的标准化提货凭证。标准仓单质押授信适用于通过期货交易市场进行采购或销售的客户以及通过期货交易市场套期保值、规避经营风险的客户。对于客户而言，相对动产质押，标准仓单质押手续简便、成本较低。对银行而言，成本和风险都较低。此外，由于标准仓单的流动性很强，这也有利于银行在客户违约情况下对质押物的处置。

普通仓单质押授信是指客户提供由仓库或其他第三方物流公司提供的非期货交割仓单作为质押物，并对仓单作出质背书，银行提供融资的一种银行产品。仓单是指物流公司签发给存储人用以记载仓储货物唯一合法所有权的物权凭证,仓单的原始作用在于寄托品的转让或者货物所有人可以随时凭单向保管方提取货物。在物流金融业务中,仓单的作用为以"单"为质押品向银行机构借款的凭证。鉴于仓单的有价证券性质,出具仓单的仓库或第三方物流公司需要具有很高的资质,应建立区别于动产质押的仓单质押操作流程和风险管理体系。在银行、融资企业与物流企业签署两两协议及三方《仓储协议》后,仓单质押融资模式的操作流程如图9-6所示。

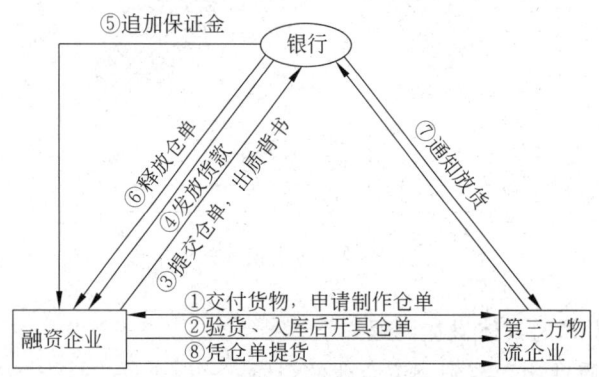

图9-6 仓单质押融资模式的操作流程

仓单质押融资模式的具体操作流程如下。
① 融资企业向第三方物流企业(或仓库)交付货物,申请制作仓单。
② 物流企业检查货物并入库后对融资企业开具仓单。
③ 融资企业向银行提交仓单并制作出质背书。
④ 银行按照仓单价值的一定比例放款至融资企业在银行开立的监管账户。
⑤ 融资企业为获得提货权向银行追加保证金(通常贷款期内实现正常销售时,货款全额划入监管账户即可)。
⑥ 银行向融资企业释放出质仓单(银行根据追加保证金的多少,可以给融资企业开具分提单以释放等值货物)。
⑦ 银行通知第三方物流企业释放仓单项下的货物。
⑧ 融资企业凭借仓单向物流企业提货。

三、预付类融资模式

预付类融资可称为未来存货的融资,主要用于融资企业的采购阶段。预付类融资的担保基础是预付款项下客户对供应商的提货权,或提货权实现后通过发货、运输等环节形成的在途存货和库存存货。当货物到达后,融资企业可以向银行申请将到达的货物进一步转化为存货融资,从而实现融资的"无缝连接"。

由于中小企业采购方在经营过程中常常会出现资金不足无法一次性付款的问题,此时中小企业可以利用采购合同作为凭证,申请融资进行采购,最终以还款凭证为依据,获得货权。其核心是通过借助核心企业的信用,在交易业务中为中下游企业提供信贷支持。预付款融资的主要类型可以归纳为保兑仓、四方保兑仓两种。

(一) 保兑仓

保兑仓为三方预付款融资模式,也被称为"厂商银模式"。在这种融资模式中,核心企业(制造商)、经销商以及银行三方签订合同,在经销商交纳一定保证金的前提下,银行贷出全额贷款供经销商向核心企业(卖方)采购用于授信的质押物。经销商分次向银行提交提货保证金,核心企业(制造商)根据银行的分次通知指示发货给经销商,经销商提货。如果供应商发货不足,供应商要就发货不足部分的价值向银行承担退款责任。另外,银行为了防范风险,要求供应商承诺回购作为担保措施及连带责任担保。而且在这种模式中,由于没有物流公司参与,货物是存在供应商处。

保兑仓融资模式的提出主要是针对商品采购阶段的资金短缺问题,可从参与主体来分析其应用场景。对经销商而言,在淡季时申请贷款,可以锁定优惠的价格,采取一次性付款方式进行大批量采购可以获得价格折扣。因为银行贷给经销商的预付账款是一次性全额打给供应商的,而经销商后面提货时是要分次打入保证金,每次提货的价值与保证金相等。对供应商而言,供应商通过银行的授信评估,而且愿意为经销商提供信用支持,要求经销商通过预付款形式支付采购款,提早获得生产所需的流动资金,或者供应商因排产问题而无法一次性发货,然后经销商分次提货用于销售。在保兑仓模式中银行主要委托核心企业监管货物,对于一些特殊的行业如汽车销售行业,销售过程中必须实现汽车与合格证一同销售,一车一证,因此合格证可以作为银行的一种监管方式。为了便于控制货物的流动,在三方预付款模式的基础上,引入物流公司来对货物监管,这就形成了四方保兑仓模式。

保兑仓融资模式的优势体现在:对经销商而言,突破担保资源限制,借助核心企业信用解决担保难问题,利用银行的资金来满足销售需求,降低缺货发生的概率,可获得大批量采购的价格优惠,降低库存占用成本,降低融资、监管成本,规避市场风险。对银行而言,一是可在发放贷款的同时吸收保证金的存款,同时为买卖双方提供结算服务,获得中间业务收入。二是将供应商和物流监管合二为一,避免了额外的监管费用。三是简化风险控制维度,通过核心企业的回购承诺控制风险,解决了质押物的变现问题,引入供应商发货不足的退款责任。对供应商而言,可以实现大笔预收款,减少应收账款,优化财务报表,缓解流动资金瓶颈。根据银行指令定量生产,避免不合理库存。同时,培育经销商,建立销售网络,锁定未来销售,增强销售的确定性,扩大销售规模;而且,利用自身信用帮助经销商融资,融资主体转移到经销商,降低融资成本和资产负债率。保兑仓融资模式的操作流程如图 9-7 所示。

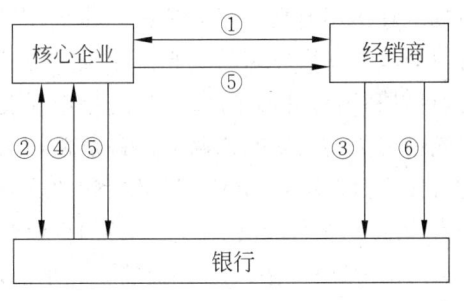

图 9-7 保兑仓融资模式的操作流程

保兑仓融资模式的具体操作流程如下。

① 核心企业与其经销商签订购销合同,并向银行申请三方预付款融资。

② 银行审查核心企业资信情况、回购能力,与核心企业签订回购及质量保证协议。

③ 根据核心企业以及经销商的资信情况,银行确定经销商缴纳保证金的比例,而经销商根据该比例缴纳保证金。

④ 在经销商缴纳保证金的基础上,银行签发以核心企业为收款人的银行承兑汇票或者

向核心企业支付货款。

⑤ 核心企业向经销商发货,并将合格证等其他文件交予银行作为监管方式。

⑥ 经销商实现销售,需要提货时向银行补足货款,银行将其合格证交予经销商,以便于与汽车等产品一同交付顾客。

(二) 四方保兑仓

四方保兑仓(未来提货权融资仓储监管模式或先票/款后货授信模式)是存货融资的进一步发展,是指由制造商、经销商(融资企业)、物流企业与商业银行共同签署"保兑仓业务合作协议"这一框架,经销商(买方)从银行取得授信,在交纳一定比例保证金的前提下,银行为融资企业开出银行承兑汇票为其融资,向卖方议付全额贷款;卖方按照购销合同以及合作协议书的约定发运货物,货物到达后设定质押作为银行授信的担保。在上游企业承诺回购的前提下,由第三方物流企业提供信用担保,经销商(买方)以金融机构指定仓库的既定仓单向银行等金融机构申请质押贷款来缓解预付货款压力,同时由金融机构控制其提货权的融资业务。其操作流程如图9-8所示。

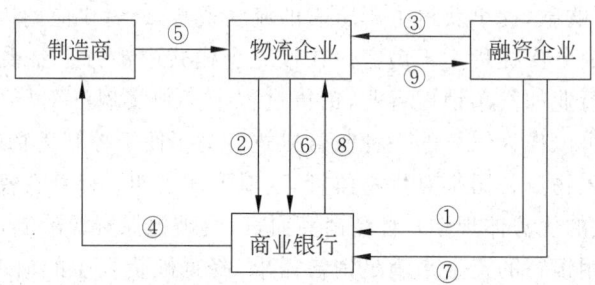

图9-8 四方保兑仓融资模式的操作流程

四方保兑仓融资模式的优势体现在:对经销商而言,由于授信时间不仅覆盖了上游的排产周期和在途时间,而且到货后可以转为库存融资,因此该产品对经销商流动资金需求压力的缓解作用要高于存货融资。其次,因为是在银行资金支持下的大批量采购,所以经销商可以从卖方获取较高的商业折扣,进而提前锁定商品采购价格,防止涨价的风险。对银行而言,可以利用贸易链条的延伸,进一步开发上游企业的业务资源。此外,通过争取订立卖方对其销售货物的回购或调剂销售条款,有利于降低经销商违约情况下的变现风险。由于货物直接从卖方发给经销商,因此货物的权属要比存货融资模式更为直观和清晰。对物流企业而言,通过与银行和供应链上下游的企业合作扩大了物流企业的业务范围,形成了新的盈利模式。对未来提货权融资仓储监管模式来说,在考查风险的时候需要对上游制造商的发货、退款和回购等履约能力要进行考查;对在途风险的防范、损失责任的认定和货后入库环节的控制。

四方保兑仓融资模式的具体操作流程如下。

① 融资企业向银行缴纳一定比例的保证金。

② 物流企业为融资企业提供担保。

③ 融资企业对物流企业进行反向担保。

④ 银行向制造商开具承兑汇票。

⑤ 制造商向银行指定仓库发货。

⑥ 货物入库后转为仓单质押,由物流企业开具仓单交给银行,金融机构在承兑汇票到期时兑现,将款项划拨到制造商账户。

⑦ 融资企业进行分批还贷。

⑧ 银行根据还贷金额通知物流企业发货。

⑨ 物流企业在借款企业履行还款义务后释放质押物。

本节综合分析了以应收账款融资、存货类融资与预付款融资为代表的供应链金融模式。由于有着较为成熟的运作模式和产品,银行能够将风险控制在一定的限度内,因此以上三种融资方式在国内得到了广泛的运用。在基本供应链金融形态基础上,可结合不同的产业特征衍生出不同的供应链金融模式。

第三节 供应链金融风险

一、供应链金融风险的影响因素

供应链金融系统由供应链系统、金融系统以及与之相关联的其他要素系统所组成。因此,供应链金融风险的产生与形成有着外部各种错综复杂的驱动因素与内部形成机制。找到风险的成因,认清风险的内在本质与表象特征,可以有助于更加准确地识别风险,找准风险控制点,为供应链金融风险防控提供决策依据。供应链金融风险的影响因素可分为外生因素和内生因素两大类。

（一）外生因素

良好的外部生态环境可促进供应链金融的发展,降低各类风险发生的概率。其中制度安排、法律、法规以及金融合作框架等都是重要的外部环境因素。和供应链中的产品、物流和信息相比,这些因素不受供应链金融各参与方的控制,但是对供应链金融业务的开展条件、合作绩效与风险水平有着十分重要的影响。

（二）内生因素

供应链金融的外生因素是影响供应链金融风险的政策性因素,通过非政策性的内生因素起作用,内生因素决定了供应链金融风险的性质与程度。和传统信贷业务相比,供应链金融系统的内部结构更复杂,内生风险更突出。

内生因素主要如下。

(1) 供应链本身的脆弱性。供应链金融是基于核心企业上下游真实贸易的融资行为。供应链自身的风险水平直接影响供应链金融的风险水平。供应链各节点上的不确定性因素是供应链金融风险的主要来源,通过供应链流程在各个企业间传导和累积,显著影响整个供应链的风险水平,直接影响供应链金融的存在条件和合作可能性。比如,有研究表明,供应链风险事件发生并曝光后会导致上市公司的股票大幅跳水,严重的会导致公司出现重大财务风险,以至于降低其对上游应收账款的承付能力。

(2) 供应链金融产品设计的漏洞。例如,银行所设计的供应链金融产品在实际操作中存在漏洞,导致风险事件的发生。

(3) 金融风险的传导性。供应链融资活动中,融资企业内部的不确定性和外部经营环境带来的风险会在供应链内向银行等金融机构、物流企业和供应链上的其他关联企业传导、扩散。

二、供应链金融风险分析

在供应链金融的具体运作中,伴随着资金、货物、单证(仓单)等的流动,关系到金融机构、物流企业、核心企业、中小融资企业等多方面的利益,在给各方带来诸多好处的同时,也存在各类潜在风险。供应链金融的模式很多,不同的模式有其特定的风险,不同的参与者面临或关注的风险也不同。从银行角度来看,有信用风险、操作风险、市场风险、环境风险和法律风险。

(一) 信用风险

供应链融资中排在第一位的风险就是信用风险,是指受信人不能履行还本付息的责任使得授信方的预期收益与实际收益发生偏离。从另一角度来说,供应链融资本身就是一种比较特殊的用来加强对信用风险进行管理的技术。

首要的信用风险为银行在对核心企业授信时的准入风险。在供应链金融体系中,核心企业的位置至关重要,对整个供应链的物流和资金流起到主导作用。一旦核心企业的业绩指标以及所处的供应链资金环节等出现问题,供应链金融就会变成由众多已贷款的中小企业及核心企业风险的聚集地。

信用风险还包括中小企业信用风险。在供应链金融业务中,中小企业抗风险能力普遍较弱,其信用风险不仅受到自身状况的影响,同时受供应链的影响也较为明显。供应链融资模式下进行企业信用评价时不能孤立地从自身因素进行评判,还要综合考查评判供应链的各种因素,这样才能更加全面而客观地评估出中小企业的信用状况。

(二) 操作风险

操作风险是指由于企业内部政策的不完善、人为因素造成的错误或者是内部失控等原因而出现损失问题,而这种损失是包括与风险有关的一切支出费用。

对于银行来说,操作风险首先来源于第三方物流企业。当涉及物流企业时,银行面临货物的质押监管风险。如监管人员不认真负责或专业素质低或内外串谋导致货物以次充好,仓库火灾导致货物损坏灭失等。

操作风险还来源于银行内部,主要表现在以下三个方面:①人员风险,包括专业素养不高,导致授信调查、审核的疏漏与误判、内部员工的越权、欺诈、串谋,以及人才流失等。②系统风险,是指支持后台管理的系统不能有效识别所产生的决策失误而引发的风险。③流程风险,是指在业务模式设计时,流程设计不完善;在操作过程中不能按照既定流程进行,导致授权不当,也包括信息传递的失误等问题。

随着在线供应链金融的产生和发展,金融风险也开始由传统线下运作中风险向线上转移,由于基于互联网平台运营,一方面信用风险与操作风险由于平台化运营和互联网技术的应用有所降低;另一方面,由于在线供应链金融操作环节及其控制要素增加,风险也更加复杂,电子合同、线上交易以及主体范围的扩大都使供应链金融风险迎来新的挑战。在不同的融资产品中,操作风险会以不同的形式表现出来,必须根据具体的情况做出全面的分析,采取周密的措施。

(三) 市场风险

市场风险实质上是因为利率、股票、汇率、物价等随着市场的变化而发生改变,进而给银行带来的风险。在供应链金融中,由于市场波动可能产生融资企业还款风险。同时,由于供应链金融在向中小企业发放贷款时是以货物作为控制权进行担保,市场价格的变化可能带来市场风险。

(四) 环境风险

环境风险主要是指由于经济环境、政治制度的改变,而使供应链金融业务面临的风险,主要包括国外的经济局势变化风险和国内经济政策调整风险。

(五) 法律风险

法律风险主要包括法律、法规风险和质押物的货权风险。目前我国在法律、法规方面还比较薄弱,主要的依据是《中华人民共和国民法典》《应收账款质押登记办法》,缺乏更详细的法律、法规,导致供应链金融法律风险甚至骗贷案发生。

三、供应链金融风险控制

供应链金融的目的是要解决实体经济中的中小企业融资的难题,其风险的防控是国家整体金融风险防控的一个重要组成部分。对于可控风险,可采用预防法,即在识别风险及其根本原因的基础上,降低风险发生概率及风险发生后的影响。对于不可控风险,可采用截击法,即在风险事件发生后,采取措施抑制损失,如降低风险在供应链中的传导速度、缩小影响范围、减少损失。

在供应链金融的运营过程中,可按照流程分析风险的关键控制点进行供应链金融运营前期、中期和后期的全程管理(行为控制)。前期包括建立制度体系、管理运作的组织结构以及货物品种、核心企业准入体系,还有尽职调查,让不对称信息最大限度地对称,从而解决还款能力问题,让软信息最大限度地真实还原,从而解决还款意愿问题。中期包括标准化现场操作的规范、核查流程与方式,规避不可控、不可接受的风险,要合理确定抵/质押率、授信额度和授信期限,必要时增加其他抵押物。后期就是贷款发放后,要密切监控融资企业和核心企业的资金流向、财务状况等影响还款的诸多因素,要有预警机制和应急预案,如果出现逾期,要积极、合法催收,直至走法律诉讼途径。

供应链金融风险管理原则包括：①业务闭合化。即供应链的整个活动是有机相连、合理组织、有序运行的,并且从最初的价值挖掘到最终的价值传递和价值实现形成完整循环。②供应链金融管理垂直化。对各个管理活动和领域实施专业化管理,并且使之相互制衡,互不从属或重叠。③收入自偿化。根据企业真实的贸易背景和供应链流程,以及上下游综合经营资信实力,向供应链中的企业提供短期融资解决方案,并且以供应链运营收益或者所产生的确定未来现金流作为直接还款来源的融资过程。④交易信息化。供应链金融风险管理有赖于高度的信息化管理。⑤风险结构化。在开展供应链金融业务的过程中,合理地设计业务结构,采用各种有效手段或组合化解可能存在的风险和不确定性。

供应链金融防控的具体措施很多,要因地制宜,如逐步完善中小企业和核心企业的信用评价与准入体系,优化升级信息收集、反馈、传递、共享系统,详细考察质押物的货权、价值和价格变化,准确研判政治、经济、社会等环境变化,合理选择第三方物流企业。特别是要充分利用大数据、物联网、人工智能、区块链等金融科技。其中,区块链技术可实现数据不可篡改、可拆分、可流通、可溯源,确保整个交易的真实性,其最大优势正是解决供应链金融最突出的信用风险,实现供应链上中小企业长尾融资的突围。

实训项目

- 实训内容:供应链金融业务流程实训。
- 实训手段:计算机模拟、企业参观见习。
- 实训目的:熟悉供应链金融多种模式的业务流程,如仓单质押和保兑仓等,体会如何规避操作过程中的风险。

练习题

一、单项选择题

1. ( )为应收账款质押提供了法律支持。
   A. 合同法　　　B. 企业法　　　C. 物权法　　　D. 担保法
2. 应收账款质押属于( )。
   A. 动产质押　　B. 实物质押　　C. 权利质押　　D. 产权质押
3. 存货质押属于( )。
   A. 动产质押　　　　　　　　　B. 权利质押
   C. 不动产质押　　　　　　　　D. 应收账款质押
4. ( )是指银行对融资企业质押的存货价值设定最低限额,在这个限额之上,可以通过"以货易货"或"以款易款"自由提取质物的融资模式。
   A. 仓单质押　　B. 动态质押　　C. 动产质押　　D. 静态质押
5. 仓单质押属于( )。
   A. 动产质押　　　　　　　　　B. 权利质押
   C. 不动产质押　　　　　　　　D. 应收账款质押
6. 有第三方物流企业参与的存货质押模式也叫( )。
   A. 保兑仓　　　B. 海外仓　　　C. 融通仓　　　D. 质押仓
7. ( )就是针对核心企业与其上游供应商之间因贸易关系产生的应收账款。
   A. 双保理　　　B. 国际保理　　C. 反向保理　　D. 国内保理
8. 反向保理申请的主体是( )。
   A. 卖方　　　　B. 双方　　　　C. 买方　　　　D. 第三方
9. 保兑仓模式中,银行为防范风险会要求供应商承诺( )。
   A. 款到发货　　B. 回购　　　　C. 分次发货　　D. 交纳保证金
10. 保兑仓模式中经销商需要向( )分次缴纳保证金以换取提货权。
    A. 供应商　　　B. 第三方物流　C. 银行　　　　D. 卖方

二、多项选择题

1. 制约中小企业融资的主要因素有( )。
   A. 信用等级评级普遍较低　　　B. 可抵押资产少
   C. 财务制度不健全　　　　　　D. 中小企业没有必要发展
2. 供应链金融的特点概括有( )。

A. 物流、信息流、资金流分开管理　　　B. 参与主体多元化
   C. 具有自偿性、封闭性和连续性的特点　D. 突破了传统的授信视角
3. 供应链金融业务模式有（　　）。
   A. 基于预付账款的保兑仓融资模式　　B. 融通仓模式
   C. 基于存货的融通仓融资模式　　　　D. 基于应收账款的融资模式
4. 供应链金融对供应商的好处包括（　　）。
   A. 以优惠价格获得早期结算　　　　　B. 减少应收账款
   C. 密切与买方的合作　　　　　　　　D. 缩短现金转换周期
5. 应收账款质押通常涉及（　　）。
   A. 出资方（如银行）　B. 卖方　　　C. 买方　　　　D. 物流企业
6. 仓单质押包括（　　）。
   A. 标准仓单质押　　　　　　　　　　B. 普通仓单质押
   C. 短期仓单质押　　　　　　　　　　D. 长期仓单质押
7. 存货质押融资通常涉及（　　）。
   A. 保理商　　　B. 物流企业　　　C. 买方　　　　D. 卖方
8. 作为综合性金融服务的保理的业务至少涉及（　　）中的一项。
   A. 应收账款催收　　　　　　　　　　B. 应收账款管理
   C. 坏账担保　　　　　　　　　　　　D. 保理融资
9. 保理通常涉及（　　）。
   A. 保理商　　　B. 物流企业　　　C. 买方　　　　D. 卖方
10. 保兑仓模式对供应商的好处包括（　　）。
    A. 增强销售的确定性　　　　　　　　B. 减少应收账款
    C. 优化财务报表　　　　　　　　　　D. 缓解流动资金瓶颈

三、判断题
1. 物流、信息流和资金流集成管理的需要是供应链金融产生的因素之一。　（　）
2. 开展供应链金融的重要目的是缓解中小企业融资难和融资贵问题。　　（　）
3. 供应链金融改变了过去银行对单一企业主体的授信模式，全方位地为链条上的"N"个企业提供融资服务，通过相关企业的职能分工与合作，实现整个供应链的不断增值。
　　　　　　　　　　　　　　　　　　　　　　　　　　　　　　　　（　）
4. 供应链金融有助于增强供应链的不确定性。　　　　　　　　　　　　（　）
5. 供应链金融不具有自偿性、封闭性、连续性的特点。　　　　　　　　（　）
6. 应收类融资的产生背景是适应跨境贸易成为企业的主要销售方式。　　（　）
7. 应收账款质押一般要求实物资产作担保。　　　　　　　　　　　　　（　）
8. 应收账款质押更多关注的是买方的还款能力、实力和信用评级，而不是卖方的信用。
　　　　　　　　　　　　　　　　　　　　　　　　　　　　　　　　（　）
9. 静态质押的质物不允许融资企业以货易货，而必须以款易货。　　　　（　）
10. 仓单是物权凭证，具有唯一合法性、有价证券性。　　　　　　　　（　）
11. 提供融资是保理业务的必要构成条件。　　　　　　　　　　　　　（　）
12. 一般的国内保理业务中，申请叙做保理业务的是买方。　　　　　　（　）

13. 对经销商而言,通过保兑仓可以获得采购价格上的优惠。( )
14. 保兑仓模式中,经销商后面提货时要分次给银行打入与货值相等的保证金。
( )
15. 保兑仓模式中,经销商的商品销售回款是第一还款来源。( )
16. 供应链金融风险防范方法包括风险回避、风险自留、风险转移等。( )

四、简答题

1. 按企业采购、运营、销售顺序排列以下供应链融资的三种模式。
(1) 存货融资,包括现货质押、标准仓单质押、非标准仓单质押。
(2) 应收账款融资,包括保理、应收账款质押。
(3) 预付款融资,包括未来货权质押、保兑仓。

2. 按三方保兑仓业务流程排列下列序号。
(1) 买卖双方签订商品购销合同。
(2) 卖方收到退款通知书后,核对台账,办理退款,卖方将退款汇入银行指定账户。
(3) 银行扣收退款兑付银行承兑汇票。
(4) 卖方和买方在商品购销协议,约定结算方式为买方提供一定的预付款,卖方分批发货,银行和卖方、买方签订保兑仓三方合作协议。
(5) 根据保兑仓三方合作协议规定,在银行承兑汇票到期前,买方提货金额不足银行承兑汇票金额,银行向卖方发出提货申请书。
(6) 根据商品购销协议,买方签发以卖方为收款人的银行承兑汇票,银行办理承兑。根据保兑仓三方合作协议规定的条款,买方在银行存入一定的保证金,并向银行提交提货申请书。
(7) 银行为卖方和买方核定一定金额的授信额度,明确买方首次保证金比例,可以使用的授信品种通常为银行承兑汇票,明确卖方的退款授信额度。
(8) 银行核对存入保证金金额与提货申请书面额一致,向卖方签发发货通知书,通知卖方将等额货物发至买方。

本章参考文献

[1] 深圳发展银行中欧国际工商学院"供应链金融"课题组. 供应链金融:新经济下的新金融[M]. 上海:上海远东出版社,2009.
[2] 汤曙光,任建标. 银行供应链金融[M]. 北京:中国财经经济出版社,2014.
[3] 宋华. 供应链金融[M]. 2版. 北京:中国人民大学出版社,2016.
[4] 郑殿峰,齐宏. 产业供应链金融:供应链金融的最终解决方案[M]. 北京:中国商业出版社,2020.
[5] 中国物流与采购联合会物流与供应链金融分会. 中国物流与供应链金融发展报告(2018)[M]. 北京:中国财富出版社,2018.
[6] 中国物流与采购联合会物流与供应链金融分会. 中国物流与供应链金融发展报告(2019)[M]. 北京:中国财富出版社,2019.
[7] 史蒂文·利昂. 供应链金融运营实战指南[M]. 李波,等译. 北京:中国人民大学出版社,2017.
[8] 张钟允. 读懂供应链金融[M]. 北京:中国人民大学出版社,2019.
[9] 立金银行培训中心教材编写组. 银行供应链融资培训[M]. 北京:中国经济出版社,2012.
[10] 陈小雷. 基于中小企业的供应链融资模式研究[D]. 济南:山东大学,2014.
[11] 范堃. 供应链金融风险控制研究[D]. 青岛:中国海洋大学,2013.

CHAPTER 十

第 十 章

国 际 物 流

引导案例

2011年3月,自重庆出发的首趟中欧班列从新疆阿拉山口口岸出境,标志着铁路开始成为海运、空运之外连接亚欧大陆的第三条运输大道。此后,在"一带一路"倡议的推动下,中欧班列进入高速发展期。2015年3月,发布的《推动共建丝绸之路经济带和21世纪海上丝绸之路的愿景与行动》,明确将中欧班列建设列为国家发展重点。2016年6月8日起,中国铁路正式启用"中欧班列"统一品牌,如图10-1所示。

图 10-1 中欧班列

虽然欧亚铁路线已存在多年,但在我国开始组织中欧班列之前,跨越多国的长途货运服务几乎不存在。2019年,中欧班列开行8 225列,同比增长29%,发运72.5万标箱、同比增长34%,综合重箱率达到94%。众多新线路的开通不仅完善了国际物流网络布局,还开创了跨境电商包裹规范化、阳光化运输的新格局。铁路、海关部门密切配合,共同优化作业流程,推进便利化通关措施,成为中欧班列2019年的一个"闪亮大事件"。

2020年年初,受新冠肺炎疫情影响,海运和空运涨价或停运,不少外贸企业在出口物流方面受到影响,中欧班列从2月13日就开始恢复常态化运行并加大运输班次,对帮助外贸企业起到了关键性作用,成为提振经济的"加速器"和缓解国际物流通道受阻的"助推器"。

惠普公司等制造商率先使用了这项服务。惠普迫切希望在几周内将中国制造的产品运往欧洲的商店。汽车制造商也经常使用中欧班列,沃尔沃将中国制造的汽车运往欧洲,戴姆勒和保时捷则把欧洲生产的汽车运至中国市场。

中欧班列作为铁轨上的"一带一路",推进了中国与沿线国家的互联互通。它不再只是一条条开放的线段,而是已形成一张开放的网络;它不仅发挥着货物运输通道的功能,而且将承担更多的使命:吸纳全球资金、资源、技术、人才等产业要素,发挥全球产业衔接功能。

案例解析

中欧班列是指按照固定车次、线路等条件开行,往来于中国与欧洲及"一带一路"沿线各国的集装箱国际铁路联运班列。铺划了西中东3条通道中欧班列运行线:西部通道由我国中西部经阿拉山口(霍尔果斯)出境,中部通道由我国华北地区经二连浩特出境,东部通道由我国东南部沿海地区经满洲里(绥芬河)出境。随着中欧班列的规模化发展和运输组织模式的日益完善,中欧班列的运输时间越来越短,物流成本大幅降低。中欧班列以1/3的海运时间、1/5的空运价格不断凸显国际物流服务比较优势,赢得"一带一路"沿线国家的青睐。

案例思考

中欧班列作为跨亚欧过境物流的新选择和竞争力逐渐凸显,将怎样影响全球产业链布局?

案例涉及的主要知识点

国际物流节点　国际多式联运　国际口岸

学习导航

- 了解国际物流的基本概念。
- 熟练掌握国际物流系统构成与基本业务。
- 熟练掌握国际物流节点与通道。
- 掌握国际货物运输方式及业务程序。
- 掌握口岸物流的特点与功能、分类。
- 掌握保税货物与保税制度。

教学建议

- 备课要点:国际物流的基本概念、国际物流的环节、国际物流与国内物流的区别、口岸物流、保税物流。
- 教授方法:案例、调研、实证、启发式。
- 扩展知识领域:国际贸易、货运代理、报关报检。

第一节　国际物流概述

一、国际物流的含义与特点

(一)国际物流的含义

按照国家标准《物流术语》(GB/T 18354—2006)》定义,国际物流(international logistics)是指跨越不同国家或地区之间的物流活动。国际物流是国内(境内)物流的延伸和扩展,是跨国界的物流活动。国际物流的产生是为了克服生产和消费之间的空间距离和时间间隔,从而实现国际化的商品交易,即实现买方提供订单、资金,卖方交付单证、货物的过程。它是国际贸易的一个必然组成部分,各国之间的相互贸易最终都将通过国际物流来实现。国际物流是现代物流系统中重要的物流领域,近十几年有很大发展,产生了各种新的物流形态。

国际物流的产生很早,可以追溯到丝绸之路的开通。此后一直发展缓慢,直到在第二次世界大战以后,尤其在20世纪70年代,国际贸易兴盛繁荣起来,大型船舶的运用,国际集装箱及国际集装箱船的发展,国际各主要航线的定期班轮都投入了集装箱船,使物流服务水平获得很大提高。80年代前期和中期,需要国际物流服务的企业对服务水平提出了更高的要求,出现了"精细物流",物流的机械化、自动化水平提高。同时,伴随新时代人们需求观念的变化,国际物流着力于解决"小批量、高频度、多品种"的物流。80年代在国际物流领域的另一大发展,是伴随国际联运式物流出现的物流信息和电子数据交换(EDI)系统。信息的作用,使物流向更低成本、更高服务、更大量化、更精细化方向发展,国际物流步入物流信息时代。90年代国际物流依托信息技术发展,实现了"信息化",依托互联网公共平台、全球卫星定位系统、电子报关系统等新的信息系统,国际贸易企业纷纷构筑国际供应链,形成国际物流系统,使国际物流水平进一步得到了提高。进入21世纪,跨国公司的兴起,随着全球一体化时代的脚步和网络化的普及,国际物流越来越朝向标准化、信息化、网络化、系统化、智能化迈进。

(二)国际物流的特点

国际物流相对国内物流而言,需要较长距离的运输、较长的作业周期,跨越多国海关,具有以下特点。

1. 物流环境存在差异

国际物流活动所覆盖的各国的物流环境存在较大差异,尤其是物流软环境的差异。不同国家的不同物流适用法律增加了国际物流的复杂性,甚至会阻断国际物流;不同国家的不同经济和科技发展水平也会造成国际物流被"拦腰斩断",甚至由于部分地区的落后而造成全线的崩溃;不同国家的不同技术标准,也造成国际"接轨"的困难,因而使国际物流系统难以建立;不同国家的风俗人文也使国际物流受到很大局限。

由于物流环境的差异就迫使一个国际物流系统需要在几个不同环境下运行,无疑会大大增加物流的难度和系统的复杂性。

2. 必须有国际化信息系统的支持

相对于境内物流,国际物流对物流的运转效率、货物的安全提出了更高的要求,而国际化的物流信息系统则是国际物流,尤其是国际联运的重要支持手段。国际信息系统建立的难度在于,一是管理困难,二是投资巨大。另外,由于世界各地区物流信息水平差异大,所以会出现信息水平不均衡因而信息系统的建立更为困难。

当前国际物流信息系统一个较好的建立办法是和各国海关的公共信息系统联机,以及时掌握有关各个港口、机场和联运线路、站场的实际状况,为供应或销售物流决策提供支持。

3. 物流系统范围广

物流本身的功能要素、系统与外界的沟通就已很复杂,国际物流再在这复杂系统上增加不同国家的要素,这不仅是地域的广阔和空间的广阔,而且所涉及的内外因素更多,所需的时间更长,广阔范围带来的直接后果是难度和复杂性增加,风险增大。

当然,也正是因为如此,国际物流融入现代化系统技术之后,其效果才比以前更显著。例如,开通某个"大陆桥"之后,国际物流速度会成倍提高,效益显著增加,就说明了这一点。

4. 标准化要求较高

要使国际物流畅通起来,统一标准是非常重要的,可以说,如果没有统一的标准,国际物流水平是难以提高的。目前,美国、欧洲基本实现了物流工具、设施的统一标准,如托盘和集装箱采用几种统一规格、条码技术等。这样一来,物流运作效率得以大幅提高,大大降低了物流费用,降低了转运的难度。在物流信息传递技术方面,欧洲各国不仅实现了企业内部的标准化,而且也实现了企业之间及欧洲统一市场的标准化,这就使欧洲各国之间系统比亚洲、非洲国家交流更简单、更具有效率。而不向这一标准靠拢的国家,必然在转运、换车底等许多方面要多耗费时间和费用,从而降低其国际竞争能力。

二、国际物流的分类

根据货物的性质、货物的流向、货物的属性等,国际物流可以进行细分。

(一) 按货物的性质分类

按货物的性质分类,国际物流分为贸易型物流和非贸易型物流,具体含义如图10-2所示。

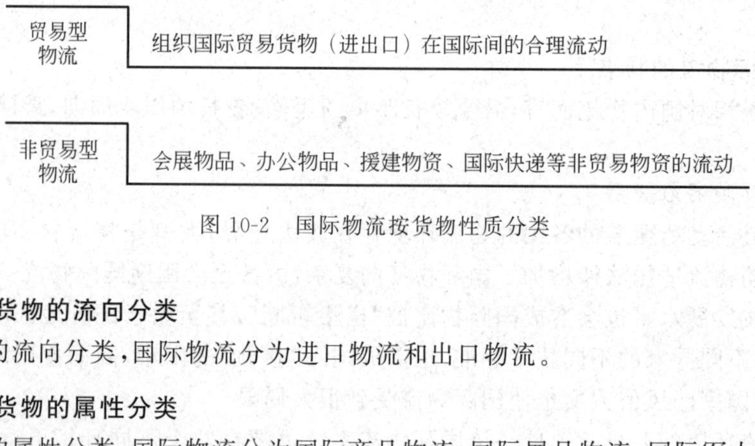

贸易型物流	组织国际贸易货物(进出口)在国际间的合理流动
非贸易型物流	会展物品、办公物品、援建物资、国际快递等非贸易物资的流动

图10-2 国际物流按货物性质分类

(二) 按货物的流向分类

按货物的流向分类,国际物流分为进口物流和出口物流。

(三) 按货物的属性分类

按货物的属性分类,国际物流分为国际商品物流、国际展品物流、国际军火物流、国际邮政物流和国际逆向物流,具体含义如图10-3所示。

三、国际物流系统与基本业务

国际物流系统(international logistics system)由商品的包装、储存、运输、检验、流通加工等子系统组成,如图10-4所示。其中,运输和储存子系统是国际物流的两大支柱。

(一) 运输子系统

国际货物运输存在两段性,它包含国内运输段(包括进口国、出口国)和国际运输段。

1. 进出口货物国内运输段

出口货物国内运输段是指出口商品由生产地或供货地运送到出运港(站、机场)的国内运输。国内运输工作涉及面广,环节多,包括摸清货源、产品包装、加工、短途集运、船期安排和铁路运输配车等多个环节,需要做好车、船、货、港的有机衔接,减少压港、压站等物流不畅

国际商品物流	通过国际贸易实现的交易活动的商品在国际间的流动。——有去无回
国际展品物流	以展览、展示为目的,暂时将商品运入一国境内,待展览结束后再复运出境的物流活动。——有去有回
国际军火物流	军用品作为商品及物资在不同国家和地区之间的流通。——内容和对象选择上极其严格,管理上高度集中
国际邮政物流	通过国际邮政运送系统办理的包裹、函件等递送活动。——门到门或手到手
国际逆向物流	对国际贸易中回流的商品进行改造和重修的活动,包括循环利用容器和包装材料、退货、调货等

图 10-3 国际物流按物品属性分类

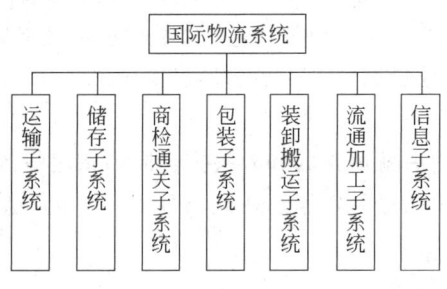

图 10-4 国际物流系统的构成

的局面。主要工作有发运前的准备工作、清车发运、装车和装车后的善后工作。而进口货物国内运输围绕货物到港/到站后运送至货物最终目的地。

2．国际货物运输段

国际货物运输段是国内运输的延伸和扩展,同时又是衔接出口国运输和进口国货物运输的桥梁与纽带,是国际物流畅通的重要环节。出口货物被集运到(站、机场),办完出口手续后直接装船(车、飞机)发运,便开始国际段运输。例如,采用海运方式时,有的则需暂进港口仓库储存一段时间,等待有了泊位,或有船后再出仓装船外运。

(二) 储存子系统

商品流通是一个由分散到集中,再由集中到分散的源源不断的流通过程,中间的停存状态就是储存。以下情形需要储存。

(1) 外贸商品从生产商或供应部门被集中运送到装运出口港(站、机场),以备出口,有时需临时存放一段时间,再从装运港转运出口。

(2) 一些出口商品需要在流通领域内进行出口商品贸易前的整理、组装、再加工、再包装或换装等,形成一定的贸易前期的准备储存。

(3) 一些出口商品在产销时间上背离,须留有一定数量的季节储备。

(4) 一些临时到货,且货主一时又运不走;或者进口商品到了港口或边境车站,通知不到货主或无人认领等特殊情况的临时存放保管,即所谓的压港、压站现象。

国际物流中的储存和保管作业主要是在各国的保税区和保税仓库进行的。保税仓库的出现,为国际物流的海关仓储提供了既经济又便利的条件。有时会出现对货物不知最后作何处理的情况,这时买主(或卖主)将货物在保税仓库暂存一段时间。若货物最终复出口,则无须缴纳关税或其他税费;若将货物内销,可将纳税时间推迟到实际内销时为止。但从物流角度看,应尽量减少储存时间、储存数量,加速货物和资金周转,实现国际物流的高效率运转。

(三) 商检通关子系统

国际贸易具有投资大、物流风险高、物流周期长等特点,有必要通过商品检验,确定交货品质、数量和包装条件是否符合合同规定。如发现问题,可分清责任,向有关方面索赔。在买卖合同中,一般都订有商品检验条款。

根据国际贸易惯例,商品检验时间与地点的规定可概括为以下三种做法。

1. 在出口国检验

在出口国检验可分为两种情况,并以检验节点货物的状态作为卖方提交的货物状态:①在工厂检验,卖方只承担货物离厂前的责任;②装船前或装船时检验,以当时的检验结果为准,买方对到货的品质与数量原则上一般不得提出异议。

2. 在进口国检验

在进口国检验包括卸货后就地查验和入买方合同内指定目的地查验两种情况。其检验结果可作为货物品质和数量的最后依据。在此条件下,卖方应承担在此及节点前运输过程中品质、重量变化的风险。

3. 在出口国检验、进口国复验

货物在装船前进行检验,以装运港双方约定的商检机构出具的证明作为议付货款的凭证,但货到目的港后,买方有复验权。如复验结果与合同规定不符,买方有权向卖方提出索赔,但必须出具卖方同意的公证机构出具的检验证明。

在国际贸易中,从事商品检验的机构很多。在我国,统一管理和监督商品检验工作的是国家进出口商品检验局及其分支机构。

(四) 包装子系统

按包装在商品流通过程中所起的不同作用,包装分为销售包装和运输包装。销售包装又称内包装,主要作用是保护商品、方便使用、促进销售,并应符合销售地国家的法律和法规。运输包装的主要作用是方便搬运、保护商品。国际物流中包装是否合理经济,影响国际物流的运作效率和成本。国际货物包装的合理化主要从以下几个方面进行考虑:①满足国际贸易对运输包装的要求;②运输包装的标志要标准、清晰、符合进口国/途经国的法律风俗;③从国际物流总体角度出发,综合统筹包装、储存、装搬和运输,用科学方法确定最优包装;④推崇绿色环保节能包装。

(五) 装卸搬运子系统

装卸搬运是对运输、保管、包装、流通加工等物流活动进行衔接的中间环节,以及在保管等活动中为进行检验、维护、保养所进行的装卸活动,它是短距离的物品搬移。

装卸作业的代表形式是集装箱化和托盘化,使用的装卸设备有吊车、叉车、传送带和各种台车等。

装卸搬运的管理对象是对装卸搬运方式、装卸搬运机械设备的选择和合理配置与使用以及装卸搬运合理化,尽可能减少装卸搬运次数,从而降低物流成本。

由于国际货物大多数都依靠海运完成运输,这里重点介绍港口的装卸搬运。按照码头装卸的货物和包装形式不同,港口的装卸搬运分为件杂货码头、集装箱码头、干散货码头、液体散货码头等形式的装卸搬运。其中件杂货码头的垂直起重机械有门式、浮式、轮胎式起重机;集装箱码头的装卸机械有集装箱装卸桥(岸桥)、集装箱牵引车/挂车、跨运车、叉车、龙门起重机、正面吊、自动导向车等;干散货码头的装卸机械有皮带机、卸船抓斗吊、门机抓斗、装卸桥抓斗、连续卸船机等。

(六)流通加工子系统

流通加工是商品在从生产者向消费者流通过程中,为了增加附加价值,满足客户需求,促进销售而进行简单的组装、剪切、套裁、贴标签、刷标志、分类、检量、弯管、打孔等加工作业。流通加工是商品进入流通领域后进行的再加工。流通加工和一般生产型加工在加工方法、加工组织、生产管理等方面并无显著区别,但在加工对象、加工程度方面差别较大。

(1)流通加工的对象是进入流通领域的商品,生产加工的对象大多不是最终产品,而是零部件、半成品。

(2)流通加工大多是简单加工,而不是复杂加工。流通加工对生产加工是一种辅助及补充,绝不是对生产加工的取代或代替。

(3)从价值观点来看,生产加工的目的在于创造价值和使用价值,而流通加工在于完善其使用价值,并在结构、功能不做大改变的情况下提高价值。

例如,若跨境进口电商采用保税进口模式,跨境进口电商提前批量采购商品并运至保税区内保税仓库免税备货,客户订单发出后,商品直接从保税仓库发出,在海关等部门监管下通关。当货物在保税仓库储存期间,如有必要,可以对货物进行包装、分级分类、加刷唛码、分拆、拼装等流通性加工。

(七)信息子系统

国际物流信息子系统的主要功能是采集、处理和传递国际物流和商流的信息情报。没有功能完善的信息系统,国际贸易和跨国经营将寸步难行。国际物流信息的主要内容包括进出口单证的作业过程、支付方式信息、客户资料信息、市场行情信息和供求信息等。国际物流信息系统的特点是信息量大,交换频繁;传递量大,时间性强;环节多、点多、线长。

四、国际物流节点与通道

(一)国际物流节点

国际物流节点是指那些从事与国际物流相关活动的物流节点。

1. 国际物流节点的功能

1)衔接功能

国际物流节点将各个物流线路连接成一个系统,使各个线路通过节点变得更为贯通而不是互不相干,这种作用称为衔接功能。国际物流节点通过以下手段来衔接物流。

(1) 通过转换运输方式,衔接不同运输手段。
(2) 通过加工,衔接干线物流及配送物流。
(3) 通过储存,衔接不同时间的供应物流与需求物流。
(4) 通过集装箱、托盘等集装处理,衔接整个"门到门"的一体化运输。

2) 信息功能

国际物流节点是整个物流系统或与节点相接的物流信息的传递、收集、处理和发送的集中地。在国际物流系统中,每一个节点都是物流信息的一个点,若干个这种信息点和国际物流系统中的信息中心连接起来,便形成了指挥、调度、管理整个系统的信息网络,这是一个国际物流系统建立的前提条件。

3) 管理功能

国际物流系统的管理设施和指挥机构大都设置于物流节点。物流节点大都是集管理、指挥、调度、衔接及货物处理为一体的物流综合设施。整个物流系统的运转有序化、正常化和整个物流系统的效率高低都取决于物流节点的管理水平。

常见的国际物流节点有制造厂商仓库、中间商仓库、口岸仓库、国内外中转点仓库以及流通加工配送中心和保税区仓库、物流中心、物流园区等。

根据其主要功能不同,国际物流节点分为转运型节点、储存型节点、流通加工型节点、综合型节点,具体含义如图 10-5 所示。

转运型节点	以连接不同运输方式为主要职能的节点,如货站、编组站、车站、货场、机场、港口、码头等
储存型节点	以存放货物为主要职能的节点,如储备仓库、营业仓库、中转仓库、口岸仓库、港口仓库、货栈等
流通加工型节点	以组织货物在系统中运动为主要职能,并根据需要对货物施加包装、分割、计量、组装、刷标志、商品检验等作业的节点,例如流通仓库、流通中心、配送中心等
综合型节点	指多功能的国际物流节点,往往表现为一个大区域,如国际物流中心、出口加工区、国际物流园区、自由经济区等

图 10-5　国际物流节点分类

2. 国际物流系统中的主要节点

国际物流系统中的主要节点一般有口岸、港口、机场、仓库、国际物流中心等,不同的节点对应不同的通道,将国际物流体系织成网状,使得国际物流业加速发展。

1) 口岸

口岸是由国家指定的对外经贸、政治、外交、科技、文化、旅游和移民往来的,并供往来人员、货物和交通工具出入国(边)境的港口、机场、车站和通道。简单地说,口岸是由国家指定对外往来的门户,是国际货物运输的枢纽。从某种程度上说,它是一种特殊的国际物流节点。口岸是一个国家主权的象征,是一个国家对外开放的门户,是国际货运的枢纽。我们在本章第二节就口岸物流会进行详细阐述。图 10-6 为我国具有代表性的口岸。

2) 港口

港口是具有水陆联运设备和条件,供船舶安全进出和停泊的运输枢纽,是水陆交通的集结点和枢纽,工农业产品和外贸进出口物资的集散地,船舶停泊、装卸货物、上下旅客、补充给养的场所。由于港口是联系内陆腹地和海洋运输的一个天然界面,因此人们也把港口作为国际物流的一个特殊节点。港口具有运输功能、工业功能、商业功能和物流功能。图 10-7 为我国最大的港口之一——上海港。

图 10-6　中华人民共和国吉木乃口岸(新疆)

图 10-7　上海港

3) 机场

在国际物流中,将机场这一节点称为航空港(见图 10-8)。航空港是货物快速周转的重要节点,一般用于运输和转运需求迫切、活体、价值高昂、对时间限制严格的物品。由于航空港的特殊性,货物运输路线与航线制定密切相关,而且考虑人工成本和运输作业成本等,航空港的建设要求非常高。

4) 仓库

仓库具有克服生产和消费在时间间隔上的作用,并在质量上对进入市场的商品起保证作用。同时,还有加速商品周转、加快流通的作用,进而调节商品价格,调节运输工具载运能力不平衡。

随着近几年跨境电商的兴起,海外仓的设立与运营颇受关注。海外仓是跨境电商出口卖家为提升订单交付能力而在国外接近买家的地区设立的仓储物流节点,通常具有境外货物储存、流通加工、本地配送,以及售后服务等功能。跨境电商卖家借助海外仓,能从买家所在国本土发货,极大地缩短了订单交付时间,提升用户体验,增加销售额。从经营的主体划分,海外仓主要有卖家自营海外仓、第三方物流服务商经营的海外仓、电商平台运营商经营的海外仓。

5) 国际物流中心

国际物流中心是物流系统的基础设施和管理中心,是基础设施集中、货物配送、运输调度、交通枢纽的中心。国际物流中心在国际物流活动中处于枢纽或重要地位的、具有较完整的物流环节,并能将物流集散、信息和控制等功能实现一体化运作的物流节点。国际物流中心多是指由政府部门和物流服务企业共同筹建的具有现代化仓库、先进的分拨管理系统和计算机信息处理系统的外向型物流集散地。图 10-9 为我国具有代表性的国际物流中心规划效果图。

图 10-8　法兰克福航空港

图 10-9　国际物流中心规划效果图

（二）国际物流通道

物流通道（logistics corridor）是指连接物流园区、物流基地、物流中心等之间，以及它们和外部交通基础设施（包括铁路、公路、水运、航空等货运站场）之间的货运道路系统。物流通道主要是构建快速畅通的货运道路体系，保证物流中心与物流园区、物流节点等之间的各项物流功能顺利实施，达到货畅其流的目的。

国际物流通道的作用是使货物产生空间位移，实现货物的空间效益，主要包括国际远洋航线及通道、国际航空线、国际铁路运输线与大陆桥、国际主要输油管道等。

1. 国际水路运输通道

1）航线

国际航线按船舶运营方式分为定期航线和不定期航线。定期航线（班轮航线）是指使用固定的船舶，按固定的船期和港口航行，并以固定的运价经营客货运输业务的航线；不定期航线是指经营大宗、低价货物运输业务的客户根据货运需要，按市场价格临时租用船舶、临时选择的航线。

国际航线按航程可划分为远洋航线、近洋航线和沿海航线。其中，远洋航线是指船舶航行跨越了大洋的运输航线；近洋航线是指本国各港口至邻近国家港口间的海上运输航线；沿海航线是指本国沿海各港口之间的海上运输航线。

我国习惯上以也门的亚丁港为界，把去往亚丁港以西，包括红海两岸和欧洲以及南北美洲广大地区的航线划为远洋航线，而把东至日本海、西至马六甲海峡、南至印度尼西亚沿海、北至鄂霍次克海的各港间的航线划为近洋航线。

2）运河

运河是国际水运通道上不可缺少的环节。国际著名的运河有苏伊士运河、巴拿马运河、基尔运河、圣劳伦斯海道。

3）海峡

在国际水路通道上，与运河并驾齐驱的是海峡。国际著名的海峡有马六甲海峡、英吉利海峡、直布罗陀海峡、黑海海峡（土耳其海峡）。

2. 国际铁路运输通道

铁路运输通道是仅次于水运通道的一种主要的国际物流通道。著名的国际铁路运输通道有西伯利亚大铁路、加拿大连接东西两大洋的铁路、美国连接东西两大洋的铁路，以及中东—欧洲铁路。

3. 国际航空运输通道

航空是一种重要的国际物流运输方式。20世纪90年代以来,世界经济一体化、贸易自由化发展,提供了可靠的货源保证;科学技术的发展使现代工业品更小巧、价值更高,扩大了适合航空运输的货物范围。影响力比较大的国际航空运输通道主要有西欧—北美的北大西洋航空线、西欧—中东—远东航空线、远东—北美的北太平洋航空线。

4. 国际陆桥运输通道

陆桥运输是指以横贯大陆的铁路、公路运输系统作为中间桥梁,把大陆两端海洋运输连接起来的运输方式。在国际物流中,陆桥运输一般采用海陆联运方式,全程由海运段和陆运段组成。国际著名的陆桥有西伯利亚大陆桥、新亚欧大陆桥、美国大陆桥、美国小陆桥和微型陆桥。

(1) 大陆桥运输(land bridge transport)。大陆桥运输主要是指国际集装箱过境运输,它是国际集装箱多式联运的一种特殊形式。广义的大陆桥运输还包括小路桥运输和微型路桥运输,例如典型的海/陆/海形式。

(2) 小陆桥运输(mini-land bridge,MLB)。从运输组织方式上看与大陆桥运输并无大的区别,只是其运送的货物的目的地为沿海港口。比大陆桥的海—陆—海形式缩短一段海上运输,成为陆—海或海—陆形式。

(3) 微桥运输(micro-land bridge)。微桥运输与小陆桥运输基本相似,只是其交货地点在内陆地区。比小陆桥更短一段。由于没有通过整条陆桥,而只利用了部分陆桥,故又称半陆桥(semi-land bridge)运输,是指海运加一段从海港到内陆城乡的陆上运输或相反方向的运输形式。微型桥运输近年来发展非常迅速。

5. 国际管道运输通道

目前世界上的各种管道已达100余万千米,主要集中在北美与欧洲,美国和俄罗斯的管道运输最发达。此外,加拿大、西欧和中东等国家的地区管道网也很发达。

五、国际多式联运

随着国际贸易和运输技术的发展,传统的海、陆、空等互不连贯的单一运输方式已不能适应形势发展,在国际集装箱运输发展和集装箱国际标准化的基础上,国际多式联运这种新型的运输方式于20世纪60年代在美国开始出现。

国际多式联运通常以集装箱为运输单元,将不同的运输方式有机地组合起来,构成一种连续的综合性一体化货物运输,由多式联运经营人按照国际多式联运合同,将货物从一国境内接管货物地点运至另一国境内指定交货地点。因此国际多式联运通常也被称为国际集装箱多式联运。相比而言,多式联运能够综合利用各种运输方式的优点,实现运输最优化。国际多式联运程序如图10-10所示。

由于国际多式联运具有其他运输组织形式无可比拟的优越性,因而这种国际运输新技术已在世界各主要国家和地区得到广泛的推广和应用。目前,有代表性的国际多式联运主要有远东—欧洲,远东—北美等海陆空联运,其组织形式包括以下几种。

(一) 海陆联运

海陆联运是国际多式联运的主要形式,也是欧洲—远东方向国际多式联运的主要形式。

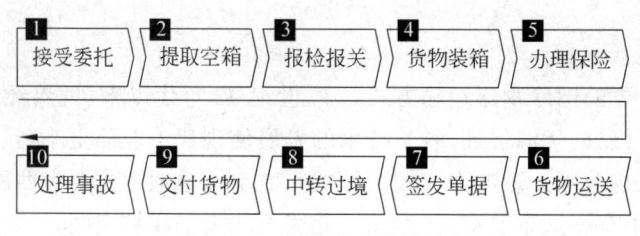

图 10-10　国际多式联运程序

目前组织和经营远东—欧洲海陆联运业务的主要有班轮公会的三联集团、北荷、冠航和丹麦的马士基等国际航运公司,以及非班轮公会的中国远洋运输公司、中国台湾长荣航运公司和德国那亚航运公司等。

(二) 陆桥运输

陆桥运输是指采用集装箱专用列车或卡车,把横贯大陆的铁路或公路作为中间"桥梁",使大陆两端的集装箱海运航线与专用列车或卡车连接起来的一种连贯运输方式。严格地讲,陆桥运输也是一种海陆联运形式。只是因为其在国际多式联运中的独特地位,故在此将其单独作为一种运输组织形式。

陆桥运输主要包括通过大陆两端连接海运的大陆桥运输、海陆与陆海联运的小陆桥运输、直接进行水陆联运的微陆桥运输三种形态。

(三) 海空联运

海空联运又被称为空桥运输(air bridge service)。在运输组织方式上,空桥运输与陆桥运输有所不同:陆桥运输在整个货运过程中使用的是同一个集装箱,不用换装,而空桥运输的货物通常要在航空港换入航空集装箱。总的来讲,运输距离越远,采用海空联运的优越性就越大,因为同完全采用海运相比,其运输时间更短。同直接采用空运相比,其费率更低。这种联运组织形式是以海运为主,只是最终交货运输区段由空运承担。

第二节　国际货物运输

一、运输方式介绍与比较

国际货物运输中,涉及的运输方式很多,其中包括海洋运输、铁路运输、航空运输、河流运输、邮政运输、公路运输、管道运输、大陆桥运输以及由各种运输方式组合的国际多式联运等。现将国际常用的几种方式简略介绍。

(一) 国际海洋运输

在国际货物运输中,运用最广泛的是国际海洋运输(international ocean transport)。海洋运输之所以被如此广泛采用,是因为它与其他国际货物运输方式相比,主要有下列明显的优点。

(1) 通过能力大。海洋运输可以利用四通八达的天然航道,它不像火车、汽车受轨道和道路的限制,故其通过能力很大。

(2) 运量大。海洋运输船舶的运输能力远远大于铁路运输车辆。如一艘万吨船舶的载重量一般相当于 250~300 个车皮的载重量。

(3) 运费低。按照规模经济的观点，因为运量大，航程远，分摊于每货运吨的运输成本就少，因此运价相对低廉。

海洋运输虽有上述优点，但也存在不足之处。例如，海洋运输受气候和自然条件的影响较大，航期不易准确，而且风险较大。此外，海洋运输的速度也相对较慢。

(二) 国际铁路运输

在国际货物运输中，国际铁路运输(international rail transport)是仅次于国际海洋运输的主要运输方式，海洋运输的进出口货物也大多是靠铁路运输进行货物的集中和分散的。铁路运输有许多优点，一般不受气候条件的影响，可保障全年的正常运输，而且运量较大，速度较快，有高度的连续性，运转过程中可能遭到的风险也较小。办理铁路货运手续比海洋运输简单，而且发货人和收货人可以在就近的始发站(装运站)和目的站办理托运与提货手续。

(三) 国际航空运输

国际航空运输(international air transport)是一种现代化的运输方式，它与国际海洋运输、国际铁路运输相比，具有运输速度快、货运质量高且不受地面条件的限制等优点。因此，它最适宜运送急需物资、鲜活商品、精密仪器和贵重物品。

(四) 国际公路、内河和邮包运输

1. 国际公路运输

国际公路运输(international road transport)是一种现代化的运输方式，它不仅可以直接运进或运出对外贸易货物，而且是车站、港口和机场集散进出口货物的重要手段。国际公路运输是最灵活的一种运输方式，可以实现"门到门"直达，也是国际海洋、铁路、航空运输的有效补充部分。

2. 内河运输

内河运输(international inland waterways transport)是水上运输的重要组成部分，它是连接内陆腹地与沿海地区的纽带，在运输和集散进出口货物中起着重要的作用。

3. 国际邮包运输

国际邮包运输(international parcel post transport)是一种较简便的运输方式。各国邮政部门之间订有协定和合约，通过这些协定和合约，各国的邮件包裹可以相传递，从而形成国际邮包运输网。由于国际邮包运输具有国际多式联运和"门到门"运输的性质，加上手续简便，费用也不高，故其成为国际贸易中普遍采用的运输方式中之一。

(五) 国际运输方式的选择

在选择运输方式上，除考虑运输成本和运行速度外，还要考虑商品的性质、数量、运输距离、客户的具体要求、风险程度等多方面的因素。譬如，鲜货商品要求争取时间，贵重物品体积小但需要保险系数高，在这种情况下，采取航空运输最为适宜；对中转环节多的可利用集装箱以加速中转并避免货物的损坏；对样品和宣传品可利用航邮；对大宗货物可租赁整条船舶。当然，如果单纯是为客户提供服务，一切应以客户的要求来安排。我国过去在选择运输方式和运输工具方面已积累了一些经验，如东欧进口货，利用陆运较海运既节省时间又节省了运费。

不同的运输方式有不同的经济特性，在运价、运速、运量等指标上表现不同，如表10-1所示。

表 10-1　主要运输方式对比

运输方式	运输工具	运价	运速	运量
水运	船舶	最低	最慢	大
陆运	火车	居中	较快	大
	汽车	居中	居中	小
空运	飞机	最高	最快	最小

对于不同货物的形状、价格、运输批量、交货日期、到达地点等特点,都有与之相对应的适当的运输方式。运输方式的经济性与迅速性、安全性、便利性之间存在相互制约的关系。因此,在目前多种运输方式并存的情况下,在控制成本的同时,必须根据货物的特点及对物流时效的要求,对运输方式所具有的不同特征进行综合评估,以便作出合理选择运输方式的策略。表 10-2 为各种运输方式选择的一般原则。

表 10-2　各种运输方式选择的一般原则

运输方式	技术经济特点	运输对象
铁路	初始投资大,运输容量大,成本低廉,占用土地多,连续性强,可靠性好	适合大宗货物的中长途运输
公路	机动灵活,适应性强,短途运输速度快,能源耗用大,成本高,空气污染严重,占用土地多	适合短途、零担运输,门到门的运输
水路	运输能力大,成本低廉,速度慢,连续性差,能源耗用及土地占用较少	适合中长途大宗货物运输
航空	速度快,成本高,空气和噪声污染严重	适合中长途运输及贵重货物运输
管道	运输能力大,占用土地少,成本低廉,连续输送	适合长期稳定的流体、气体和浆化固体货物运输

鉴于篇幅问题,本书只介绍最常见的一种国际货物运输方式,即国际海洋运输。目前,海洋运输的运量在国际货物运输总量中占 80% 以上。

二、国际海洋运输

(一)班轮运输

1. 班轮运输的特点

班轮运输(liner transport)是国际海洋运输的一种方式,是指在固定的航线上,以既定的港口顺序,按照事先公布的船期表航行的水上运输方式。班轮运输适合货流稳定、货种多、批量小的杂货运输。

班轮运输的特点:"四定一负责",具体表现如下。

(1)具有"四固定"的特点,即固定航线、固定港口、固定船期和相对固定的费率,这是班轮运输的最基本特征。

(2)班轮运价内包括装卸费用,即货物由承运人负责配载装卸,承托双方不计滞期费和速遣费,而是按港口习惯快速装卸。

(3)承运人对货物负责的时段是从货物装上船起,到货物卸下船止,即"船舷至船舷"(rail to rail)或"钩至钩"(tackle to tackle)。

(4)班轮公司和货主双方的权利、义务与责任豁免均以班轮公司签发的提单条款为依据,并受统一的国际公约的制约。

2. 班轮运输的优势

按照班轮运输这种运输组织方式,同一航线上的船型相似并保持一定的航班密度,这可保证商品既不脱销,又不集中到货,适应均衡供应市场的需要,使商品能卖到相对合理的价格。另一方面,采用班轮运输方式,一般而言各类货物多少都可接受。既接运一般货物,又接运冷冻易腐、散装、液体、危险品等货物;既接运大宗货物,又接运零星货物。相对其他国际海洋运输方式而言,班轮运输主要有以下几个优势。

(1) 特别有利于一般杂货和小额贸易货物运输。在国际贸易中,除大宗商品利用租船运输外,零星成交、多批次、到港分散的货物,只要班轮有航班和舱位,不论数量多少,也不论直达或转船,班轮公司一般均愿意接受承运。

(2) 有利于国际贸易的发展。班轮运输的"四固定"特点,为买卖双方洽谈运输条件提供必要依据,使买卖双方有可能事先根据班轮船期表,商定交货期、装运期以及装运港口,并且根据班轮费率表事先核算运费和附加费用,从而能比较准确地进行比价和核算货物价格。

(3) 提供较好的运输质量。参加班轮运输的船公司所追求的目标是保证船期、提高竞争能力、吸引货载。班轮公司派出的船舶一般技术性能好、设备较全、质量较好,船员技术水平也较高。此外,在班轮停靠的港口,一般都有自己专用的码头、仓库和装卸设备,有良好的管理制度,所以货运质量较有保证。

(4) 手续简便,方便货方。班轮承运人一般采取码头仓库交接货物的做法,并负责办理货物的装卸作业和全部费用。通常班轮承运人还负责货物的转口工作,并定期公布船期表,为货方提供极大方便。

3. 经营班轮运输的条件

船公司在经营班轮运输时需要具备以下条件。

(1) 该航线必须具备稳定的货源。

(2) 有配置技术性能高、设备齐全的船舶。

(3) 需要租赁专用的码头和设备,设立相应的营业机构。

(4) 需要给船舶配备技术和业务水平较高的船员。

(5) 需要有一套适用于小批量接受货物托运的货运程序。

4. 班轮运输的操作流程

在实务中,班轮货运程序分为四个阶段:货物出运、接货装船、按货卸船和提取货物,如图 10-11 所示。

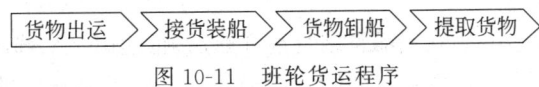

图 10-11 班轮货运程序

1) 货物出运

货物出运工作包括揽货、订舱和确定航次货运任务等内容。

(1) 揽货:通常的做法是船公司在所经营的班轮航线的各挂靠港口及货源腹地通过自己的营业机构或船舶代理人与货主建立业务关系;通过互联网、报纸、杂志刊登船期表;通过与货主、无船承运人或货运代理人等签订货物运输服务合同或揽货协议来争取货源。

(2) 订舱：托运人或其代理人向班轮公司（即承运人）或其代理人申请货物运输，承运人对这种申请给予承诺的行为。托运人的申请可视为"要约"，承运人对这种申请给予承诺，则货物运输合同订立。

(3) 确定航次货运任务：综合考虑各标货物的性质、包装和重量及尺码等因素，确定某一船舶在某一航次所装货物的种类和数量。

2) 接货装船

按规定通常都由托运人将其托运的货物送至船边，进行货物的交接和装船作业。对于特殊的货物，如危险货物、鲜活货、贵重货、重大件货物等，采取现装或直接装船的方式。对普通货物，由班轮公司在各装货港指定装船代理人在指定地点接受托运人送来的货物，将货物集中整理后按次序装船。

按组织形式来分，集装箱班轮运输的装船工作由班轮公司负责；杂货班轮运输的装船有两种形式，一是托运人将货物送至船边直接装船或现装，二是托运人将货物送至码头指定地点（常为港口码头仓库），即采用"仓库收货，集中装船"的形式。在杂货班轮运输中，集中装船与直接装船的不同之处只不过是由班轮公司指定的装船代理人代托运人将货物从仓库送至船边，而班轮公司与托运人之间的责任界限和装船费用的分担仍然以船边货物挂上吊钩为界。对于仓库收货后至船边装船以前货物的责任，船公司和装船代理人之间的特约，属装船代理人责任。

3) 货物卸船

将船舶所承运的货物在提单上载明的卸货港从船上卸下，在船边交给收货人并办理货物的交货手续。集装箱班轮运输的卸船工作由班轮公司负责。杂货班轮运输的卸船有两种形式：一是船边直接卸船或现卸，二是"集中卸船，仓库交货"。不论采取何种卸船交货形式，船公司的责任都是以船舷或吊钩为责任界限。

4) 提取货物

集装箱班轮运输，提货多采用 CY to CY（承运人负责集装箱从起运港码头堆场运到目的港码头堆场）交接方式；杂货班轮运输，多采用"集中卸船，仓库交付"的交接方式，并且收货人必须在办妥进口手续后，方能提货。

使用提单（B/L）提货，收货人必须向承运人交回经适当正确背书的提单。同时，付清所有应支付的费用，否则船公司有权根据提单上的留置权条款的规定，暂时不交付货物，直至收货人付清各项应付的费用；如收货人拒付，船公司有权经卸货港所在地法院批准，对卸下的货物进行拍卖，以拍卖所得价款充抵应收取的费用。

5) 选港和变更卸货港

对于选港货，要求货主必须在船舶自装货港开航后，抵达第一个选卸港之前的一定时间以前（通常为 24 小时或 48 小时），把决定的卸货港通知船公司及被选定的卸货港船公司的代理人，否则船长有权在任何一个选卸港将货物卸下，并认为船公司已履行了对货物运送的责任。

由于变更卸货港交付货物是在提单载明的卸货港以外的其他港口卸货和交付货物，所以，收货人必须交出全套提单才能换取提货单提货。

(二) 租船运输

租船运输是一种没有事先制定地船期表，也没有固定地航线和挂靠港，而是追随货源，按照货主对运输地要求安排船舶就航的航线，组织货物运输的船舶营运方式。租船运输适用于大宗货物运输,有关航线和港口、运输货物的种类以及航行的时间等,都按照租船人的要求,由船舶所有人(船东)确认。租船人与出租人之间的权利义务以双方签订的租船合同确定。各种租船合同均有相应的标准合同格式。

1. 租船运输的特点

与班轮运输不同,租船运输具有以下几个特点。

(1) 租船运输是根据租船合同组织运输的,租船合同条款由船东和租船人双方共同商定。

(2) 一般由船东与租船人通过各自或共同的租船经纪人洽谈成交租船业务。

(3) 不定航线,不定船期。船东对于船舶的航线、航行时间和货载种类等按照租船人的要求来确定,提供相应的船舶,经租船人同意进行调度安排。

(4) 没有固定的运价,租金率或运费率根据租船市场行情来决定。

(5) 船舶营运中有关费用的支出取决于不同的租船方式,由船东和租船人分担,并在合同条款中订明。例如,装卸费用条款 FIO(free in and out)表示租船人负责装卸费,若写明"班轮条款"(liner term),则表示船东负责装卸费。

(6) 租船运输适宜大宗货物运输。在海运中,租船运输量约占 80%。

2. 租船运输的作用

租船运输由于其经营特点而在国际海洋货物运输中发挥重要作用,具体表现如下。

(1) 双方自己的需要选择洽租,满足各自的需要,为开展国际贸易提供便利条件。

(2) 租用整船,运量大,充分发挥规模经济效益,降低单位运输成本。

(3) 租船运价属于竞争性价格,受供求关系影响极大,运价低。

(4) 租船运输的限制较少,租船都可以进行直达运输,方便了货主的需求。

(5) 当贸易增加、舱位不足时,租船运输即可弥补需要。

3. 租船运输与班轮运输的比较

班轮运输与租船运输是国际海洋运输的两种不同组织方式,都具有海洋运输的特点,运速慢、运量大、风险高,适用于各种大宗型货物,运输能力强,同时这两种运输方式都有利于促进我国海洋货物运输业的发展,促进国际贸易。

由于两种运输的经营组织方式不同,班轮运输和租船运输存在较大的差异,具体如表 10-3 所示。

表 10-3 班轮运输与租船运输的差异

项 目	班 轮 运 输	租 船 运 输
特点	有固定的航线、港口、船期、费率	没有固定的航线、港口、船期和运价
托运人	非特定的众多货主	特定租船人
双方权利义务依据	以提单或海运单为主,并受统一的国际公约制约	以租船合同为主
货物	高价的件杂货、集装箱货	低价的大宗散装货
灵活性	较差,按船期表出船	较强,可避免停船损失
国际组织与国家管理	对提单内容作出强制性规定	对租船合同内容无强制性规定

续表

项 目	班 轮 运 输	租 船 运 输
运费	船公司规定运费表,较稳定,但较高	由租船合同约定,受供求关系影响较大,不稳定,比班轮运价低
付费方式	按相对固定的运价费率付给	受供求影响大,需事先进行调查、研究
船型	杂货船或集装箱船	散装专用船、油轮等
航线、港口、航期	固定	不固定
船公司规模	班轮公司规模一般较大	租船公司规模通常较小

第三节 口岸物流

一、口岸物流的概念

(一)口岸基本介绍

口岸原意是指由国家指定的对外通商的沿海港口。但现在,口岸已不仅仅是经济贸易往来(即通商)的商埠,还是政治、外交、科技、文化旅游和移民等方面的外来港口,同时口岸也已不仅仅只设在沿岸的港口。随着陆、空交通运输的发展,对外贸易的货物、进出境人员及其行李物品、邮件包裹等,可以通过铁路、公路或航空直达一国腹地。因此,在开展国际联运、国际航空、国际邮包邮件交换服务以及其他有外贸、边贸活动的地方,国家也设置了口岸。改革开放以来,我国外向型经济由沿海逐步向沿边、沿江和内地辐射,使得口岸也由沿海逐渐向边境、内河和内地发展。现在,除了对外开放的沿海港口之外,口岸还包括国际航线上的飞机场,山脉国境线上对外开放的山口,国际铁路、国际公路上对外开放的火车站、汽车站,国际河流和内河上对外开放的水运港口。

因此,口岸由国家指定对外经贸、政治、外交、科技、文化旅游和移民等来往,并供往来人员、货物和交通工具出入国(边)境的港口、机场、车站和通道。简单地说,口岸是指定对外来往的门户。

根据不同的分类标准,口岸可有不同的分类,具体如表10-4所示。

表10-4 口岸分类

分 类 标 准	口 岸 分 类
按口岸的重要性及管理层次分类	一类口岸(国务院批准开放的口岸)、二类口岸(由省级人民政府批准开放并管理的口岸)
按口岸性质及运输方式分类	航空口岸、港口口岸、陆地口岸(铁路、公路)
按口岸所处地带及对外职能分类	沿海口岸、沿江口岸、沿边(边境)口岸和内陆口岸

此外,在实际工作中,还经常使用边境口岸、沿海口岸、特区口岸、重点口岸、新开口岸和老口岸的提法。这些分类虽然尚未规范化,但它们在制定口岸发展规划及各项口岸管理政策方面,还是有一定积极作用的。

口岸与一般物流节点一样,具有装卸搬运、堆场仓储、转运、包装加工、分拣、配送、信息处理等功能。

（二）口岸物流的基本含义

口岸物流是指利用口岸货物集散的优势，以先进的物流服务基础设施、设备为依托，以进出口贸易和转口贸易为支撑，以现代信息技术为手段，以优化物流资源整合为目标，强化口岸周边物流辐射功能的综合物流形态。口岸物流是口岸经济的重要组成部分，它以口岸为中心对周边地区的物流进行辐射，以通过口岸的货物为服务对象，涵盖运输、流通加工、仓储和装卸搬运等多项业务的综合物流体系。

（三）口岸物流的功能

口岸物流是一种综合物流形态，具有物流的基本功能要素，同时口岸物流也有其自身特有的功能。口岸物流的功能包括：运输功能、装卸搬运功能、仓储功能、流通加工、配送功能、信息处理功能、堆场功能、口岸通关、增值服务。

（四）口岸物流综合环境

口岸物流综合环境包括以下几个方面。

（1）口岸具备的吞吐能力，即是指口岸的年货物总吞吐量、集装箱货物吞吐量规模。

（2）基础设施水平。海港和河港主要指的深水航道和深水泊位的级别、数量，空港主要指空域面积与陆域的升降跑道、停机坪面积，陆港主要是其集疏运输能力，物流中心专业化水平等。

（3）口岸物流服务企业的管理模式和管理水平。如市场化运作能力、管理效率、服务水平、营利能力、企业文化建设等。

（4）口岸管理环境。海关、海事、联检、金融、税务等口岸相关管理部门业务协调能力，是否拥有完善的物流信息网络用于提供高水平的信息服务。

（5）口岸在所在城市、区域乃至世界范围内的影响力，包括口岸经济腹地的情况和口岸在世界航运与航空体系中的地位。

（6）持续发展能力。

二、口岸物流的分类

（一）航空口岸物流

航空口岸又称空港口岸，指国家在开辟有国际航线的机场上开设的供人员和货物出入国境及航空器起降的通道。

在世界各大洲主要国家的首都和重要城市均设有航空站。其中主要的有美国洛杉矶机场、英国希斯罗机场、法国戴高乐机场、德国法兰克福机场、荷兰阿姆斯特丹西普霍尔机场、日本成田机场、中国香港新机场、中国上海浦东国际机场、新加坡樟宜机场等，都是现代化、专业化程度较高的大型国际货运空中枢纽。

20 世纪 90 年代后，国际航空物流的增长速度几乎是客流的两倍。面对诱人的航空物流市场，我国空港纷纷加大物流基础设施的建设和投入，拓展物流业务。根据《2019 年民航机场生产统计公报》显示，中国机场货邮吞吐量排在前 5 名的航空口岸是：上海浦东机场、北京首都机场、广州白云机场、深圳宝安机场、成都双流机场。

我国通过航空口岸进出口的货物主要是电子元器件、鲜活食物、高端服装、精密仪器等，具有薄、轻、短、小、高价值的特点。

航空口岸物流功能区域一般包括国内、国际货站，海关监管库房，物流分拨中心，危险品库房、冷冻冷藏库房、贵重货物库房,联检报关中心,海关监管中心等。

1. 航空口岸货物出港业务流程

(1) 接受发货人的委托,预订舱位。此步骤包括从发货人取得必要的出口单据;安排运输工具取货或由发货人送货到指定地点,与单证认真核对。

(2) 报关。向港口海关申报货物材料、交验单据证件,并接受海关的监管和检查等。

(3) 口岸外运公司与内地公司出口运输工作的衔接。

2. 航空口岸货物进港业务流程

(1) 进港航班预报:填写航班预报记录本;预先了解货物情况。

(2) 办理货物海关监管:在海关批准范围内接受海关查验的进出口、过境、转运、通关。

(3) 分单业务:每份货运单的正本上加盖或书写到达航班的航班号和日期;认真审核货运单,注意运单上所列目的港、代理公司、品名和运输保管注意事项;联程货运单交中转部门。

(4) 核对运单和仓单:若仓单上有分批货,则应把分批货的总体件数标在运单号后,并注明分批标志,把仓单上列出的特种货物、联程货物圈出;根据分单情况,在整理出的仓单上标明每票运单的去向;核对运单份数与仓单份数是否一致,将多单运单号码加在仓单上,多单运单交查询部门。

(5) 计算机输入:根据标号的一套仓单、起降航班号、日期、运单号、数量、重量、特种货物、代理商、分批货等信息输入计算机,打印出国际进口货物航班交接单。

(6) 交接:将运输货物按要求进行交接。

(二) 港口口岸物流

港口口岸是指国家在江河湖海沿岸开设的专供人员和货物出入国境及船舶往来停靠的通道。它包括港内水域及紧接水域的陆地。港口水域包括进港航道、港池和锚地;港口口岸包括海港港口口岸和内河港口口岸。

港口口岸是水陆运输的起点和终点,是对外贸易进出口货物的集散中心,是国际物流供应链的重要节点。发展港口口岸物流不仅能进一步优化与调整物流产业结构,而且将提高整个国民经济运行的速度和质量,并对相关产业产生强大的凝聚效应和拉动效应。

从口岸的服务功能来分,世界港口的发展大致经历了三个阶段。

(1) 集疏运阶段,即仅对货物进行装卸、存储和转运等工作。

(2) 服务增值阶段,随着货运代理业的出现,港口成为对货主提供揽货、报关、分拨以及提供市场与决策信息等相关增值服务的中心。

(3) 物流中心阶段,适应经济全球化对国际贸易和物流发展的要求,并得益于现代物流理念和技术的发展,港口口岸的服务功能逐步向物流中心拓展。例如,中国香港、新加坡、鹿特丹等口岸已率先向第三阶段的功能转型。

(三) 公路口岸物流

公路口岸是指依托公路而开设的供人员和货物出入境的通道。公路口岸物流依托于公路运输,除了具有适应性强、机动灵活、直达性能好、运输成本高、运行持续性较差、对环境污染影响较大等特点之外,还具有以下特点。

(1) 可以广泛参与国际多式联运,作为首、尾段运输,完成"门到门"的任务。

(2) 是邻国间边境贸易货物运输的主要方式,边境公路运输政策性强。

(3) 按有关国家之间的双边或多边公路货物运输协定或公约运作。

1. 货物出口流程

(1) 托运人填报托运单并提交有关出口许可证。

(2) 车队凭委托书及许可证,填制中华人民共和国海关出口货物报关单,向出境口岸报关。

(3) 海关征税验关后,将货物封关,运送至指定境外交货点交接。

2. 货物进口流程

(1) 托运人向我驻外办事处办理托运手续。

(2) 接收后,驻外机构通知国内驻口岸机构,并安排具备过境承运的外运车队,派车前往装货,驻口岸办事处向收货人索取进口许可证,填报中华人民共和国海关进口货物报关单,向口岸海关报验放行。

(3) 海关验关征税放行后,按托运委托书的要求,将货物运送至指定地点,交收货人签收。

(四) 铁路口岸物流

铁路口岸站是国家对外开放的重要窗口,一般设在边境附近的铁路交接点处,主要承担进口货物的换装、出口货物的运输组织及国际旅客联运工作等。随着国际经贸合作日益增多,仅有口岸站,仅开展运输服务的现状已不能适应现代铁路发展的要求,口岸站物流功能需求日益强烈,主要体现为市场对仓储、加工、配送、多式联运、综合保税、展示交易、信息服务等功能的需求日益旺盛,要求口岸站拓展服务内容,延伸物流功能,适应市场需求。

我国大部分铁路口岸流通的货物如下:进口以大宗物资为主,包括原油、矿石、木材、煤炭、化肥等;出口物资以农副产品、轻工产品、机电产品等为主。

铁路口岸物流中心主要为落地货物提供各种物流服务,主要的需求功能包括仓储、流通加工、配送、多式联运、保税、集装箱服务、展示交易、信息服务等。口岸物流中心内部功能区主要包括铁路作业区、铁路物流配套服务区、商贸物流区、综合物流服务区及保税区。

铁路作业区主要为出入物流中心的货物提供运输、装卸、转运等服务,是实现多式联运的主体区域。

铁路物流配套服务区是为铁路作业区货物提供仓储、加工、配送等物流服务的功能区域,一般临靠铁路作业区设置,并与铁路作业区采取部分或整体相融式布置形式。

商贸物流区即为口岸物流中心的CBD(中央商务区),可提供商业、金融、贸易、服务、办公、展览、咨询、文化等功能,形成集研发、商流、物流、信息、管理等为一体的综合协同服务。

综合物流服务区主要提供综合配套服务,包括生活、餐饮、住宿、加油、维修等服务,第三方物流服务也布置在此区域,这一功能对于其他功能区域均具有支撑作用。

口岸物流中心规划选址根据铁路口岸站自身布置特点、地形条件及与地方规划结合情况分为两种情形——铁路口岸站原址建设及远离铁路口岸站单独选址。

其进出口货物作业流程如图10-12和图10-13所示。

三、电子口岸

(一) 电子口岸的概念

电子口岸是中国电子口岸执法系统的简称,是国家政务系统的重要组成部分。该系统运用现代信息技术,借助国家电信公网,将各类进出口业务电子底账数据集中存放到公共数据中心,国家职能管理部门可以进行跨部门、跨行业的联网数据核查,企业可以在网上办理

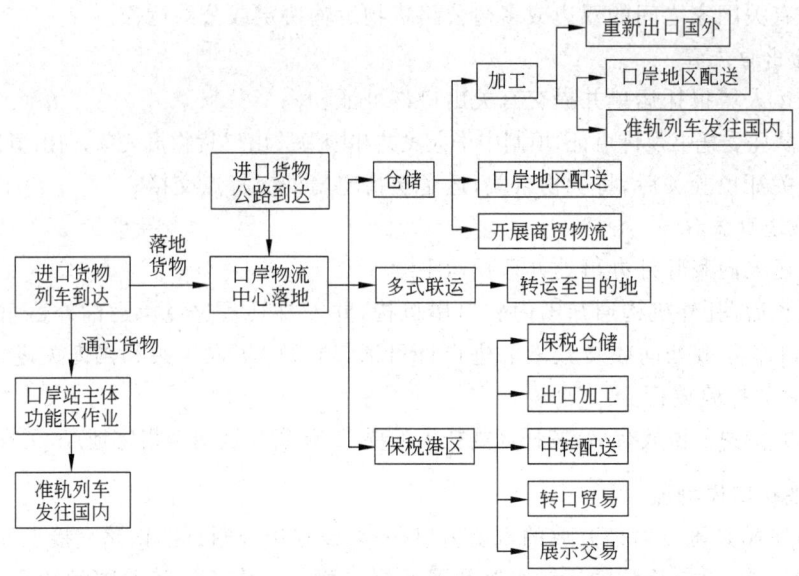

图 10-12　铁路口岸物流货物进口流程

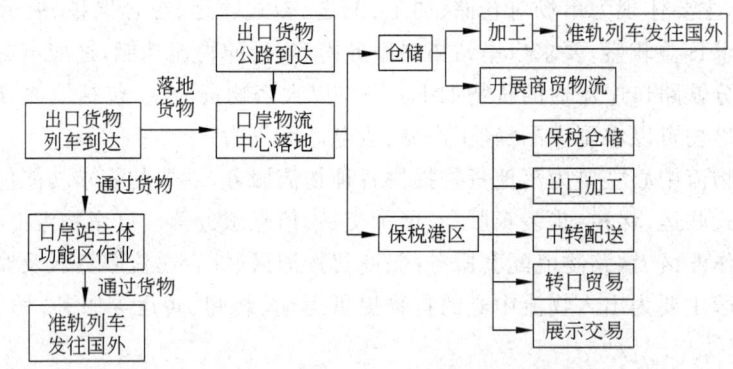

图 10-13　铁路口岸物流货物出口流程

各种进出口业务。

电子口岸，由海关总署、税务总局、工商总局、质检总局、外汇局、民航局、商务部、人民银行等十五家有关部委(2012 年)的信息系统及各省市的电子口岸分中心互连构成。电子口岸数据中心是其中心节点，由海关负责承建。数据中心在互联网上设门户网站——中国电子口岸网(http://www.chinaport.gov.cn)，供企业接入。

(二) 电子口岸的意义与功能

电子口岸是贸易现代化的重要标志，对一个国家或地区具有重要意义，主要体现在以下三个方面。

(1) 有利于增强管理部门的管理综合效能。企业只要与电信公网"一点接入"就可以透过公共数据中心在网上直接向海关、国检、外贸、外汇、工商、税务、银行等政府管理机关申办各种进出口手续，从而真正实现了政府对企业的"一站式"服务。

(2) 帮助管理部门在进出口环节的管理更加完整和严密。管理部门实行"电子+联网核查"的新型管理模式,根本解决业务单证弄虚作假问题,严厉打击走私、骗汇、骗税违法犯罪活动,创造公平竞争市场环境。

(3) 降低贸易成本,提高贸易效率。通过中国电子口岸网上办理业务,企业既节省时间,又减少奔波劳累之苦,提高贸易效率,降低贸易成本,方便企业进出。

电子口岸主要有八大功能:①数据交换功能;②事务处理功能;③身份认证功能;④存证举证功能;⑤标准转换功能;⑥查询统计功能;⑦网上支付功能;⑧网络隔离功能。

第四节 保 税 物 流

一、保税物流的相关概念

(一)保税货物

保税货物(bonded goods)是指"进入一国关境,在海关监管下未缴纳进口税捐,存放后再复运出口的货物"。《中华人民共和国海关法》(简称《海关法》)对"保税货物"的定义是:"经海关批准未办理纳税手续进境,在境内储存、加工、装配后复运出境的货物。"从海关法的定义中可以看出,保税货物具有以下三个特征。

1. 特定目的

保税货物限定为二种特定目的而进口的货物,即进行贸易活动(储存)和加工制造活动(加工、装配),将保税货物与为其他目的暂时进口的货物(如工程施工、科学实验、文化体育活动等)区别开来。

2. 暂免纳税

《海关法》第四十三条规定:"经海关批准暂时进口或暂时出口的货物,以及特准进口的保税货物,在货物收、发货人向海关缴纳相当于税款的保证金或者提供担保后,将予暂时免纳关税。"保税货物未办理纳税手续进境,属于暂时免纳,而不是免税,待货物最终流向确定后,海关再决定征税或免税。

3. 复运出境

复运出境是构成保税货物的重要前提。从法律上讲,保税货物未按一般货物办理进口和纳税手续,因此,保税货物必须以原状或加工后复运出境,这既是海关对保税货物的监管原则,也是经营者必须履行的法律义务。保税货物的通关与一般进出口货物不同,它不是在某一个时间上办理进口或出口手续后即完成了通关,而是从进境、储存或加工到复运出境的全过程,只有办理了这一整个过程的各种海关手续后,才真正地完成了保税货物的通关。

(二)保税区

保税区(bonded area)是一国海关设置的或经海关批准注册、受海关监督和管理的可以较长时间存储商品的区域。保税区具有进出口加工、国际贸易、保税仓储商品展示等功能,享有"免证、免税、保税"政策,实行"境内关外"运作方式。其功能与作用如图 10-14 所示。

在我国,保税区特指经国务院批准设立的、海关

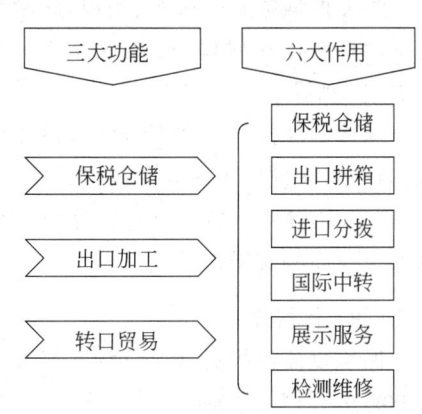

图 10-14 保税区的功能与作用

实施特殊监管的经济区域。它与非保税区域的区别如表10-5所示。

表10-5 保税区与非保税区的政策对比

项 目	保 税 区	非 保 税 区
海关管理	实行保税制度,货物从境外运入保税区或从保税区运往境外,免进口税,免许可证	只是对保税仓库或保税工厂实行保税制度
海关管理	货物从保税区运往国内非保税区,视同进口;货物从国内非保税区运入保税区,视同出口	国外货物到达口岸后必须办理进口手续;国内货物离开口岸必须办理出口手续
海关管理	区内企业与海关实行电脑联网,货物进出采取EDI电子报关	只有少数大企业实行EDI电子报关
海关管理	以《保税区海关监管办法》为法规保障	
外汇管理	外汇收入实行现汇管理,既可以存入区内金融机构,也可以卖给区内指定银行	经常性外汇收入实行强制结汇,外汇必须卖给指定银行
外汇管理	无论是内资企业,还是外商投资企业,均可以按规定开立外汇账户;不办理出口收汇和进口付汇核销手续	内资企业未经批准不得保留外汇账户;企业必须办理出口收汇和进口付汇核销手续
外汇管理	经常项目下的外汇开支,中资企业和外商投资企业实行统一的管理政策,由开户银行按规定办理	内资企业在结、售汇等方面都与外商投资企业有区别
外汇管理	以《保税监管区域外汇管理办法》为法规保障	

(三)保税制度

保税制度(bonded system)是一种国际通行的海关制度,是指经海关批准的境内企业所进口的货物,在海关监督下在境内指定的场所储存、加工、装配,并暂缓缴纳各种进口税费的一种海关监管业务制度。保税制度始于16世纪的英国,是随着商品经济和国际贸易的发展而产生和发展的。世界各国为促进和鼓励本国对外贸易,特别是出口贸易的发展竞相建立保税制度,其范围也从单纯加工生产的保税扩大到包括商业性质的保税(如转口贸易货物的保税)和进口寄售商品的保税等。由于具有对进口货物暂缓征收应征关税的特点,保税制度的主要作用是在简化货物通关手续、减轻企业资金负担、加快资金周转的同时,能降低出口成本,增强产品在国际市场上的竞争能力。海关保税制度已经成为当代国际物流的重要组成部分。

海关根据国家的法律、法规、政策和规范性文件对保税货物实施监管的过程,反映出保税制度具有批准保税(或保税备案)、纳税暂缓、监管延伸、核销结关的特点,具体表现如图10-15所示。

保税制度按方式和实行区域的不同,其表现形式主要有三种类型:①商品贸易型:有保税仓库、保税展示区和免税商店等;②加工制造型:有保税工厂、保税集团和出口加工区等;③商品贸易与加工制造混合型:有保税区、自由港和自由贸易区等。本节后面重点介绍保税仓库物流操作。

(四)保税物流

保税物流特指对保税货物在海关监管的保税区域内进行的仓储、配送、运输、流通加工、装卸搬运等物流活动。

保税物流是物流分类中的一种,但同时具有不同于其他物流类别的典型特点。

1. 批准保税	2. 纳税暂缓
进境货物可否保税，要由海关依据国家的有关法律、法规和政策来决定，货物经海关批准才能保税进境	保税货物在进境地海关凭有关单证册不办理纳税手续就可以提取。当保税货物最终不复运出境或改变保税货物特性时，需按货物实际进口申报情况办理相应纳税手续
3. 监管延伸	4. 核销结关
保税货物的海关监管无论是时间，还是场所，都必须延伸。直到货物储存、加工、装配后复运出境办结海关核销手续或者正式进口海关手续，海关监管才算结束	保税货物只有核销后才能算结关，但只是单票货物的形式结关。核销是保税货物监管最后一道程序

图 10-15　保税制度的特点

1. 系统边界交叉

国内物流的边界是从国内的任意地点到口岸（装运港），国际物流的边界为从一国的装运港（港口、机场、场站）到另一国的目的港。保税物流货物在地理上是在一国的境内（领土），从移动的范围来看应属于国内物流，但保税物流也具有明显的国际物流的特点，例如保税区、保税物流中心及区港联动都是"境内关外"的性质，所以可以认为保税物流是国际物流与国内物流的接力区。

2. 物流要素扩大化

物流的要素一般包括运输、仓储、信息服务、配送等，而保税物流除了具有这些基本物流要素之外，还包括了海关监管、口岸、保税、报关、退税等关键要素，两者紧密结合构成完整的保税物流体系。

3. 线性管理

一般贸易货物的通关基本程序包括申报、查验、征税、放行，是"点式"的管理；而保税货物是从入境、储存或加工到复运出口的全过程，货物入关是起点，核销结案是终点，是"线性"的管理过程。

4. 瓶颈性

在海关的监管下进行物流运作是保税物流不同于其他物流的本质所在。海关为了达到监管的效力，严格的流程、复杂的手续、较高的抽查率必不可少，但这与现代物流便捷、高效率、低成本的运作要求相背，物流效率与海关监管效力之间存在"二律背反"，在保税需求日益增长的情况下，海关的监管效率成为保税物流系统效率的"瓶颈"。

5. 平台性

保税物流是加工贸易企业的供应物流的末端，是销售物流的始端，甚至包括了生产物流。保税物流的运作效率直接关系到企业正常生产与供应链正常运作，构建通畅、高效率的保税物流系统是海关、政府相关部门、物流企业、口岸等高效协作的结果。完善的政策体系、一体化的综合物流服务平台必不可少，例如集成商品流、资金流、信息流的物流中心将是保税物流的主要模式之一。

二、保税仓库货物的报关与出入库管理

(一) 保税仓库货物进口报关

按照货物入境时的地点不同可以分为**本地进货报关**和**异地进货报关**。

1. 本地进货

当进口货物是在保税仓库所在地进境时,其进口报关流程如图 10-16 所示。

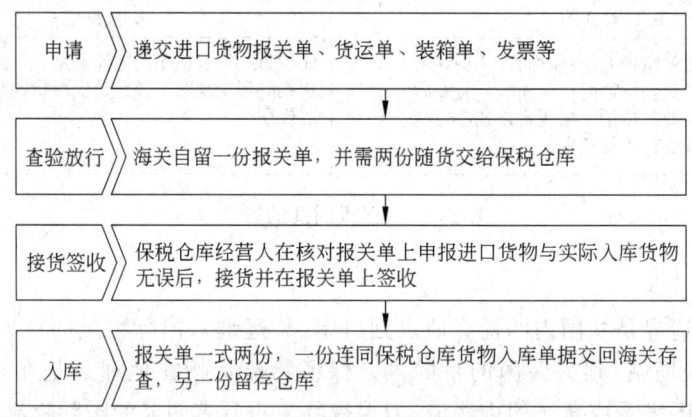

图 10-16　本地进货的进口报关流程

2. 异地进货

进口货物在本国保税仓库所在地以外其他通商口岸入境时,进口货物收货人或其代理人应按海关进口货物转关运输管理规定办理转关运输手续,其进口报关流程如图 10-17 所示。

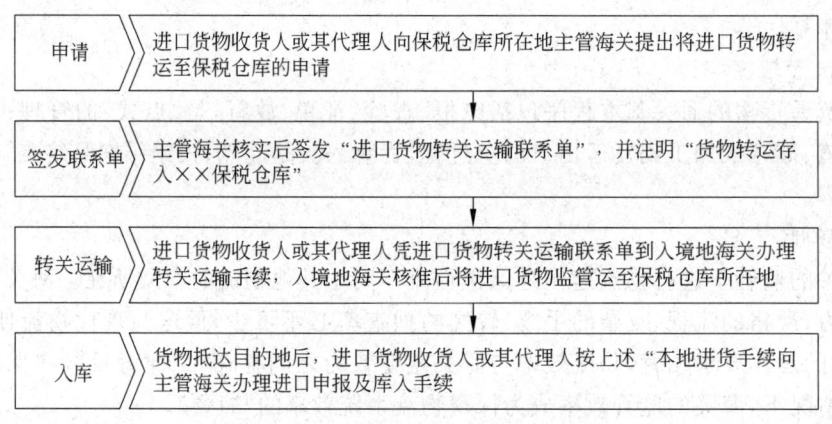

图 10-17　异地进货的进口报关流程

(二) 保税货物入库

入库业务包括收货准备、货物接送、货物验收和货物入库四个环节。

1. 收货准备

根据入库货物情况提前安排货位、组织人力、物力、做好文件单证准备。

2. 货物接送

根据货物接送方式不同,保税货物进入仓库时,可分为拆箱入库与散货入库。

（1）拆箱入库是指海运集装箱装载的货物，在仓库收货区拆封，卸至托盘上。拆箱入库方式有机械拆箱和人工拆箱两种。

（2）散货入库是指一般货物与空运货物自仓库的收货码头卸下，堆栈在托盘上。

3. 货物验收

入库验收的内容主要包括数量检验、质量检验和包装验收。验收中发生异常问题，要会同有关人员当场做出详细记录，交接双方应在记录上签字，以明确相互间的责任。

4. 货物入库

货物入库时，应由仓库保管员填写入库通知单，以证实该批货物已经检验合格，可以正式上架保管。货品检验完毕后，依性质的不同由仓储管理系统分配储位、上架。

（三）保税货物出库

1. 货物出库流向

对于存入保税仓库的货物其出库的流向较为复杂，一般可分为储存后原状复出口、加工贸易提取后加工成品出口、向国内销售或使用三种情况。

2. 货物出库流程

保税货物出库的一般流程如图10-18所示。

审核仓单 〉 核对登账 〉 配货备货 〉 复核查对 〉 出库交接 〉 填单销账

图10-18 保税货物出库流程

1）审核仓单

仓库存货人或仓单持有人接到出库通知后，必须对仓单进行核对。因为存货人取得仓单后，可以通过背书的方式将仓单转让给第三人，也可以分割原仓单的货物，填发两份以上新的仓单，将其中一部分转让给第三人。第三人在取得仓单后，还可以在仓库有效期内，再次转让或分割仓单。但是合同法规定，存货人转让仓储物提取权的，应当经保管人签字或盖章。

2）核对登账

仓单审核后，仓库财务人员要检查货物的品名、型号、规格、单价、数量等有无错误，收货单位、到站、银行账号等是否齐全和准确，单证上书写的字迹是否清楚，有无涂改痕迹，是否超过了规定的提货有效期等。如果核对无误后，可根据凭证所列各项内容，登入商品保管账，核销储存量，并在出库凭证上批注发货商品存放的货区、库房、货位编号以及发货后应有的储存数量。同时，收回仓单，签发仓库货物出库单，写清各项内容，连同提货单或调拨单，一起交仓库保管员查对配货。

3）配货备货

财务人员转来的货物出库凭证经复核无误后，仓库保管员按出库凭证上所列项目内容和上面的批注，到编号的货位对货，核实后进行配货。

4）复核查对

备货后仓库人员应立即进行复核，以确保出库货物不出差错。复核形式有保管员自行复查、保管员互核、专职人员复核、负责人复核等。

5）出库交接

备齐货物经复核无误后，仓库保管员必须当面与提货人或运输承运人按单逐件点交清楚、分清责任、办好交接手续。

6) 填单销账

货物交点后,保管员应在出库单上填写实发数、发货日期等项目内容,并签名。然后将出库单及相关联证件资料及时交送货主,以便货主办理货款结算。保管员根据留存一联出库凭证清点货垛余数,并与账、卡核对,登记、核销实物保管明细账,账面余额应与实际库存量和货卡登记相符;出库凭证应在当日清理,定期装订成册,妥善保管;在规定时间内,转交账务人员登账复核。

保税仓库的仓管人员还应于规定时限将上月所存货物的收、付、存等情况列表报送当地海关核查,并随附经海关签章的进出口报关单和保税仓库领料核准单等单证。

- 实训内容:保税物流园区或国际物流企业参观。
- 实训手段:视频学习、现场参观见学。
- 实训目的:使同学们对国际物流/保税物流有一个初步的认识,识别常见的物流设备,了解其运作流程。

一、单项选择题

1. 国际多式联运概念是在(　　)才产生的。
   A. 20 世纪初　　　　　　　　　　B. 20 世纪 40 年代
   C. 20 世纪六七十年代　　　　　　D. 20 世纪末

2. 国际物流系统包括(　　)。
①运输子系统;②储存子系统;③商检通关子系统;④包装子系统;⑤商品装卸搬运子系统;⑥流通加工子系统;⑦信息子系统;⑧口岸子系统
   A. ①②③④⑤⑧　　　　　　　　B. ①②③④⑤⑥⑦
   C. ①③④⑤⑥⑦⑧　　　　　　　D. ①②③④⑤

3. 按口岸性质及运输方式分类方法,口岸不包括(　　)。
   A. 航空口岸　　B. 港口口岸　　C. 陆地口岸　　D. 电子口岸

4. 保税区是一国(　　)设置的或经其批准注册、受监督和管理的可以较长时间存储商品的区域。
   A. 海关税务　　　　　　　　　　B. 海关
   C. 商务部门税务　　　　　　　　D. 外贸部门地方政府

5. 企业通过全球范围内组织生产可以实现(　　)。
①更接近消费者需求;②企业资源达到最佳配置;③可以避开贸易壁垒限制;④可以节约物流费用;⑤可以提高产品质量
   A. ①②③④　　B. ①②③④⑤　　C. ①③④⑤　　D. ①②③⑤

二、简答题

1. 根据主要功能不同,国际物流节点主要分为哪几种?罗列其主要代表设施。

2. 可以从哪些方面分析物流口岸的区位优劣势？
3. 班轮运输与租船运输两种运输组织形式有哪些区别？

三、案例分析题

"苹果创造"与国际物流

近年来，苹果公司的成就举世瞩目。这家创建于 1976 年的公司，成功推出 iPod、iPhone、iPad 系列产品，改变了人们的生活方式，重新"创造"了移动智能终端。苹果在"世界 500 强"中的排名不断攀升，2015 年，位列《财富》世界 500 强排行榜第 15 位。

"苹果创造"的成功实际上应归因于两点：一是革命性的创新产品，二是卓越的供应链管理。现代企业的竞争其实也是供应链之间的竞争。在 IT 产业的微利环境下，苹果能够独占业界 70% 的利润，除了创新的产品设计之外，隐藏在幕后而未被人们广泛认知的是能够通过供应链管理实现优秀的软硬件集成，为消费者提供超乎想象的体验。业界公认，苹果产品中采用的技术并非是概念性的技术变成现实，而是现实中已经存在的技术的集合。苹果能够将这些优秀的单个技术集成起来，渗透到手机上游所有元器件的开发、生产和制造的过程中，始终领先竞争对手一到两年，大杀器正是供应链管理。在 Gartner "2014 全球最佳供应链管理 25 强排行榜"中，苹果依旧力压群雄，再次排名第一，以庞大的物流体系建设闻名的亚马逊则屈居第三。

一个全球化的供应链的基本逻辑是集优互补，即供应链上的每一个节点都是强强联合，每个企业只集中精力致力于各自核心的业务过程，成为自组织的独立制造岛，根据需求信息的传导，高效整合资金流和物流，以满足消费者需求。

苹果将制造等非核心业务外包后，初步建立起了一个全球化的供应链。但他们并不满足，而是致力于将供应链升级为一个竞争对手难以模仿的"生态系统"。这可以说是苹果供应链管理的一个核心智慧。供应链实际运行的效率取决于供应链合作伙伴关系是否和谐，因此建立战略伙伴关系的合作企业关系模型是实现最佳供应链管理的保证。只有充分发挥系统中成员企业和子系统的能动性和创造性，实现系统与环境的总体协调，供应链生态系统才能发挥最佳的效能。

苹果公司的供应商遍布全球，分布在中国台湾地区和美国、韩国、德国等地，大致上可以分为三种类型——负责组装生产的富士康、负责生产 IPS 屏幕的供应商 LG 及夏普、负责CPU 内存等配件生产的三星电子等。以 iPhone 6 为例，这部手机后面涉及全球 700 多家供应商，中国以 391 家（大陆地区 349 家、台湾地区 42 家）名列榜首，为了降低运送成本，苹果多会就近寻找合适的供应商，甚至直接要求厂商就近建厂以供应苹果所需，因此能取得这样的业绩不让人感到意外。供应厂商数目居第二的则是日本，iPhone 许多高精密零部件仍依赖技术成熟的日系厂商，因此日本以 139 家名列第二；第三则是美国厂商的 60 家，如 iPhone 使用的 Gorilla 强化玻璃便来自于美系的康宁（Corning），接下来的排名次序则是韩国（32）、菲律宾（24）、马来西亚（21）、泰国（21）与新加坡（17），而欧洲只有德国以 13 家挤进第九名，越南 11 家位列第十。

苹果公司 2015 年第一财季（1—3 月）共售出 7 446.8 万部 iPhone，比上一年同期的 5 102.5 万部增长 46%，在"苹果创造"如此优异的市场表现背后，是苹果公司"原材料—产成品—消费者"高速有效的国际物流体系。从物流运输方式上可以将该体系分为国际班轮运输、国际航空运输、国内陆路运输三类。下面就零部件至组装车间、整机出口运输、国内配送三部分具有代表性的物流活动举例说明。

由韩国三星公司提供的部件一律由中国远洋运输集团（COSCO，简称中远）转包的韩国国内运输公司负责运输至釜山港，然后转由中远的班轮运抵烟台再转中远班轮运抵深圳蛇口，交运富士康公司物流部门负责运输至组装车间。其流程如图10-19所示。

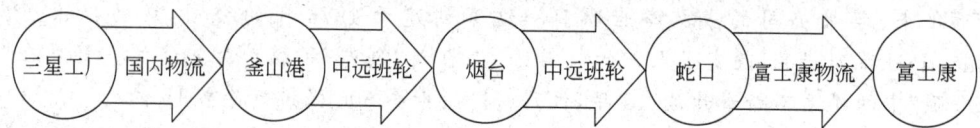

图 10-19　零部件至组装车间物流流程

美国是世界上最大的电子消费国，也是 iPhone 的主要市场。iPhone 从中国富士康工厂流水线完工后，交付苹果签约航空运输公司，通过航空港口运往美国。其流程如图10-20所示。

图 10-20　整机出口物流流程

iPhone 6 手机发布前，世界各地苹果仓库早已根据预售数据备好货源。中国消费者在苹果官网通过电子商务下单购买后，苹果通过邮政速递或者顺丰快递寄出，通过国内干线陆路运输或者航空运输，最后通过陆路运输中转配送至消费者手中。其流程如图10-21所示。

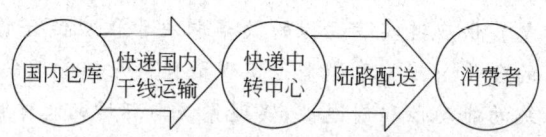

图 10-21　国内配送物流流程

此外，苹果在物流管理的细节上有很多类似的创新，领先业界。在多数手机制造商都通过低价的海运获取零部件的时候，为了确保新款 iPhone 能在发布会期间全面铺货，苹果提前签订航空运输公司所有可用的空运空间。此举令三星、索尼等临时想要增加空运订单的竞争对手陷入绝望。

思考：小组讨论国际物流在"苹果创造"中的作用。

本章参考文献

[1] 张必清,孙永红,李琼芬. 我国边境口岸物流研究综述[J]. 对外经贸,2012(7)：23-25.
[2] 陈涛. 洋山保税港区口岸物流发展策略研究[D]. 上海：同济大学,2008.
[3] 向泽伟,魏瑜. 我国铁路口岸站（换装站）建设与发展的建议[J]. 铁道运输与经济,2012(6)：48-49.
[4] 杨国勋,周明森,张国利. 中国海关信息化进程[J]. 电子政务,2009(10)：34-42.
[5] 于璇. 论我国保税物流中心的建设与优化[D]. 成都：西南财经大学,2007.

第十一章

物流发展前沿

 引导案例

安鲜达玩转冷链物流

安鲜达起源于易果生鲜,易果生鲜是一个生鲜产品的电商平台,在企业规模扩大的过程中,冷链物流品牌安鲜达获得了独立性,专业发展于冷链物流服务能力以及生鲜冷链标准化建设,是一个典型的自建物流体系。安鲜达是专业食品冷链物流品牌,立足高速成长中的食品冷链服务市场,依托于"线上+线下+新零售"全渠道业务布局及食品供应链优势,长期致力于打造面向全行业客户、从源头到餐桌的全链路全场景食品冷链物流服务解决方案。

截至目前,安鲜达品牌已完成北京、上海、广州等全国15℃城冷链物流中心的战略布局,在北、上、广和武汉建立了区域集货调拨仓,实现了基于四大温区的冷链仓储体系,日处理能力超过200万件;加上社会协同配送资源,已覆盖310个城市的各行业客户及亿万终端消费者,日履约能力达36万单。2017年,生鲜达在天猫6月18日的"生活狂欢节"中获得30万个生鲜订单,而安鲜达冷链配送妥投率也超过了96%。2017年全年,安鲜达配送生鲜食品达6.7亿件,妥投率超过99%,建立了极佳的行业口碑。

案例解析

由于生鲜产品的品类、口感、外观等属性各不相同,生产者与购买者对产品质量认知存在差距。因此,对生鲜产品的标准化分拣、仓储、运输等环节,能够提高生产者与购买者对产品质量的感知一致度,从而保障市场竞争力。安鲜达的标准化包括了原料及商品质量技术标准、硬件配置和服务的标准化三个方面。在原料及商品质量技术标准方面,安鲜达制定了大量有关原料及商品质量的技术流程和指导。首先,安鲜达制定了68个SKU的水果标准、6大类水果标准、5大类冻品原料标准、43个食品品类的常温预包装标准,将生鲜外观、成熟度等多个指标作为评价标准,冻品评价包括了储藏温度、运输时间、储藏时间等;安鲜达有专门的质监部门负责检测生鲜的指标数据,从而把控和判断入库与出库。其次,安鲜达制定了20个基础作业及生鲜分装方式的指导书、视频教程和生鲜配送作业规范,加快了操作人员学习速度和服务规范性。在这些冷链物流的细节操作下,提高了生鲜产品质量的稳定性。在硬件配置标准方面,安鲜达针对不同生鲜产品采取对应的温度仓储,为此功能支撑的硬件是多温区存储建设,分为0~4℃、5~8℃、10~13℃等多个温度环境,适应苹果、奇异果、西瓜、菠萝等多种水果的品质保鲜温度标准。另外,在配送环节上,安鲜达采用泡沫箱和

不同配比冷媒共同组成合适的环境温度。除此之外，安鲜达对于不同水果采用了不同尺寸和类型的漏斗直径、传送装置、托盘等分拣工具，降低并稳定了生鲜产品的损耗率。在服务标准化方面，安鲜达在易果生鲜的配送业务上已经积累了大量的经验，"最后一公里配送"的配送员也经过了专业培训，并且安鲜达设立了专业稽核团队来实施服务质量考核，同时设立配送员服务质量的绩效工资，激励配送人员提供更完善、主动、贴心的配送服务。

案例思考

"安达鲜"在冷链物流标准化建设方面主要采取了哪些做法？

案例涉及的主要知识点

冷链物流　物流标准化　服务规范　物流体系

➡ 学习导航

- 了解绿色物流、冷链物流、快递物流、物流园区、物流标准化及智慧物流等物流发展前沿方向。
- 了解绿色物流、冷链物流、快递物流、物流园区及智慧物流等前沿方向的发展现状。
- 掌握绿色物流、冷链物流、快递物流、物流园区、物流标准化及智慧物流等相关概念。
- 了解绿色物流、冷链物流、快递物流、物流园区、物流标准化及智慧物流的未来发展趋势。

▶ 教学建议

- 备课要点：绿色物流、冷链物流、快递物流、物流园区、物流标准化及智慧物流等物流前沿方向，结合具体企业进行现状介绍。
- 教授方法：理论讲授、案例讲解、启发式讨论。
- 扩展知识领域：冷链物流、智慧物流的发展困境突破。

第一节　绿　色　物　流

一、绿色物流的产生背景

20世纪70年代以来，在世界生产力突飞猛进的同时，地球环境在不断恶化，资源也在过度消耗。在此背景下，保护地球环境、保护自然资源的"绿色革命"开始在生产、流通以及消费领域蓬勃发展，并很快风靡全球。"绿色物流"作为可持续发展模式在物流行业的体现也开始出现，并逐渐成为21世纪物流管理的新方向。

众所周知，传统物流活动的各个环节，都会在不同程度上对环境产生负面影响。同时随着经济全球化的发展，一些传统的关税和非关税壁垒逐渐淡化，环境壁垒逐渐兴起。为此，ISO 14000成为众多企业进入国际市场的通行证。ISO 14000的两个基本思想是预防污染和持续改进，它要求建立环境管理体系，使其经营活动、产品和服务的每一个环节对环境的影响最小化。ISO 14000不仅适用于第一、二产业，也适用于第三产业，更适用于物流业。物流企业要想在国际市场上占一席之地，发展绿色物流是其理性选择。尤其是我国加入WTO后，将逐渐取消大部分外国股权限制，外国物流企业将进入我国市场，势必给国内物流业带来巨大冲击,也意味着未来的物流业会面临更激烈的竞争。我国物流业加紧发展绿色物流是应对未来挑战和在竞争中占得先机的重要机遇。因此,为了充分发挥现代物流产业对经济的拉动作用,实现可持续发展,必须从环境角度对物流系统进行改进,以改变原来经济发展与物流之间的单向作用关系,同时形成一种能促进经济和生活消费健康发展的物流体系,这就产生了"绿色物流"的理念。

二、绿色物流的概念

绿色物流在20世纪90年代中期诞生,并且受到国际上广泛的关注。美国逆向物流执行委员会指出:绿色物流是指在完成物流活动的同时注重对环境的保护,使其对生态产生的影响最小。丹麦学者Bjorn N. Petersen和Palle Petersen共同编著的 *Green Logistics* 一书中对绿色物流的定义:绿色物流就是注重对正向和逆向物流过程中生态环境的保护。我国对绿色物流的研究始于对物流与环境的关系研究,国家标准《物流术语》(GB/T 18354—2006)指出绿色物流是指在物流活动中使各种资源得到最充分利用的同时减少对环境造成的危害,净化对环境产生的影响。

绿色物流至少还应该从两个层次来定义,一是微观层次,二是宏观层次。

在微观层次,绿色物流从物流活动的开始就注意防止环境污染,以先进设施和科学管理为手段,在运输、储存、装卸、搬运、包装、流通加工、配送、信息处理等功能要素中实现节能、降耗以及减少环境污染,并由此实现盈利目的。

在宏观层次,绿色物流旨在通过对城市、区域乃至全国的产业布局、人口布局进行合理规划,适当调整,尽量减少重复的物流活动,降低总的物流发生量;提倡环境友好的物流技术,用健全的标准体系来规范物流企业的环境行为,建立绿色物流评审制度,从技术和管理上抑制物流对环境的破坏;大力发展废弃物流,使其规范化、产业化,最终实现物流与经济、社会的协调和持续发展。

三、绿色物流的内涵及特征

(一)绿色物流的内涵

绿色物流的内涵可以从绿色物流的目标、行为主体、活动范围及其理论基础四个方面来剖析。

1. 绿色物流的目标

绿色物流的最终目标是可持续性发展,实现该目标的准则是经济利益、社会利益和环境利益的统一。一般的物流活动主要是为了实现企业的盈利,满足顾客需求,扩大市场占有率等。而绿色物流在上述经济利益的目标之外,还追求节约资源、保护环境这一既具经济属性又具有社会属性的目标。

2. 绿色物流的行为主体

绿色物流的行为主体更多,它不仅包括专业的物流企业,还包括产品供应链上的制造企业和分销企业,同时还包括不同级别的政府和物流行政主管部门等。

3. 绿色物流的活动范围

从绿色物流的活动范围看,它包括物流作业环节和物流管理全过程的绿色化。从物流作业环节来看,包括绿色运输、绿色包装、绿色流通加工等。从物流管理全过程来看,主要是从环境保护和节约资源的目标出发。

4. 绿色物流的理论基础

绿色物流的理论基础包括可持续发展理论、生态经济学理论和生态伦理学理论。首先，物流过程不可避免地要消耗资源和能源，污染环境。要实现持续的发展，就必须采取各种措施，形成物流与环境之间的共生发展模式。其次，物流系统既是经济系统的一个子系统，又通过物料流动、能量流动建立起了与生态系统之间的联系和相互作用。绿色物流正是通过经济目标和环境目标之间的平衡，实现生态与经济的协调发展。生态伦理学告诉我们，不能一味地追求眼前的经济利益而过度消耗地球资源，破坏子孙后代的生存环境。

（二）绿色物流的特征

绿色物流除了具有一般物流所具有的特征外，还具有学科交叉性、多目标性、多层次性、时域性和地域性等特征。

1. 学科交叉性

绿色物流是物流管理与环境科学、生态经济学的交叉。由于物流与环境之间的密切关系，在研究社会物流与企业物流时必须考虑环境问题和资源问题。又由于生态系统与经济系统之间的相互作用和相互影响，生态系统也必然会对经济系统的子系统——物流系统产生作用和影响。因此，必须结合环境科学和生态经济学的理论、方法进行物流系统的管理、控制和决策。这使绿色物流的研究方法十分复杂，研究内容十分广泛。

2. 多目标性

绿色物流的多目标性体现在企业的物流活动要顺应可持续发展的战略目标要求，注重对生态环境的保护和对资源的节约，注重经济与生态的协调发展，追求企业经济效益、消费者利益、社会效益与生态环境效益四个目标的统一。绿色物流的多目标之间通常是相互矛盾、相互制约的，一个目标的增长将以另一个或几个目标的下降为代价，如何取得多目标之间的平衡，这正是绿色物流要解决的问题。

3. 多层次性

绿色物流的多层次性体现在以下三个方面。

（1）绿色物流的管理和控制主体可分为社会决策层、企业管理层和作业管理层等三个层次的绿色物流活动，或者说是宏观层、中观层和微观层。其中，社会决策层的主要职能是通过政策、法规的手段传播绿色理念；企业管理层的任务则是从战略高度与供应链上的其他企业协同，共同规划和控制企业的绿色物流系统，建立有利于资源再利用的循环物流系统；作业管理层的任务主要是指物流作业环节的绿色化，如运输的绿色化、包装的绿色化、流通加工的绿色化等。

（2）从系统的观点看，绿色物流系统是由多个单元（或子系统）构成的，如绿色运输子系统、绿色仓储子系统、绿色包装子系统等。这些子系统又可按空间或时间特性划分成更低层次的子系统，每个子系统都具有层次结构，不同层次的物流系统通过相互作用，构成一个有机整体，实现绿色物流系统的整体目标。

（3）绿色物流系统还是另一个更大系统的子系统，这就是绿色物流系统赖以生存发展的外部环境，包括法律、法规、政治、文化环境、资源条件、环境资源政策等。

4. 时域性和地域性

时域性是指绿色物流管理活动贯穿于产品的生命周期全过程，包括从原材料供应，生产内部物流，产成品的分销、包装、运输，直至报废、回收的整个过程。绿色物流的地域性体现在两个方面,一是指由于经济的全球化和信息化,物流活动早已突破地域限制,呈现出跨地区、跨国界的发展趋势。相应地,对物流活动绿色化的管理也具有跨地区、跨国界的特性;二是指绿色物流管理策略的实施需要供应链上所有企业的参与和响应。例如,欧洲一些国家为了更好地实施绿色物流战略,对于托盘的标准、汽车尾气排放标准、汽车燃料类型等都进行了规定。其他国家的不符合标准要求的货运车辆将不允许进入本国。

四、绿色物流的实施策略

(一)树立绿色物流观念

观念是一种带根本性和普遍意义的世界观,是一定生产力水平、生活水平和思想素质的反映,是人们活动的指南。由于长期的低生产力,人们更多地考虑温饱等低层次问题,往往为眼前利益忽视长远利益,为个体利益忽视社会利益,企业因这种非理性需求展开掠夺式经营,忽视长远利益和生态利益及社会利益,进而导致来自大自然的警告。人们已经意识到一切经济活动都离不开大自然,取之于大自然,复归于大自然。于是,循环经济或绿色经济的观念引起人们经济行为的变化,甚至社会经济结构的转变,一系列新的市场制度和经济法规,迫使企业降低环境成本而采用绿色技术,进行绿色生产、绿色营销及绿色物流等。循环经济或绿色经济要求物流企业在经营决策的时时刻刻,综合考虑人们的近期需求和长远利益、企业利益和社会利益、有形利益和无形利益,并以此观念,策划及开展绿色物流活动。因此,企业经营者必须尽快提高认识和转变观念,决不能存在"环保不经济,绿色要花费"的思想,把绿色物流作为世界全方位绿色革命的重要组成部分,确认和面向绿色物流的未来。

(二)推行绿色物流经营

物流企业要从保护环境的角度制定其绿色经营管理策略,以推动绿色物流进一步发展。

1. 选择绿色运输

各种运输方式相互衔接,发挥组合效率和整体优势,形成高效、安全的综合运输体系;通过有效利用车辆,提高配送效率。

2. 提倡绿色包装

绿色包装要醒目环保,还要符合 4R 要求,即减量化(reduction)、可利用(reuse)、可回收(reclaim)、可再循环(recycle)。

3. 开展绿色流通加工

由分散加工转向专业集中加工,以规模作业方式提高资源利用率,减少环境污染;集中处理流通加工中产生的边角废料,减少废弃物污染等。

4. 做好物流企业的绿色转型工作

首先,要尽量实施联合一贯制运输,物流业对环境影响最大的是公路运输造成的废气排放、噪声和交通阻塞等;其次要开展共同配送,减少污染。

(三)开发绿色物流技术

绿色物流的推行不仅依赖绿色物流观念的树立,更离不开绿色物流技术的开发和应用。没有先进绿色物流技术的发展,就没有绿色物流的立身之地。而我国物流技术与绿色要求有较大的差距,要提高自主创新能力,大力开发新型能源、新型材料、新型物流信息技术等绿色物流技术,加快物流技术创新。

(四)制定绿色物流法规、政策

绿色物流是当今经济可持续发展的一个重要组成部分,它对社会经济的不断发展和人类生活质量的不断提高具有重要意义。正因如此,绿色物流的实施不仅是企业的事情,还必须从政府约束的角度,对现有的物流体制进行强化管理。一些发达国家的政府非常重视政策法规的制定,从宏观政策上对绿色物流进行管理和控制。要控制物流活动的污染发生源,物流活动的污染发生源主要表现在运输工具的废气排放污染空气、流通加工的废水排放污染水质、一次性包装的丢弃污染环境等。因此,国家制定了诸如污染发生源、限制交通量、控制交通流等的相关政策和法规。国外的环保法规种类很多,有些规定相当具体、严厉,国际标准化组织制定国际环境标志。制定和颁布这些环保政策或法规,既可以成为企业的压力,又可以为企业提供发展的机会,同时有利于物流企业经营者进行分析研究,以便明确方向、克服障碍,推动绿色物流的顺利发展。

(五)加强对物流绿色化的研究和人才培养

绿色物流作为新生事物,对营运筹划人员和各专业人员的素质要求较高,因此,要实现绿色物流的目标,培养和造就一批熟悉绿色理论与实务的物流人才是当务之急。各相关院校和科研机构应有针对性地开展绿色物流人才的培养与训练计划,努力为绿色物流业输送更多的合格人才;还可以通过调动企业、大学以及科研机构相互合作的积极性,促进产学研的结合,使大学与科研机构的研究成果能转化为指导实践的基础,提升企业物流从业人员的理论业务水平。

五、绿色物流系统

一般绿色物流系统的运行需要大量的人力、财力、物力、信息投入,通过各项物流功能要素,在实现物流效益、服务、信息的同时,还会对环境产生污染。为了使物流系统在社会经济大系统中可持续发展,需要降低物流系统的物质消耗、减少环境污染。于是,实现物流系统的绿色管理十分必要。

根据绿色物流的定义,绿色物流系统的实现也分为两个层次。

(一)微观绿色物流系统

微观绿色物流系统的实现需要从组织和过程两个方面来保障,其结构如图11-1所示。在微观绿色物流系统中,物流组织要建立全面的环境管理体系,确保系统中所有环境行为都遵守特定的规范,呈现良性循环的趋势。物流过程采用先进的绿色技术,诸如绿色包装、绿色运输等,确保物流活动的环境排放和能源消耗不断减少,同时以生命周期评价方法从整体上测度改善情况,监控系统的整体优化效果。在企业物流方面,面向产品全生命周期的企业绿色物流包括运输、装卸搬运、储存、包装和流通加工、信息处理等物流活动。

1. 绿色运输

绿色运输是指为了降低物流活动中交通运输所带来的尾气、噪声等污染为企业所带来的损失,节省交通运输的建设和维护费用,从而发展低污染的、有利于城市环境的多元化交通工具,来完成物流活动的协同交通运输系统,以及最大限度地降低交通污染程度而采取对交通源、交通量、交通流的规划体系。绿色运输的理念主要包括三个方面的内容,即通达有序、安全舒适、低能耗与低污染。绿色运输更深层次上的含义是综合协调的交通运输网络体系。

绿色运输主要表现为减缓交通拥挤、降低环境污染,具体体现在以下几个方面。

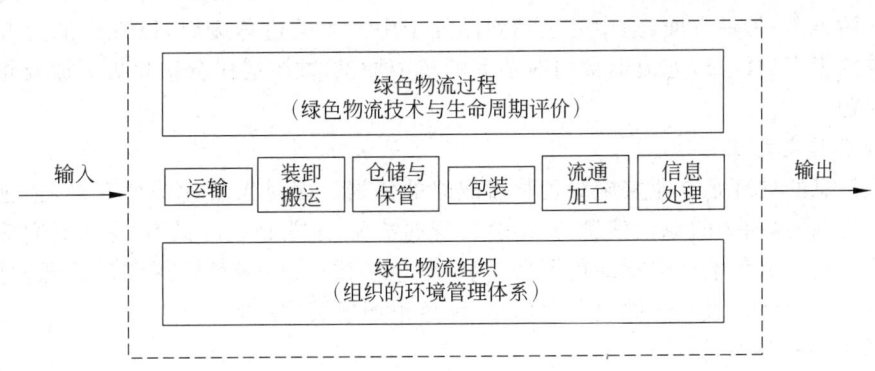

图 11-1 微观绿色物流系统结构

(1) 减少高污染运输车辆的使用。
(2) 提倡使用清洁干净的燃料和绿色交通工具。
(3) 控制运输设备的资源消耗,降低固定资产的折旧。
(4) 控制汽车尾气排放,制定排气标准。
(5) 加强交通管制,使道路设计合理化,减少堵塞。
(6) 降低噪声等。

2. 绿色装卸搬运

绿色装卸搬运是指为尽可能减少装卸搬运环节产生的粉尘烟雾等污染物而采取的现代化的装卸搬运手段及措施。在货物集散地,尽可能减少泄露和损坏,杜绝粉尘、烟雾污染。

3. 绿色仓储与保管

仓储与保管是物流活动的主要构成要素,在物流活动中起着重要的作用。绿色仓储与保管是指在储存环节为减少储存物品对周围环境的污染及人员的辐射侵蚀。同时,要避免储存物品在储存过程中的损耗而采取的科学合理的仓储保管策略体系。在整个物流仓储与保管过程中要运用最先进的保质保鲜技术,保障存货的数量和质量,在无货损的同时消除污染。尤其要注意对有毒化学品、放射性物品、易燃易爆物品的泄露和污染防止。

4. 绿色包装

绿色包装是指能够循环复用、再生利用或降解腐化,且在产品的整个生命周期中对人体及环境不造成公害的适度包装。简言之,绿色包装是指采用节约资源的保护环境的包装。

绿色包装的途径主要包括以下几种。

(1) 促进生产部门采用尽量简化的以及由可降解材料制成的包装。
(2) 商品流通过程中尽量采用可重复使用的单元式包装,实现流通部门自身经营活动所需包装的减量化,主动协助生产部门进行包装材料的回收和再利用。
(3) 对包装废弃物进行分类。
(4) 积极开发新型包装材料(易降解、易拆卸折叠)。
(5) 节省包装资源,降低包装物成本,提高包装效率。

5. 绿色流通加工

绿色流通加工是指出于环保考虑的无污染的流通加工方式及相关政策措施的总和。绿色流通加工的途径主要分两个方面:一方面,变消费者分散加工为专业集中加工,以规模作业的方式提高资源利用率,如餐饮业对食品的集中加工,减少家庭分散烹调所造成的能源浪费和空气污染等;另一方面,集中处理消费品加工中产生的边角废料,以减少消费者分散加工所造成的废弃物污染,如流通部门对蔬菜的集中加工,减少居民分散垃圾丢放及相应的环境治理问题。

6. 绿色信息处理

绿色信息的处理是企业实施绿色物流战略的依据。面对大量的绿色商机,企业应从市场需求出发,收集相关的绿色信息,并结合自身的情况,采取相应的措施,深入研究信息的真实性和可行性。绿色信息包括绿色消费信息、绿色科技信息、绿色资源和产品开发信息、绿色法规信息、绿色组织信息、绿色竞争信息、绿色市场规模信息等。

7. 绿色指标体系

绿色指标体系是衡量物流产业发展过程中环保程度的一整套指标。在具体实施过程中,可采用先易后难、先重点突破后全面推广的原则,选择一些有一定基础、技术难度不太大、易于突破的指标,然后再逐步完善和扩展,构筑起符合国际规则的物流绿色屏障。表 11-1 描述了绿色物流指标体系的构成要素。

表 11-1 绿色物流指标体系的构成要素

项 目	构 成 要 素
绿色包装	包装材料的回收比率
	可循环使用的包装材料比率
	包装材料与货物重量的比率
绿色运输	单位公里油耗
	车辆装载率
	运输途中货物破损率
	运输及时性
绿色仓储	仓库存储货物的破损率
	仓库货物的周转率
	仓库的利用率

(二) 宏观绿色物流系统

在宏观层次,绿色物流系统体现了 4R 要求,真正实现了以有效的物质循环为基础的物流活动与环境、经济、社会的共同发展,使社会发展过程中的废物量达到最少,并实现废物资源化与无害化处理。

宏观绿色物流系统结构如图 11-2 所示。根据物流的服务对象,由供应物流、生产物流、销售物流、回收物流及废弃物物流组成闭环系统结构。保障这个闭环正常运转的外部条件包括绿色物流技术、绿色环境影响评价标准和物流企业审核制度。

21 世纪的物流必须从系统构筑的角度建立废弃物的回收再利用系统。企业不仅仅要考虑自身的物流效率,还必须与供应链上的其他关联者协同起来,从整个供应链的视野来组织物流,最终建立起包括生产商、批发商、零售商和消费者在内的生产—流通—消费—再利用的循环物流系统。

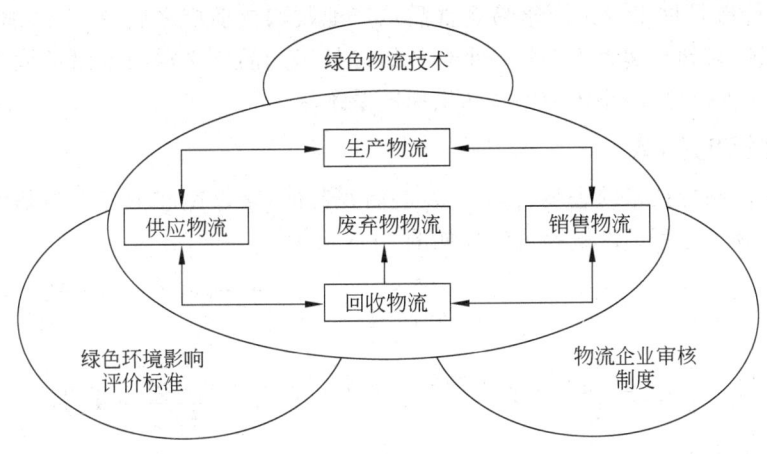

图 11-2 宏观绿色物流系统结构

六、绿色物流发展趋势

（一）绿色物流技术高速发展

绿色物流管理水平不断提高，绿色物流企业的技术装备达到相当高的水平，形成以信息技术为核心，以信息技术、运输技术、配送技术、装卸搬运技术、自动化仓储技术、库存控制技术、包装技术等专业技术为支撑的现代化物流装备技术格局。绿色物流发展趋势表现为信息化、自动化、智能化和集成化。其中，高新技术在绿色物流业的应用与发展中表现尤为突出。

（二）专业绿色物流形成规模

专业绿色物流企业是伴随制造厂商经营取向的变革应运而生的。由于制作厂商为迎合消费者日益精益化、个性化、人性化的产品需求，而采取多品种、少批量的生产方式，因而高频度、小批量的配送需求也随之产生。

（三）共同配送成为主导

共同配送是经长期的发展和探索优化出的一种追求合理化配送的配送形式，也是美国、日本等一些发达国家采用较广泛、影响面较大的一种先进物流形式，它对提高物流效率、降低物流成本具有重要意义。

（四）绿色物流企业向集约化和协同化方向发展

这主要表现在两个方面：一是大力建设绿色物流园区；二是绿色物流企业兼并与合作。绿色物流园区是多种物流设施和不同类型的物流企业在空间上集中布局的场所，是具有一定规模和综合服务功能的物流集结点。绿色物流园区的建设有利于实现绿色物流企业的专业化和规模化，发挥它们的整体优势和互补优势。

第二节　冷链物流

一、冷链物流的概念

国家标准《物流术语》(GB/T 18354—2006)将冷链定义为为了保持新鲜食品及冷冻食品等的品质，使其在从生产到消费的过程中始终处于低温状态的配有专门设备的物流网络。

可见在我国,冷链具体来说是泛指易腐食品从产地收购或捕捞之后,在产品加工、贮藏、运输、分销和零售,直到消费者手中的各个环节始终处于产品所必需的低温环境下,以保证食品质量安全、减少损耗、防止污染的特殊供应链系统。

二、冷链物流的构成

冷链是随着制冷技术的进步、物流的发展而兴起的,是以冷冻工艺学为基础、制冷技术为手段的低温物流过程。冷链物流流程如图11-3所示。

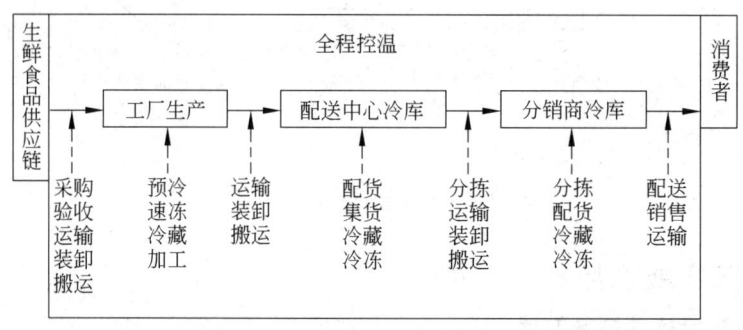

图 11-3 冷链物流流程

绝大多数的冷链物流由低温加工、低温贮藏、冷藏运输及配送、低温销售四个环节构成。

(一)低温加工

低温加工包括肉禽类、鱼类和蛋类的冷却与冻结,以及在低温状态下的加工作业过程,果蔬的预冷、各种速冻食品和奶制品的低温加工等。在这个环节上主要涉及的冷链装备有冷却、冻结装置和速冻装置。

(二)低温贮藏

低温贮藏包括食品的冷却贮藏和冻结贮藏、水果蔬菜等食品的气调贮藏等,保证食品在储存和加工过程中的低温保鲜环境。在此环节主要涉及各类冷藏库(加工间)、冷藏柜、冻结柜及家用冰箱等。

(三)冷藏运输及配送

冷藏运输及配送包括食品的中、长途运输及短途配送等物流环节的低温状态。它主要涉及铁路冷藏车、冷藏汽车、冷藏船、冷藏集装箱等低温运输工具。在冷藏运输过程中,温度波动是引起食品品质下降的主要原因之一,所以运输工具应具有良好的性能,在保持规定低温的同时,更要保持稳定的温度,长途运输中尤为重要。

(四)低温销售

低温销售包括各项冷链食品进入批发零售环节的冷冻贮藏和销售,它由生产厂家、批发商和零售商共同完成。随着大中城市各类连锁超市的快速发展,各类连锁超市正在成为冷冻食品的主要销售渠道,在这些零售终端中,大量使用了冷藏(冻)陈列柜和储藏库,由此逐渐成为完整的食品冷链中不可或缺的重要环节。

三、冷链物流的特点

由于冷链是以保证食品品质为目的,以保持低温环境为核心要求的供应链系统,所以它比一般常温物流系统的要求更高,也更加复杂。

1. 高成本性

冷链物流比常温物流的建设投资要大很多,其冷库的建设、冷藏车的购置、制冷设备的运转均需要较高的投入。

2. 时效性

易腐生鲜产品的不易储藏性,要求冷链物流必须具有一定的时效性,同时要求冷链各环节具有更高的组织协调性。

3. 复杂性

整个冷链物流过程中,冷链需要复杂的制冷技术、保温技术、产品制冷变化机理和温度控制及监控等技术的支撑。而且,由于不同的冷藏物品都有其对应的温度控制和储藏时间,这就更加大了冷链物流的复杂程度。

四、冷链物流的适用范围

目前,冷链物流的适用范围分为三类。

(1) 初级农产品:如蔬菜、水果、肉、禽、蛋、水产品、花卉产品等。

(2) 加工后食用产品:如速冻食品,禽、肉、水产品等包装熟食,冰激凌和奶制品等。

(3) 特殊商品:如药品和疫苗等。

食品冷链是以保证易腐食品的品质为目的,以保持低温环境为核心要求的供应链系统,所以它比一般常温物流系统的要求更高、更复杂,建议投资也要大很多,是一个庞大的系统工程。

五、冷链物流业现状及发展趋势

(一) 世界冷链物流业现状及发展趋势

1. 冷链物流发展历程

冷链的起源要追溯至 19 世纪上半叶冷冻机的发明,随着电冰箱的出现,各种保险和冷冻农产品开始进入市场,进入消费者家庭。到 20 世纪 30 年代,欧洲和美国的食品冷链体系已经初步建立。现在欧美发达国家已形成了完整的食品冷链体系,英、美、日等国家易腐食品物流过程的冷藏率已达 100%。

2. 世界冷链业发展现状及特点

随着技术的进步和社会需求的增长,冷链物流在发达国家得到了广泛应用。据资料显示,美国、日本等国家的冷链流通率达到 95%。以蔬菜为例,为了保证质量和降低损耗,蔬菜采摘后的处理程序得到高度重视,一般程序:①采收蔬菜,并进行田间包装;②对粗略包装好的蔬菜进行预冷,保持蔬菜的新鲜度;③对蔬菜进行清洗后杀菌,保证蔬菜的卫生和洁净;④对洗净的蔬菜打蜡或薄膜包装;⑤对粗略包装后的蔬菜进行分级包装,并在所有蔬菜包装材料上印好蔬菜名称、等级、净重、农家姓名、地址、电话等,以保证信誉。以上过程蔬菜始终处于低温条件,形成一条完整的冷链,即田间采后预冷、冷库、冷藏车运输、批发站冷库、自选商场冷柜、消费者冰箱。由于处理及时得当,蔬菜在加工运输环节中的损耗率仅为 1%~2%。食品在冷链系统中运行,保证了品质,减少了损耗,提高了产品附加值,产生了巨大的经济效益和社会效益。

综观世界冷链物流发展,主要呈现冷库数量持续增加、现代化程度较高、行业集中度不断提高等特点。

3. 世界冷链业发展的动力

促进冷链业发展的原动力来源于以下几点。

(1) 人口增长。因为冷链最终的环节是人,是消费者,所以人口增长是刺激冷链消费的一个重要原因。

(2) 中产阶级人数和比例的增加,也就是消费者的消费层次的提高。发达国家冷链发展得好,是因为在发达国家,大部分中产阶级都愿意花更多的钱去买全程冷链的产品,注重食品的安全卫生、食品的保鲜度,随着中产阶级数量的增加,对冷链的需求量随之增加。

(3) 超市和快餐的投资。超市和快餐,比如麦当劳、肯德基等快餐店要求全程冷链,消费者到这些冷链发展较好的快餐店就餐,承担了一部分冷链的追加费用,这也是刺激冷链发展的一个重要原因。

(4) 国家给予企业发展冷链的政策和资金支持。各国政府从以往的食品安全问题中吸取教训,加强了食品安全的重视程度,制订冷链相关的发展规划,并大力推行冷链发展。

4. 世界冷链业发展趋势

随着全球经济的发展,未来冷链市场将会出现以下趋势。

(1) 冷链运输需求强劲。就全球来看,北美和欧洲是保险食品的最大市场,而南美洲、非洲和澳大利亚等南半球国家是北美及欧洲保险食品的最大供应基地。由于保鲜食品的运输需求增加,冷藏车、冷藏船等冷藏供应链的队伍将不断壮大。

(2) 信息化趋势。随着科学技术的迅速发展,冷链信息化的发展必然是未来世界发展的趋势。目前,很多食品冷链普及的国家,已经广泛采用无线互联技术、条码技术、RFID 检测技术、GIS,以及在仓储、运输管理中基于互联网的移动通信技术等。为了更好地实施冷链服务能力,冷链公司将会更重视自身的信息化建设,以此来提高自身的竞争力。

(3) 冷链物流向系统化发展。为提高冷链效率和满足不同用户的需求,发达国家冷链物流企业已经由单环节的物流企业向跨行业、跨地域的一体化物流企业转变。

(二) 中国冷链物流业现状及发展趋势

1. 中国冷链物流业发展现状及特点

近年来,我国冷链物流逐步发展,渐有起色,主要体现在以下四个方面。

(1) 冷链物流业市场规模爆发。我国冷链行业起步于 20 世纪 50 年代,2018 年冷链物流需求总量达到 1.8 亿吨,同比增长 22.1%。冷链物流市场规模达到 3 035 亿元,同比增幅 19%。2019 年,我国冷链物流行业的市场规模约 3 391 亿元,比 2018 年增长 505.2 亿元,同比增长 17.60%,我国冷链发展迅速。2020 年,我国冷链物流行业的市场规模可达到 4 700 亿元,年复合增速将超过 20%。冷链物流行业的整体平均毛利率在 15%～20%。

(2) 冷库、冷藏车等基础设施资源加速增长。目前我国冷库保有量为世界第三,印度第一、美国第二。中冷联盟 2019 年调研全国 1 832 家企业,总库容量约为 4 600 万吨,较 2008 年 850 万吨增长超 5 倍。冷藏车这五年来一直在快速增长,2019 年冷藏车年销量为 4.5 万辆,相比 2018 年同比增长 27%,在车市疲软的情况下,冷藏车市场表现强劲。北汽福田为第一梯队,2019 年冷藏车销量 1.8 万辆多,占据了约 40% 的份额,销量排名第一。

(3) 冷链制度正在逐步完善。政府层面对于冷链物流的发展高度重视,近年来支持力度不断加大,在多个文件中提出了健全农产品冷链物流体系、支持冷链物流基础设施建设等要求,督导冷链物流行业的快速完善。2011 年,国务院发布《关于促进物流业健康发展政策措施的意见》,表示需要加大农产品冷链物流基础设施建设的投入。同年,国务院又发布了《关于加强鲜活农产品流通体系建设的意见》,提出了冷藏、冷冻、冷链运输等冷链物流基础设施建设、制定出台具体政策措施。2013年,商务部提出《启动农产品现代流通示范城市和农产品冷链示范工程建设》,其中提到要优化流通基础设施布局,大力加强流通设施建设,推动流通战略通道和骨干网络建设,启动农产品现代流通示范城市和农产品冷链示范工程建设。2016年,中央一号文件《中共中央 国务院关于落实发展新理念加快农业现代化 实现全面小康目标的若干意见》,提到要加快构建跨区域冷链物流体系的建设。在政策的大力推进下,冷链物流行业发展迅速,蕴藏着巨大的潜在价值。

(4)冷链物流信息技术开始发展。随着现代科技的不断发展,先进的信息技术也不断在我国的冷链物流产业中应用。例如,冷藏车载GPS定位系统是冷链信息技术的重要方面。利用多采点智能温度仪与冷藏车载GPS定位系统实现无缝对接,能够迅速准确地记录和回传冷藏车厢体内的多点温度;RFID检测技术是冷链物流信息技术发展的趋势之一。利用RFID技术将温度变化记录在带温度传感器的RFID标签上,对产品生鲜度、品质进行细致、实时的管理。

2. 中国冷链物流业发展存在的问题

(1)完整的冷链体系尚未建成。根据有关资料,我国每年消费的易腐食品超过10亿吨,其中需要冷链运输的超过50%,但目前综合冷链流通率仅为19%。大约90%的肉类、80%的水产品、大量的牛奶和豆制品基本上还是在没有冷链保证的情况下运销。就发达国家而言,加拿大已经形成完整的农产品冷链物流体系,蔬菜物流损耗仅为5%。目前,中国的冷链体系的建立需要政府的大力支持。

(2)冷链基础设施相对落后。目前,中国共有大小近100家企业生产冷藏车,国内重点企业不足10家,以小型企业居多,整个行业参与企业的资质参差不齐。我国冷藏车销量前十名的改装车生产企业销量占全国总销量不足1/3,呈现出行业分散的特点。尽管国内冷藏车销量近几年来出现了较快增长,但从冷藏车占货运车的比例来看,和国外相比仍有较大差距。

(3)第三方物流比重低。由于受传统计划经济体制的影响,我国相当多企业仍保留着"大而全""小而全"的经营组织方式,从原材料采购到产品销售过程中的一系列物流活动主要依靠企业内部组织的自我服务完成,大量潜在的物流需求还不能转化为有效的市场需求。

目前,多数企业内部各种物流设施的保有率都比较高,成为企业经营资产中的一个重要组成部分。这种以自我服务为主的物流活动模式在很大程度上限制和延迟了工商企业对高效率的专业化、社会化物流服务需求的产生和发展,这也是当前制约我国物流产业快速发展的一个重要"瓶颈"。

(4)员工素质不高。员工素质是决定公司发展速度的关键因素。现阶段,冷链物流公司的工作人员素质参差不齐,特别是一线工作人员缺少基本的专业培训,有的连基本的冷冻、冷藏知识都不懂。这严重影响了冷链物流企业的发展,也严重影响了冷链企业所提供的冷链服务质量。

(5)信息化技术的应用程度不高。冷链物流信息化是物流产业发展的一个重要趋势。由于历史的原因,中国物流业信息化技术的应用程度并不高,真正建立自己的冷链物流信息系统的企业不多。

(6) 冷链企业经营规模小、管理水平不高。与国际知名的大公司相比,我国的冷链物流企业起步较晚,规模较小,公司品牌、运输网络等没有真正建立起来,很难形成规模效应。并且由于企业规模较小,有效的温度控制设施投入必然有限,高层次的冷藏物流供应链管理和操作人员流失严重,导致冷冻类产品在运输途中的风险增加。

3. 中国冷链物流业发展趋势

(1) 冷链基础设施将进一步加快。随着小康社会的全面推进,人们对生鲜产品的需求,向着优质化、多元化和更为安全的方向发展。因此,为了满足客户这样的需求,国内冷链物流基础设施的建设也将随着快速发展,主要表现在冷库设施建设、冷库技术水平提高和冷藏车辆多元化发展等方面。

冷库发展趋势的主要表现:一批符合地区经济发展需要的现代化冷藏库和冷链物流配送中心逐步建立,适合农户建造使用的微型冷库将快速发展,果品蔬菜恒温气调库迅速发展,低温库比例将进一步增加。从铁路冷藏运输车辆的发展来看,铁路冷藏运输车将定位于深冷、高品质货物的中长途运输以及低附加值冷藏货物的长距离运输。

铁路冷藏运输工具将重点发展以下车型:能与客车连挂的适应城际间运输的快速冷藏车、能适应货物品类多样化及长距离运输的冷藏集装箱、能满足小批量货物运输的单节及小组份机冷车、气调保鲜车和适应大批量运输的冷藏集装箱等。

在公路冷藏保温车发展方面,未来冷藏车市场将进一步整合,出现两极分化的趋势:一种是小吨位、针对短途和小批量运输的,如超市冷饮、牛奶、冰淇淋、冷藏药品等配送中心所使用的车辆;另一种是大容量、大吨位的货车,主要满足长途运输的需要。

(2) 冷链物流将逐步实现封闭化运作。目前,冷链物流经常出现"断链"现象,大大增加了产品的损耗。另外,冷链物流缺乏应急处理措施,如曾经出现过因执法人员检查违章冷藏运输车辆时间过长而导致运输食品发生变质的情况。为防止上述情况的发生,需要将生产企业、冷链物流企业及政府监管部门捆绑在一起,实行封闭化运作。

(3) 冷链物流将得到整合,形成完整的系统。首先,加工配送中心建设将成为热点。以加工配送中心为核心,向冷冻冷藏供应链的上游延伸,使卖场、连锁超市、便利店等下游节点与供应链上游的沟通更加顺畅,使商品采购供应更有保障,有效防止供应链断档。其次,共同配送成为趋势。共同配送可提高车辆装载运输效率,形成规模效应。最后,要加快完善标准的制定以及惩戒制度、企业间进行互联互通的标准、统一编码规则等;开展冷链物流标准化试点工作,将标准与实际相结合,促进标准的落地执行,提升其科学性,从而让整个冷链物流市场有章可循,朝着统一、标准化的方向发展。

第三节 快递物流

一、快递的概念

快递又称速递,是指按照发件人要求,在适当短的期限内,保证快件优质、高效、快速地从发件人运送到收件人的门到门服务。快递对象包括以处理文件、图纸、资料、贸易单证为主的函件快递和处理样品、社会活动礼品和家庭高档商品为主的包裹快递。快递企业收取发件人托运的快件后,利用多种快捷运输方式,按照发件人要求的时间将其运到指定的地点,送交指定的收件人,并要将运送过程的全部情况向有关人员提供,以方便实时信息查询服务。快递市场的兴起源于消费者对所寄递物品的安全快速到达存在强烈的要求,因此时效性和安全性是快递服务的两个重要因素。时效性取决于物流速度,加快各种交通物流基础设施的互联互通才能提高快递的配送效率,尤其是解决末端配送的有效途径。安全性主要包括两个方面:一是快件本身的安全性,即快件本身是否会全部或部分丢失,是否会被损坏,信息是否被泄漏;二是快件对社会的安全性,即快件是否会对国家、公民、企业及其他单位的安全和权利构成威胁。

二、快递的分类

(一)根据寄递距离的远近及是否跨国境分类

根据寄递距离的远近及是否跨国境分类,快递可分为国际快递、国内快递、同城快递。

(二)根据托寄物内容的性质分类

根据托寄物内容的性质分类,快递可分为信函类、商业文件类、包裹类三种。

(1)信函:托寄物是具有个人现时通信内容的文件。根据《中华人民共和国邮政法》的规定,所有信函类归属邮政专营的范围,私人及快递公司不允许经营。

(2)商业文件:包括商业合同、工程图纸、照片、照相复印品、金融票据、有价证券(不包括各国货币和无记名支票)、证书、单据、报表及手稿文件等全部以印刷方式印制、复制的各种纸制制品。

(3)包裹:托寄物为所有适合于寄递的货物样品、馈赠礼品及其他物品等。

(三)根据快递的服务形式分类

根据快递的服务形式分类,快递可分为门到机场的快递服务、门到门的快递服务、专差。

(1)门到机场的快递服务是指寄件人电话通知快递公司,快递公司接到下单通知后上门取件,然后将所收到的快件集中到一起,根据其目的地分拣、整理、制单、报关后发往世界各地。到达目的地后,由快递公司通知收件人自己去机场办理通关手续并提取货物。采用这种方式的多是目的地海关当局有特殊规定的货物或物品。

(2)门到门的快递服务是目前快递公司最常用的一种服务形式。首先,寄件人在需要寄快件时电话或传真通知快递公司,快递公司接到通知后派人上门取件,然后将所有收到的快件集中到一起,根据其目的地分拣、整理、制单、报关后发往世界各地。到达目的地后,再由当地的分公司办理清关、提货手续,并送到收件人手中。货件派送完毕,立即将有收件人签字的回执送回寄件人或向寄件人电告快件的签收时间及签收姓名等情况。在这期间,客户可以依靠快递公司的计算机网络对快件所处的位置进行查询,或通过快递公司的客户服务热线进行查询投诉;快件送达后,也可以及时通过计算机网络将信息反馈给寄件人。

(3)专差是指由快递公司指派专人到寄件人处收取快件,然后携带快件在最短时间内将快件直接送到收件人手中,快递的起源便是这种方式。专差的特点是最可靠、最安全,同时费用也最高。

三、快递物流的一般流程

快递物流是指快递服务公司提供快速收寄、运输、配送有明确地址的快件,按交易双方规定的时限、地点,将商品完好的送至收件人要求的地点,并最终获得收件人亲笔签收的服务。

快递物流的流程主要包括快递公司接到网上或者电话下的订单,通过网点收寄、上门收寄等服务方式,对收到的包裹进行分类、封装,将包裹运输到物流中心,再次进行分拣,交给快递员进行配送,直至客户签收。快递物流的一般流程如图11-4所示。

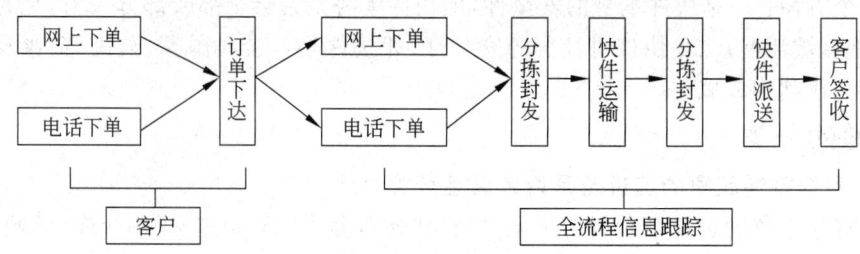

图11-4 快递物流的一般流程

四、国内快递物流现状

中国的快递物流发展大致经历了以下三个阶段。

(1)第一个阶段:起步阶段,时间是从20世纪70年代至90年代。从国际快递业务开始起步,源于开放型经济的拉动,从无到有,取得了发展。

(2)第二个阶段:成长阶段,时间是从20世纪90年代至21世纪初。民营快递企业开始发展,呈现出多极化的格局,中国香港与中国内陆发达城市联系紧密,使文件和货样在其间传递,快递公司在这种背景下应运而生。中国快递业务有了较快发展,业务量急剧上升。

(3)第三个阶段:快速发展阶段,时间是从21世纪初至今。2014年,我国快递业务量接近140亿件,业务收入超过2 040亿元。由此,我国快递业务量超过美国,跃居全球第一大快件国。民营快递飞速发展,顺丰、申通、EMS、圆通、宅急送、韵达等成为中国快递市场主力。目前,民营快递企业业务量市场份额占全国80%以上,为我国快递业的发展作出了巨大的贡献,也被李克强总理誉为中国经济的一匹"黑马"。享受快递物流带来的便捷服务,在当下已成为人们的一种社会必需,甚至成为一种生活方式或生活习惯。

国内快递物流发展大事件如表11-2所示。

表11-2 国内快递物流发展大事件

年 份	事 件
1979年	日本海外新闻普及株式会社与中国对外贸易运输公司签订第一个快件代理协议,中国的这家公司也成为国内第一家经营快递物流服务业务的企业
1980年	中国邮政与新加坡邮政合作建立全球特快专递
1985年	中国EMS诞生
1993—1998年	全国进出口快件由1993年的669万件上升为1998年的1 034万件
20世纪90年代	电子商务的浪潮受到全球的普遍关注,B2C、C2C等形式的电子商务呈现井喷式增长,对快递物流服务的需求大大增加。民营快递企业网络迅速发展,市场份额不断提升,顺丰、申通、圆通成为中国速递行业的品牌
2000年	中外运空运发展有限公司在上海交易所成功上市,成为国内航空货运代理行业的第一家上市公司

续表

年　份	事　件
2008年	亚洲地区规模最大、技术装备先进的中国邮政航空速递物流集散中心在南京建成并且投入使用
21世纪	国际快递企业逐步摆脱合资模式，成立独资企业，向国内快递市场扩张；TNT收购华宇物流集团；Fedex收购大田集团，获得大田集团所有的快递业务；UPS在上海建立转运中心

五、国内快递物流发展趋势

未来，快递物流业主要有以下发展趋势。

（一）服务功能多样化和整合化

现代社会要求实现最大可能的社会化分工，快递业者间的竞争更要求各企业提供最优良的服务手段和服务功能，以此为动力，快递服务一方面不断完善函件快递桌到桌的服务水平和物品快递的门到门水平；另一方面，服务功能还呈现出向多样化、整合化发展的趋势。以快递运输方式为例，"三驾马车"齐驱趋势出现，电商快递铁路专列开通，开始改变快递干线运输格局。

（二）更完善的同步化交易

在传统货运体系中，唯一的目标功能就是运输。这种独立运行的体制深深扎根于客户的业务过程中。之所以会是这样，在于以往的交易模式是信息交流、交易确认、发运货物到最后的货款回收，整个交易是分先后顺序的，运输只发生在其中一环。而随着电子商务平台的进一步完善及智能网络的开发，整个交易的过程被更好地整合在一起。在实现物流、信息流与资金流"三流合一"的基础上，形成相互牵动的价值链，也就实现了交易的同步化。

（三）提供更多的增值服务

提供快递增值服务是指在实物配送中提供有意义的"增加价值"利益的过程。企业会尽可能站在消费者或者客户的角度，提供定制化服务以及一些独特性服务。比如，报关代理信息服务、货物随时追踪服务、先进的包裹管理服务、告状检验与设计服务等。又例如，随着快递"最后一百米"发展中呈现多样化的趋势，出现快递智能自助柜、便利店代理、社区物业代理、校区公共配送平台等新业态，加速推广和使用。

第四节　物流园区

一、物流园区的概念

物流园区将众多物流企业聚集在一起，实行专业化和规模化经营，发挥整体优势，促进物流技术和服务水平的提高，共享相关设施，降低运营成本，提高规模效益。其内涵可归纳为以下三点。

(1) 物流园区是由分布相对集中的多个物流组织设施和不同的专业化物流企业构成的具有产业组织、经济运行等物流组织功能的规模化、功能化的区域。这首先是一个空间概念，与工业园区、经济开发区、高新技术开发区等概念一样，具有产业一致性或相关性，拥有集中连片的物流用地空间。

（2）物流园区是对物流组织管理节点进行相对集中建设与发展的具有经济开发性质的城市物流功能区域。作为城市物流功能区，物流园区包括物流中心、配送中心、运输枢纽设施、运输组织及管理中心和物流信息管理中心等适应城市物流管理与运作需要的物流基础设施。

（3）物流园区也是依托相关物流服务设施，进行与降低物流成本、提高物流运作效率和改善企业服务有关的，流通加工、原材料采购和便于与消费地直接联系的生产等活动的具有产业发展性质的经济功能区。作为经济功能区，其主要任务是开展满足城市居民消费、就近生产、区域生产组织所需要的企业生产、经营活动。

二、物流园区的类型

各国和地区物流园区的具体类型及分类标准也不尽相同，没有统一的模式和标准。本书从功能角度出发，将物流园区基本划分为四大类：运输枢纽型物流园区、存储配送型物流园区、流通加工型物流园区、综合型物流园区，如表11-3所示。

表 11-3 物流园区类型

类　型	概　念	赢利模式	代表园区
运输枢纽型	指可实现运输方式转换（海—陆、空—陆、公路—铁路）的物流园区	利用地理优势，提供装卸、仓储加工、多式联运、货运中转、保税物流等增值服务	上海国际航空物流园区、上海洋山港物流园区、上海外高桥物流园区、天津港集装箱物流中心
存储配送型	指以大规模的仓库群为基础，以存储和配送功能为主的物流园区	以客户为载体，建立物流信息和交易中心，以仓储配送管理为主	芜湖物流基地、北京华通物流园区、重庆九九物流园区
流通加工型	指承担了一部分生产加工功能，实现了从厂商生产的标准产品部件到客户所需个性化产品转换衔接的物流园区	利用自身设施，建立专业化和品牌化的加工经营中心，提供增值服务	广东物资集团、深圳笋岗—清水河物流园区、宁波物资物流中心
综合型	指同时具有以上几种功能，规模庞大、功能齐全的物流园区	通过建立货物信息交易中心，提供配送加工服务，发展物流服务，获取各方面的利润	深圳平湖物流基地、宝供苏州物流基地

三、物流园区的功能

物流园区的功能主要表现在其对顾客提供的业务方面的基本功能和衍生出来的功能。

1. 业务服务功能

（1）在运输与配送过程中的调配作用：对货物在运输和配送过程中提供一些辅助性的服务，如调度、装卸车等。

（2）集中存储的功能：物流园区可以对顾客的货物进行集中储存保管，从而降低客户在仓储方面的成本，进而提高供应链管理的效率。

（3）包装与流通加工功能：提供运输包装，贴签制作并粘贴条形码等。

（4）多式联运：由于在物流园区是由多种方式的运输载体组成的，所以要积极发挥多种运输形式有效结合的方式，开展联合运输和中转等业务。

（5）信息服务功能：由于物流园区的规模大，设备配备齐全，吸引很多客户，因而信息量很大,再加上集成化管理,就能够为客户及时准确地提供各种信息服务。

(6) 中转改包装集散等功能:在货物中转的过程中,提供改包装或进行加工等服务,除此之外,还提供对货物拼装集装箱和分装整箱的服务。

(7) 综合功能:将以上不同的业务进行不同方式的组合,为客户提供服务。

2. 衍生功能

(1) 推动供应链的发展和升级。物流园区的集聚效应,将零散的资源进行优化整合,将企业发展链中的采购、销售、供应、会展、客户服务以及交易结算、物流、信息反馈等各项功能集中在一起,进而有助于企业的供应链方式的更新和升级。例如,集中存储等功能使企业减少了仓库储存的成本,而集散等功能减少了企业在货物转运管理等方面的成本。

(2) 整合现有资源,实现社会资源的优化配置。从整合现有物流资源入手,建设物流园区,有利于促进现代物流业的形成和提高物流的社会化程度。一方面,由于包装、保管、加工等作业的集中处理免去了很多企业分布完成的损坏和节约时间成本;另一方面,由于采用多式联运,减少了装卸的次数,有效地降低相关费用。

(3) 改善城市生态环境和促进经济的协调发展。由于资源的有效配置的实现和运输效率的提高,物流园区有利于生产和解决交通、能源方面的问题,因此起到改善城市生态环境的作用。同时随着物流园区的建设与发展,特别是物流园区的形成,使地方经济和区域经济逐渐与世界接轨。

四、物流园区的规划

(一) 物流园区的功能区划分

由于物流园区的主要功能和服务对象的不同,从现实角度来讲,物流园区的功能区还没有一个统一的划分标准。国内外大型物流园区的功能区划分如表 11-4 所示。

表 11-4 国内外大型物流园区的功能区划分

物流园区名称	功能定位	功能区名称
大连物流园区	国际物流枢纽中心、商业中心、航运中心和信息中心集一身的国际物流中心,由保税区发展成更高一级的连接东北亚的自由贸易区	(1)集装箱转运区;(2)分拨配送区;(3)汽车保税区;(4)商品展示区;(5)临港加工区;(6)海铁联运内支线转运区;(7)商务办公区;(8)预留区
扬州港口物流园区	保税物流、港口中转、汽车工业金属板材加工业等相关产业配送物流和商贸市场物流	(1)国际中转区;(2)国际配送区;(3)国际采购区杂货仓储区;(4)查验区;(5)配货区;(6)发货区
浦东空港物流园区	保税、存储、贸易、运输、飞机维修、商务综合服务	(1)快递中心;(2)航空货运代理中心;(3)航空公司基地;(4)保税物流区;(5)国内货物存储、中转中心;(6)综合物流区;(7)飞机维修区;(8)贸易商务区;(9)生活配套区;(10)生产加工区
青岛前湾物流园区	集保税功能、集装箱中转功能和综合性商贸信息一体的东北亚地区的物流园区;	(1)保税加工配送区;(2)物流储运区;(3)临港作业区;(4)高科技信息综合服务区;(5)特色物流区;(6)商品展示区;(7)口岸查验区
德国不来梅物流园区	进出口货物的查验及保税、货物的转运、商品的展示等商务服务,外贸业务的支持	(1)集装箱堆放地;(2)物流中心;(3)外贸区;(4)铁路仓储区;(5)冷藏仓库;(6)预留区;(7)综合服务区;(8)环保用地

(二) 物流园区规划的目标

综合物流的特点,物流园区的规划要考虑以下目标。

(1) 符合物流货运操作的顺序,使货物的进出有序,尽量避免重复作业。对于需加工的产品,尽量使加工周期短、设备使用效率高。

(2) 优化货物的搬运费用,不仅节省了搬运支出,而且减少了搬运的次数,相对减少了搬运的强度。

(3) 组织结构的合理化。可以引入设施布局方法,使关联度大的功能区尽量能够进行作业之间的协调。

(4) 空间的合理利用。这一点主要是在各功能区面积一定的情况下,通过较优的布局方式进行空间占地面积的优化。

(5) 尽量考虑进出物流园区货物的特点,使物流操作成本较小。

(6) 满足园区内工作人员的基本需求,使他们能够在干净便捷的环境中工作。

(三) 物流园区规划的流程

综合不同的物流园区的类型和发展方向,物流园区规划流程:①基础信息的采集、分析和整理;②初步拟订规划方案;③考虑综合因素,对规划方案的评价筛选;④执行规划方案。即主要分为准备阶段、规划阶段、评价与结果选择阶段和实施阶段,物流园区规划的具体流程如图 11-5 所示。

五、物流园区的现状及趋势

(一) 我国物流园区发展现状

我国物流园大约出现于 1999 年,深圳市推出了平湖物流园,规划用地 14.6km², 成立了管委会并向社会推荐。其后,许多地方政府积极规划并建设物流园区,形成了一股园区热。2003 年,国土资源部发出关于清理各类园区的通知。同年,国务院发出暂停审批各类园区、进行清理整顿的通知,对物流园区的开发有所抑制。2009 年 3 月,国务院《物流业调整和振兴规划》(国发〔2009〕8 号)指出:中国物流业总体水平落后,严重制约国民经济效益的提高。必须加快发展现代物流,建立现代物流服务体系,以物流服务促进其他产业发展。根据中国物流与采购联合会、中国物流学会发布的《第五次全国物流园区(基地)调查报告(2018)》数据显示,2018 年,全国符合本次调查基本条件的各类物流园区共计 1 638 家,比 2015 年第四次调查数据 1 210 家增长 35.37%。2015—2018 年,我国物流园区个数年均增长 10.7%。总体上,我国物流园区建设呈急剧扩张的态势。

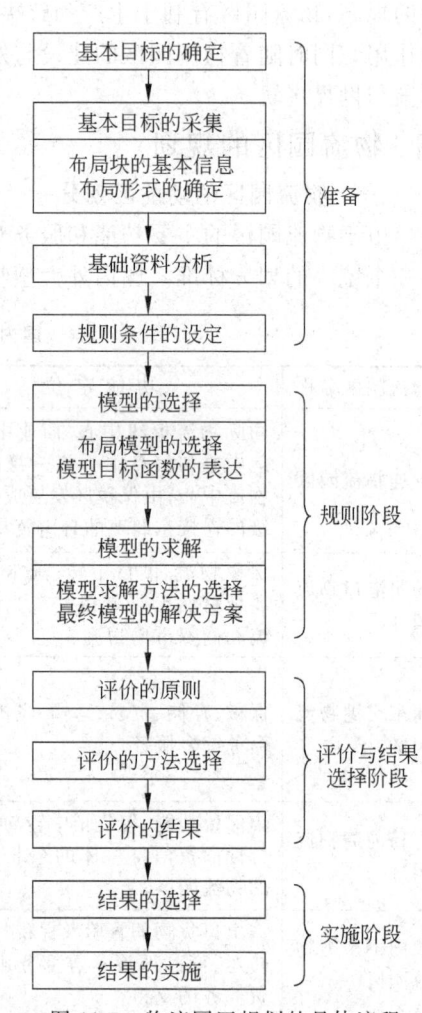

图 11-5 物流园区规划的具体流程

1. 地区分布

作为物流体系的重要节点和物流产业的聚集地,物流园区的规划建设与经济发展具有密切关系,在分布上呈现出一定的地域差别。沿海经济区的快速发展直接拉动了该地区对现代物流服务的内在需求,物流园区建设和发展的内在需求迫切。这导致我国绝大部分的物流园区集中分布在沿海经济发达地区。而随着经济结构调整、产业转移的加快,中西部地区的物流园区项目也在快速增多。

2. 类型划分

根据不同的分类标准,物流园区可分为不同的类型。在《物流园区分类与基本要求》国家标准中,按照物流园区的依托对象进行划分,将物流园区分为货运服务型、生产服务型、商贸服务型、综合服务型四类;按照依托的资源划分,还可以将物流园区分为港口型、空港型、陆港型;按照服务区域划分,可将物流园区分为国际物流园、区域物流园等;按照是否享受保税政策划分,可将物流园区分为保税物流园区和非保税物流园区。此外,近年来,钢铁物流园区、农产品物流园区、医药物流园区等专业型物流园区也在纷纷涌现。

3. 开发模式

从物流园区开发模式看,主要有以下三种形式。

(1) 政府规划,工业地产商主导模式。政府对物流园区进行统一规划,然后由工业地产商进行统一开发建设,建成后,物流企业通过租赁或出让的方式进入物流园区,工业地产商负责园区的物业管理。

(2) 政府规划,企业主导模式。政府统筹安排物流园区用地,通过招商引资把企业吸引进来,企业征得土地后自行开发建设。

(3) 政府政策支持,主体企业引导模式。通过一个或几个在物流服务领域具有资金和技术等方面领先优势的大型企业牵头,在相关政策引导下进行物流园区的开发和建设。

4. 投融资模式

物流园区项目往往需要大量的资金投入,建设资金来源既有自有资金,也有银行贷款以及政策性扶持等。而在投资主体方面,呈现多元化趋势,既有国有及国有控股企业、民营企业,也有外商投资企业。近年来,一些有实力的民间投资机构也有更多的资金转入物流园区的建设。在具体的融资模式上,除企业自主融资外,政府投融资占有重要位置,如园区建设初期直接进行资金投入,后期在征地、减税和贷款等方面予以扶持。

5. 服务项目

从入驻物流园区的企业和实体看,物流企业和商贸流通企业较多;依次还有生产企业、货代企业、运输企业,以及银行、保险等服务机构。根据类型不同,园区所提供的服务也有所不同,如货运服务型物流园区主要以不同运输方式的转换、装卸、拼拆箱、货运代理、车辆停泊、货运中介服务等为主,而生产服务型物流园区主要为制造型企业提供一体化物流服务,包括保管、装卸、分拣、配送、加工、组装、集散、信息服务、质押监管、展示、结算等服务。

6. 赢利模式

国内物流园区的赢利方式主要包括:土地增值收入,从获得土地到开工建设再到正式运营,地价往往会不断升值,使园区开发经营者从中获取巨大收益;出租或租赁收入,如仓库租赁费用、设备租赁费用、房屋租赁费用、停车场收费等;服务收入,包括信息服务、培训服务、中介服务、物业管理、咨询服务以及各类增值服务等。总体来看,虽然目前物流园区类型多样,但赢利模式较为单一,传统的基于出租或租赁的园区赢利模式还占主导地位。

(二) 我国物流园区存在的问题

近年来,我国物流园区建设进程明显加快,但客观地说,物流园区的物流基础设施建设仍然明显滞后于市场需要,发展水平仍然偏低,存在以下问题。

1. 园区概念模糊

作为我国现代物流业发展的新型业态,物流园区常被从不同角度进行多种解释,物流园区、物流基地、物流中心、物流城等各式名称层出不穷。物流企业对物流园区的定位,很多是停留在土地核心论上,既不是物流园区的类型有公路港型、出租存储型、服务型和服务加出租型等社会物流的视角,也不是分拨中心型、仓储中心型、配送中心型等供应链视角。物流园区概念模糊,为以后的经营运作埋下隐患。

2. 统筹规划欠缺

现阶段,我国物流园区由于缺乏科学规划,盲目建设现象比较严重。由于缺乏从宏观上对物流园区进行整体规划,使许多物流园区在规划建设时,并没有考虑当地经济总量、产业基础和市场需求等客观因素。此外,由于大部分物流园区采取政府规划、企业主导的模式,导致各企业从自身利益出发,各自为政,因此园区整体布局比较混乱,经常与政府最初设想相差甚远。

3. 服务内容单一

国内许多物流园区差异化竞争不明显,其所提供的服务局限于库房货场出租和物流设备租赁,不能满足客户差异化的需求,导致物流园区招商不力、入驻不佳、客户留不住、效益不好。这背后隐藏的是物流园区的资源整合不够,运营能力不高,缺乏创新商业模式的"短板"。

4. "痼疾"依然存在

物流园区在发展过程中,依然面临诸多制约发展的因素,如拿地难、融资难等老问题。用地问题,常会导致物流园区规划难以"落地"。一方面,由于用地指标限制,无法取得土地,不能满足银行贷款要求,进而导致项目引进的失败;另一方面,物流用地价格大大超过物流业的承受能力。此外,物流园区一般利润率较低,资金短缺问题严重。

5. 投资建设"虚热"

物流园区投资主体日趋多元化,除传统的政府投资、物流企业投资外,地产商和民间投资都在积极进入,尤其一些商业地产商也纷纷涉足。多元化资本进入,为物流园区提供了充足的资金保障,但也难免会遭到"搞物流,还是搞地产"的质疑。事实上,许多物流园区确有"圈地"之嫌,这也是许多人将目前的"物流园区热潮"视为"虚热"的原因。

(三) 我国物流园区发展趋势

当前,物流园区的规划、建设与运营在世界范围内的发展方兴未艾,是现代物流业发展的一个重要趋势。

1. 规范化建设

物流园区规划建设正向二三线城市延伸,通过科学规划,可以避免同一地区出现多个类型相同、地理位置相近、服务类似的物流园区,从而避免无差异化竞争和重复建设的发生。现在各地出台的物流规划中都对物流园区进行了专门规划,而《全国物流园区发展规划》也正在加紧编制中,随着相关标准和考核评价体系的建立和完善,物流园区建设将逐步趋于理性化、科学化。

2. 专业化趋势

物流园区专业化发展的趋势将日益明显。在物流园区服务项目上，低端服务的利润会越来越薄，而创新型服务、增值型服务以及适合客户需要的个性化服务将获得更大的发展空间。同时，专业化物流的发展也会推动物流园区向专业领域渗透，物流园区的专业化发展将会成为趋势，如制造、钢铁、化工等产业积聚区的物流园区将会依靠稳定的市场需求快速发展。此外，物流园区的基础设施、信息化建设等，在专业化方面也会有大的提升。

3. 协同式发展

物流园区与物流园区之间，并非是完全的竞争，也是合作协同的关系。处于不同城市的物流园区更应合作，这是物流网络化运作的需要，也是双方合作共赢的基础。由于市场竞争日益激烈，物流园区之间跨区域的合作已经开始形成，而信息系统和信息平台的建设也从另一方面使物流园区跨区域合作成为可能。

4. 环保受重视

随着社会环保意识的不断增强，物流园区的投资建设将更加重视低碳节能与可持续发展。今后，相关部门会出台更多绿色物流的政策和法规，物流园区在用地上将更多地采取集约高效的土地利用方式，对绿地率的控制将上升，这也是物流园区实现可持续发展最直接有效的方式之一。

5. 引导式扶持

政府部门应做好科学规划，把好立项审批关，尤其要加强物流园区规划、立项的后评价工作，对于占用土地而又迟迟不开工的项目，采取严肃处理。但园区运营管理也不能完全由政府主导，应积极支持企业进行市场化运作。同时，政府部门应该研究制定税收、用地、融资等各项优惠政策，简化行政监管和审批手续，加快制定国家或行业标准等。

第五节　物流标准化

一、物流标准化的概念

物流标准化是指物流组织或行业以物流系统与物流业务为对象，专门针对运输、储存、包装、流通加工以及物流信息处理等物流活动而制定、发布和实施有关技术和工作业务流程的标准，并以此标准提出物流系统的配合性要求，从而达到统一实现整个物流系统的标准运作的过程。

物流标准化分三个层次：①从物流系统的整体出发，制定其各子系统的设施、设备、专用工具等的技术标准以及业务工作标准；②按各子系统技术标准和业务工作标准的配合性，统一整个物流系统的标准；③按物流系统与其他相关系统的配合性，谋求该大系统的标准统一。

二、物流标准化的困难

物流从20世纪50年代发展至今，在标准化方面存在很大的困难和问题，原因如下。

（一）涉及面广

物流包含了从运输、保管到搬运、包装、信息处理等多方面的内容，因此要实现物流的标准化涉及很多方面的问题。

（二）物流标准化系统属于"后标准化系统"

物流系统思想形成晚,各子系统已实现了各自的标准化,由于在不同国家、地区,不同行业之间已经有了存在多年的自身的经营标准,因此,连接这些方面的物流,等于要将这些标准统一起来,其存在的困难可想而知。

（三）要更高地体现兼顾性和经济性

物流实现其标准化,既要遵循其子系统各自标准化的一般规定,又要兼顾它们之间的衔接;制定物流标准时,要广泛征求各方面和各部门的意见与建议,将运输、装卸搬运、仓储、包装等环节的规范或标准集于一身;同时,制定出的物流标准要尽量减少各环节的物流成本,体现兼顾性和经济性,表明制约因素多。

（四）要有非常强的国际性

随着世界经济一体化的到来,物流涉及的必然是整个国际的流通。因此,实现物流的标准化,最终要实现国家物流的标准化。这往往关乎民族利益,难以协调。

三、物流标准化的意义

在发展物流技术、实施物流管理的工作中,物流标准化是有效的基本保证。其意义和作用主要表现为以下几点。

（一）物流标准化是物流管理的重要手段

在进行系统管理时,系统的统一性、一致性、系统内部各环节的有机联系是系统能否生存的首要条件。保证统一性、一致性及各环节的有机联系,除了需要一个合适的体制架构、一个有效的指挥、决策、协调的机构和领导机制外,还需要有许多方法和手段来保证,标准化就是手段之一。例如,由于我国以前物资编码尚未实现标准化,各个领域分别制定了自己领域的统一物资编码,其结果就造成不同领域之间的情报不能有效传递,计算机难以联网,妨碍了物流系统管理的实施。又比如,我国铁道及交通两个部门集装箱未能实现统一标准,极大地阻碍了车船的广泛联运,妨碍了物流水平的提高。

（二）物流标准化对降低物流成本、提高效益有重大决定作用

标准化可以带来效益,在物流领域也不例外。实行标准化后,可以实现一站式的物流服务,由此物流速度加快,中间装卸、搬运、暂存费用降低。例如,我国铁路、交通集装箱由于未实行统一标准,双方衔接时要增加一道装箱工具,为此每吨物资效益损失1元左右,相当于火车30km以上的运费,在广泛采用集装箱运输,物资运量加大后,效益的损失更是巨大。

（三）物流标准化是加快物流系统建设、迅速推行物流现代化管理的捷径

无论是建立物流系统,还是实施物流管理,由于其涉及面广,难度都非常大。在这种情况下,如果不推行标准化,就会走更多的弯路。例如,我国平板玻璃的集装托盘、集装架在发展初期未能及时推行标准化,各部门、各企业都发展了自己的集装设备,一下子出现了几十种集装方式,使平板玻璃物流系统的建立出现了困难。

（四）物流标准化给物流系统与外界系统的联结创造了条件

物流系统不是孤立存在的。从流通领域看,上接生产系统,下接消费系统;从生产物流

看,下面又接续不同工序;在物流全过程中,又与商流系统、资金流系统、信息流系统相交叉,彼此有许多接点。为了使物流系统与外界系统更好地衔接,通过标准化实现简化和统一衔接点是非常重要的。

四、物流国家标准体系

2004年,全国物流标准化技术委员会和全国物流信息管理标准化技术委员会成立,这两个标准化技术委员会在国家标准化管理技术委员会的支持和指导下,制定了我国的物流国家标准体系表。2018年,交通运输部发布《交通运输物流标准体系》。体系表采用树形结构,共分三到四层,层与层之间是包含与被包含的关系。体系表第一层为物流通用基础标准,以及根据物流标准化对象的不同特性分成物流技术标准、物流信息标准、物流管理标准和物流服务标准四个专业类别。物流国家标准体系框架如图11-6所示。

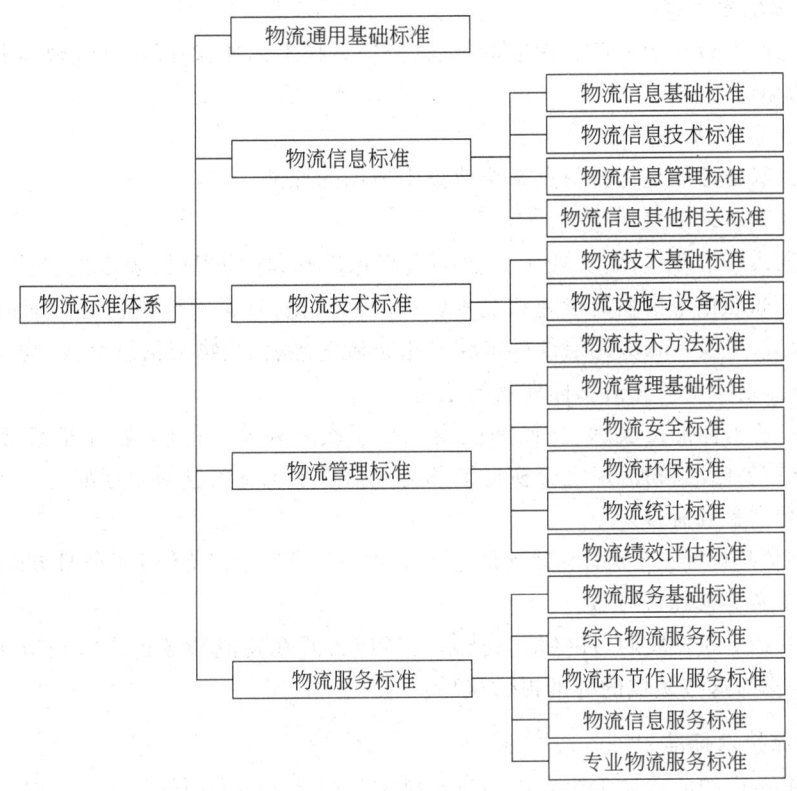

图11-6 我国物流国家标准体系框架

(一)物流通用基础标准

物流通用基础标准层主要包括物流术语、物流计量单位类标准、物流基础模数尺寸标准等。

(1)物流术语标准确定了物流活动中的基本概念术语、物流作业术语、物流技术装备与设施术语、物流管理术语及其定义,适用于物流及相关领域的信息处理和信息交换,也适用于相关的法规、文件。

(2)物流计量单位类标准是物流管理、物流统计及物流成本核算的基础。

(3) 物流模数(logistics modulus)是物流设施与设备的尺寸基准。物流基础模数尺寸的作用和建筑模数尺寸的作用大体相同。基础模数一旦确定,设备的制造、设施的建设、物流系统中各环节的配合协调、物流系统与其他系统的配合就有所依据。ISO 及欧洲各国目前基本认定 600mm×400mm 为基础模数尺寸。集装基础模数尺寸以 1 200mm×1 000mm 为主,1 200mm×800mm 及 1 100mm×1 100mm 的模数尺寸也能见到。物流模数尺寸与集装箱数尺寸的配合关系如图 11-7 所示。

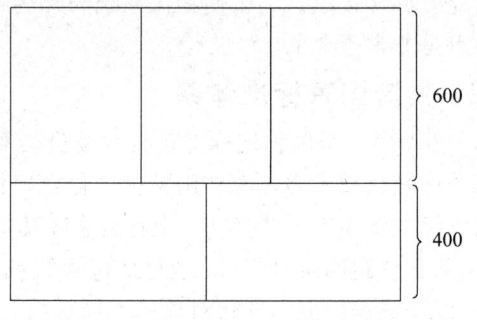

图 11-7　物流模数尺寸与集装箱数尺寸的配合关系

(二) 物流信息标准

物流信息标准包括物流信息基础标准、物流信息技术标准、物流信息管理标准和物流信息其他相关标准。

1. 物流信息基础标准

物流信息基础标准是物流信息系统建设中通用的标准。

2. 物流信息技术标准

物流信息系统的建立,要在四个层次上进行标准化,即物理层、表示层、交换层和应用层。物理层的标准化是指物流设施和技术装备的标准化,是属于传统物流方面的标准化的范畴;而表示层、交换层和应用层的标准化是指物流信息表示、物流信息交换、物流信息应用方面的标准化,是属于物流信息标准化的范畴。

物流信息技术标准按表示、交换和应用三个层次来划分,可分为物流信息分类编码标准、物流信息采集标准、物流信息交换标准和物流信息系统及信息平台标准。

3. 物流信息管理标准

物流信息管理标准主要是针对物流信息服务、物流信息安全需要制定的管理方面的标准。

4. 物流信息其他相关标准

信息技术是不断发展的,许多信息技术已经或将要在物流领域得到大力应用,如 GIS、GPS 技术等,应为这些领域的标准提供接口。

(三) 物流技术标准

物流技术是指物流活动中所采用的自然科学与社会科学方面的理论、方法以及设施、设备、装置与工艺的总称。物流技术标准分为物流技术基础标准、物流设施与设备标准和物流技术方法标准。物流设施设备是物流活动中使用的各种设施、设备、工具等物质手段的总称,可统称为"硬技术";物流技术方法是自然科学与社会科学方面的理论、方法应用于物流领域所形成的各种方法、支撑技术、作业技能和流程等,可统称为"软技术"。

1. 物流技术基础标准

物流技术基础标准包括物流技术术语标准以及物流设施设备与物流技术方法协同一致的技术要求。

2. 物流设施与设备标准

物流设施与设备标准是整个物流系统运行的物质和技术标准。物流设施与设备标准,可分为物流设施与设备基础标准、物流设施标准、集装化单元器具标准、物流设备标准。

3. 物流技术方法标准

由于物流是跨行业、跨专业、多门类的朝阳产业,其中的很多具体环节的作业技术都比较成熟,部分技术方法已经在各自领域里形成了固有的体系,而物流技术方法与这些领域的很多技术方法具有通用性。因此,物流技术方法标准是侧重体现现代物流整合、集成、协同、优化特点的新技术方法。

物流技术方法将标准体系的主要框架分为五个部分,即物流技术方法基础标准、物流综合技术方法标准、物流环节技术方法标准、物流增值业务作业技术标准和特定产品物流作业方法标准。

(四) 物流管理标准

物流管理标准分为物流管理基础标准、物流安全标准、物流环保标准、物流统计标准、物流绩效评估标准五个部分。

1. 物流管理基础标准

物流管理基础标准主要包括物流管理术语标准、物流企业分类标准等。

2. 物流安全标准

物流安全标准包括物流安全基础标准、物流设施设备安全标准、物流作业安全标准、物流人员安全标准、危险品/特殊货物安全标准等。

3. 物流环保标准

物流环保标准包括物流环保基础标准、物流业务环保标准。前者主要是指物流环保术语标准;后者则包括运输环保标准、保管环保标准、装卸搬运环保标准、包装环保标准、流通加工环保标准、配送环保标准。

4. 物流统计标准

物流统计标准主要是指物流产业规模结构的统计标准。目前,国内没有物流产业规模结构统计的标准。物流产业规模结构统计标准需要制定农业物流产业规模结构统计标准、建筑业物流产业规模结构统计标准、加工制造业物流产业规模结构统计标准、交通运输业物流产业规模结构统计标准、商贸物流业物流产业规模结构统计标准、邮政业物流产业规模结构统计标准、军事物流产业规模结构统计标准。

5. 物流绩效评估标准

物流绩效评估标准包括物流绩效评估基础标准、物流成本评估标准、物流风险评估标准、物流效率评估标准、物流客户服务评估标准。

(五) 物流服务标准

物流服务是指物流服务提供方为满足顾客的物流需求,借助于物流设施和设备,以及一定的技术方法和手段,通过一系列物流管理和作业活动,作用于顾客的货物或物流系统,为顾客提供可以实现货物物理性的空间和时间转移、实现物流系统经济有效运行、使顾客获得商品可得性的活动过程。

物流服务标准可以分为物流服务基础标准、综合物流服务标准、物流环节作业服务标准、物流信息服务标准和专业物流服务标准。

五、我国物流标准化趋势

当前,随着国外公司大举进入国内市场,为掌握中国物流的自身命运,我国的标准化建设必须抓紧时间。未来,我国的物流标准化工作将呈现如下发展趋势。

(一) 新兴的信息技术标准化工作将成为重中之重

物流信息采集技术是实现物流自动化的关键,它解决了物流信息进入物流信息管理系统的瓶颈问题。物流管理过程中常用自动识别技术主要有条码技术和射频识别技术(RFID)。当前,一种新的产品电子代码(EPC)技术通过互联网搭建了一个全球的、开放的供应链网络系统,对实物供应链全过程进行实时跟踪和管理。EPC 系统不仅涉及 RFID 技术,还涉及全球统一编码技术、网络技术、通信技术、全球数据一致的协调和管理、全球统一的实时管理机制等。它将物流信息放在一种新型的低成本的射频识别标签上,每个标签包含唯一的产品电子代码,可以对所有实体对象提供唯一有效的标识。

(二) 全球电子商务主数据标准化成为物流信息标准化的重点

物流数据的一致性研究为电子商务打下技术基础,是物流信息标准化的重点。全球产品与服务主数据能否共享和一致是提高电子商务效率与效益的关键,而电子商务与现代物流又是紧密联系的,针对当前严重影响现代物流建立与发展的物流数据一致性问题,急需展开这方面的标准化工作。

物流数据一致性标准的主要内容包括:全球统一的物流信息分类与编码体系;物流信息表示技术标准;物流业务模型优化标准;物流信息交换标准;现代物流信息维护与管理体系。

(三) 急需制定物流基础标准、作业标准以及其他管理与服务标准

物流基础标准急需制定,具体指计量单位标准和模数尺寸标准。物流专业计量单位标准是物流作业定量化的基础。物流基础标准的制定要在国家的统一计量标准的基础上。当前,我国物流系统中已有的标准主要来自各分系统的国家标准,而且现有标准多集中于技术方面,对于物流各分系统的作业标准涉及不多。

由于管理和服务在现代经济中的重要地位,更要积极地制定物流管理的相关标准,使管理标准化,并通过一流的服务来加强市场竞争力。所以,应制定各种物流作业和服务的相关行业标准,如物流从业人员资格标准等。对于涉及安全和环境方面的标准,如清洁空气法、综合环境责任法,应明确是否为强制性标准;另外,应尽快建立和完善物流企业准入标准,物流市场规范管理标准,物流工具的标准、物流立法等。

第六节 智慧物流

一、智慧物流的概念

智慧物流首次由 IBM 提出。2009 年 12 月,中国物流技术协会信息中心、华夏物联网、《物流技术与应用》编辑部联合提出"智慧物流"的概念。智慧物流概念的提出,顺应历史潮流,也符合现代物流业自动化、网络化、可视化、实时化、跟踪与智能控制的发展新趋势,符合物联网发展的趋势,有利于降低物流成本、提高效率、控制风险、节能环保、改善服务。物流是在空间、时间变化中的商品等物质资料的动态状态。智慧物流是指通过智能软硬件、物联网、大数据等智慧化技术手段,实现物流各环节精细化、动态化、可视化管理,提高物流系统智能化分析决策和自动化操作执行能力,提升物流运作效率的现代化物流模式。

智慧物流是一种以信息技术为支撑,在物流的运输、仓储、包装、装卸搬运、流通加工、配送、信息服务等各个环节实现系统感知、全面分析、及时处理及自我调整功能,实现物流规整智慧、发现智慧、创新智慧和系统智慧的现代综合性物流系统。

二、智慧物流的作用

(一)降低物流成本,提高企业利润

智慧物流能大大降低制造业、物流业等各行业的成本,实打实地提高企业的利润,生产商、批发商、零售商三方通过智慧物流相互协作,信息共享,物流企业便能更节省成本。其关键技术诸如物体标识及标识追踪、无线定位等新型信息技术应用,能够有效实现物流的智能调度管理,整合物流核心业务流程,加强物流管理的合理化,降低物流消耗,从而降低物流成本,减少流通费用,增加利润,改善备受诟病的物流成本居高不下的现状,并且能够提升物流业的规模、内涵和功能,促进物流行业的转型升级。

(二)加速物流产业的发展,成为物流业的信息技术支撑

智慧物流的建设将加速当地物流产业的发展,集仓储、运输、配送、信息服务等多功能于一体,打破行业限制,协调部门利益,实现集约化高效经营,优化社会物流资源配置。同时,将物流企业整合在一起,将过去分散于多处的物流资源进行集中处理,发挥整体优势和规模优势,实现传统物流企业的现代化、专业化和互补性。此外,这些企业还可以共享基础设施、配套服务和信息,降低运营成本和费用支出,获得规模效益。

智慧物流概念的提出对现实中局部的、零散的物流智能网络技术应用有了一种系统的提升,契合了现代物流的智能化、自动化、网络化、可视化、实时化的发展趋势,对物流业的影响将是全方位的。

(三)为企业生产、采购和销售系统的智能融合打基础

随着RFID技术与传感器网络的普及,物与物的互联互通将给企业的物流系统、生产系统、采购系统与销售系统的智能融合打下基础,而网络的融合必将产生智慧生产与智慧供应链的融合,企业物流完全智慧地融入企业经营中,打破工序和流程的界限,打造智慧企业。

(四)使消费者节约成本,轻松、放心购物

智慧物流通过提供货物源头自助查询和跟踪等多种服务,尤其是对食品类货物的源头查询,能够让消费者买得放心、吃得放心,在增加消费者的购买信心的同时促进消费,最终对整体市场产生良性影响。

(五)提高政府部门工作效率,有助于政治体制改革

智慧物流可全方位、全程监管食品的生产、运输、销售,在大大减轻相关政府部门的工作压力的同时,使监管更彻底、更透明。通过计算机和网络的应用,政府部门的工作效率将大大提高,有助于我国政治体制的改革,精简政府机构,裁汰冗员,从而削减政府开支。

(六)促进当地经济进一步发展,提升综合竞争力

智慧物流集多种服务功能于一体,体现了现代经济运作特点的需求,即强调信息流与物质流快速、高效、通畅地运转,从而降低社会成本,提高生产效率,整合社会资源。

智慧物流的建设,在物资辐射及集散能力上同邻近地区的现代化物流配送体系相衔接,全方位打开企业对外通道,以产业升级带动城市经济发展,推动当地经济的发展。物流中心

的建设,将增加城市整体服务功能,提升城市服务水平,增强竞争力,从而有利于商流、人流、资金流向物流中心所属地集中,形成良性互动,对当地社会经济的发展有较大的促进作用。

与传统物流模式相比,智慧物流借助物联网、大数据、云计算等技术手段高度集成与融合了所有物流资源,实现物流业务环节、物流管理环节及物流技术之间的无缝衔接,提升了物流运作效率。通过传感器、智能设备、自动化装备建立起物流产业的感知交互系统,实现物流资源配置最优,并最终实现降低物流成本、提升物流服务质量的目标。具体而言:①物联网实现了物物连接,为物流产业智能化发展提供了基础。大数据、云计算等技术可以搜集并整理企业内部物流资源及企业与企业、企业与个人之间的信息,挖掘物流信息的潜在价值,最终将分析结果应用在物流仓储、包装、加工、运输等环节,建立起集物流管理、物流技术、物流服务为一体的集成化服务模式。②智能化设备及物流自动化设备提升了物流产业的感知能力,使物流业务各环节之间的联系更加紧密。智慧物流的智能感知交互特性可以更加准确地判定客户的物流服务需求,以便物流企业为客户定制更加具有针对性与个性化的服务,提升物流服务质量。③智慧物流作为物流商业模式的最高级形式,具有协同物流产业各环节发展的作用。一方面,新技术与新管理模式结合与应用可以降低企业成本,实现物流企业经济效益最大化;另一方面也可以提升物流服务质量,满足客户多元化需求,在同一时间内满足不同主体的目标。

三、智慧物流的体系结构

(一)企业智慧物流层面

企业智慧物流层面主要是推广信息技术在物流企业的应用,集中表现在应用新的传感技术实现智慧仓储、智慧运输、智慧装卸搬运、包装、智慧配送等各个环节的智能操作。

(二)行业智慧物流层面

行业智慧物流层面主要包括智慧区域物流中心、区域智慧物流行业以及预警和协调机制的建设三个方面。

1. 智慧区域物流中心

智慧区域物流中心的建立关键要搭建区域物流信息平台,这是区域物流活动的神经中枢。连接着物流系统的各个层次、各个方面,将原本分离的商流、物流、信息流和采购、运输、仓储、代理、配送等环节紧密联系起来,形成了一条完整的供应链。其次,要建设若干智慧物流园区。智慧物流园区加入了信息平台的先进性,保障了供应链管理的完整性、电子商务的安全性,其基本特征是商流、信息流、资金流的快速安全运转,满足企业信息系统对相关信息的需求,通过共享信息支撑有关部门监督行业管理与市场规范化管理及协同工作机制的建立,确保物流信息正确、及时、高效、通畅。智慧技术的运用使得运输合理化、仓储自动化、包装标准化、装卸机械化、加工配送一体化、信息管理网络化。

2. 区域智慧物流行业

区域智慧物流行业主要是重视新技术的开发与利用,通过自动报单、自动分拣、自动跟踪等系统加强信息网的建设和移动数据交换等。以快递为例,在快递件仓储中加强先进技术的应用可以实现自动分拣,在快递配送中通过跟踪技术的应用可以实时掌握快递件的状态信息,大大提高了顾客的物流服务体验。

3. 预警和协调机制

在行业智慧物流的建设中,对物流行业及企业加强有关预警监测及协调是非常重要的,对一些基础物流数据可以进行开拓和挖掘，做好统计数据和相关信息的收集、分析，及时反映相关问题，促进企业科学决策和行业健康发展。

（三）国家智慧物流层面

区域智慧物流行业主要以制度协调、资源互补和需求放大效应为目标，借助互联网先进技术打造一体化的现代物流决策及支持平台，以物流一体化推动整个经济的快速增长，同时打造若干物流节点，注意各区域的功能互补及错位发展。智慧物流网络中的物流结点对优化整个物流网络起着重要作用，从发展来看，它不仅执行一般的物流职能，而且越来越多地执行指挥调度、信息等神经中枢的职能。

四、智慧物流的实施基础

（一）信息网络是智慧物流系统的基础

智慧物流系统的信息收集、交换共享、指令的下达都要依靠一个发达的信息网络。没有准确的、实时的需求信息、供应信息、控制信息作基础，智慧物流系统无法对信息进行筛选、规整、分析，也就无法发现物流作业中有待优化的问题，更无法创造性地作出优化决策，整个智慧系统也就无法实现。

（二）网络数据挖掘和商业智能技术是实现智慧系统的关键

对海量信息进行筛选规整，分析处理，提取其中的有价值信息，实现规整智慧，发现智慧，从而为系统的智慧决策提供支持，必须依靠网络数据挖掘和商业智能技术，并在此基础上自动生成解决方案，供决策者参考，实现技术智慧与人的智慧的结合。

（三）良好的物流运作和管理水平是实现智慧物流系统的保障

智慧物流的实现需要配套的物流运作和管理水平，实践证明，如果没有良好的物流运作和管理水平，盲目发展信息系统，不仅不能改善业绩，反而会适得其反。智慧物流系统的实现也离不开良好的物流运作和管理水平，只有二者结合才能实现智慧物流的系统智慧，发挥协同、协作、协调效应。

（四）智慧物流的实现更是需要专业的计算机人才与熟知物流活动规律的经营人才的共同努力

物流业是一个专业密集型和技术密集型的行业，没有专业人才，大量信息的筛选、分析乃至应用将无从入手。智慧物流技术的开发、应用与技术创新等也需要综合素质较高的专业人才。

（五）智慧物流的建成必须实现从传统物流向现代物流的转换

智慧物流要实现产品的智能可追溯网络系统、物流过程的可视化、智能管理网络化、物流设施设备智能化。企业的智慧物流供应链必须建立在"综合物流"之上，如果传统物流业不向现代物流业转变，智慧物流只是局部智能而不是系统的智慧。

（六）智慧物流系统只有在物流技术、智慧技术与相关技术有机结合的支持下才能得以实现

只有应用这些技术，才能实现智慧物流的感知智慧、规整智慧、发现智慧、创新智慧和系统智慧。这些技术主要包括新的传感技术、EDI、GPS、RFID、条形码技术、视频监控技术、移动计算技术、无线网络传输技术、基础通信网络技术和互联网技术。现在 5G 技术发展迅

速,同样助推智慧物流的发展。例如,在物流的运输和配送环节,5G技术可实现自动化运输、无人驾驶等;在物流的仓储环节,5G技术可对仓储物进行高效的智能分拣、智能定制仓储环境及库容管理;在物流的包装、搬运等环节,5G技术可广泛应用于智能机器人;在物流信息环节,5G技术可实时跟踪物流信息,实现高效化管理。5G技术应用于物流园区,可实现园区内高智能、自决策、一体化,进行运输车辆路线自动计算及车位优化匹配,实现人、车、库、设备等的物物相连、人机交互的高效调度。

- 实训内容:物流园区发展介绍。
- 实训手段:视频观看,园区图片展示。
- 实训目的:了解物流园区的基本布局、相关功能及国内大型园区的具体建设进展。

一、不定项选择题

1. 绿色物流的最终目标是(　　)。
   A. 实现企业盈利　　　　　　　　B. 节约资源,保护环境
   C. 保持生态平衡　　　　　　　　D. 可持续发展

2. 绿色物流的行为主体有(　　)。
   A. 物流企业　　B. 制造企业　　C. 零售企业　　D. 政府
   E. 政府行政主管部门

3. 在物流系统各功能要素中,(　　)对环境的影响是最严重、最广泛的。
   A. 包装　　　　B. 运输　　　　C. 储存　　　　D. 装卸搬运
   E. 流通加工

4. 下列选项中不属于第三方冷链物流与常温物流管理的不同点的是(　　)。
   A. 冷链物流中心流程设计的首要考虑因素是时间
   B. 冷链物流中心的运作流程尽量短
   C. 冷链物流中心的作业应尽量集中
   D. 冷库霉菌污染的防治

5. 冷库选址的影响因素是(　　)。
   A. 区域位置、地形地质
   B. 水源和电源、区域环境
   C. 交通运输、劳动力情况
   D. 区域位置、地形地质、水源和电源、区域环境、交通运输、劳动力情况

6. 冷链物流的特点有(　　)。
   A. 系统性　　　B. 协调性　　　C. 全程温控　　　D. 成本高昂

7. 冷链物流的经济社会意义是(　　)。
   A. 保障易腐食品安全,减少营养流失　　B. 解决产供销不一致的矛盾

C. 减少食物腐烂损失造成的浪费　　　　D. 解决城市交通拥堵问题

8. 不是中国现代快递服务的发展历程的是(　　)。

　　A. 20世纪60年代末至70年代初：萌芽阶段

　　B. 20世纪70年代末至90年代初：初步阶段

　　C. 20世纪90年代初至21世纪初：成长阶段

　　D. 21世纪初至今：快速发展阶段

9. 按照快递业务运行顺序,快递流程主要包括快件收寄、快件处理、快件运输和(　　)四大环节。

　　A. 快件派送　　　B. 快件捆扎　　　C. 快件包装　　　D. 快件分拣

10. 下列不属于快件信息录入要求的是(　　)。

　　A. 真实性　　　B. 及时性　　　C. 有效性　　　D. 完整性

11. 智慧物流系统的基础是(　　)。

　　A. 人才　　　B. 物流技术　　　C. 信息网络　　　D. 管理方式

12. 智慧物流的体系结构表现在(　　)层面。

　　A. 国家　　　B. 社会　　　C. 企业　　　D. 行业

二、简答题

1. 绿色物流的内涵是什么？请结合实际谈谈如何实现绿色物流。
2. 政府在物流园区建设或运营中的作用是什么？
3. 物流园区的主要功能有哪些？
4. 目前我国冷链物流产业存在哪些问题？
5. 简述我国物流标准化专业类别有哪些。
6. 智慧物流的作用有哪些？

本章参考文献

[1] 吴爱萍. 中国物流发展历程及其演变——基于绿色发展理念[J]. 价格月刊,2019(4)：59-62.

[2] 黄星. 冷链物流对农产品流通业转型升级的影响及思路[J]. 商业经济研究,2020(12)：101-103.

[3] 张喜才. 中国农产品冷链物流经济特性、困境及对策研究[J]. 现代经济探讨,2019(12)：100-105.

[4] 赵光辉. 物流企业"互联网＋"的应对策略研究[J]. 现代管理科学,2017(7)：97-99.

[5] 吴砚峰. 中外快递物流企业发展的差异比较与经验借鉴[J]. 对外经贸实务,2018(6)：89-92.

[6] 储涛,贾伟强. 农村快递物流配送模式系统发展研究[J]. 系统科学学报,2020,28(2)：45-48,89.

[7] 张楠,李群,王磊. 我国快递物流园区的建设成效、困境及升级途径[J]. 对外经贸实务,2017(10)：86-89.

[8] 郑秋丽. 我国智慧物流发展模式、问题及对策[J]. 商业经济研究,2019(18)：108-111.

[9] 林楠. 供应链视角下智慧物流模式发展策略选择[J]. 技术经济与管理研究,2019(12)：60-64.